当 代 中 国 文 学 学 家 文 库

卷

在 探 索 中 前 进

——21世纪现代汉语本体研究和应用研究

北京师范大学出版集团
BEIJING NORMAL UNIVERSITY PUBLISHING GROUP
北 京 师 范 大 学 出 版 社

图书在版编目（CIP）数据

在探索中前进——21世纪现代汉语本体研究和应用研究／
陆俭明著.—北京：北京师范大学出版社，2011.6
（当代中国文学学家文库）
ISBN 978-7-303-11133-6

I. ①在… II. ①陆… III. ①汉语—文集 IV. ①H1-53
中国版本图书馆 CIP 数据核字（2010）第 124616 号

营 销 中 心 电 话　　010-58802181　58808006
北师大出版社高等教育分社网　　http://gaojiao.bnup.com.cn
电 子 信 箱　　beishida168@126.com

出版发行：北京师范大学出版社　www.bnup.com.cn
　　　　　北京新街口外大街 19 号
　　　　　邮政编码：100875
印　　　刷：北京联兴盛业印刷股份有限公司
经　　　销：全国新华书店
开　　　本：155 mm × 235 mm
印　　　张：26.5
字　　　数：311千字
版　　　次：2011 年 6 月第 1 版
印　　　次：2011 年 6 月第 1 次印刷
定　　　价：58.00 元

策划编辑：赵月华　　　责任编辑：李洪波　郭　瑜
美术编辑：毛　佳　　　装帧设计：毛　佳
责任校对：李　菡　　　责任印制：李　啸

不断探索，不断创新

——陆俭明先生访谈录（代序）

受访者：陆俭明
采访者：文　杰
地　点：北京大学中文系现代汉语教研室
时　间：2010 年 1 月 26 日上午

文　杰：陆老师，您好！北京师范大学出版社将陆续推出《当代中国名家文库》，其中一个分库是《当代中国文学学家文库》，包括语言学，您是入选的语言学家之一。我很荣幸受《文库》编委会的委托，来对您作一次采访，主要想请您谈谈您的学术生涯。您看可以吗？

陆老师：可以，不过不知该从何谈起。这样吧，你是有备而来，就由你发问吧，怎么样？

文　杰·好的，陆老师，首先我想知道，您怎么会走上语言学研究道路的？

陆老师：好多人问过我这个问题。我的回答只有一句话：我进入语言研究领域完全不是我原先的意愿。

文　杰：能否请您具体说说？

陆老师：我 1955 年考大学时，原准备报考清华大学电机系，但在报志愿时，我们校长和班主任来动员我考文科，说"现在国家需要文科人才，你语文学得不错，文笔也可以，我们建议你报考文科"。我二话没说，毫不犹豫地改变了报考志愿。后来我就考入了北京大学中文系汉语言文学专业。到三年级分文学班、语言班时，同学们大都喜欢文学，很少有人报语言班。系领导动员我说："现在报语言班的人很少，你语言学方面的成绩都不错，能不能带个头报语言班？"这样，我就进入了语言学这个领域。从中你也可以看到我们那个年代年轻人的思想跟你们现在的不同。

文　杰：噢，原来是这样。我从一些资料上看到，您在大学念书时就在《中国语文》（1959 年 10 月号）上发表了一篇学术论文《现代汉语中一个新的语助词"看"》。您怎么会想着写这篇文章的？

陆老师：当时我看到教材上将"试试看"说成连动结构，又看到一本语言学著作将"看看看"视为动词"看"的双重重叠形式的例子。我持怀疑态度，觉得后边的那个"看"不像是动词了。于是我先搜集现代汉语里这种"看"的用例，又考察了近代汉语里"看"的使用情况，大量语料说明，这个"看"从语音形式到意义确已演变为表示试探语气的语助词了。我就把我的考察、研究所得写成文章寄给了《中国语文》。没想到《中国语文》很快就刊用了。这是我的处女作，对我鼓舞很大。

文　杰：这是您善于发现问题、思考问题的结果！

陆老师："善于"谈不上；不过，根据我几十年来的研究经验，"发现问题"可以说是研究的起点，对一个研究者来说首先要具备这种研究能力。问题都发现不了，你研究什么呀？

文　杰：您说的是，可我们就苦于不会发现问题，或者说发现不了问题。

陆老师：其实重要的是要习惯于多思。我们在阅读前人或时贤的论著时要自觉地、不断地思考"为什么""怎么样""行不行""概括全面吗""是否有例外""是否还能分析得深入一些""是否有类似现象"等问题。上面提到的我那篇处女作以及后来发表的《"的"的分合问题及其他》《"还"和"更"》《由"非疑问形式＋呢"造成的疑问句》《现代汉语里的疑问语气词》《关于"去＋VP"和"VP＋去"句式》等文章，都是在阅读、学习过程中发现了问题，然后去进一步思考、搜集语料、分析研究后写成的。

文　杰：我明白了。

陆老师：上面说的只是一个方面。更重要的是要在我们的实际语言生活中去发现问题，分析问题，解决问题。这可以说是一个研究者获得研究成果的主要方面。除此之外，经常与他人切磋琢磨和研讨交流，包括参加各种学术研讨会，这对一个人的学术成长也非常重要，常常可以从中获得许多启迪，获得研究的灵感。我更多的文章就是在上述两方面的基础上写出来的。

文　杰：您这简短的说明，让我很受启发。那您是不是就这样走上了研究语言的道路了？

陆老师：我走上语言研究的道路跟整个北大的学术环境，特别是跟我的老师对我的影响与引导分不开。

文　杰：您能否说得具体一些？

陆老师：好的。北京大学有一个极好的学术传统，那就是科学和民主。这是学术发展必不可少的重要条件。北大还有极为良好的学术环境，那就是浓厚的学术氛围和那种"勤奋、严谨、求实、创新"的学风；而我们中文系老一辈的先生们，无论是文学的还是语言的老先生们，他们渊博的学识，严谨、求实、创新的治学精神，都给了我深深的教育和影响。再有，在北大，国内外的学术交流十分频繁，几乎每周都有各种精彩的学术报告，能让我们了解到各个方面的学术动态和不同的学术观点，图书资料也特别丰富，这些都为我们从事教学和学术研究提供了优越的条件。而其中，我的老师朱德熙先生对我的影响尤其大。

文　杰：我在课堂上听您说起过朱先生对您的影响，不过您没具体说。

陆老师：朱先生是20世纪后半叶我国语言学界思想最活跃、最富有创新精神、研究成果卓著的著名的汉语语法学家、古文字学家、语文学家。朱先生在汉语语法研究上，常常开风气之先，被学界誉为汉语语法研究的引路人。

文　杰：是的，我们大家虽然没见过朱先生，但也都很景仰他。

陆老师：朱先生那种严谨的治学态度，让我很受教育，深受影响。朱先生写文章从构思到文字总是反复思考、反复修改；稿子写就后，并不马上发送出去，常常先拿给他的挚友——他西南联大的同班同学李荣先生过目提意见；也常常会给我们后生看，要我们提意见。然后他再反复琢磨、修改，直到自己满意为止。朱先生曾对我们这样说过："你们不要以为我写文章是很容易的，其实每写完一篇文章，我就有像脱了一层皮的感觉。"有两件事也非常能说明朱先生做学问的严谨和对自己要求之严格。第一件事，朱先生撰写的《语法讲义》是1982年由商务印书馆出版的，书一出版，大家立刻都把它看作是现代汉语语法研究的一部经典之作。其实《语法讲义》里的部分内容，20世纪50年代，我在课堂上就听朱先生讲过，可是朱先生一直到80年代初才整理撰写出版。真是数十年磨一剑啊！而且出版时在书名中还用了"讲义"二字。还有一件事，这本书出版后，朱先生让我为《语法讲义》写一篇书评。他说："我不要你写这本书怎么好，怎么有价值，只要你写这本书哪些地方不妥，哪些地方跟语言事实有出入，哪些地方不够全面，哪些地方在观点上可能有矛盾。你就写这样一篇书评。"我当即说："我要是写出这样的书评，学界非把我骂死不可——'好啊，你小子现在翅膀硬了，就把你老师说得一钱不值了？'"朱先生听了我的话，叹了一口气说："这是世俗之见啊！其实学界最需要的就是学术批评啊！"从这两件事可以清楚地看出，朱先生在治学上是多么严谨而又谦虚！

文　杰：朱先生这种精神真值得我们后辈学习。

陆老师：是的。朱先生平等待人、提携后学的精神也十分可敬。朱先生是大家公认的汉语语法学界的权威，可朱先生从不以权威自居，他跟我们，跟听他课的学生，总是平等对话。我们向朱先生请教，将自己的习作送去请朱先生指正，他从不厌烦，从不推诿，总是热情接待，以平等的态度解答我们所提出的问题，细致批阅我们的习作，从内容到文字，而且直率地向我们提出意见和建议；而朱先生有什么新的想法也会提出来跟我们讨论。大家觉得，跟朱先生讨论学术没有师生界线。他还一再告诫我们说："写文章，第一，所论述的问题一定要非常集中，不能把自己想到的问题都写在一篇文章里；第二，文章的思路一定要很清晰，尽可能做到丝丝入扣；第三，文字要简洁，能用一句话说的，不要用两句话去说。"我和其他一些与我同龄或比我们年轻的老师就是这样在朱先生的引导下，逐步走上了语言研究的道路。

文　杰：您刚才讲了朱先生对您的影响与引导，还讲了一些轶事，我很受教育。对了，您刚才谈到北大的学风，您能不能跟我说说求实和创新的关系，因为我们研究生也常议论这个问题，可总想得不是很清楚。

陆老师：我也不一定能说得很清楚，也只能说一点体会。我觉得搞科学研究既要强调求实，也要强调在求实的基础上努力创新。所谓求实，首先要求研究要有事实根据。就语言研究来说，要搜集尽可能多的语料，尽可能全的文献资料，而在研究中，不弄虚作假，不要让语言事实来迁就自己的观点，更不要为了维护自己某种已经形成的看法而故意去扭曲某些语言事实。中国的学术传统，就文科来说，"求实"是一个突出的特点。

文　杰："求实"确实是我国学术研究的好传统，我们必须继承与发扬。

陆老师：是的。但是我们还必须了解，科学研究，求实固然重要，可是更重要的是要创新，这样，学科才能有大的发展。科学研究的本质特点就是以"已知"求"未知"。"已知"，就是前人的研究成果——既包括本学科国内外前辈和时贤的研究成果，也包括别个学科已有的研究成果。要获得"已知"，必然要做两件事，一件是继承，一件是借鉴。继承是就吸收本学科本国前辈、时贤的研究成果而言的，借鉴是就吸收本学科外国前辈、时贤的研究成果以及吸收其他学科的研究成果而言的。继承也好，借鉴也好，都不能良莠不分无原则地继承和借鉴，而应该是有批判地继承和借鉴，这就是我们常说的"取其精华，去其糟粕"。我们常说要继往开来，那继承与借鉴合在一起，就是"继往开来"里的"继往"。光"继往"不行，还得"开来"，"开来"就是不断探索与创新，这样才能逐步揭开研究对象一个个未知之谜。

文　杰：老师，经您这么一说，我明白了：没有求实，谈不上创新；没有创新，学科就不能发展。

陆老师：你总结得不错，但是还要明了一点：并不是做到了求实，就自然能创新。求实只是创新的一个前提条件，没有事实依据谈什么创新？但有了"求实"这个条件并不一定就能创新。

文　杰：那创新还要其他条件？

陆老师：是，还要其他条件，重要的是要求研究者时时要有两种意识，那就是理论意识和进行科学假设的意识。学术上的创新点，常常一开始可能就是一个稍纵即逝的闪光思想，如不把它抓住，将它固定下来，可能就失去了；但固定下来形成观念和想法之后，还得进一步在理论上加以升华，这是更重要的。就我国现代语言研究来看，有一个很大的弱点，就是理论意识不强，这就吃了大亏。目前语法研究中的许多理论方法，就其基本观念来说，在我国 20 世纪 20 年代到 40 年代的汉语语法论著里就已经有了，有的甚至已经说得很具体。遗憾的是由于理论意识薄弱，都没能升华，形成相对完整的理论，并推向世界。结果，许多理论方法的"发明权"都让给了后来的外国学者。而以美国为代表的西方学术传统则理论意识很强。他们看一篇文章，首先不看有多少材料，而是看有没有新的观点、新的思想。没有新观点、新思想的文章就不予理会、不被采用。至于那观点、那思想是否站得住，那是第二步所要考虑的问题。当然，他们的研究也存在着致命的弱点，那就是在材料上下工夫很不够，甚至有的与语言事实严重不符。所以，我们国内的学者，常常会质疑国外一些讨论汉语语法的论著所举例子的可接受性。可见，上述两种学术传统，各有所长，也各有所短。将二者结合起来，这样才更有利于学术创新。

文　杰：理论意识对创新确实很重要。您上面还讲到，要创新，还得具有"进行科学假设的意识"。这一点该怎么认识？

陆老师：各学科领域的发展事实告诉我们，研究要有所突破，科学要有所发展，有效的学术假设是必不可少的。在理工科领域内，假设是常事，大多是先有假设后运用实验等各种手段和办法来探索求证。牛顿对苹果落地的观察和思考实际上是在伽利略关于力的假想的影响下进行的，从而提出了引起物理学革命的"万有引力"这一牛顿定律。我们语言研究领域内，无论过去和现在，许多重要的突破也都有赖于科学的假设。语音学里"音位"的假设，汉语语音学里"零声母"的假设，近来美国拉森（Richard Larson）等人关于"VP 空壳理论"（verb shells）和"轻动词理论"（light verb）的假设，在推动语言研究上都起了积极的作用；而特别是美国乔姆斯基（N. Chomsky）的三项假设——第一，人的头脑里天生有一个语言机制；第二，人类语言具有共同的普遍性的语言规则（也称"普遍原则"）语言间的差异只是由于参数的不同而造成的（这就是著名的"原则与参数"理论）；第三，这种人类语言的普遍性规则是高度概括、非常简明的。这些假设在全球范围内极大地推动了语言研究。因此，正如爱因斯坦所说："科学的创造性工作的重要特色是，先有理论预言某些论据，然后由实验来确认它。"我国研究四维力学的著名科学家刘岳松教授也指出："奇迹往往从幻境中诞生，世界上哪一项伟大的发明，一开始不都是一幅奇景？"应该说，在科学领域里，继承、借鉴、怀疑、假设、探索、求证、循环往复、螺旋式上升，这是科学研究不断创新的必由之路，也是我们汉语研究不断创新的必由之路。当然，说起来容易，具体做起来可不像说的那么容易了。

文　杰：这下我明白了。陆老师，我们知道您求学时代，在语法学方面接受的主要是美国结构主义的一套理论，可是我们从您的论著看，从您为研究生开设的必修课"语法分析"所讲的内容看，分析的思路和理论方法，远远超出了结构主义。您是怎么做到这一点的？

陆老师：确实如你所说，我求学时代以及任教后一段时间内所学的东西，基本就是美国结构主义的那一套语法理论。可是 20 世纪 50 年代乔姆斯基的转换生成语言学理论问世后，整个国际语言学界发生了巨大的变化，甚至可以说是发生了革命性的变化——一改以往美国结构主义语言学一统天下的状况，在语言学流派上形成了形式语言学派、功能语言学派、认知语言学派三足鼎立的局面，并出现了百家争鸣的可喜现象。结构主义理论仍然有用，但是新的理论为我们拓宽了研究语言的视野。在这样一种语言学发展形势下，我讲课也好，外出访问作学术演讲也好，开会发表学术论文也好，所思考、所研究的问题显然不能只局限于结构主义语言学的范围，必须也得进取，也得开拓。这样，形势逼着我不得不努力吸收新东西，不断研究新问题。

文　杰：我们觉得，您对国际上不断出现的语言学前沿理论跟得还是比较紧的，您是怎么做到这一点的呢？

陆老师：你用"跟"这个字，很恰当。我确实是在努力跟，但是也只是在努力跟而已。跟的办法就是抓紧读书，努力思考。

文　杰：读国内的还是读国外的？

陆老师：都看。对于国外新出现的语言学方面的理论学说，多数情况是我先看到我们外语学界同行的介绍，然后找原文来啃，因为对国外新的理论方法真要弄懂，非得读原文原著不可。我的英语是工作以后自学的，不是很好，所以只能一点一点地啃，不能像你们那样可以很快地阅读，可以大口大口地"吃"。（笑）

文　杰：可我们大家觉得，您并不"只是跟"，您常常能就一些前沿问题，如配价语法分析，乔姆斯基学派的中心词理论，认知语言学派的构式理论、语块理论、隐喻和转喻理论、非范畴化理论等，提出了一些自己的看法；而您所讲的诸如"词语间语义结构关系的多重性"，"不能囿于传统的句法上的'主—谓—宾'、语义上的'施—动—受'这一语法研究思路"以及"语义和谐律"等观点，我们觉得都是很富有创见性的。

陆老师："创见"，不敢说；只能说有些自己的想法。那是我近十年来从事句法语义研究所获得的一些心得。

文　杰：老师，您太谦虚了。您看了国外新的理论后往往能比较快地提出一些自己的看法，这是怎样做到的呢？

陆老师：这可能跟自己的知识积累有关，也跟自己的读书习惯有关。要知道一个人知识的积累，很重要的一个方面是靠读书。我在读书时养成了这样的习惯——努力进行三方面的转化：首先努力将论著看懂。其次努力将论著的内容转化为自己头脑里的知识，当然转化不等于要认同论著中的观点。最后运用自己头脑里积累的知识来思考自己研究、教学里产生的、碰到的种种问题，努力使之转化为研究或教学内容；而且还得努力进行语言上的转化，那就是尽量运用深入浅出、通俗易懂的语言将自己的研究所得或者说体会表达出来，使内行听了觉得没走样，使外行听了也可以懂。

文　杰：老师，您所说的读书之道太让人受启发了。但是，怎么才能做到您说的转化呢？

陆老师：办法也只有一个，那就是勤于思考，也就是前面我说过的，在读书的过程中，不断地、反复地思考"为什么?""怎么样?""行不行?""有没有例外?""概括得周全吗?""是否还有更好的分析、处理办法?"等问题。

文　杰：原来是这样！对了，老师，我记得您还常说这么一句话：

"科学研究的最终目的是为了应用，汉语研究也不例外。"而且，我们看到您自己也是身体力行的，特别是进入 21 世纪后您在汉语应用研究方面也写了不少文章。您怎么会有这样的观念？您是怎么做到的？

陆老师：对于汉语应用研究，开始我是不自觉的，到现在也还只能说是比较关注，说不上有多深的研究。从 20 世纪 90 年代开始，我逐渐对对外汉语教学有所了解，认识到"对外汉语教学是国家的、民族的事业"，并对它产生了一定的兴趣，开始自觉地思考一些对外汉语教学方面的问题。2002 年，我被推选为世界汉语教学学会会长，连任两届。这段时间我就进一步关注和思考汉语教学和汉语走向世界的问题。也是从 20 世纪 90 年代起，我开始关注中文信息处理问题。80 年代中期北京大学成立了计算语言学研究所，由朱德熙先生出任所长，计算机系的马希文教授出任副所长；90 年代他们不幸先后病逝。学校决定由计算机系的俞士汶教授和我负责主持研究所工作。这就逼着我要去学习、了解、思考有关中文信息处理的问题。也是在 20 世纪 90 年代，社会整体语文水平的滑坡，引发了社会上关于中小学语文教学问题大讨论。语文素养问题是关系到一个国家整体国民素质的大问题，作为一名汉语研究者不能不关心，于是从那时候起，我也用一定的精力去关注、思考母语语文教学的问题。就这样，几乎在同一个时期，我边学习、边了解、边思考、边研究，积极参与上述三方面的汉语应用研究，撰写了一些文章；而这样做也有助于我的汉语本体研究。在这过程中，我深深地体会到，对外汉语教学、中文信息处理、中小学语文教学都是我们汉语本体研究的试金石。"科学研究的最终目的是为了应用，汉语研究也不例外"这一意识，也就是在那一段时间里形成的。

文　杰：您这一席话让我非常具体地了解到了一个学者应该怎样将理论扩展到应用的研究领域，很值得我们学习。最后我还想问一个问题：您对中国语言学的发展有什么宏观的思考？

陆老师：说起来，语言学是一门古老的学科，又是一门年轻的学科。我们知道，全世界有四个语言学传统——古代中国语言学传统、古希腊—罗马语言学传统、古印度语言学传统和古代阿拉伯语言学传统，每个传统各有特点，而无论哪个语言学传统，都有两千来年的悠久历史。你能说语言学不古老吗？可是语言学真正逐步走上现代化的道路，并为社会所重视，那是 20 世纪后半叶的事。随着人类逐步进入信息时代、知识经济时代、经济全球化时代，语言和语言学变得越来越重要——在当今社会，语言已成为一种软实力，已成为一种重要的非物质的社会资源，它将影响到国家的稳定与发展，关系到个人的发展与生存；语言学也越来越受到社会重视，因为现在好些学科的发展，特别是信息科技的发展，越来越需要语言学研究成果的支持。我国是一个多民族、多语种、有着丰富语言资源的国家。在语言研究上，我们有我们的优势，我们也有我们的薄弱之处，总的来看，在国际语言学论坛上还很少听到中国的声音。我们一方面希望政府有关部门要重视语言研究，加大对语言研究的投入；另一方面，希望广大语言研究者和语言教师立足于汉语和少数民族语言，批判地继承和借鉴国内外的语言研究成果，加强理论思考，加强对语言的本体研究，不断探索，不断创新，同时要积极投入语言的应用研究，为加速发展我国的语言学事业，为推进整个语言学学科的发展作出我们应有的贡献。汉语研究有辉煌的过去，今后必将会迎来更加辉煌的未来。

文　杰：您说得太好了，我感到很振奋。今天的采访让我很受教育。我想这个访谈录发表出来，大家对您那种"不断探索，不断创新"的学术思想和学术生涯也会有更进一步的了解，同时也能给我们年轻人带来许多治学和为人上的启迪。我发自内心地谢谢您！

陆老师：我得谢谢你，你的采访其实也给了我跟大家进行间接交流的机会。我是随问随答，没有深思熟虑，不合适的地方在所难免，恳请大家批评指正。

目 录

上 篇　语言研究的基本要素

"构式—语块"句法分析法 / 176

会话新原则——应答协调一致性原则 / 191

关于隐喻和转喻 / 197

关于汉语方言语法的调查与研究 / 210

下　篇　现代汉语应用研究

当·代·中·国·文·学·学·家·文·库

卷

上　篇

语言研究的基本要素

语言研究的目的①

　　要了解并深刻认识语言研究的基本要素，有必要先了解一下语言研究的目的。

　　语言学，既是一门古老的学科，又是一门年轻的学科。说它古老，从世界上来说，语言学已经有两千来年的历史。我们知道，在世界上，有四个语言学传统。

　　一是古代中国语言学传统，它创造了辉煌的文字学、音韵学、训诂学。

　　二是古希腊－罗马语言学传统，主要从逻辑、哲学方面来研究语言问题，确立了西方句法研究的基本模式。

　　三是古代阿拉伯语言学传统，它是作为研究阿拉伯文化的一部分来开展语言研究的，主要研究语法，已经注意到书面语与口语的不同，词汇意义与语法意义的不同，重视构词的研究，"词根"这一术语就是从阿拉伯语法学中来的。

　　四是古印度语言学传统，主要是用经验的方

---

① 相关内容曾分别在中央民族大学、中山大学、浙江师范大学和日本东京大学大学院、韩国外国语大学校作过专题演讲。本文是在中央民族大学演讲稿基础上整理而成的。

法来研究语言现象，注重研究词的意义。

每个语言学传统都有两千来年的历史，这能说语言学不是一门古老的学科吗？那为什么又说语言学是一门年轻的学科呢？那是因为语言学真正为大家所了解，为社会所重视，是 20 世纪后半叶特别是进入 21 世纪后的事，而且随着人类社会进入信息科技时代，进入知识经济时代，进入世界经济一体化时代，语言学的地位将越来越高，社会对语言学的需求越来越大，甚至有人预言语言学将成为一门领先学科。

每个语言学传统都有自己的特点，但是无论哪个语言学传统，开始研究语言都是为了"解经"，即为了解释古代经典。大家知道，语言是随着社会的发展而不断发展变化的，后人阅读前人的著作，或会感到有某些困难，或会产生某些困惑。为了使今人能读懂并理解古代经典，就需要有人来研究语言，用今语来解释古语，并解释说明今人难以理解或感到困惑的字词语句，其中包括语音。拿我国古代语言学传统来说，我国古代研究汉语就是为了解释古代经典，所以注重音、义和相关的文字的研究。早在先秦两汉时代，就出现了语言文字研究的专著，那就是《尔雅》《方言》《说文解字》《释名》。

《尔雅》，这是一部对字词训释的汇编，作者不详，一般认为是秦汉间人所编，后不断有所补充，今本《尔雅》可说是成于众人之手。《尔雅》全书 1 万 3 千余字，收词共 4300 多个，分为 19 篇，即分为 19 个类别来对字词加以训释。举例来说，《尔雅·释诂》篇，列举一组组古人所用过的同义词，每一组的最后，作者用一个当时通行的词来解释。例如：

初、哉、首、基、肇、祖、元、胎、俶、落、权舆，始也。

再如《尔雅·释言》篇，对古代一些常用词进行解释。例如：

还、复，返也。

贸、贾，市也。

《尔雅·释训》篇，对描写情貌的词，特别是叠音词进行解释。例如：

穆穆、肃肃，敬也。

再如《尔雅·释亲》篇，对亲属称谓加以解释。例如：

男子先生为兄，后生为弟。

《尔雅·释草》篇，对植物的名称加以解释。例如：

笋，竹萌。

《方言》，全名为《輶轩使者绝代语释别国方言》，为西汉扬雄（公元前53—公元18年）所作。这是我国第一部汉语方言学著作，而且可以说是一部方言词汇比较研究的专著。例如：

亟、怜、憮、俺，爱也。东齐、海岱之间曰亟；自关而西秦晋之间，凡相敬爱谓之亟；陈、楚、江淮之间曰怜；宋、卫、邠、陶之间曰憮，或曰俺。（卷一）

《说文解字》，为东汉许慎（公元58—147年，一说公元60—125年）所著，简称《说文》。共收9353个正字，1163个重文。这是中国最早的一部字典，也是世界上最早的字典之一。方块汉字，有独体的，如"一、水、木、手"等；有合体的，如"字、折、肝、性"等。传统认为，独体为文，合体为字，"说文解字"之意便不言而喻。《说文解字》对所收录的每个汉字，都讲明字义、字形，阐明字形跟字义的关系或字形跟字音的关系。例如：

月，阙也，太阴之精。象形。凡月之属皆从月。[讲明是象形字]

炳，明也。从火，丙声。[讲明是形声字]

鸣，鸟声也。从鸟，从口。[讲明是会意字]

本，木下曰本。从木，一在其下。[讲明是指事字]

末，木上曰末。从木，一在其上。[讲明是指事字]

《释名》，为东汉刘熙（生卒年不详）所撰，收词1502个，体例仿《尔雅》，但训释词义的基本方法是声训。所谓声训，就是用同音或近音的词来释义，由此也探求了词的来源。例如：

尔，昵也；昵，近也。

光，晃也，晃晃然也。

土，吐也，吐生万物也。

后来，研究语言又增加了一个目的，那就是为了写作，即为了帮助人把文章写得好。

如今随着语言学地位的提高，对语言的研究已大大超出先前的研究目的。当今语言研究的目的主要有这样五个：

第一个目的是研究、分析、描写清楚语言的共时状况与历史发展。

第二个目的是对种种语言现象作出尽可能合理、科学的解释。

第三个目的是探索人类语言的共性和各个语言的个性特点。

第四个目的是加深对语言本质的认识,构建并逐步完善语言学及其各个分支学科的理论架构和体系。

第五个目的是为语言应用服务。

下面分别举实例加以说明。

一、研究、分析、描写清楚语言的共时状况和历史发展

语言研究的第一个目的是研究、分析、描写清楚语言的共时状况和历史发展。

所谓研究、分析、描写一个语言的共时状况,是说对某个语言发展长河中的某一共时平面,特别是当代共时平面的面貌,作出尽可能如实、详尽、清晰的描写。让人们清楚地知道该语言的某个发展阶段是个什么状况。这共时面貌大致包括:

(一)**语音面貌**——元、辅音状况,音节结构状况,语流音变状况,句调状况,以及整个韵律状况等;

(二)**词汇面貌**——词汇构成状况,造词与构词状况,词义系统,乃至一个个词的基本意义,以及一个个词的具体用法等;

(三)**语法面貌**——语法形态状况,词类状况,短语结构类型,句法规则,不同语义范畴的表达状况,各个句法格式的生成和使用规则等;

(四)**修辞面貌**——主要修辞手段,包括所谓的积极修辞手段和消极修辞手段等;

(五)**篇章面貌**——信息流及其结构特点,焦点类型与表现手段,话题类型与话题链接状况,篇章中的指称与回指状况,篇章连贯手段,篇章中的前景化与背景化状况等;

(六)**文字面貌**——就汉字说,常用字和非常用字(含多少、哪些),汉字部首,汉字笔画,汉字结构,汉字规范化状况(包括定量、定形、定音、定序)等;

(七)**方言面貌**——各方言的音系面貌,常用词面貌,构词面貌,

词类面貌，句类、句型、句式面貌，主从关系面貌，指代系统状况，语序面貌，不同的语义范畴，如数量范畴、领属范畴等的句法表现等。

（八）语音、语义、语法、修辞等诸方面互相制约、互相影响的状况

所谓研究、分析、描写一个语言（包括记录语言的书写符号文字）的历史发展，是说对某个语言（如汉语）的历史发展状况与发展轨迹，作出尽可能如实、详尽、清晰的描写。这主要包括：语音层面声韵调的发展变化、发展轨迹及其原因；词汇层面（包括造词、构词、词义和新旧词汇的更迭）的发展变化、发展轨迹及其原因，其中特别注意词汇化、语法化现象；语法层面的发展变化、发展轨迹及其原因，其中尤其得注意语法化和重新分析的现象；文字层面（就汉字来说）形、音、义的变化，以及汉字对汉语的影响。

无论共时平面或是历时平面的描写，以往有两个"非常不注意"——一个是，非常不注意语音、语义、语法、修辞、文字之间的互相制约与影响；另一个是，非常不注意词和句法格式用法的研究。今后特别需要注意这两方面的研究。

研究、分析、描写清楚语言的共时状况和历史发展，这是语言研究的基础性工程。语言研究其他目的的实现，都有赖于这一基础性工程所提供的研究成果。这是一项长期的、可以说是无止境的工程，因为语言是一种十分复杂的社会现象、心理现象、生理现象。到目前为止，人类对于语言的了解还是很少很少，认识更是肤浅，犹如海洋上漂浮的冰山，航海的人们看到它了，但只是看到了那冰山的一个角而已，更何况语言还在随着社会的发展而不断地发展变化。

二、对各种语言现象作出尽可能合理、科学的解释

语言研究的第二个目的是对种种语言现象作出尽可能合理、科学的解释。在语言文字里边有许许多多现象需要我们去作出解释。

（一）文字语音现象

【例字一】税、说、脱、悦

都是以"兑"为声符的形声字，为什么到今天读成声韵不同的音了？

【例字二】下面两组形声字其声符都是"高"：

（甲）"稿、搞、镐、篙、缟、槁"和"犒"以及"蒿、嚣"

（乙）"敲"

为什么（乙）组字腭化了，声母为舌面音〔tɕʰ〕了，而（甲）组字和作为本字的"高"却没有腭化，仍为舌根音（分别为〔k〕、〔kʰ〕、〔x〕）？

【例字三】下面四组字均含有"谷"〔ku〕（指"山谷"的"谷"）：

（甲）"裕、欲、浴、峪"〔y〕

（乙）"俗"〔su〕

（丙）"卻"〔tɕʰye〕（"却"的异体）

（丁）"豁"〔xuo〕

（甲）、（乙）、（丙）各组字均以"谷"为声符，为什么这些字以及"谷"本身，其声韵都不一样呢？（丁）组的"豁"为什么又是另一种读音？

（二）词汇现象

【例词一】"还"

现代汉语里的"还"既是动词，又是副词。作为动词读为 huán，意思可以分别表示：

返回原来的地方〔如：朝辞白帝彩云间，千里江陵一日还。〕

恢复原来的状态〔如：还他本来面目。〕

将借来的钱或物送归原主人〔如：还钱 ｜ 还书。〕

回报（报答或报复）别人对自己的行动〔如：还礼 ｜ 还一拳。〕

作为副词读为 hái（20 世纪三四十年代以及现在台湾地区的国语读为 huán），也可以表示多种意思——表示时间，表示追加，表示程度等等。请看：

表示继续，大致相当于"仍然"〔如：她还在上海工作。〕

表示早已如此〔如：她还在年轻时候就已经是一位有名的律师。〕

表示追加〔如：改完作业，还要备课，每天都 12 点以后才睡觉。〕

表示程度高，大致相当于"更"〔如：她比你还能干。〕

表示程度浅，勉强过得去〔如：相比之下，这个房间还干净。〕

大致相当于"尚且"[如：我还搬不动，何况你一个弱女子呢?]

表示语气——没想到居然如此[如：她还真能干!]

"还"跟"是"组合后，"还是"还能作表示选择的连词用。这些不同用法的"还"，其核心意义是一样的还是不一样的？如果是一样的，这么多的"还"怎么从动词"还"逐步语法化，发展成今天这个样子的？

【例词二】"看"

请先看例子：

他在看[kʰan⁵¹]西洋景。——用视觉器官感知客观事物

你去看[kʰan⁵¹]一下那儿的灾情如何。——视察

我去看[kʰan⁵¹]个朋友。——拜访

你别用老眼光看[kʰan⁵¹]人。——对待

那老大夫居然将她的病看[kʰan⁵¹]好了。——诊治

你去看[kʰan⁵¹]一下她回来没有。——了解

你看[kʰan⁵¹]明天会下雨吗？——认为，觉得

闻闻看[kʰan⁰]/尝尝看[kʰan⁰]——尝试

这些例子里的"看"是一个词，还是不同的词？如果看作一个词，如何解释它们在表义上的差异？如果看作不同的词，它们是否有内在联系？具体是什么联系？具体是怎么发展变化的？

【例词三】"前"、"借"、"下"

"前"，有时表示过去（如"前无先例 ｜ 前两天"等），有时表示未来（如"你要往前看，日子长着呢!"等），这是为什么？

动词"借"既可以表示"借进"（如"借了一本小说"），又可以表示"借出"（如"别借给他"），这是为什么？

"下海""下地狱"里的"海""地狱"是表示位移终点的宾语；可"下楼""下岗"里的"楼""岗"是位移起点的宾语。为什么动词"下"可以带相反方向的处所宾语？

（三）语法现象

【实例一】"形一名"偏正结构中用不用"的"的问题

为什么说到衣服，既可以说"脏的衣服"，也可以说"脏衣服"；而说到桌子，则只能说"脏的桌子"，却不说"＊脏桌子"？类似的情况

9

如，为什么说到粥、饭、馒头，既可以说"热的粥、热的饭、热的馒头""冷的粥、冷的饭、冷的馒头"，也可以说"热粥、热饭、热馒头""冷粥、冷饭、冷馒头"；但是说到鱼、肉、烤鸭，为什么只能说"热的鱼、热的肉、热的烤鸭""冷的鱼、冷的肉、冷的烤鸭"，却不说"＊热鱼、＊热肉、＊热烤鸭""＊冷鱼、＊冷肉、＊冷烤鸭"？（朱德熙1956，张敏1998）

【实例二】"把"字句的问题

为什么可以说"把那支笔递给我"，而不说"＊把一支笔递给我"，但又能说"我要他把橡皮递给我，他却把一支笔递给我了"？（马真1985）

再有，一般认为，"把"是现代汉语里的介词，口语、书面语都普遍使用；"将"是近代汉语遗留下来的介词，只用于书面语。有人注意到，在商品说明书和菜谱等一类说明性文字里，多用"将"，很少用"把"，这又为什么？（陶红印1999）

【实例三】"A（一）点儿！"祈使句式

为什么可以说"虚心点儿！""大方点儿"，不能说"＊骄傲点儿！""＊小气点儿"，但又能说"马虎点儿！""糊涂点儿"？（袁毓林1993）

【实例四】"得"字句

"那孩子的脸气得鼓鼓的"，可以说成"气得那孩子的脸鼓鼓的"；而跟这个句子极为类似的"那孩子的眼睛瞪得大大的"，却不能说成"＊瞪得那孩子的眼睛大大的"，这又为什么？

【实例五】动词重叠式问题

我们可以说：

（1）我去洗洗。

（2）你去洗洗！

但"洗洗"后面不能加"了"，不说：

（3）＊我去洗洗了。

（4）＊你去洗洗了！

但是，"去"前加个助动词"该"，"洗洗"后面就可以加"了"，可以说：

（5）我该去洗洗了。

（6）你该去洗洗了。

这又怎么解释？

【实例六】"是……的"句式。

请先看实例：

（1）a. 他这样做是合情合理的。

　　b. ＊他这样做是合情合理。

（2）a. ＊他这样做是偏听偏信的。

　　b. 他这样做是偏听偏信。

例（1）末尾必须加"的"，例（2）末尾绝对不能加"的"。这为什么？

诸如此类的现象与问题，都需要我们去作出尽可能合理而又科学的解释。

汉语是这样，其他语言也是这样。譬如大家所熟悉的英语，下面的现象也需要给以合理的、科学的解释：

【实例一】cut［切割］/ break［打破］/ destroy［毁坏］——属于同类词

（1）a. The bread cuts easily.

　　b. ＊The bread cut.

（2）a. The window breaks easily.

　　b. The window broke.

（3）a. ＊The building destroys easily.

　　b. ＊The building destroyed.

为什么呈现不同的情况？该怎么解释？

【实例二】send［赠送］

（1）a. Mary sent a book to John.

　　b. Mary sent a book to storage［仓库］.

　　c. Mary sent a book to the library［图书馆］.

11

（2）a. Mary sent John a book.

　　b. ＊Mary sent storage a book.

　　c. Mary sent the library a book.

　　例（1）、（2）是平行的，可是例（1）、（2）里的 a、c 句均成立，而倒（1）、（2）里的 b 句，情况不一，一个成立，一个不成立，这为什么？该如何解释？

　　对语言现象的解释，会有深浅的不同，这跟我们对该语言现象认识的深浅有关。这也可以举些例子来说明。

　　陆俭明（1988）发现，在双宾结构里，如果间接宾语是表示跟行为动作相关的人或事物位移终点的处所宾语，那么直接宾语一定得带数量词，否则就不能成立。例如"搁碗里三粒黄豆"，如去掉数量词"三粒"，"＊搁碗里黄豆"就不成立；同样，"盛碗里两条鱼"如果将其中的数量词"两条"删去，"＊盛碗里鱼"也不能成立。陆俭明（1988）对此是用"一定的语义范畴（数量范畴就是其中的一个）对一定的句法结构会起一定的制约作用"来解释的。这个解释也有一定道理，也有一定的概括性。但是，人们还会问：数量范畴为什么会对这类双宾结构起制约作用？沈家煊（1995）对此则从认知语法学的角度，用有界（bounded）、无界（unbounded）的理论作了进一步的解释。他指出，凡是有数量修饰语的名词组都是有界名词组，例如"两条鱼""四桶水""好些人"，而通指性的光杆名词不指称个体事物，因而是无界的，例如"（抽）烟""（乘）车""（吃）苹果"。有界动作在时间轴上有一个起始点和一个终止点，例如"（把鱼）盛碗里"代表的动作，起点是"开始盛"，终点是"鱼到碗里"。"盛碗里两条鱼"，在这话语里，盛的动作是有界的，"两条鱼"也是有界的，互相匹配，所以能说；"＊盛碗里鱼"，这里的"鱼"是通指，是无界的，跟"盛"这个有界的动作显然不相匹配，所以不能说。沈家煊的解释显然深于陆俭明的解释，换句话说，对于"搁碗里三粒黄豆""盛碗里两条鱼"这类双宾结构为什么其中的数量词不能缺少这一现象的认识，沈家煊（1995）要深于陆俭明（1988）。可是人们还要问：为什么当动词所表示的行为动作是有界的，就必须要求其所带的名词性宾语所表示的事物也得是有界的？陆俭明（2010）又用"语义和谐律"来作出解释。显然，对同一个现象的解释一层深似一层。

上面说到，现代汉语里形容词修饰名词有加"的"不加"的"的问题。这个现象是朱德熙先生（1956）最早发现的，朱先生对这一现象是用"形容词修饰名词有选择性"来解释的——现代汉语里的形容词直接修饰名词作定语时，对名词有选择性。而张敏（1998）用认知语言学的"象似性"（iconic，也称为"临摹性"）原则里的"距离准则"来作进一步解释。张敏的解释显然更加深化。

上述种种解释，既有助于推进语言的本体研究，也有助于语言应用，特别是语言教学。人对客观事物的认识可以说是无止境的，从这个意义上来说，我们对语言中种种语言现象的解释也将是无止境的。

三、探索人类语言的共性和各个语言的个性特点

语言研究的第三个目的是探索人类语言的共性和各个语言的个性特点。

当今世界语言学主要有三大流派——形式语言学派，功能语言学派，认知语言学派。形式语言学派，强调语法的天赋性、自主性；着重探索人类语言的机制，探索人类语言的共性。具体说，探索在以下三方面所共同遵守的原则：在句法运算系统上；在句法和语音的接口上；在句法和逻辑意义的接口上。同时探索各个语言的参数差异，即特点。功能派之"功能"即指语言的交际功能。功能学派的基本观点是，语言的交际功能既是我们研究语法的出发点，也是我们研究语法的归宿。"功能语法考虑的所有问题是'how grammars come to be the way they are?'而其答案是'由语言的交际功能所决定'。"（转引自张伯江 2005）有的学者甚至形成了这样的思想："用法先于语法"。（转引自方梅 2008）于是语言社会变异、语法化、话语篇章分析、语言类型、会话交际等都成为功能派感兴趣的研究领域。认知派他们认为，语言是人脑心智和人的认知能力的重要组成部分；语言的基本功能是象征。象征是使语言结构被赋予认知内容的一种基本手段——各种语法结构的类型，都可以看作是不同象征所造成的不同结构类型，而且认为这是有一定理据的，是可以验证的。诸如象似性（iconic, iconicity, 也称"临摹性"）、范畴化与非范畴化（categorization & decategorization）、意象与图式（imagery & schemata)、主观性与主观化 (subjectivity & subjectification)、隐喻与转喻 (metaphor & metonymy)、有界无界 (bounded & unbounded) 以及构式 (construction) 等，都是认知派所关注、研究的问题。

上述三大流派，都把探索人类语言共性作为自己的一个重要任务。只是探索的目标、要求以及期待值有所不同。

形式语言学派着重探索人类语言在句法运算系统上以及句法和语音、句法和逻辑意义的接口上的共性。例如，如果要表达"约翰将用筷子吃面条"这样一个意思，首先从假想的词库中取出已经进行了特征描写的一个个词项——表示"吃"这个动作的词项，表示"吃"这一动作的动作者（即施事）的词项（如"约翰"），表示"吃"这一动作的受事的词项（如"面条"），表示"吃"这一动作凭借的工具的词项（如"筷子"），表示"吃"这一动作未然态的词项或特征成分，等等；然后进行一系列的句法运作（如选择、合并、移位等），拼出可描写的结构；接着，那可描写的结构分别跟音韵接口、跟逻辑语义接口。形式语言学派就要探索从取出词项后到拼出可描写的结构这一运作上以及拼出的结构在跟语音、逻辑语义的接口上，各个不同的语言是不是存在普遍适用的共性原则，存在什么样的共性原则。

功能语言学派着重探索人类不同类型的语言所存在的蕴涵性共性 (implicational universal)。所谓蕴涵性共性，就是说，一些语言假定具有语言现象 p，那么这些语言也一定同时具有语言现象 q。举例来说，汉语和英语都有引出表示伴随者与事的介词或者说前置词——汉语是"和/跟/同/与"（下文以"和"为代表），英语是 with；但是汉语的"和"跟英语的 with 有不同的发展情况——汉语的"和"作为介词时，只起标引表示伴随者与事的作用，没有其他作用，但"和"又可以是连词，表示并列关系；英语的 with 则没有表示并列的连词用法，但英语的 with 作为介词，除了标引伴随者与事外，还可以标引工具、方式、原因等，例如：

(1) I cut the potatoes with a knife.　　　[引介工具]

(2) She greeted us with smiles.　　　[引介方式]

(3) I tremble with fear always.　　　[引介原因]

汉语和英语为什么会有这样的差异？原来这跟介词结构的位置有关。汉语的介词结构"和＋NP"位于主语和谓语动词之间，而英语的前置词结构"with＋NP"出现在谓语动词（包括其宾语）之后。正是这种位置上的差异造成了二者在语言类型学上的差异——多种语言的语言事实表明，如果那语言里标示伴随者的介词/前置词结构位于主语和谓语动词之间，那么其介词/前置词语法化的路径就如汉语那样；如果那语言里标示伴随者的介词/前置词结构位于谓语之后，那么其介词/前置词语法化的路径就如英语那样。（吴福祥 2003）

认知语言学派强调，语言是人脑心智和人的认知能力的重要组成部分；语言和客观世界不是直接联系的，中间要通过认知平面作为中介，所以语言的基本功能是象征，而且人的认知方式也必然会反映到语言中来。所以，认知语言学派着重探索人从对客观世界的认知所得，到通过言辞把这一认知所得表达出来而听话人能理解其意这一"编码－解码"过程的共性。譬如是否可以作这样一种共性设想：

> 说话者与听话者得在下列认识上取得一致才能进行正常、顺畅的交际：人对客观世界的认知将形成一个观念框架，这个观念框架一定投射为某个特定的语义框架，这个特定的语义框架又一定通过特定的构式来加以表达，这个特定的构式为能准确表述语义框架的内容，就在语言层面词库中选择最恰当、合适的词语，选择最恰当、合适的词语组合规则，最终形成交际需要的句子。

除了探索人类语言的共性，同时要探索某种语言不同于他语言的差异之参数。乔姆斯基的"原则与参数"理论为学界多数人认可。下面所引的话很值得一读：

> "多年来汉语研究中一直有两种倾向。一种是简单地搬用西方普通语言学来处理汉语，外文系出身的语言学者所取此路。另一种是强调汉语的特点，强调西方理论不足以处理汉语，中文系出身的汉学者或明白宣示，或心内思忖，实以此路为多。""两种倾向在某种意义上看有通病，就是其立足点实际上都只限于如何处理汉语，而不把处理人类语言的共性当作自己的任务。放弃对语言共性的探索，不仅使中国语言学逐渐落

后于西方语言学，差距越拉越大，而且也很难真正搞清汉语的特点。""西方语言学明确了在具体语言规律之上发现人类语言普遍规律的企图，立足点由具体语言转向了人类语言的共性。立足点的变化，使西方语言学发展得很快。与此同时，中国语言学始终立足于如何处理汉语，理论上没有新进展。""一个音节一个意义"的结构关联制约着汉语构词法的所有规则。这可以说是汉语的一个特点"，而这一特点"也是在更高层次的语言共性之中"。"个性与共性不是矛盾的，共性比个性的层次高。""语言共性是科学研究力图逐渐接近、希望能最终达到的目标。""一方面要明确，西方的普通语言学理论不过是建立在某些语言具体特点之上的、反映他们目前认识水平的工作假设。把这种假设当作唯一正确的原则来处理汉语，结果只能是跟在别人的后面打转转"。"另一方面，片面强调汉语的特点"，"否认语言共性，自动放弃对语言共性探究"，"亦不足取"，"它使我们无法与西方人站到同一条起跑线上"，而且使我们无法真正了解汉语的特点。

以上都引自王洪君（1994）《汉语的特点与语言的普遍性》一文。读此文章有助于我们对语言共性与个性问题的认识。

四、加深对语言本质的认识，构建语言学科的理论架构

语言研究的第四个目的是加深对语言本质的认识，构建和逐步完善语言学及其各个分支学科的理论架构和体系。

关于"语言是什么"这一问题，历来有许多说法，诸如语言是一种社会现象，语言是创造性的思想工具；语言是心灵最初的表达；语言是人类最重要的交际工具；语言是思维的物质外壳；语言是文化的载体；语言是音义结合的符号系统；语言是一个言语社团所能产生的全部话语；语言是类似生物性的自然现象；语言是精神的表现；等等。据说还有人认为语言是别人不问我清楚、别人一问我茫然的东西。（转引自吴刚 2006）乔姆斯基认为，以往一般所说的语言，特别是结构主义所认

识、说明的语言，该看作是外在性的（external）东西。可是实际上语言首先是具体实在地存在于心智/大脑中的自然客体（natural object）。乔姆斯基将可看作存在于心智/大脑中的自然客体的语言称为"内在语言"（Internal language，简称 I-language）；相对的，他将先前人们所认为的可看作声音和意义（简称"音义"）结合的符号系统的语言称作"外在语言"（External language，简称 E-language）。

到底语言该是外在语言还是内在语言？这既涉及今后研究的走向，也涉及整个语言学的理论框架的构建，所以必须深入研究，以便获得科学、合理的认识。就我们目前的认识，似较为合理的看法是，既应该将语言看作是内在语言，又应该将语言看作是外在语言。语言作为人的认知机能、认知活动的重要组成部分，语言该是内在语言，否则不好解释为什么思维必须凭借语言这一物质外壳才得以进行，更不好解释聋哑人何以有很好的思维活动，儿童为何一岁多一点就能哇啦哇啦地与大人对话。但是，一般人实实在在感觉到语言确实是一个音义结合的符号系统，就这一点说，语言无疑又是外在语言。这里顺带说一下，乔姆斯基强调语法的天赋性、自主性，功能语言学派和认知语言学派的学者普遍都持批判态度。实际上，乔姆斯基是就内在语言说的，而功能派、认知派是就外在语言说的。就内在语言而言，语法确实具有天赋性和自主性，这正是体现在乔姆斯基代表的形式派所持的人类语言普遍原则上；而就外在语言而言，语法确实不具有天赋性和自主性，它将随着社会的发展而发展变化，而促发演变的主要动因是语用，即言语交际过程。

不断完善语言学理论，不断更新语言研究的理论与方法，这是各个学派都孜孜不倦地追求的，因为这是一个学科得以建立和发展的关键。我们知道，从语言研究的角度看，对语言事实的考察和描写固然重要，但它毕竟只是研究的基础，还未达到真正意义上的科学研究；真正意义上的科学研究，必须对考察、描写所得的语言事实及其规律作出科学的解释，并进一步从中总结出具有解释力的原则，进而升华为理论，能用这些原则、理论来解释更多的语言事实。因此，语言研究的一个发展方向就是，在保证描写和解释充分性的基础上维护语言理论的一致性、独立性和完备性。所谓一致性就是指理论体系前后一致，没有矛盾的地方；所谓独立性是指理论中没有多余的公理，每条公理的存在都有独立的动因；而完备性是指所

有符合一定要求的定理都能从公理推出。(方立 1997:124~125)

应该看到,目前语言学领域里虽然有各种各样的理论,但是至今在语言学领域里还没有像数学和物理学那样,建立起有关人类语言的公理和定理系统。乔姆斯基认为,若要使语言学成为真正意义上的科学,其研究必须遵循自然科学的思想和方法;而当代的语言研究从本质上说,还是描写主义的,充其量只是一种分类科学。乔姆斯基认为自己是在朝自然科学的研究路子上走,而目前人们不认识、不承认用自然科学的研究思想和方法,这个情况犹如 19 世纪不承认化学科学一样。当初化学科学被认为是巫术,因为它的原子、分子以及分子结构、原子价等得不到物理平面的证实。直到 20 世纪量子力学、量子化学的诞生,才证明化学的假设是正确的、科学的,并表明 19 世纪不是化学而恰恰是物理学自己还没有发展到应有的水平。乔姆斯基认为,他的形式语言学目前的地位如同 19 世纪化学的地位。(Chomsky 1995,2002)乔姆斯基这些看法值得重视。不过,我觉得目前语言学恐怕还到不了 19 世纪化学的发展程度。

理论构建的更高境界是将一个个的局部理论进一步抽象概括,统一到更高层次的理论框架内,这如同众所周知的牛顿将由于受地心吸力造成物体落地的运动、由于受月亮和太阳的引力而产生的潮汐现象以及伽利略所假想的天体运行中的力[①],统一为"万有引力定律";爱因斯坦将微观世界的力学现象与牛顿经典力学(即有关宏观世界低速运动的力学)统一为广义相对论。语言理论的构建也得朝这一方向走。如今语言学离这一步还很远很远。

构建有关人类语言的语法的科学的理论框架,可以说是任重道远,需要一代又一代学者的努力探究与拼搏。

五、为语言应用服务

语言研究的第五个目的是为语言应用服务。

[①] 行星和卫星在轨道上运行,为何不会沿着直线向空间飞去,其中必定有一个原因,伽利略把这个原因假想为力。这就是著名的"伽利略假想"。

科学研究的最终目的都是为了应用，语言研究也不例外。语言分析与研究的目的之一就是为了有助于人们对语言的运用，而且无论是对正面的语言运用情况或反面的语言运用情况，能给以合乎情理的说明；是为了有助于人们对种种语言现象不但可以知其然，而且可以知其所以然。

特别值得注意的是，20 世纪后期到 21 世纪初，对语言的功用，有了新的重要的认识：语言，在当今社会已经成为人生的一大资源，关涉到个人、集体乃至国家的发展、生存问题。

正因为如此，所以现在语言研究越来越受到重视，需要运用语言研究成果的相关学科也越来越多，而且需求越来越迫切。因此，现在语言研究的实际需要已远远超出先前的目的。

我国是一个多民族、多语种的国家，有着丰富的语言资源。据先前中央民族大学 1998 年出版的戴庆厦主编的《20 世纪的中国少数民族语言研究》说，中国境内有五大语系（汉藏语系、阿尔泰语系、南亚语系、南岛语系和印欧语系），每个语系下还分为不同的语族、语支，具体语言有 200 种以上；2008 年孙宏开、胡增益、黄行主编的《中国的语言》具体描写了 129 种语言。中国不仅语言繁多，而且不管是汉语、藏语、苗语、景颇语、状语、蒙古语、维吾尔语等，语言之下都还有众多复杂的方言；因此中国可以说是一个有着语言富矿的国家。可是，我国虽然是一个有着语言富矿的国家，虽然我国对语言的研究有悠久的历史，也有辉煌的成就，尤其在文字、音韵、训诂方面，可没有走出国门，没有能对世界语言学的发展产生强有力的影响。这应该作为一大问题来研究。

但是也应该看到，20 世纪 50 年代后，特别是 80 年代之后，我国语言研究——无论是民族语言研究还是汉语研究；无论是汉语史研究还是现代汉语研究和方言研究；无论是汉语的本体研究还是汉语的应用研究，都飞速发展。促使我国语言研究飞速发展的一个重要因素就是应用研究的需要。

一般说到一个国家的发展，人们首先想到或关注的是经济的发展情况；人们来衡量一个国家的综合国力如何的时候，首先也是看这个国家的经济实力如何，这是因为经济是一个国家发展的基础，发展的命脉。

可是经济，却离不开作为经济支柱的四大要素，即资金、技术、人才和资源。这里值得大家注意的事实是，时代发展到今天，语言也已经成为一种可以被进一步开发利用的非物质资源——对国家来说，特别是对像我们这样的多民族国家来说，语言已成为一种软实力，成为一种关系到国家稳定的一个重要因素；对个人来说，语言已成为与他人竞争的一种重要条件。有例为证：

【例一】语言是资源，可以衍生为财富。据媒体报道，英国仅语言教育和语言服务所创造的收入每年就高达 130 亿欧元。

【例二】语言水平的高低与工资的高低相关。《解放日报》曾发表过这样一个调查报告，语言水平分上、中、下三等，上等者的工资可以是下等者的工资的 3 倍至 5 倍。

根据我国社会现实和将来发展的需要，汉语的应用研究当前须加强以下五个方面的研究力度：

一是为国家制定良好的语言规划、语言政策所需的语言应用研究；

二是为母语教学所需的汉语应用研究；

三是为汉语作为第二语言/外语教学所需的汉语应用研究；

四是为适应信息科技发展所需的汉语应用研究；

五是为适应其他学科领域所需的汉语应用研究。

下面逐一加以扼要说明。

（一）关于为国家制定良好的语言规划、语言政策所需的语言应用研究

就一个国家来说，制定好适合国情的语言规划，制定好适合国情的语言政策，对国家的稳定与发展，意义重大，必须重视。

从某种意义上说，语言是一个民族的象征。目前世界上，单一民族国家很少，多数是多民族国家，起码是双民族国家。作为一个多民族或双民族国家或联盟，语言状况、语言问题不能不注意。特别是如今语言已成为一种关系到国家、单位、个人生存与发展的非物质资源，所以国家也好，民众也好都要注意语言生活中方方面面的关系。处理好这些关系，解决好可能已经存在或可能会发生的语言生活方面的矛盾，将有利于国家的稳定与发展。国外的历史事实告诉我们，一些高层面的语言问题，从来都会关涉到国家的政治和政策。很多国家，因为语言的问题而造成动荡，乃至分裂与战争，如早先的巴基斯坦的东巴、西巴发生分裂；苏联解体后引发格－俄战争、造成格鲁吉亚最后出现分裂，乌克兰内部矛盾不断等。出现上述情况的因素之一就是语言问题。也有在语言政策上处理得成功的例子，那就是新加坡。新加坡——据 1996 年新加坡年鉴，全国领土 647.5 平方公里。据 1997 年调查，全国人口总计 310 万，其中华人 77.2％，马来人 14.1％，印度人 7.4％，其他民族 1.3％。在 1965 年独立时，华人比例还高，达 80％多。可当时李光耀政府鉴于自己的国情（新加坡是一个刚从马来西亚独立出来的城市国家，必须走向世界），实行了英明的语言政策——以马来语为国语（体现在国歌用马来语），以英语为第一语言（包括政治语言、经济语言、教育语言），同时实行双语政策。这一语言政策帮助新加坡迅速崛起，在 20 世纪 80 年代一跃为亚洲四小龙之一，而且至今经济强劲。以上事实说明了语言问题的严重性，语言问题的重要性。总之，从国家发展战略的高度看，怎么研究处理好语言生活中方方面面的关系，尽可能减少矛盾，努力缓和已有的矛盾，这非常重要。

我国的语言文字政策是比较好的，是成功的。但我们还是应该看到，我国是一个人口众多的多民族国家，而且东西部、城乡的发展极不平衡，汉语方言又极为复杂，因此在我国语言生活中，需要更慎重地处理好语言生活中方方面面的关系。重要的如：

> 汉语和少数民族语言之间的关系；
>
> 普通话和方言之间的关系；
>
> 语文教学和外语教学之间的关系；
>
> 外语教学中英语教学与其他语种教学之间的关系；
>
> 语文教学中白话文和文言文之间的关系；
>
> 国内汉语教学和海外汉语教学之间的关系；
>
> 汉字繁简之间的关系；等等。

研究、处理好这些关系，将大大有利于国家语言规划和语言政策的制定，有利于国家的稳定与发展。就拿汉语和少数民族语言之间的关系来说，我国宪法和《中华人民共和国国家通用语言文字法》都明确规定，"各民族都有使用和发展自己的语言文字的自由"。但有一个事实不能不看到，由于历史所造成的东西部经济发展的不平衡，大多数少数民族地区的经济落后于汉族集居的东部沿海地区；广大少数民族的兄弟姐妹们，特别是年轻人，越来越认识到要改变自己家乡的落后面貌，要发展本民族的经济、科技、文化，得走出家园，向发达地区学习——学文化，学科技，学管理；而要向发达地区学习，就得学习、掌握好汉语。这是少数民族自身的要求。但是，如果我们操之过急，处理不当，就可能会好心办坏事——也会有可能在少数民族语言跟汉语之间产生一些新的矛盾。怎么处理与协调好少数民族语言跟汉语之间的关系与矛盾，促进其和谐发展，这也是要好好研究的课题，也是汉语应用研究的一个重要方面。而这方面的研究将为政府有关部门制定更为合理、具体的语言政策和语言教育措施提供科学依据。再拿普通话和汉语方言的关系来说，大家知道，方言的存在，给全民族的自由交际带来极大的不便，甚至造成不必要的麻烦。为使我们的社会能有效地协调与运作，使我们社会的政治、经济、文化、科技等各方面能飞速发展，我们迫切需要一个规范的、为全体汉民族都能接受的现代汉民族共同语。新中国成立后，百废待举，当时工农业生产水平很低，文化科技极为落后，文盲占全国人口的 85％以上。为了实现政治经济的高度统一，保证政令、军令畅通，增进全国各省各地区之间的交流，为了普及文化，国家及时地将文字改革工作和汉语规范化工作提到议事日程上来。1955 年 10 月，"全国文字改革会议"和"现代汉语规范问题学术会议"同时举行，会议一致同意将现代汉民族共同语定名为"普通话"，并将普通话定义为"以北京语音为标准音，以北方话为基础方言，以典范的现代白话文著作为语法规范的现代汉民族共同语"。1956 年 2 月 6 日，国务院发布《关于推广普通话的指示》，作为政府行为明文确认上述"普通话"的名称及其含义，从而确立了普通话的合法地位，并在全国范围内成功地推广了普通话。普通话的推广，对加强国内各省市的交流，促进国内经济政治和科技文化的交流与发展，对推动我国语言文字规范化工作，提高全民族文化教育水平，起到了不可估量的重要作用。但也毋庸讳言，普通话的推广不仅使某些方言迅速变异，而且使有些次方言处于濒危境地，从而引发了普通话与方言之间的矛盾。之前有一阶段在网上、媒体上进行的有关这个问题的讨论中，甚至有人提出了"保护方言"的口号，这都反映了这方面的矛盾。应该看到，中华民族那悠久灿烂而又多姿多彩的文化有相当一部分是靠方言传承的。推广普通话的最直接的目的是人人都能听、说普通话，以便于口头交际，而不是要消灭方言。这一点在《关于推广普通话的指示》里是说得很明白的。但怎么做到一方面要始终如一地积极推广普通话，一方面还是要保留有地方特色的方言，以确保带有地方色彩的中华文化得以保留和传承？这是现代汉语应用研究的一个重要方面。这方面的研究成果将会为政府有关部门制定更为合理、具体的推普措施提供科学依据。

总之，上述我国语言生活中的方方面面的关系和问题，必须妥善处理，而要做到这一点，必须由相关的语言应用研究理论为指导，必须由相关的语言应用研究成果来支撑。

（二）为汉语母语教学（即语文教学）所需的汉语应用研究

一个人的语文素养和语文能力的重要性，可以从一文一理两位著名学者的言论中看出来：著名语言学家吕叔湘先生说：

> 学好语文是学好一切的根本。

著名数学家苏步青教授说：

> 如果说数学是学习自然科学的基础，那么"语文则是这个基础的基础"。

吕叔湘、苏步青二位学者的看法应成为我们语文教育的最基本的指导思想。

一般说，我们评价一个人的语文修养与语文水平，主要是就他的书面语修养和水平而言的。一个孩子进学校学习，从小学到中学，在语文方面主要是要学习、掌握文字，学习、掌握好书面语。这样，他才能读书，才能不断接受高素质的教育，包括科技教育、文化教育、品德教育，他才能用娴熟的书面语来表达自己的意见。书面语学好了，口语的表达能力也会相应地提高。而书面语的掌握主要不是靠习得，而是靠学得。根据上述观点，语文教学的目的和任务具体说应该是：

> 第一，"帮助学生学习、掌握好书面语"，以逐步培养学生全面综合的语文能力。
> 第二，让学生获得一定的文学素养，并逐步养成以健康的

审美情趣和文化品味来鉴赏文学艺术作品。

第三，使学生不断受到真善美的教育与熏陶。

上述三个任务中，最核心、最根本的是第一个任务，即培养学生全面综合的语文能力。语文教育的定位就应该定位在"逐步培养学生全面综合的语文能力"上。这种全面综合的语文能力具体体现在以下三方面：

第一，在语言理解方面，无论听或者读，能一下子抓住对方表达的主要内容，具有获取新的信息和知识的能力。具体说，首先能基本听懂、看懂；再进一步，能一下子抓住人家的讲话或书写文本所表达的主要内容；更进一步，能品鉴一席讲话、一篇文章，它好，好在哪里，不好，不好在哪里。

第二，在语言表达方面，无论说或者写，具备运用汉语、汉字在自己的工作、学习范围内完成传递信息、表达自己思想情感的能力。具体说，首先能做到文从字顺，条理清楚，词语的运用和标点的使用基本正确；再进一步，要求在语言表达上做到得体、到位；更进一步，能懂得在什么场合、什么情景，当表达什么意思时，需要选用什么样的文体框架，什么样的词语，什么样的句式，什么样的句调、语气。

第三，具有实际的纠错、修改的能力。无论是看别人的或自己的文字，能凭语感初步判断一个词语使用的好坏，一个句子运用的正误与好坏，并能有改正的能力。要知道，从某种意义上说，文章不是写出来的，而是改出来的。

语文能力和语文素养的培养，按说通过 12 年中小学的学习就应该基本完成这个任务。但是由于我国语文教学一直以来都没有能定好位，再加上其他种种原因，没有能很好完成它所应该完成的教育任务，普遍存在中小学生不爱上语文课，甚至厌倦语文课的状况，整个社会的语文素养普遍不高，并有下降的趋势。

为什么会出现学生不爱上甚至厌倦语文课的状况？社会的语文水平、语文素养滑坡是怎么造成的？怎么改变这种状况？原因是多方面的，需要从多方面去思考与努力。就我们从事汉语教学与研究的人员自身来说，过去关注、研究不够。要解决语文教育问题，必须以科研引航。换句话说，需要汉语应用研究成果的支持。

（三）为汉语作为第二语言/外语教学所需的汉语应用研究

汉语作为第二语言或者说作为外语教学（过去我们称之为"对外汉

语教学"下面为行文的方便，就都简称为"汉语教学"），从学科的角度说，它是以汉语言文字教学为基础的，关涉到汉语言文字学、应用语言学、教育学、心理学、文学以及文化、艺术和其它某些学科等多学科的交叉性学科。汉语教学的基础性教学是汉语言文字教学。汉语教学最直接的目的是要让国外汉语学习者学习、掌握好汉语。因此，汉语教学的指导思想是，怎么让外国汉语学习者能在最短的时间里尽快学习、掌握好汉语。20世纪80年代以来，我国经济腾飞，综合国力不断提高，国际地位日益提升，这使世人对中国刮目相看。随之而来的，世界各国学习汉语的人越来越多，而且持续升温。特别是从2005年7月中国在北京举行首届世界汉语大会以来，汉语教学发生了很大的变化，开始变"招进来"为"招进来"和"走出去"并举；开始变对外汉语教学为对外汉语教学与国际汉语教学并举。客观现实告诉我们，如今汉语跟世界已息息相关。如同中国人要走向世界那样，世界各国的朋友们要走出国门进到中国来，而汉语就成了互相沟通的桥梁。汉语教育事业出现了前所未有的好形势。

但是，我们也应该清醒地看到，我国全面开展汉语教学的历史毕竟还不是很长，在这方面还缺乏成熟的经验；汉语教学的方方面面的问题，甚至某些基础性的问题，还缺乏必要而又深入的研究，还缺乏冷静、科学的思考；世界各国通向中国的友谊之桥"汉语桥"也毕竟才开始兴建；世界上学汉语的人，虽然越来越多，但总人数还是很少，而且学习者中多数，甚至可能是极大多数，还只是将汉语作为第二外语甚至作为第三外语在学习，或者只是业余学习；至于汉语在国际上的话语权，可以说很少很少——虽然汉语是联合国的工作语言之一，虽然将汉语作为母语使用的人口居世界所有语言之首，但是从全世界不以汉语为母语的人来学习、使用汉语的角度来说，汉语在国际上只是一个非常弱势的语言。显然，汉语教学的发展形势给我们汉语教学带来了极好的机遇和极大的挑战。所谓极好的机遇，是说汉语教学将要大发展，要大踏步走向世界，汉语教师将大有用武之地；所谓极大的挑战，是说汉语教学应该说还是一门新兴学科，我们现有的汉语教师的数量和素质，我们现有的汉语教材，我们现有的有关汉语和汉语教学的研究成果，我们现有的教学模式和方法，我们现有的汉语教学评估与汉语测试手段，都远远不能满足汉语教学发展的需要。这就需要我们用科学的态度、以科学发展观来对待汉语教学，加强汉语的应用研究，以便使汉语教育事业健康地向前发展，脚踏实地地让汉语走向世界。

（四）为信息科技、具体说为自然语言信息处理所需的语言应用研究

21世纪是一个高科技迅速发展的信息时代。作为人类文明的历史，已经经历了两个大的时代——农业时代和工业时代；现在又正逐步进入一个新的时代，那就是高科技迅速发展的信息时代。21世纪的高科技，主要指信息技术、生物技术、纳米技术、材料技术、能源技术、环保技术和航天技术等。而所有高科技研究的进行和开拓，无不依赖于信息科技，特别是计算机。所以也可以说，21世纪的高科技将以信息科技为先导、为龙头。

从发展方向来看，信息科技的主要任务是逐步实行数字化、网络化、智能化。其中最难达到的理想境地是智能化。所谓"智能化"，就是要使计算机具有一定的自学和思维的能力，以便能更好地帮助（甚至能逐步代替）人来从事由信息转化为知识、由知识转化为信息的工作。信息科技的智能化，有赖于多方面知识的支持，其中语言知识是关键性的。因此，在着手进行研制智能机的任务中，国际上都不约而同地以自然语言处理（Natural Language Processing）为切入点。在自然语言处理系统的研制队伍里都有语言学家参与。所谓智能机，也就是指能像人一样会思维的计算机，使用这种计算机以实现机器翻译与机器辅助翻译、信息检索与信息提取、专业术语提取与术语定义自动生成、文本分类与聚类、自动文摘与文献述评、词典计算机辅助编纂，以及采用自然语言会话方式的人工系统界面等，进而实现人机（人与计算机）对话，包括人机笔谈。而要计算机能思维，必须把人的语言规则形式化，并使之可计算，输入到计算机中；而所输入的语言规则要求充分而准确。如果输入的规则有错误，或者不全面，不严密，都会严重影响计算机对自然语言的理解，计算机也就不能说出人所能听得懂的语言。而要做到这一点（这当然也有个过程，不可能一步到位），需要语言学家的帮助，需要语言研究成果的支撑。

自然语言处理，具体到汉语，就称为"中文信息处理"（Chinese

Language Processing）。中文信息处理，目前进展到句处理阶段，基本与世界各国自然语言处理处于同一水平。目前句处理已经成为国际自然语言处理学界所要攻克的共同堡垒。句处理的主要内容是，怎样使计算机理解自然语言（如现代汉语，下同）的句子的意思，又怎样使计算机生成符合自然语言规则的句子。"让计算机理解自然语言，必须克服一系列障碍。第一个必须攻克的堡垒就是自然语言的歧义。"（詹卫东2000）此外，虚词的解读，以及隐喻、影射、引用典故、遣词造句的形象化、夸张、双关、拟人化和省略、代词的回指等的识别与求解，也都是必须逾越的障碍。（俞士汶、曲维光、王治敏、苏祺、金澎2007）可以想见，"句处理"所需要的不只是语言知识，而且将涉及人类的整个文化科技知识。单就语言知识而言，也将会涉及语音、语义、语法、语用等诸方面的综合性的知识，因为人用语言向对方表达自己的思想、看法、情感，或者从对方的话语中准确理解对方的思想、看法、情感，都需经过一个复杂的编码或解码的过程，而在这个编码或解码的过程中事实上要调动各种各样的因素，单就语言这个角度说，起码也得调动语音、语义、语法、语用等各方面的因素。

很显然，中文信息处理最终都需要依赖可靠的汉语知识来驱动计算机正确处理自然语言（汉语）。而现有的关于汉语的知识远远不能满足中文句处理的需要。因此说，中文信息处理是汉语应用研究可以大有作为的一个领域。

（五）为适应其他学科领域所需的语言应用研究

现在，越来越多的学科领域需要语言研究成果的支持，除上面提到的之外，又如辞书编纂、广告语言设计、语言治疗、语言文字鉴定等。这里只就法律语言研究问题说些看法，因为今天当务之急是要加强法律语言的研究。

我们知道，法律语言是民族共同语在法律事务领域运用的一种功能变体。20世纪80年代之后，我国越来越强调依法治国，逐步进入法治社会，在立法、司法等方面有明显的进展。各种法律、法规不断涌现，人们也开始学会用法律武器来维护自己的合法权益，这应该说是个十分可喜的现象。国家的法律、法规关系到国家的利益，也关系到每个公民的切身利益。因此，法律、法规极具严肃性。作为立法语言，最基本的要求是准确、规范、严密、简明，没有二义性，而且还得符合法律规范。举例来说，先前我们常常会在报纸杂志上或电视里看到"嫌疑犯"一词，现在则一律用"犯罪嫌疑人"的说法。须知，"犯罪嫌疑"不等于"犯罪确认"；而在犯罪未确认之前，不能称被告为犯人，只能称之为"犯罪嫌疑人"。因此，这一改动就符合法律语言规范。

但是应该看到，目前我们出台的法律、法规，多数在语言文字上存在比较多的问题。正如北京市政法委段桂青同志在 2008 年 5 月 17 日举行的"首届全国法律语言规范化研究学术会议"上的致辞中所指出的，"在法律、法规、司法解释、法学论著及司法执法实践中，诸多法言法语表述不准确、不严谨、不规范等现象和问题还时有发生，虽然这是我国法治逐步走向完善过程中的产物，但这类现象和问题不仅给学法、用法守法带来一定的缺憾，同时也影响到法律的权威和立法、司法、执法部门的形象"。而于 20 世纪 90 年代颁布的规范政府行为的行政法律《中华人民共和国行政处罚法》《中华人民共和国行政诉讼法》《中华人民共和国行政复议法》《中华人民共和国消费者权益保护法》《中华人民共和国国家赔偿法》和 2001 年颁布的新婚姻法《中华人民共和国婚姻法》，以及其他一些法律，已有文章批评指出，不仅有些条文表达不清楚，而且还存在着"成分残缺"、"搭配不当"、"词语误用"、"使用模糊词语"、"句式使用不当"和"生造词语"等语病。（周晓林 2002、2003，刘红婴 2002，姜庭惠 2003，邹玉华 2008）例如：

消费者在购买、使用商品和接受服务时享有人身、财产安全不受损害的权利。（《中华人民共和国消费者权益保护法》第 7 条第 1 款）

这里的"和"就用得不合适——事实是，不是说"购买""使用商品""接受服务"这三者合在一起时才"享有人身、财产安全不受损害的权利"，而是说无论"购买""使用商品"或"接受服务"，都应该"享有人身、财产安全不受损害的权利"。因此上述条款里的"和"应该改用"或（者）"。

值得注意的是，甚至我国的根本大法宪法，也存在着逻辑、语法、用词等方面的语病。宪法是国家根本大法，是制定其他一切法律的依据，其语言文字的规范化程度更应严格要求。现行《中华人民共和国宪法》

（以下简称《宪法》）共历经四次修订，分别是 1988 年、1993 年、1999 年和 2004 年，应该说在语言文字表述方面日趋严谨，不过从语言文字规范化这一更高的要求出发来审视现行《宪法》的语言文字，不能不遗憾地指出，也还存在问题。下面略举几例（娄开阳、陆俭明 2009）。

【例一】《序言》第 12 段第二句是：

> 中国坚持独立自主的对外政策，坚持互相尊重主权和领土完整、互不侵犯、互不干涉内政、平等互利、和平共处的五项原则，发展同各国的外交关系和经济、文化的交流；……

现代汉语中可以说"发展……关系"，但是不说"发展……交流"。原句宜改为："……，发展同各国的外交关系，加强同各国经济、文化的交流"。

【例二】"序言"第 13 段最后一句是：

> 全国各族人民、一切国家机关和武装力量、各政党和各社会团体、各企业事业组织，都必须以宪法为根本的活动准则，并且负有维护宪法尊严、保证宪法实施的职责。

这是一个很长的复句，以"活动准则"后的逗号为界，包含两个分句。前后分句之间表示递进关系。前后分句主语相同，都是由一个联合词组（"全国各族人民、一切国家机关和装武力量、各政党和各社会团体、各企业事业组织"）充任，只是后一个分句的主语承前省略了。前一个分句主语和谓语的搭配没有问题；后一个分句主语和谓语的搭配就出了问题——"全国各族人民"跟"负有……职责"就不能搭配，因为"全国各族人民"不是一个职务名称，不存在"负有职责"的问题。

【例三】第 103 条第 1 款：

> 县级以上的地方各级人民代表大会常务委员会由主任、副主任若干人和委员若干人组成，对本级人民代表大会负责并报告工作。

该款中的"主任、副主任若干人"容易造成歧义：既可理解成"主任"一人和"副主任"若干人，也可理解为"主任"和"副主任"均有若干人。为避免歧义，宜改为："县级以上的地方各级人民代表大会常务委员会由主任一人、副主任若干人和委员若干人组成，对本级人民代表大会负责并报告工作。"

目前我国的立法语言问题不少，司法语言的问题更多。王洁教授（2005）曾指出，在法庭上，在控辩双方的司法辩论中，有的法官，有的律师，甚至不懂得"提问该遵守什么法则"。而"大众传媒界的广播电视法制栏目和报刊法制宣传文章中，法律语言应用失范的现象时有发生"。

法律语言研究涉及多方面内容——语言与法律的关系问题，法律语言学的学科建设问题，法律文本中的语言规范问题，法律活动中语言的应用和规范问题，法律语言研究成果转化问题，等等。当然，当务之急还是立法语言的规范问题，包括法律术语的规范问题。法律语言研究无疑是现代汉语应用研究的一个重要方面，而且这一领域可以说是属于未开垦的处女地。

以上所述说明，语言应用研究大有可为，有广阔的前景，而且任重道远！

参考文献

戴庆厦主编. 20 世纪的中国少数民族语言研究. 太原：书海出版社，1998

方立. 数理语言学. 北京：北京语言文化大学出版社，1997

方梅. 由背景化触发的两种句法结构——主语零形反指和描写性关系从句. 中国语文，2008（4）

姜庭惠. 新《婚姻法》语用质疑. 语言与法律研究的新视野. 北京：法律出版社，2003

刘红婴. 立法技术中的几种语言表述问题. 语言文字应用，2002（3）

娄开阳，陆俭明. 论立法语言中的技术问题，修辞学习，2009（3）

陆俭明. 现代汉语中数量词的作用. 《语法研究和探索》，北京：北京大学出版社，1988（4）

陆俭明. 修辞的基础——语义和谐律. 当代修辞学，2010（1）

马真. "把"字句补议. 现代汉语虚词散论. 北京：北京大学出版社，1985

沈家煊. "有界"与"无界". 中国语文，1995（5）

陶红印. 试论语体分类学的语法学意义. 当代语言学，1999（3）

王洪君. 汉语的特点与语言的普遍性. 缀玉集. 北京：北京大学出版社，1994

王洁."依法治国"语境下法律语言研究的科学发展观.语言文字应用.2005（3）

吴福祥.汉语伴随介词语法化的类型学研究.中国语文.2003（1）

吴刚.生成语法研究.上海：上海外语教育出版社，2006

俞士汶，曲维光，王治敏，苏祺、金澎.机器学习与自然语言处理.周志华，王珏主编.机器学习及其应用2007.北京清华大学出版社，2007

袁毓林.现代汉语祈使句研究.北京：北京大学出版社，1993

詹卫东.面向中文信息处理的现代汉语短语结构规则研究.北京：清华大学出版社，南宁：广西科学技术出版社，2000

张伯江.功能语法与汉语研究.见刘丹青主编《语言学前沿与汉语研究》.上海：上海教育出版社，2005

张敏.认知语言学与汉语名词短语.北京：中国社会科学出版社，1998

周晓林.行政法律语病例析.语言文字应用，2002（3）

周晓林.法律条款慎用模糊词语，语言与法律研究的新视野.北京：法律出版社，2003

朱德熙.现代汉语形容词研究.语言研究，1956（1）

邹玉华.论立法文本中"有下列情形（行为）之一的"句式的规范.语言文字应用，2008（4）

Chomsky，N. Language and Nature，*Mind*. 1995（104），1－61

Chomsky，N. *On Nature and Language*，Cambridge：Cambridge University Press. 2002

重视语言事实的挖掘与描写[①]

引　言

　　我国的语言研究已经有两千多年的历史，无论是汉语研究还是少数民族语言研究，已有不少研究成果，这为今后我国的语言研究奠定了基础。但是，我们对语言的了解还是很少，还是很肤浅，即使对汉语也是如此，这正如于 2005 年 4 月 11 日至 13 日在石家庄举行的"中国语言学发展战略高级论坛"上许多专家学者所指出的，现在我们所了解的汉语可能只是冰山的一角。事实告诉我们，已有的研究成果无论是对推进语言理论的建设，还是服务于语言应用，都远远不能满足需要。更值得注意的一点是，到目前为止，在国际语言学论坛上很少有我们的声音。我们还没有真正融入国际语言学主流，并真正对语言学理论产生大的影响。要使中国的语言学真正走向世界，我国的语言研究，我们的汉语研究，都必须

---

① 原文发表在《汉藏语学报》2007 年第 1 期。收入本书时有所修改。

不断突破与发展。

根据以往的语言研究实践，总结前辈语言研究的经验教训，语言研究要深入，语言学要发展，当然需要多方面的支持，但是主要有赖于两个方面：一是要不断挖掘和发现新的语言事实。这是基础，是永恒的研究课题。二是要不断更新和完善研究的理论与方法，以不断推进语言研究的发展。这是一个学科得以建立和发展的关键。这里只就第一个方面，即语言事实的挖掘和描写方面谈些看法。

一、语言事实的挖掘与描写的重要性

传统的西方语法有规定主义色彩，提倡正规、纯洁、符合逻辑的用法标准，排斥不符合这种标准的"粗鄙"用法。比如在英语中，按规定主义观点表语应该用主格形式，不应该用宾格形式，所以 a 正确，b 不正确：（杨成凯 1996）例如：

a. It is I.

b. ＊It is me.

进入 20 世纪索绪尔时代，提倡对语言实际使用的调查描写。"描写"这个词随之成为语言学者笔下的常用词，出现了以描写语言事实为宗旨的"描写语言学"。而以客观地描述人们实际用法为宗旨的"描写语法"也就随之取代了过去的"规定语法"。（杨成凯 1996）20 世纪 50 年代后，乔姆斯基生成语法理论风靡全球。乔姆斯基强调对存在于人脑/心智的语言能力和语言机制的研究，所以在提出"转换生成"观点的同时，强调语言研究的"三个充分"，即考察的充分性，描写的充分性，解释的充分性。由此他将语言理论区分为描写性理论和解释性理论，并认为语言理论应该从描写性上升到解释性的境界。在这"三个充分"中，对"解释的充分性"的强调，无疑使语言研究在结构主义语言学的基础上大大向前跨越了一步。这是语言研究所要实现的一个重要的目的。可是无论在国外还是在国内，一时片面地理解乔姆斯基这三个"充分"，只对"解释的充分性"感兴趣，并纷纷著文论道。先前结构主义时代，几乎一味描写，缺乏"解释"，语言研究当然有很大的局限与不足。现在，开始对"解释"特别重视，特别感兴趣，这是完全可以理解的，但是走到另一个极端，忽视对语言事实的考察和描写，这就不合适了。我们看到，美国《语言》杂志开始感觉到这种倾向的弊端，所以在 20 世纪末开始呼吁要重视考察、挖掘和发现新的语言事实，该刊物于 1996 年第 3 期以编辑部征稿的形式，公开征求"语言描写报告"。征稿短文里有一段话有必要转引在这里（译文转引自《国外语言学》1997 年第 3 期）：

> 对语言与语言用法进行描写，是描写语言学的一项中心任务。关于人类语言能力、交际信息能力、语言历史的更高层次的概括，无不依赖于语言描写。对于理论研究来说，语言描写报告也起过重要的作用。Gumperz & Wilson（1971）对印度 Kupwar 村语言并合现象的描写与研究，导致人们对语言借用和谱系关系互不相干的观点作重新思考。Derbyshire（1977）对句子以宾语起头的一种语言的描写，导致类型学对明显的普遍现象的解释可能要改写。Hale（1973）对澳大利亚一种语言的语音典型形式所作的报道，使人们对音韵学中可学性问题重新思考。Stewart（1983）关于非洲诸语言元音和谐系统的研究，迫使人们重新思考用以说明元音和谐现象的一些特征。总之，语言描写报告可对现行理论研究有所贡献。

这一段征稿短文充分说明了语言描写的重要性，同时也说明美国语言学界 20 世纪 90 年代开始又重新重视对语言事实的描写。最近我们高兴地看到，乔姆斯基（Chomsky 2004）在展望 21 世纪语言学发展动态时也强调指出：语言学的发展会呈现"描写性的特点"，而在理论解释方面"可能不会有长足的进步"；而要做到超越解释的充分性，最好先做好描写的工作。

总之，新的语言事实的挖掘和发现，对于推进语言研究会起很重要的作用。而新的语言事实的挖掘和发现，对于汉语研究的突破与发展来说，带有根基性的意义。这里需要指出的是，对语言事实的描写是我们语言研究的永恒的课题，而且永远是第一位的。我们这样说，一点儿也不过分。语言事实不考察、描写清楚，你解释什么？这里我不妨举一个上古音研究方面的例子，来说明事实的重要。我先声明，我不研究上古音，对上古音可以说一窍不通。这里我只说个情况。2004 年下半年，中国台湾中研院龚煌城教授应邀来我们北京大学汉语语言学研究中心

（现改名为"北京大学中国语言学研究中心"）作有关汉语上古音的系列学术演讲，也可以说是上课，一周两次，一次两个小时。龚煌城先生是蜚声海内外的著名语言学家，他在西夏语研究、汉语音韵研究、汉藏语比较研究和历史比较语言学研究等方面都有突出的贡献。尤其是他的西夏语研究，可以说是海内外独步，令人瞩目；他的汉藏语比较研究，成绩卓著，举世公认。大家知道，对于汉语上古音，自从瑞典汉学家高本汉提出构拟以来，海内外各家对汉语上古音的构拟众说纷纭，谁也说服不了谁。这次龚煌城教授来讲课，我大多都听了，我虽不是很懂，但还是听得很有味儿，特别是在方法论上很受启迪。龚教授在讲授中，说了那么一个意思（这是笔者根据对龚教授演讲内容的理解而择要概括的，如有误由笔者负责）：

> 汉语上古音的构拟，有很大分歧，如汉语上古音韵母系统有几个元音，每个元音的音值如何，有无长短的区别，汉语上古音有没有三等介音 j，上古汉语有没有复辅音等，都有不同意见。大家所依据的材料，大多是汉语的资料，如诗经用韵、古代韵书、形声字、反切、读若、现代方言等。如果我们继续以这些资料为依据来讨论上古音的构拟问题，会有所进展，但很难有所突破，很难取得更多的共识。现在不妨换一个角度，不妨运用汉藏语的语言资料来观察观察，分析分析。首先得了解，从宏观上说，汉藏语的历史发展大致如下：

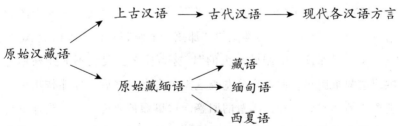

接着，龚教授就以大量的藏语、缅甸语、西夏语以及汉藏语系里的其他语言的语料，从时间性和系统性两方面对上古汉语元辅音的构拟，具体如元音有多少，实际音值如何，有无复辅音等问题，提出了不少新的构拟见解。龚教授以新的材料、新的方法获得了新的看法。龚教授的新的构拟意见如何？大家可以讨论，也可以持不同的意见。但是，我想指出的是，龚教授的见解不是随意得出的，你不能笼统地说"我不同意"；要否定龚教授的意见，我想，你一定得从以下几个方面反驳。

第一，或者以事实，或者从理论上，论证根本就不存在汉藏语系，汉语跟藏语、缅甸语、西夏语等不是一个语系。这实际涉及这样一个根本性问题：汉藏语的比较究竟能否用于上古音的构拟研究？

第二，或者以事实证明龚教授所举的藏语、缅甸语、西夏语等语言的例词，跟汉语相对应的词不属于同源词。这实际涉及这样的问题：我们应该怎样辨别和确定汉藏语同源词？汉藏语同源词认定的前提是什么？汉藏语同源词研究的终极目标是什么？

第三，或者以事实证明龚教授所依据的汉语上古音系统、他所修订的原始藏缅语语音系统和他所构拟的原始汉藏语语音系统不合理。但这必须回答：合理的上古音系统应该是什么样子的？其合理性如何加以检验？

第四，或者以事实证明龚教授所举的藏语、缅甸语、西夏语等语言的同源词例，其语音描写不准确，音义对应关系搞错了。但需要回答：可靠的同源词有哪些？我们能够找到多少真正的同源词？

我举龚煌城教授讲课的例子是想说，提出一个新观点、新理论得有事实依据，否定一个已有的观点、理论也要有事实依据。

再说，语言研究的目的之一是要探求人类语言的共性和各个语言的个性特点，而这只有在充分调查了解各种语言的基础上才能达到。

以上说的都是宏观方面的问题。即使是一个很小的、很具体的语言现象，譬如"那孩子的脸气得鼓鼓的"，可以说成"气得那孩子的脸鼓鼓的"；而跟这个句子极为类似的"那孩子的眼睛瞪得大大的"，却不能说成"*瞪得那孩子的眼睛大大的"，这为什么？我们不能光根据上面提供的这两个例句，而得充分调查这类语言事实之后，才能作出令人较为满意的解释和令人较为满意的回答。这里顺带要说一下，当你拿到一个语言研究课题，首先要做两件事：第一件事查阅文献资料，看看先前是否有人做过这方面的研究。不要自己闷头研究了半天所得结论前人早已说过了，这不就白费劲儿了吗？第二件事就是搜集语料，语料多了就容易分析总结出规律性的东西来。当然，语料的多少是相对的，再怎么搜集也不可能穷尽，但是应该说越多越好。

我们常常听到许多年轻学子说，语言事实还能挖掘出什么，前辈学者已经挖掘得差不多了。这是不了解语言现象复杂性的幼稚想法。拿汉语来说，且不说汉语方言还有大量的调查任务，就普通话来说，其实无论语音、词汇、语法等，具体实情大都还不是很清楚。拿汉语语音来说，现代汉语的句调是个什么情况？目前可以说是谁也不清楚。拿词汇来说，经历代学者的研究分析，一个个词的基本词义大多是清楚了，但它们的具体用法，可以说基本上不清楚。外国学生学习汉语，造成用词毛病的主要原因，不是他们不了解词的基本意义，而是不了解词的具体用法，特别是不了解一个个词使用的具体的语义背景。（马真 2008）而语法方面也同样还是处于不是很清楚的状况。随便举例说，"把"字句该是研究得最多的了，但至今没有搞清楚什么情况下必须用"把"字句，什么情况下绝对不能用"把"字句。再说，英语里回答是非问句，一上来就得说 Yes 或者 No，接着作具体说明。汉语则不是这样，大多数情况并不是一上来先说个"是"（包括"行""对""好"等）或"不"（包括"别""别介""哪里"等），而是直接作具体回答。那么什么情况下需要先说"是/不"，什么情况下绝对不能说"是/不"？这对母语为汉语的中国人来说，似无须了解，也不会有错；可是这对外国学生来说则太需要了。而要搞清楚，首先得考察、描写相关语言事实，这样才有可能得出结论并提供给对外汉语教学界参考。

最后还需指出，无论哪个学科领域，理论的修正与创新，离不开新的具体事实的不断挖掘与发现。语言学科也不例外，语言理论的修正与创新，也离不开语言事实的不断挖掘与发现。

二、新的语言事实之一——显性的语言事实

不断挖掘和发现新的语言事实，这是语言研究的基础，因为语言研究的目的之一，就是要把语言的实际情况让人们了解清楚，从而更有效地来驾驭这个工具，为我们的交际服务。

所谓新的语言事实或语言现象，实际上可以分为显性的语言事实、语言现象和隐性的语言事实、语言现象这两种类型。这里先说显性的语言事实、语言现象。

所谓显性的语言事实、语言现象，是指原先尚未发现或尚未注意的

语言事实、语言现象。这里不妨举四个具体例子。

【实例一】关于名量词"位"的特殊用法

大家都知道，汉语里有一个用于人的名量词"位"。辞书上，语法书上，讲汉语量词的论著里，在谈到这个量词"位"时，都这样说，这个量词只用于人，含敬称之意，不能用于说话人自身一方。譬如，我们不说：

(1) ＊我们系就我一位没有博士学位。

(2) ＊我们三位都来自上海。

最近发现了一个新情况。有一次请日本客人上酒楼用餐。我们一进门，服务员就热情迎上前问："请问几位？"我脱口而出："我们五位。"等我们坐定下来，有一位日本朋友问我："您刚才说'我们五位'，现在'位'也能用于自己一方？"我当即回答说："啊哟，我可没有想过这个问题。不过，如果我说'我们五个'反而觉得别扭。"当时就这样过去了。可是我就开始留意这个问题了。结果实地调查发现，在这种语境里将近94％的客人会用"位"。后来我又专程向晁继周、方梅、张伯江请教，他们三位教授都是北京人，都是北京大学中文系汉语专业毕业的，都是从事现代汉语研究的，都在中国社科院语言研究所工作，他们都说，可以这样用，而且如果不用"位"而用"个"反而不顺口。我们互相切磋的结果是，在回声应答的情况下，对方如果用了"位"，答话也随声附和用"位"；不用"位"反而不自然。张伯江还提出了一个佐证：狗，可以论只，也可以论条。如果有人问："你家养了几条狗？"应声回答时总会说："两条。"而不怎么会说"两只"。可是，如果有人问："你家养了几只狗？"这时回答总会应声说："两只。"而不怎么会说"两条"。这样看来，在面对面的交际中，现代汉语似存在着"应答协调一致性原则"。这一会话原则在格赖斯（Grice 1967）、勃朗和列文森（Brown. P ＆ Levinson. S 1978）和利奇（Leech 1983）所谈的会话原则、礼貌原则里都没有谈及这种情况，他们都是从会话的实际内容上来说的。如果日后考察到其他语言也存在这样的语言事实从而确信语言中存在"应答协调一致性"这条原则，那么这条原则的得来，就是建筑在新的语言事实的挖掘上的。（陆俭明 2007a）

【实例二】汉语社团具有心理现实性的语法单位到底是字还是词？

徐通锵先生（1994a，1994b，1997）提倡"字本位"理论，认为汉语语法的基本结构单位是字，而非目前一般人认为的词或语素。其重要论据是，像词、语素等在我们汉语社团心理上不具有现实性，而"'字'才是汉语社团具有心理现实性的结构单位"，因此"汉语句法的基本结构单位是'字'，而不是'词'"。这是"字本位"理论的最核心的观点。对于徐先生的"字"本位理论，有人赞赏，认为说得有道理；有人不同意，认为字只是记录汉语的符号，不是语言本身的东西，不能作为语法的基本单位。这里不讨论如何认识和评论"字"本位理论的问题。这里只想说，认为像词、语素等在我们汉语社团心理上不具有现实性，而"'字'才是汉语社团具有心理现实性的结构单位"，这事实根据是什么？

2007年，在一个偶然的情况下，促使我对口吃现象进行了一些调查，结果发现一个很有意思的现象：除了单音节词外，凡目前大家公认的双音节词或多音节词，口吃的人说话时，音节的重复、停滞或拖延，一定不会发生在词的最后一个音节上，也一定不会发生在一句话的最后一个音节上。请看：

(1) 我我我本本本想想想多多多看看看几几几本本本书。
　　[句末的单音节词"书"不重复、停滞或拖延]

例（1）包含的词都是单音节词。除了最末了的一个词之外，每个词都可以出现音节重复、停滞、拖延的现象。一换成双音节词，情况就不一样。请看：

(2) a. 我我我本本本来打打打算多多多查查查阅两两两本本本书。

　　 b. *我我我本来来来打算算算多多多查阅阅阅两两两本书。

　　 c. *我我我本本本来来来打打打算算算多多多查查查阅阅阅两两两本本本书。

(3) a. 昨昨昨天我我我们参参参观了北北北京科科科科技博博博览览会。

　　 b. *昨天天天我们们们参观观观了科技技技技博览会。

　　 c. *昨昨昨天天天我我我们们们参参参观观观了科科科技技技博博博览览会。

例（2）有单音节词，又有双音节词；例（3）都是双音节词或三音节词。按目前一般的认识，认为"我""本""想"等是词，"我们""本来""打算""博览会"等也是词。例（1）-（3）表明，口吃的人说单音节词时，原则上除了句末那个词之外，每个词在音节上都可以重复、停滞、拖延；而说双音节或三音节词时，那么音节重复、停滞、拖延只出现在词的末尾一个音节之前的音节上，词结尾的那个音节不能重复、停滞、拖延。上述口吃的人的口吃情况，也是语言事实。这一语言事实似乎很难断定，在口吃人的心里，汉语语法结构单位到底是字还是词。但是，如果我们作这样的假设：单音节词也包含两个语素，只是一个是实语素（用 X 表示），一个是零形式语素（用 ∅ 表示）。这样，不同音节数的词可以分别描写为：

单音节词："$X_a \varnothing_b$"；

双音节词："$X_a X_b$"

三音节词："$X_a X_b X_c$"

这样一来，我们可以说，口吃的人在说话时，其音节的重复、停滞、拖延都出现在词中靠前的语素音节上，不在词的末尾那个语素的音节上。如果这样的假设可以被接受，那么从口吃现象说明，在口吃的人的心目中，"我、想、看"和"我们、本来、打算、查阅"以及"博览会"等都看作同等作用的单位。由此看来，我们不能轻率地断定汉语社团社会心理就一定只有"字"这种单位，而没有"词"这样的单位。当然，叫不叫"词"这个名称，那是次要的。我们承认"词"这个概念来自西方语言学，但这不等于非得承认汉语社团社会心理中没有词这一句法结构单位。上述汉语口吃者的言语表达也是一种语言事实。

【实例三】吴县老东山话里的"阿VP?"疑问句

吴语苏州话里有"阿VP?"疑问句，前人早有描写和论述，但看法有分歧——赵元任（1928）、汪平（1984）认为吴语里的"阿VP?"疑问句是"是非问句"，其中的"阿"的功用相当于北京话里的"吗"；而朱德熙（1985）认为吴语里的"阿VP?"疑问句是"反复问句"（或称"正反问句"），"阿"是个表示疑问的副词。这样，吴语的"阿VP?"疑问句一直存在一个归属问题。

我是吴县东山人。东山是太湖中的一个半岛，离苏州不到 90 公里；

东山话（俗称"山朗闲话"）是吴语的一个次方言，跟"吴侬软语"的苏州话，虽有明显的差异①，但就疑问句类型说，接近苏州话，突出的一点也有"阿VP？"疑问句。2004年年底我回上海，与我老母亲的一次随意的谈话引发我重新思考吴语里的"阿VP？"疑问句的归属问题。在那段对话里，我母亲先后用了三种带"阿"的问话形式：

（甲）（NP）阿好？（例：俭明，倷身体阿好？［俭明，你身体好不好？］）

（乙）（NP）阿好［lʌ⁷²²］（例：俚阿好［lʌ⁷²²］［她好吗？］）

（丙）（NP）阿好［ȵie⁷²²］？（例：葛么俚现在身体到底阿好［ȵie⁷］？［那么她现在身体到底好不好呢？］）

这也就是说，老东山话里带"阿"的疑问句可以有（甲）、（乙）、（丙）三小类，可以分别码化为：

（甲）（NP）阿VP？

（乙）（NP）阿VP［lʌ⁷²²］？

（丙）（NP）阿VP［ȵie⁷²²］？

这三小类疑问句跟表追究性疑问语气的副词"到底"共现情况的不同引起了我的思考。这里有必要先交代一下表追究性疑问语气副词"到

---

① 东山话（俗称"山朗闲话"）跟"吴侬软语"的苏州话，除了整个说话的语调、势态有很大不同外（苏州话很软，东山话很硬，"很拗"），突出的是：（一）遇摄鱼虞韵知章组三等字韵母都是［ɿ］，而不像苏州话那样是［ʮ］。如"猪、著、除、书、住、输"。（二）效摄韵母都是［ɔ］/［iɔ］，而不像苏州话那样是［æ］/［iæ］。如"好、桥"。（三）止开三等字和蟹合一等字韵母都是［ei］，而不像苏州话那样是［E］。如"碑、堆"。（四）在声调上，苏州话是7个调，调值如下：（钱乃荣1002）

阴平 44　江飞天青　　　阳平 223　人云前逃
阴上 51　懂纸好九
阴去 412　对去到快　　　阳去 31　路共同梦
阴入 55　脚各作黑　　　阳入 23　局陆吃肉

老东山话上声分阴阳，所以有8个声调，调值跟苏州话也不完全相同，具体如下：

阴平 44　江飞天青　　　阳平 32　人云前逃
阴上 41　古走口草　　　阳上 33　老有是近
阴去 313　对去到快　　　阳去 23　路共同梦
阴入 55　脚各作黑　　　阳入 22　局陆吃肉

底"的使用特点。"到底"以及属于同类的"究竟"在语义指向上有一个特点，那就是它们一定而且只能指向实在的疑问成分。（陆俭明 1997）因此，在北京话里，"到底"、"究竟"不能用于是非问句，不管句末有没有疑问语气词"吗"，因为是非问句的语段成分里不含有实指的疑问成分。例如不能说：

①＊你到底/究竟去（吗）？

②＊这桔子到底/究竟甜（吗）？

"到底"、"究竟"只用于"非是非问句"，包括特指问句、选择问句和反复问句，不管句末有没有疑问语气词"呢"。例如：

③a. 他们到底/究竟去哪儿（呢）？

   b. 他们到底/究竟是去广州还是去深圳，还是去厦门（呢）？

   c. 他们到底/究竟去不去广州（呢）？

这说明，在疑问句中使用表追究性疑问语气的副词"到底"、"究竟"的先决条件是疑问句中必须含有除了疑问语气词之外的实指的疑问成分。这个情况具有普遍性，各个方言都是如此。

现在看老东山话里（甲）、（乙）、（丙）三小类"阿 VP?"句式与表追究性疑问语气副词"到底"的共现情况。

（甲）类"（NP）阿 VP?"疑问句能跟表追究性疑问语气副词"到底"共现。例如[1]：

④葛么葛个电影侬到底阿想看？

【那么这个电影你到底想不想看？】

⑤侬搭［ŋ³³］说实话，侬到底觉着葛个房子阿好？

【你给我说实话，你到底觉得这个房子好不好？】

（乙）类"（NP）阿好［lʌ²²²］?"疑问句不能跟"到底"共现，老东山

---

[1] 所举老东山话里的例句，其咨询人除了我老母亲（1906年生）外，还有两位；一位是我大哥，1927年生，22岁离开家乡，现居住在上海，但还是一口东山话；另一位叫张阿三，是我儿时邻居家的朋友，与我同岁，1935年生，至今还居住在东山叶巷。

话里没有下面的说法：

　　⑥＊葛么葛个电影俫到底阿想看［$l_A^{?22}$］？

　　【＊那么这个电影你到底想看吗？】

　　⑦＊俫搭［$ŋ^{33}$］说实话，俫到底觉着葛个房子阿好［$l_A^{?22}$］？

　　【＊你给我说实话，你到底觉得这个房子好吗？】

（丙）类"（NP）阿 VP［$nie^{?22}$］？"疑问句可以跟表追究性疑问语气副词"到底"共现。例如：

　　⑧葛么葛个电影俫到底阿想看［$nie^{?22}$］？

　　【那么这个电影你到底想不想看呢？】

　　⑨俫搭［$ŋ^{33}$］说实话，俫到底觉着葛个房子阿好［$nie^{?22}$］？

　　【你给我说实话，你到底觉得这个房子好不好呢？】

以上所述可列如下表：

"阿"疑问句类型	跟"到底"共现
（甲）（NP）阿 VP？	＋
（乙）（NP）阿 VP［$l_A^{?22}$］？	－
（丙）（NP）阿 VP［$nie^{?22}$］？	＋

　　上述语言事实表明：（甲）类和（丙）类带"阿"疑问句里的"阿"是一个实指的疑问形式，可以认为这里的"阿"相当于北京话里的表示反复问的疑问形式；（乙）类带"阿"疑问句里的"阿"，其作用相当于北京话里的疑问语气词"吗"；至于句末的语气词"［$l_A^{?22}$］"绝对不是疑问语气副词，因为老东山话里根本就没有"＊VP［$l_A^{?22}$］？"疑问句，譬如绝对不说：

　　（10）＊葛个电影俫想看［$l_A^{???}$］？

　　【＊这个电影你想看吗？】

　　（11）＊［$ŋ^{33}$］得身体好［$l_A^{?22}$］？

　　【＊你们身体好吗？】

以上所说可列如下表：

"阿"疑问句类型	"阿"的性质	"阿"的功用
（甲）（NP）阿 VP？	表反复问疑问形式	反复问标记
（乙）（NP）阿 VP $[l_A{}^{r22}]$？	表加强疑问语气的语气副词	相当于"吗"
（丙）（NP）阿 VP $[\eta ie^{r22}]$？	表反复问疑问形式	反复问标记

上述结论就是在考察、挖掘吴语语言事实的基础上得出的。有人可能会问：（甲）、（丙）类疑问句里的"阿"跟（乙）类疑问句里的"阿"，语音形式、书写形式、语法位置完全一样，可是你却分析为不同性质的言语要素，即分析为同音而不同作用的两个功能性成分，这可以吗？关于这个问题，我们认为从理论上来说完全可以。朱德熙先生（1961，1966）对"的（de）"的分析与处理（将"的"分析为副词性后加成分、形容词性后加成分和名词性后加成分三个"的"），英语语法学中对后缀-ly 的分析和处理——分析为副词性后缀和形容词性后缀，对后缀-s 的分析和处理——分析为表示名词复数的词缀和表示第三人称单数动词现在时的词缀，就是这样做的。（陆俭明 2007b）

【实例四】关于"像 χ 似的"的切分问题

"像木头似的"这种比况性结构可以概括为"像 χ 似的"。这个结构层次切分，到底是下面的（A）还是（B）？汉语语法学界有不同的意见，而且各自都能说出若干理由来支持自己的意见。

A. 像 / χ 似的（像 /木头似的）

B. 像 χ/似的（像木头 /似的）

陆俭明（1982）曾经根据该结构与"跟 χ 一样"这一结构从意义到形式具有一系列平行现象的情况，认为"像木头似的"宜采用（A）"像 / 木头似的"这样的切分。后来有学者发现了下面这样的语言事实：

（1）像个猪似的

这位学者用这个例子证明对"像 χ 似的"的切分，宜采用（B）切分，而不宜采用（A）切分。（邢福义 1987）根据是什么呢？根据是目前一般语法书里所谈的这样一条规则："数·量·名"结构作宾语，如果其数词为"一"，而且句子意思并不强调数量，那么"一"可以省略不说。"像个猪似的"实际是"像一个猪似的"的省略形式。按上述"一"的省略规则，无疑应将"像一个猪似的"切分为"像一个猪／似的"，这样就让"一个猪"直接作"像"的宾语，于是就好解释那"一"为什么可以省略；如果切分为"像／一个猪似的"，那"一个猪"并不直接作"像"的宾语，那么"一"的省略就不好解释，因为不符合上述关于"一"的省略规则。

如果现代汉语里的语言事实只是如上所述，那么"像个猪似的"这一结构确实得采用 B 切分。可是，过后不久，我们又发现了下面这样的语言事实：

（2）他例行公事似的查了位旅客的证件，突然发现那证件上的照片跟通缉令上的照片是那样的相像，不由得抬头注视着那位旅客。（报）

（3）今天不知怎么的，心里慌慌的，做什么事都定不下心来，刚拿起新来的《文艺报》，看了篇书评的开头，就又放下了……。（刊）

例（2）"一位旅客"并不是直接作动词"查"的宾语，它是"查"的宾语中心"证件"的定语成分；同样，例（3）"一篇评论"也不是直接作动词"看"的宾语，它只是"看"的宾语中心"开头"的定语成分。可是，"一位旅客"和"一篇评论"虽不是直接作动词的宾语，开头的数词"一"却也都省去了。这一语言事实说明，数词为"一"的"数·量·名"结构并不是非得直接处于宾语位置时，那数词"一"才可以省去不说；只要数词为"一"的"数·量·名"处于一个结构的开头，而那个结构处于宾语地位，"全句没有突出或强调数量的意思"，那数词"一"也有可能会省去不说。下面的例子进一步说明了这一点：

（4）忽然，她看见只松鼠在松树上偷偷地望着她。
（忽然，她看见一只松鼠在松树上偷偷地望着她。）

（5）突然，他发现个孩子在铁道上坐着……。
（突然，他发现一个孩子在铁道上坐着……。）

例（4）"看见"的宾语是一个小句，那小句应该是"一只松鼠在松树上偷偷地望着她"，其中的"一"省去了；同样，例（5）"发现"的宾语也是一个小句，那小句应该是"一个孩子在铁道上坐着"，其中的"一"

— 45 —

也省去了。上述语言事实不仅说明"像个猪似的"这个例子不足以推翻对"像χ似的"采取（A）切分的看法，而且还帮助我们去修正原先有关数词"一"省略的规则，"数·量·名"结构直接处于宾语位置时数词"一"才可以省去的结论，而且还将促使我们去进一步研究这样的问题：当"一＋量词＋名词语"为主语的小句作动词的宾语时，在什么情况下"一"可以省去不说，在什么情况下"一"不能省去（如："我认为一个人要有点自知之明。"这个句子里作"认为"宾语的小句"一个人要有点自知之明"头上的"一"就不能省去）？

上述四个实例有力地说明了语言事实对推进语言研究的重要性。

三、新的语言事实之二——隐性的语言事实

上面说的是显性的语言事实，现在说说隐性的语言事实。什么叫"隐性的语言事实"？

首先我们得了解，科学发展史告诉我们，一般所谓的"事实"有真伪之分。例如，在中世纪，欧洲教会势力很大，坚持地球中心说，认为太阳是绕着地球转，其根据是太阳天天从东方升起，从西方落下。在当时几乎在所有人眼里，这是事实，而实际情况不是这样，实际是地球绕着太阳转。"地心说"所说的事实是"伪事实"，"日心说"所说的事实才是真事实。由于事实有真伪之分，所以所要挖掘的事实，就有显性事实和隐性事实之分。所谓隐性的事实，是指客观现象原先就发现了，但先前只是表面看问题，而今才有符合实际认识的事实或现象，"日心说"所指事实在当时就属于隐性的事实。语言事实也有显性和隐性之分。隐性的语言事实是指这样一种语言现象："某种语言现象原先可能就发现了，但先前只是表面看问题，而今才有符合实际的认识"。下面举些实例来说明。

【实例一】关于现代汉语里的存在句

下面举的句式是大家所熟知的句式——存在句。请先看下面的实例：

  （1）台上坐着主席团

    床上躺着病人

    门口站着许多孩子

    ……

（2）墙上挂着画

门上贴着对联

头上戴着帽子

……

这些句子就是通常所谓的存在句。对于这类存在句，汉语语法学界已经讨论得很多很多——文章近百篇，专著也有几部。但是如果站在今天的认识高度，现代汉语中这种存在句有许多问题还需要我们去作出进一步的思考与解释：

第一，例（1）各句的施事，即一般所谓的域外论元，怎么跑到动词后面去了？

第二，例（2）里的动词是二元动词，其受事论元在动词后作宾语，但是，为什么动词的施事论元在这种存在句中没有出现，而且也不能出现？

第三，语言事实告诉我们，假如同为述宾结构，如果宾语的语义角色不同，所表示的语法意义就会有差异。例如：

（3）a. 吃苹果 ［宾语为受事］

b. 吃大腕 ［宾语为工具］

c. 吃食堂 ［宾语为处所，一说方式］

d. 吃环境 ［宾语为目的］

例（3）a-d的动词后的语义角色各异，所表示的语法意义也各不一样。那么为什么在存在句里宾语的语义角色可以不一——例（1）里的宾语为施事，例（2）里的宾语为受事，而所表示的语法意义却一样，都表示存在，表静态呢？

生成语法学派也注意到了这个问题，想了各种办法试图来解释这一现象，但都难以自圆其说。譬如有人说，那是因为前面有个处所成分，这就压抑了动词的施事——如果是只有动词，那么施事得移到动词之后；如果是既能有施事、又能有受事的动词，那么施事就不能在句中出现。（潘海华1997，储泽祥1997）但人们还要追问：为什么句首出现了处所成分就会把动词的施事压抑住了呢？为什么"那书房里确实看见过一只老鼠"，句首是处所成分，而动词的施事仍然能在句中出现？请看：

—— 47 ——

（4）那书房里确实看见过一只老鼠。

↓

那书房里<u>我</u>确实看见过一只老鼠。

可能的回答是，例（1）、例（2）是存在句，例（4）不是存在句。可是人们又得问：为什么存在句句首出现了处所成分就会把动词的施事压抑住了呢？

有人用"动词涵变"的说法来解释，说存在句里的动词已经都变成表示存在的一元动词了，使动词的论元结构发生了变化，从而导致了句法上的变化。（顾阳1997）这里且不说动词是否发生了涵变，这种解释本身有循环论证之嫌——例（2）存在句施事为什么不能出来？因为其中的动词从二元动词涵变为一元动词了。你怎么知道这里的动词发生了从二元动词到一元动词的涵变？因为它们出现在了存在句。这岂不循环论证吗？

事实上，对于存在句，我们不能用常规的眼光，即不能按照生成语法学里的论元结构理论来判断它，实际上这是一种特殊的句式，这种句式从语义配置上来说，不能再用"施事""受事""动作"这一套语义学术语来说明，而应该看作"存在处所—存在方式—存在物"这样的语义配置。换句话说，例（1）"主席团"和"坐"之间虽然有"施事—动作"的潜在关系，但在这个存在句里，凸显的不是"施事—动作"的关系，而是"存在物—存在方式"的关系。同样，例（2）"挂"和"画"之间虽然有"动作—受事"的潜在关系，但在例（2）"墙上挂着画"这个存在句里，凸显的不是"动作—受事"的关系，而是"存在方式—存在物"的关系。

上面举的存在句的例子说明，"主席团"和"坐"之间，就语义关系说，在某个场合，如在"主席团刚坐下，会议就开始了"的句子中，是"施事—动作"的关系；在例（1）"台上坐着主席团"那种存在句里，则是"存在物—存在方式"的关系；同样，"挂"和"画"之间，就语义关系说，在某个场合是"动作—受事"的关系（如"张三正在挂大红灯笼"），在某个场合则是"存在方式—存在物"的关系（"大门口挂着两个大红灯笼"）。现代汉语里的存在句也可以看作是隐性的语言事实。

【实例二】关于"芯儿蛀了的"这一"的"字结构

"芯儿蛀了的",这是个"的"字结构,这是早为人知的事实。不过一般是怎样分析这个结构的呢?一般认为,在句法关系上,这个"的"字结构是由主谓词组"芯儿蛀了"跟"的"形成的"的"字结构;在语义关系上,"芯儿"和"蛀"之间是受事和动作的关系。大家都知道,朱德熙先生(1978)曾创建了关于"动词性词语 + '的'"这种"的"字结构歧义指数理论,并建立了一个数学公式,叫"VP 的"歧义指数公式[①]:$P = n - m$(P 代表歧义指数,n 代表"VP 的"内 V 的配价数,m 代表 V 的配价成分在"VP 的"内出现的个数)。其计算方式是:当 $P = 0$ 时,"VP 的"不能作主语,只能作定语,如"张三游泳的"("游泳"是一价动词);当 $P = 1$ 时,"VP 的"能作主语,也能作定语,作主语时不会产生歧义,如"张三参观的 | 参观联合国大厦的"("参观"是二价动词——前者只能指称"参观"的受事,后者只能指称"参观"的施事);当 $P \geq 2$ 时,"VP 的"能作主宾语,能作定语,作主宾语时会产生歧义,如"吃的"("吃"是二价动词——既能指称"吃"的施事,也能指称"吃"的受事)。"芯儿蛀了的"这一"的"字结构里只出现了动词"蛀"的受事"芯儿",动词"蛀"的施事未出现,按照朱德熙先生的"VP 的"歧义指数公式与理论,"芯儿蛀了的"这个"的"字结构按理应该指称未在 VP 里出现的、作为动词"蛀"的施事的蛀虫。可是事实上当人们说"芯儿蛀了的",听话者想到的不会是蛀虫,而是跟芯儿相关的梨、李子、桃子什么的,即芯儿的领有者。可见,原先,即目前一般人对于"芯儿蛀了的"这类"VP 的"的内部语义关系的分析,看来是存在问题了。其实,"蛀"和"芯儿"之间在有的语言环境里可以构成动作和受事的语义关系(如"这种芽虫专门蛀棒子的芯儿"),但是在"芯儿蛀了的"这个"的"字结构里,这只是一种潜在的关系,在这里"芯儿"不是以"蛀"的受事的身份出现的,而是以被蛀的事物的被领有者的身份出现的。(陆俭明 2002)类似的例子如:

(5) 撕了封面的站出来。

（6）撕了封面的是我的笔记本。

例（5）、例（6）作主语的都是"撕了封面的"，可是例（5）"撕了封面的"是指称动词"撕"的施事论元，而例（6）"撕了封面的"却是指称"封面"的领有者"笔记本"。这清楚地表明，"封面"在例（5）、例（6）里虽然都处于动词后面的宾语位置上，但是在例（5）里，"封面"是作为动词"撕"的受事论元身份出现的，而在例（6）里，"封面"虽然与动词"撕"有潜在的"动作—受事"关系，但在这里凸现的不是这种关系，这里"封面"是作为"笔记本"的被领有物的身份出现的。

"芯儿蛀了的"，这也是一种语言事实，这也属于隐性的语言事实。

【实例三】关于"坐下来"动趋式

"坐下来"，这是个带趋向补语的动趋式。"坐"为状态内动词，表示施事所呈现的一种状态。类似的动词与实例如：

（15）大家请坐下来。

（16）站起来！

（17）他慢慢儿躺下去！

（18）他就这样慢慢儿跪下去了。

这类状态内动词都具有［＋状态，＋使附着］的语义特征，所形成的"动趋"结构都可能会有歧义。试以"坐下来"为例：

（19）你不用老站着，不嫌累啊？坐下来歇歇。

（20）你怎么坐上边儿去拉？来，坐下来，跟我坐一起！

例（19）里的"坐下来"，我们不妨称为甲式，其中的"动"（"坐"），表示动作者所呈现的状态的改变（原先不是呈现坐的状态）；其中的"趋"，表示动作者状态改变的自然趋向。而例（20）里的"坐下来"，我们不妨称为乙式，其中的"动"（"坐"），也表示动作者所呈现的状态；但其中的"趋"，则表示动作者所处位置的变动，即改变原先所坐的位置——原来在高处，移位到低处。上述事实告诉我们，甲式和乙式虽均为"坐下来"，而且从句法结构关系看均为"动趋"式，但内部语义结构关系则并不相同。这说明，动词"坐"和动词"下来"之间可以形成不同的语义结构关系，即在不同的语境中凸显不同的语义结构关系。其中，甲式所表示的语义结构关系可以认为是"坐"和"下来"之间的基础性语义结构关系。

像"芯儿蛀了的"这类结构，像乙式"坐下来"这样的结构，以及像存在句句式，实际是一种难以为人们发现其内部真实的语义配置关系的隐性的语言事实，或者说隐性的语言现象。

挖掘、发现显性语言事实，很需要。但是，从某种意义上来说，挖掘、发现隐性语言事实，更需要，而且更重要。它将关涉有关语法现象的分析结论，甚至关涉到语法分析理论，常常会因为新的隐性语言事实的挖掘而不断加以修正或创新，从而推进整个语言研究。

怎么才能不断挖掘、发现新的语言事实？回答是四个字：留心，用心。

参考文献

储泽祥．汉语存在句的历时性考察．古汉语研究．1997（4）

顾阳．关于存现结构的理论探讨．现代外语，1997（3）

陆俭明．析"像……似的"．语文月刊，1982（4）

陆俭明．关于语义指向分析．中国语言学论丛（第一缉），1997

陆俭明．汉语句法研究的新思考．语言学论丛（第二十六辑）．北京：商务印书馆，2002

陆俭明．从量词"位"的用法变异谈起．语言科学，2007a（6）

陆俭明．吴县老东山话里的"阿 VP？"疑问句．语言学论丛（第三十五辑），2007b

马真．在汉语教学中要重视词语使用的语义背景．蔡建国主编．中华文化传播任务与方法，上海：上海人民出版社，2008

潘海华．词汇映射理论在汉语句法研究中的应用．现代外语，1997（4）

钱乃荣．当代吴语研究．上海：上海教育出版社，1992

汪平．苏州话里表疑问的"阿、曾阿、啊"．中国语文．1984（5）

邢福义．"像·（名·似的）"还是"（像·名）·似的"？．汉语学习，1987（3）

徐通锵．"字"和汉语的句法结构．世界汉语教学，1994a（2）

徐通锵．"字"和汉语研究的方法论．世界汉语教学，1994b（3）

在探索中前进

— 51 —

徐通锵. 语言论. 长春：东北师范大学出版社，1997

杨成凯. 汉语语法理论研究. 沈阳：辽宁教育出版社，1996

赵元任. 现代吴语的研究. 清华学校研究院丛书第四种. 清华学校研究院印行. 北京，1928

朱德熙. 说"的". 中国语文，1961（12）

朱德熙. 关于《说"的"》. 中国语文，1966（1）

朱德熙. "的"字结构和判断句. 中国语文，1978（1，2）

朱德熙. 汉语方言里的两种反复问句. 中国语文，1985（1）

Brown，P. & Levinson. S. Universals in Language Usage：Politeness Phenomena. In Goody，E. N.（ed.）*Questions and Politeness：Strategies in Social Interaction*，Cambridge University Press，1978

Chomsky，N. *Generative Enterprise Revisited*. p. 186，New York：Walter De Gruyter Inc. 2004

Grice，H. P. *Logic and Conversation*，Unpublished Ms of the William James Lectures，Harvard University，1967

Leech，G. N. *Principles of Pragmatics*. Longman，1983

重视理论方法的更新与发展[①]

一、理论更新的重要性

我们曾指出，"对未知事实的挖掘和研究理论的不断更新，这是科学研究的两个基本要素"（陆俭明 2007）。但是，从科学研究的角度说，无论哪个学科，对事实的考察和挖掘固然重要，但它毕竟只是研究的基础，还未达到真正意义上的科学研究。真正意义上的科学研究，必须对考察、挖掘所得的事实及其观察到的内在规律作出科学的解释，并进一步从中总结出具有解释力的原则，而且升华为理论，能用这些原则、理论来解释更多的事实，从而使学科得以自立，得以发展。大家知道，自从牛顿定律的诞生引发了物理学的革命，极大地推进了物理学，使物理科学成为 18 世纪的显学。而化学，虽然 1870 年俄国化学家门捷列夫就根据各化学元素原子量之大小发现了化学元素周期律，并制定了化学元素周期

---

① 本文发表在《汉语学习》2010（1）。

表，使化学成为有系统而且简易的科学，但一直得不到当时科学界的认可，当时科学界为物理学所主宰，他们将化学视为"巫术"。而20世纪量子论（包括量子力学和量子化学）的诞生充分证实了化学的科学性，从而为科学界完全承认其科学地位。这一事例充分说明了理论的力量。

语言研究也是如此。从语言研究的角度说，对语言事实的考察和描写固然重要，但它毕竟只是研究的基础，还未达到真正意义上的科学研究。真正意义上的科学研究，必须对考察、描写所得的语言事实及其内在规律做出科学的解释，并进一步从中总结出具有解释力的原则，而且升华为系统的理论，能用这些原则、理论来解释更多的语言事实。这里我们不妨先举一个例子作一些说明。

先前，研究现代汉语语法，所运用的分析方法是句子成分分析法。句子成分分析法的要点大致如下：

第一，研究分析的对象是单句；

第二，认定一个句子有六大句子成分——主语、谓语、宾语、补语、定语、状语，这六个句子成分分为三个级别：主语、谓语是主要成分，宾语、补语是连带成分，定语和状语是附加成分；

第三，充任各个句子成分的，原则上都只能是词；

第四，分析时，先一举找出全句的主要成分主语和谓语，让其他句子成分分别依附于主语和谓语；

第五，分析手续是，先看清全句的主要成分主语和谓语，再看谓语是哪一种动词，决定它后面有无连带成分宾语或补足语，最后指出句中所有的附加成分定语和状语。

由于认定充任那句子成分的，原则上只能是词，分析任何一个句子成分时都要找出中心词，所以句子成分分析法也称为"中心词分析法"。例如：

（1）我的好兄弟已经做完了今天的功课。

在分析例（1）时，先找出作主语的词"兄弟"和作谓语的词"做"；由于"做"是及物动词，所以得找出作宾语的词"功课"。这样一个句子的骨架就呈现在我们面前了。然后分别找出依附在主语、谓语和宾语身上的附加成分定语或状语。如下：

或者图示为：

```
        兄 弟 ‖‖      做(了)      ｜ 功课
   的   好 ╱   ╱‖‖   已经 ╲ 完      的
   我                            今天
```

我的 好 兄弟‖已经 做 完了 今天的 功课。

"兄弟"是主语，"做"是谓语，"功课"是宾语；"我的"和"好"分别是主语"兄弟"的定语，"已经"和"完"分别是谓语"做"的状语和补语，"今天的"是宾语"功课"的定语。

　　不管碰到什么句子，能将一个句子的主语、谓语、宾语、补语或定语、状语分析出来，就算完事儿了。大家在中学语文课里，或者在外语学习中，老师交给的分析方法就是这种句子成分分析法。这种分析法有它的好处，让人们对一个很长的句子的脉络能一目了然，有助于对一个复杂句子的理解。例如：

　　（2）我国首次升空的"神州—3号"模拟载人飞船经过264个小时在太空运行之后按照原先预定的时间安全、准确地返回原先计算好的我国西北某地区的地面。

按照句子成分分析法来分析，例（2）这个句子的基本脉络是："'神州—3号'飞船——返回——地面"。在一般的语言教学中，给学生作句法分析无非是要让学生清楚了解一个句子的基本格局和脉络，以便正确理解句子的意思。句子成分分析法由于有上述优点，所以为语文教学界普遍接受，在教学语法学界影响很大，直至现在。它对推动汉语教学语法的发展有一定的贡献。

　　但是，句子成分分析法且不说在实际操作上有不少问题，从语法研究的角度说，它有较大的局限性——缺乏层次观念，因此这种分析方法对有的语言现象明显地缺乏解释力。例如：

　　（3）这张照片放大了一点儿。
　　（4）不适当地管教孩子对孩子成长不利。

用句子成分分析法只能分析为：

这张 照片‖放 大了 一点儿。

不 适当地 管教 孩子‖对孩子成长不利。

　　（子句作主语）

— 55 —

但是这两个句子都有歧义。例（3）既可以表示"这张照片放得不是很大，只放大了一点儿"的意思，也可以表示"这张照片放得大了一点儿，不太合乎要求"的意思。例（4）既可以表示"需要适当地管教孩子，否则对孩子成长不利"的意思，也可以表示"管教孩子要适当，否则对孩子成长不利"的意思。这两种意思，句子成分分析法就没有办法加以分化，没有办法加以解释。所以 20 世纪 40 年代，特别是 50 年代之后，开始采用层次分析法。原来，例（3）、例（4）句子之所以有歧义，就因为内部构造层次不一样。请看：

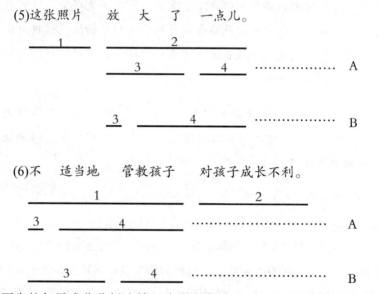

原先的句子成分分析法缺乏自觉的层次观念，所以对例（5）、（6）这种由于层次构造不同所造成的句子歧义现象就没法分化和解释了。层次分析法的产生和运用无疑推进和深化了语言研究，但层次分析法也有它的局限性，所以后来会随着语言研究的深入，不断产生新的分析方法，从而逐步推进汉语语法研究。

二、新的理论方法产生的内在原因

我们在前面的《语言研究的目的》一文里已经说到，自从 20 世纪 50 年代爆发"乔姆斯基革命"之后，整个语言学从由美国结构主义语言学（亦称"描写语言学"）一统天下的情况发展成为形式语言学派、功能语言学派、认知语言学派三足鼎立的局面。

新理论、新方法的产生都有其内在原因。这可以从三方面来认识：

第一，就科学领域说，不存在放之四海、放之古今而皆准的理论方法。任何一种理论方法都有它可取、有用之处，但也都有它的局限。局限不等于缺点，局限是说，任何一种理论方法都只能解决一定范围里的问题，都只能解释部分现象，都不能包打天下。

第二，客观世界是极为复杂的，况且在不断发展变化。而人们对客观世界的认识，至今仍少而又少；因此，在研究过程中会不断遇到新问题，不断发现新现象，要求研究者去解决，去解释。

第三，对于新发现的问题、新发现的现象，常常是原有的理论方法不能有效地加以解决或解释。

由于上述三方面的因素，所以在研究进程中，常常会逼着研究者要不断寻求新的研究理论与分析方法，以便来解决用先前已有的理论方法不能解决的问题，来解释用先前已有的理论方法不能解释的现象。语言学界的新理论、新方法之所以不断涌现，也是这个原因，也就是这个道理。半个世纪来产生的一些新理论、新方法都是在为了解决新出现的问题、为了解释新发现的现象而提出来的。这体现了研究的不断发展，而不是简单地替代——不是说新的理论方法产生后原有的理论方法就可以抛弃不用了。不同的理论方法之间常常表现为一种互相补充的关系。因此，说到语言研究的理论、方法，我首先要强调这样一点：

不要只满足于了解、掌握一种理论，一种方法。

三、汉语语法研究需要多种分析理论与方法

就汉语句法分析来说，从最早运用的句子成分分析，到当代最新的、不同学派的种种分析理论与分析方法，诸如替换分析、扩展分析、层次分析、变换分析、语义特征分析、配价分析、语义指向分析、轻动词理论分析、中心词理论分析、构式语法分析、韵律语法分析、篇章语法分析，以及其他有关功能语法、认知语法的种种分析手段。可以说是不断涌现，层出不穷。有读者可能要问：汉语语法研究需要那么多的理论、方法吗？回答是肯定的，需要。

第一，对汉语语言事实的解释需要那么多的理论、方法。举例来说：

(1) A. 台上　演着　京戏　　[表示存在，表静态]

　　B. 桌上　放着　鲜花　　[表示活动，表动态]

　　　NP_L　 V着　 NP

　　　$\underline{1}$　　$\underline{2}$　　　1—2　主谓

　　　　　　 $\underline{3}$　　$\underline{4}$　　3—4　述宾

例(1) A句和B句，词类序列相同，都是"处所短语 —动词 —"着" —名词短语"，内部层次构造和句法结构关系相同（见上面的分析），可是二者的语法意义不同：A句表示存在，表静态；B句表示活动，表动态。这两个句子之间的这种差异并不是孤立的——类似A句的句子可以列出许多；同样，类似B句的句子也可以列出许多。这可能实际上反映了现代汉语中两种同形不同类型的句式之间的差异。到底是不是两种同形不同类型的句式之间的差异？怎么解释它们在表示语法意义上的差别？怎么分化这种同形句式？层次分析就无能为力了。这就是层次分析的局限。层次分析的局限，引发变换分析的产生。可是变换分析只能帮助我们证明某个句式确实是歧义句式。（朱德熙1981，陆俭明2005）但人们又得追问：词类序列、内部构造层次、内部句法关系都相同，为什么会产生歧义？这样变换分析回答不了了，这得靠语义特征分析来解释。原来这跟句中不同类的动词具有不同的语义特征有关。经仔细考察发现，歧义的产生原来跟句式中的动词有极大的关系。请看 [A] 式变换的实例：

　[A] 式：名词[处所]＋动词＋着＋名词语 ⇒ [C] 式：名词语＋动词＋在＋名词[处所]

台上坐着主席团	⇒	主席团坐在台上
台下站着许多观众	⇒	许多观众站在台下
地上蹲着一只狗	⇒	那只狗蹲在地上
床上躺着病人	⇒	病人躺在床上
床前跪着一个人	⇒	那个人跪在床前
门口立着两个孩子	⇒	那两个孩子立在门口
桌上放着鲜花	⇒	鲜花放在桌上

门上贴着对联	⇒	对联贴在门上
黑板上写着字	⇒	字写在黑板上
墙上挂着画	⇒	画挂在墙上
左胸上别着校徽	⇒	校徽别在左胸上
头上戴着礼帽	⇒	礼帽戴在头上
树上钉着广告牌	⇒	广告牌钉在树上
领子上绣着两朵花	⇒	那两朵花绣在领子上

这些实例中的各个动词虽然具体意思各不相同，但是具有某种共同的语义内涵，那就是"使附着"。我们一翻词典，果不其然，词典中对这些动词的注释有极大的相似之处。请看（均据《现代汉语词典》）：

(2) 坐：把臀部**放在**椅子、凳子或其他**物体上**，支持身体重量。

站：直着身体，两脚着地或**踏在物体上**。

蹲：两腿尽量弯曲，**像坐的样子**，但臀部不着地。

躺：身体倒在地上或其他**物体上**。

跪：两膝弯曲，使一个或两个膝盖**着地**。

立：同"**站**"。

放：**使处于一定的位置**。

贴：把薄片状的东西粘在另一个东西上。

写：用笔**在纸上**或其他东西上做字。

挂：借助于绳子、钩子、钉子等使物体**附着于某处**的一点或几点。

别：用别针把另一样东西**附着或**固定在纸、布等**物体上**。

戴：把东西**放在**头、面、胸、臂**等处**。

钉：用钉子、螺丝钉等把东西**固定在一定的位置**。

绣：用彩色丝、绒、棉线**在绸**、布等**上面做成花纹**、**图像或文字**。

假如说我们把出现在 A 类句子中的动词记为"动词 a"，那么"动词 a"所具有的语义特征可以描写为（"＋"号表示具有）：

（3）动词ₐ：［＋使附着］

可是，我们看到，类似 B 句的许多实例，例如：

（4）戏台上演着京戏

门外敲着锣鼓

外面下着大雨

大厅里跳着舞

教室里上着课

操场上放映着电影

这些句子里的动词"演""敲""下""跳""上""放映"等都不具有
"使附着"的语义特征。我们可以把出现在 B 类句子中的动词相应的记
为"动词b"，"动词b"的语义特征可以描写为（"—"号表示不具有）：

（5）动词ᵦ：［—使附着］

这样我们可以把"名词［处所］＋动词＋着＋名词语"这个句式直接根据动
词的不同加以分化，表示为：

（6）［A］名词［处所］＋动词ₐ＋着＋名词语

［B］名词［处所］＋动词ᵦ＋着＋名词语

上面我们用来分析、说明"名词［处所］＋动词＋着＋名词语"这个句法格
式之所以会是一个歧义句式，之所以能分化为 A 类句子和 B 类句子的
原因的分析手段，就是语义特征分析法。（朱德熙 1981，陆俭明 1991）

可是像"反对的是他"这类歧义句，不要说层次分析、变换分析解
释不了，语义特征分析也解释不了。因此人们又得寻求新的分析手
段——配价分析。配价语法理论最早是由法国语言学家特思尼耶尔
（Lucien Tesnière）提出来的。配价语法理论的一个重要内容就是，认
为动词可以根据能否直接带主语、宾语，将动词分为三种类型：一个动
词如果只能有主语，不能带宾语，这种动词是一价动词，如汉语里的
"咳嗽""游泳"等；一个动词如果既能有主语，又能带宾语，但只能带

上一个宾语，这种动词是二价动词，如"参观""驾驶"等；一个动词如果能有主语，又能带宾语，而且能带上两个宾语，这种动词是三价动词，如"送[赠送]""奖励"等。

"反对的是他"这个句子的歧义就出在"反对的"上。"反对的"跟"吃的"是同类结构。"吃的"这个"的"字结构既可以用来指称施事，如："你们吃不吃羊肉？**吃的**举手。"又可以用来指称受事，如："你等着，我去拿点儿**吃的**。""反对的"也是，请看：

(7)"反对这个房改方案的是谁?""**反对的**是他。"["反对的"指施事]

(8)"你到底反对谁呀?""**反对的**是他。"["反对的"指受事]

可见，关键是"反对的"有歧义，因此实际上我们要研究清楚为什么"反对的"会有歧义。

"反对的"这个"的"字结构是由动词"反对"带上"的"形成的。"反对的"有歧义就跟动词的配价情况有关系。为节省文字便于说明，我们将"动词性词语"用 VP 来表示，由动词性词语带上"的"所形成的"的"字结构用"VP 的"来表示。"VP 的"里的 VP，包括：

a. 单个动词

b. 各种动词性结构

c. 由动词性词语作谓语的主谓结构

我们知道，"的"字结构从语法性质上说，它相当于一个名词；从用法上看，又有点儿像代词。譬如说"红的"，它不是只用来指称某一种事物，而是可以用来指称任何具有红颜色的事物——或衣服，或圆珠笔，或铅笔，或帽子，或花儿，等等。

"VP 的"这种"的"字结构，在作主语时，会出现一些很有意思的现象。请看例句：

(9) ＊张三游泳的举手。

(10) ＊张三游泳的在那里。

(11) 张三参观的是科技博览会。

(12) 参观过科技博览会的是张三。

（13）老虎啊，吃过的是小山羊。

（14）那狗尾巴草，吃过的是小山羊。

例（9）、例（10）不能说，原因是"张三游泳的"这个"的"字结构不能做主语。例（11）、例（12）能说，句子没有歧义，这说明"张三参观的"、"参观过科技博览会的"这种"的"字结构都能作主语，作主语时不会有歧义。例（13）、例（14）能说，这两个句子里都有一个相同的小句"吃过的是小山羊"，而这个小句有歧义——在例（13）里"吃过的"指称"吃"的受事，在例（14）里"吃过的"指称"吃"的施事；这说明"吃过的"这种"的"字结构可以作主语，但这种"的"字结构作主语时，句子会有歧义。怎么来解释上面所说的这种种现象呢？配价分析能解释、回答这个问题。

原来"VP的"会不会产生歧义，就决定于以下两个因素：

第一个因素，VP中V的配价数，即V属于几价动词。

第二个因素，V的配价成分在VP中出现的个数。

了解了内中的奥秘，就可以解释上面那有意思的现象——例（9）、例（10）"张三游泳的"所以不能作主语，因为"游泳"是一价动词，而作为动词的配价成分的"张三"已经在"的"字结构里出现，那"的"字结构不能再来指称什么事物了。例（11）、例（12）"张三参观的"、"参观过科技博览会的"这两个"的"字结构所以能作主语，因为"参观"是二价动词，在前一个"的"字结构里只出现了主语没有出现宾语，所以那"的"字结构可用来指称作宾语的那个成分所表示的事物，在后一个"的"字结构里只出现了宾语没有出现主语，所以那"的"字结构可用来指称作主语的那个成分所表示的事物；这两个"的"字结构中动词的两个配价成分都只有一个没有出现（前者没有出现宾语，后者没有出现主语），所以句子不会有歧义。例（13）、例（14）里"吃过的"这个"的"字结构，里边的动词"吃"是二价动词，可是作为"吃"的两个配价成分主语和宾语都没有出现，所以这种"的"字结构能做主语，同时需要注意的是，在"吃过的是小山羊"里"是"后面的"小山羊"，对动词"吃"来说，既可以在"吃"前作主语（小山羊吃过狗尾巴草），也可以在"吃"之后作宾语（老虎吃过小山羊），所以"吃过的是小山羊"会有歧义。"反对的是他"

跟"吃过的是小山羊"性质完全一样——"反对"是二价动词,"反对"的两个配价成分一个也没有出现,"他"既可以在"反对"前作主语,也可以在"反对"后作宾语,所以"反对的"会有歧义,整个句子也会有歧义。这样,用配价语法理论解释了"反对的是他"的歧义现象。朱德熙先生就根据上述"VP的"的特性,建立了一个类似数学公式那样的可计算的"VP的"歧义指数公式。那个公式是:

P=n−m

P代表所求的歧义指数;所谓歧义指数,具体是指,首先,"VP的"能不能作主宾语来指称事物;其次,能作主宾语的"VP的",会不会有歧义,会表示多少种意思。n代表"VP的"中V的配价数,m代表"VP的"中V的配价成分在VP中出现的个数。有了这个公式就可以很快判断某个属于"VP的"的"的"字结构能不能做主语,会不会有歧义。(朱德熙1978,陆俭明1997)

可是像下面的现象又该怎么解释:

(15) a. **究竟**他出了多少钱? ⟹ 他**究竟**出了多少钱?

b. **究竟**谁出了五块钱? ⟹ *谁**究竟**出了五块钱?

例(15)a句和b句都是特指问句,格式相同,所不同的只是疑问点不同——a句疑问点在宾语,b句疑问点在主语。可是我们看到,那a句里的"究竟"可以后移到主语"他"之后,而b句里的"究竟"不能后移到主语"谁"之后。这为什么?怎么来解释这个现象?前面提到的分析方法都没法来解释。这就得用语义指向分析来解释。所谓语义指向,是说句子中的某个句法成分在语义上跟哪个成分发生最直接的联系。通过分析句中某一句法成分的语义指向来揭示、说明、解释某种语法现象,这种分析手段就称为"语义指向分析"。例(15)所呈现的现象,就跟"究竟"在语义指向上的特点有关。我们知道,用在疑问句里的"究竟"在语义指向上有两个特点:

第一个特点,它只能指向一个具体的疑问形式,换句话说,疑问句里一定要有一个具体的疑问形式。所谓具体的疑问形式,是指疑问代词

（如"谁""什么""怎么样""多少"等），"A 还是 B"这样的选择问疑
问形式（如"吃饭还是吃面""星期一还是星期二"），以及"Ｖ不Ｖ"
"Ｖ没（有）Ｖ"这样的正反问疑问形式（如"喝不喝酒"、"喝没（有）
喝酒"）。例如：

> （16）你究竟去哪儿？［有具体的疑问形式"哪儿"］
>
> （17）你究竟去广州还是福州？［有具体的疑问形式"广州
> 还是福州"］
>
> （18）这个月你究竟去不/没去深圳？［有具体的疑问形式
> "去不/没去"］
>
> （19）＊你究竟去上海（吗）？［没有具体的疑问形式］

例（16）-（17）能说，因为句中都有疑问形式，例（18）不能说，因
为句中没有具体的疑问形式。

第二个特点，它只能后指，换句话说，"究竟"所指向的具体的疑
问形式一定得位于它之后，不能位于它之前。

了解了疑问句中副词"究竟"在语义指向上的特点，我们就可以来
解释例（15）所呈现的现象了。a 句和 b 句箭头左边的句子都成立，因
为句中"究竟"的使用完全符合"究竟"在语义指向上的特点——句中
分别有具体的疑问形式"哪儿"（a 句）和"谁"（b 句）跟"究竟"同
现，而且那具体的疑问形式都处于"究竟"之后。例（15）a 句里的
"究竟"之所以能挪到主语"他"之后，是因为挪动后，仍满足了"究
竟"所需要的条件，疑问代词"哪里"仍在"究竟"之后。而 b 句里的
"究竟"之所以不能挪到主语"谁"之后，就因为后移之后，不能满足
"究竟"所需要的条件，那具体的疑问形式"谁"不在"究竟"之后，
而在"究竟"之前了。（陆俭明 2005）

新的语言事实、新的语法现像不断发现，原有的理论方法解决不
了，就得去探索新的理论方法。研究也就如此不断向前推进。

第二，需要靠语言理论来指导我们不断挖掘和发现新的语言事实和
规律，不断加深我们对语言现象的认识。

上面提到过变换分析，我们知道，变换分析从表面看，它着眼于结
构的外部分析，从本质上说，更注重该句法结构与另外的句法结构之间

的内在联系，这种内在联系深刻地体现在两个有变换关系的句法结构的共现词之间语义关系的一致性上。只因为这样，所以变换分析的作用不只是可以更有效地分化歧义句式，更有助于我们把语法研究引向深入，揭示更多的语法规律。已有的现代汉语语法研究成果也充分说明了这一点。譬如，"更"在"比"字句中只能用于比较，不能用于夸张性的比喻，而"还"在"比"字句中，既能用于比较，也能用于比拟，因此"小王比校长还聪明"里的"还"可以用"更"替换，说成"小王比校长更聪明"，而"那蛇比碗口还粗"里的"还"就不能替换为"更"，不能说成"＊那蛇比碗口更粗"。（陆俭明 1980）这一事实就是在变换分析理论的运用中发现的。还有，汉语的双宾结构的远宾语一般得有数量成分，更不能是表占有性领属关系的偏正词组，这一事实也是在运用变换分析之后才发现的。（陆俭明 1988）20 世纪八九十年代构式语法理论问世了。正是构式语法理论使我们认识到，现代汉语里那种"台上坐着主席团""台上放着玫瑰花"等存在句，其内部所凸显的语义关系实际上不是"处所—动作—施事/受事"，而是"存在的处所—存在方式—存在物"。又像"十个人吃了一锅饭""一锅饭吃了十个人"那类句子，其内部所凸显的语义关系实际上不是"施事—动作—受事"或"受事—动作—施事"，而是"容纳量—容纳方式—被容纳量"。对语言事实的新认识也属于发现新的事实，而这是由于构式语法理论才使我们有这种认识的。

四、汉语语法研究的推进离不开当代语法理论的指导

这里所说的当代语法理论，是指 20 世纪在国际上有一定影响的语法分析和研究的理论，如 20 世纪 50 年代之前的美国结构主义的语法理论，以及 20 世纪 50 年代之后的生成语法理论、功能语法理论、认知语法理论等。

在 19 世纪末，马建忠借鉴当时国外的语法理论撰写出版了中国第一部系统的汉语语法著作。《马氏文通》的出版意义并不只在汉语语法学领域，可以说预示了现代意义上的中国语言学的开始。根据我对 20 世纪 50 年代以来已有的现代汉语语法研究的成果的了解以及我自己研

究现代汉语语法的体会，我认为，从《马氏文通》至今，中国国内汉语语法研究中所用到的理论方法，基本上都是从国外借鉴来的。汉语语法研究不少有影响的研究成果，其中相当一部分是学者面对语言事实，加之严谨的学风潜心研究所获得的，而相当多的研究成果基本上是在学习、借鉴国外语言学理论、方法的基础上产生的。当代各种语法分析理论和方法对推动和促进现代汉语语法研究起了积极的作用。当然，这些理论和方法也各自有它的局限性。

回想自己求学时代，所接受的语法研究方面的教育，主要是两个方面：一个方面是我国传统的注重语言事实的搜集、扒梳、归纳的研究方法，例如王力先生等老一辈学者都一再向我们讲述前辈学者所言的"例不十，法不立"这种求实的做学问的道理和思想；另一个方面是朱德熙先生教给我们的美国结构主义语言学（也称描写语言学）的一套分析描写的理论方法。上述两方面对我的影响都很大。我所发表的第一篇文章是《现代汉语中一个新的语助词"看"》（陆俭明 1959）。从那时起到 20 世纪 90 年代，我在现代汉语语法研究方面所遵循的做学问的路子基本就是，老老实实地抄卡片、搜集语料，在此基础上运用美国结构主义的一套理论方法进行认真的研究归纳，细致的分析描写。根据我自己的体会，美国结构主义的那一套切分、等同、归类、组合的研究程序，或者说发现程序，以及那替换分析、扩展分析、对比分析、分布分析，层次分析、变换分析等一系列分析理论，对于研究现代汉语语法都很有用。

切分，考虑的是怎样将所面对的语言片段层层分割，分析出它的直接组成成分，一直分割到不能再往下分割为止。语音层面分割到最小的组成成分是音素，构词层面分割到最小的组成成分是语素，句法层面分割到最小的组成成分是词。这些最小的组成成分，不管是哪个层面的都可以统称为语言单位。通常一个语言片段不会只由两个最小的语言单位构成，这样就存在一个"应该在哪里切分"的问题。应该在哪里切分？根据替换率，在替换率最大处切分。当然，替换率的确定还得有一套具体的操作手续，这里就不细说了。

等同，考虑的是切分所得到的一个个语言单位，哪些可以看作是同一个东西，哪些不能看作是同一个东西。通过"等同"这一程序，将音素归纳为音位，将个体语素概括为"概括语素"，将个体词概括为"概括词"。对于将音素归纳为音位，大家都比较了解；对于将个体语素概括为"概括语素"，将个体词概括为"概括词"，可能有人不太清楚，这里不妨举个实例。请看下面这一语言片段：

（1）这些医科大学$_1$的学$_2$生学$_3$习都很好，而且学$_4$一科爱一科，生物学$_5$、数学$_6$、有机化学$_7$等，成绩都很好。

这个语言片段理有 7 个"学"。所谓个体语素，是说在一个语言片段里，只要确认是最小的音义结合体，就有一个算一个；上面这 7 个"学"，就都属于个体语素。那么这 7 个"学"该看做是 7 个不同的语素呢，还是可以看做同一个语素呢，还是得概括为几个不同的同音语素呢？这就是等同所要考虑和解决的问题。由个体语素概括为概括语素，由个体词概括为概括词，遵循的是"同音同义"的原则。（朱德熙、卢甲文、马真 1961）这里不妨举两个例子。

【例一】请看实例：

（2）甲：房门锁$_1$不锁$_2$？
乙：门上没有锁$_3$，锁$_4$什么呀？

例（2）里的"锁"，不管是"锁$_1$""锁$_2$""锁$_3$"还是"锁$_4$"，都是最小的音义结合体，都是语素；同时又是词，是由一个语素形成的单纯词。如果有人问："在上面的对话里有几个'锁'？"可以有两种回答：一种回答是，"有四个'锁'"；另一种回答是，"有两个'锁'"，一个表示的是行为动作，一个表示的是事物。说有四个"锁"，那是就个体语素/词来说的；说有两个"锁"，那是就概括语素/词来说的。按"同音同义"的原则加以概括的话，确实是两个"锁"——"锁$_1$""锁$_2$""锁$_4$"概括为一个"锁"（从词的层面说是动词"锁"）；"锁$_3$"则是另一个"锁"（从词的层面说是名词"锁"）。

【例二】请看实例：

（3）他这个人哪，就喜欢搞研究$_1$。这几年来，他一直潜心研究$_2$苹果的退化问题，研究$_3$取得了突破性的进展，获得了可喜的研究$_4$成果。

— 67 —

例（3）里有四个"研究"——"研究₁"作宾语；"研究₂"作谓语中心，后面带着宾语；"研究₃"作主语，"研究₄"作定语。这四个"研究"所处语法位置不同，但它们语音形式完全一样，都是 yánjiū [ia̠n³⁵ ʨiu⁵⁵]，词的意义也一样，都是表示"探求事物的真相、性质、规律等"（《现代汉语词典》）。根据"同音同义"的原则，这四个"研究"应该概括为一个概括词"研究"。

归类（classifying），从另一个角度说就是分类，考虑的就是语言片段经过切分、等同处理之后，怎么把那一个个单位，如语音层面的音位，语法层面的语素，句法层面的词，分成不同的类（或者说归并为不同的类），以有利于更好的研究，因为在科学研究中没有分类就没有科学。音位的归并，语素的分类，词的分类又各有各的依据，这里就不细说了。

组合（constitute），考虑的是通过分类后那同一层面（如语音层面，或构词层面，或句法层面）上的一个个语言单位，彼此怎样发生关系，按什么规则形成结构，各组成成分之间发生什么样的关系。譬如语音层面音位的组合可以形成不同的音节结构，句法层面词的组合可以形成不同的句法结构。

将近一个世纪的汉语语法研究的实践说明，结构主义的这一套研究程序是科学的，是符合汉语研究的需要的。

汉语语法研究的实践同时说明，结构主义的那一套分析理论，对汉语语法研究来说，也是适用的，有效的，而且有助于汉语语法研究的推进。当然这些分析方法也各有其自身的局限性。所谓局限，前面说了，指的是只能解决一定范围里的问题，解释一定范围里的语言现象，超出了它所适用的范围，就用不上了。就拿层次分析来说，层次分析理论的建立是语言研究中一项了不起的成就，不管是语法结构分析还是语音结构分析，都得用到它。它不但大大推动了语言研究，而且对其他学科也产生了积极的影响。但是，层次分析有局限，它不能揭示句法结构内部的实词与实词之间的语义结构关系。而语言中存在着大量的由于句中实词与实词之间的语义结构关系不同而造成的种种有意思的现象，特别是歧义现象，对此层次分析就无能为力，得运用变换分析。变换分析理论是由结构主义后期代表人物之一海里斯（Z. S. Harris，又译为哈里斯）所提出来的。从哲学上来说，一个事物的特性将会在内外两个方面表现或反映出来。一个句法结构的特性，从内部来说，一定会在其构成成分上，或构成成分的配置上，或构成成分之间的关系上，或其他某个方面表现或反映出来；从外部来说，一定会在跟其他句法结构的联系上表现或反映出来。如果说层次分析的客观依据是句法构造内部的层次性，那么变换分析的客观依据就是不同句法格式之间的相关性。现在变换分析已经在汉语语法研究中广泛使用。但是，变换分析也有它的局限性，它只能用来证实某个句法格式确实可以表示不同的语法意义，但是它不能用来说明、解释为什么那个句法格式可以表示不同的语法意义；而要说明或者说解释为什么那个句法格式可以表示不同的语法意义，又得寻求新的语法分析手段，如上文提到的语义特征分析、配价分析等。

20 世纪 50 年代中叶，乔姆斯基（N. Chomsky）的《句法结构》（Syntactic Structures1957）问世，提出了转换生成语法理论，这种理论建立在这样一系列假设的基础上的：人头脑里与生俱来有一个语言装置，大人对孩子说的话不断激发那语言装置，从而使孩子逐步学会说话；人类语言看来千差万别，实际都遵循着共同的原则，差异只是参数的不同；人类语言的共同原则应该是高度概括、非常简洁的。乔姆斯基的生成语法理论引起了语言学界的一场革命，打破了美国结构主义语言学一统天下的局面。与此同时，随着信息科技的发展，自然语言处理与理解的研究蓬勃掀起。于是，整个语言学领域迎来了足以让人眼花缭乱的百家争鸣、百花争艳的可喜局面。从大的方面说，形成了形式语言学、功能语言学、认知语言学三大学派；从具体研究说，由只研究外在语言（external language，指听到、看到的音义结合的符号系统）到更注意研究内在语言（internal language，指存在于人脑心智里的语言机制、语言能力）（Chomsky 1997）；由只注重形式研究到开始注重功能的研究和认知的研究；由关注具体语言的特点的研究到关注不同语言的共性的研究；由只注意对种种语言现象的描写到普遍开始注意对种种语言现象的解释；由只研究句子之内的语言现象到开始注意研究句群、篇章的语言现象；由只是对人与人之间的交际进行研究，到着手进行人机（人与计算机）之间的交际研究；而语义研究，概念结构的研究，语言类型的研究，句法与语义、句法与语音接口的研究，也都随之大大加强了。上述语言研究的变化，带来了语法分析理论与方法的不断革新，国内外新的语法分析理论与方法不断涌现。20 世纪 70 年代末以来，对现代汉语语法研究产生重大影响的国外当代语法分析理论主要有：语义特征分析理论、配价分析理论、语义格分析理论、论元结构分析理论、空语类分析理论、约束理论、轻动词分析理论、中心词分析理论、韵律语法分析理论，以及认知语法学里的象似性分析理论、主观性－主观化理论、有界－无界理论、意象－图式理论、构式语法分析理论等，以及功能语法学里的篇章分析理论、语言类型分析理论等。这种种分析理论，都各自在某个方面对现代汉语某些语法现象作出了他种分析理论所不能做出的较好的解释，并帮助我们进一步加深了对汉语语法的全面认识，从而进一步推动了现代汉语语法研究。

从上面的叙述中，我们也可以体会到，任何一种理论方法，都有它可取之处，都有它发挥作用、"建功立业"之处，但也都有它的局限性，不可能包打天下。因此，前面所提到的种种语法分析理论与方法，不能简单地看作是后面产生的理论方法替代新产生的理论方法，应该认为是一种发展。由此我们也可以了解到，在科学研究中，具体到汉语语法研究，对于不同学派、不同方面的种种研究分析理论与方法，应坚持多元论，应善于吸取各家各派、各种理论方法中之合理成分为我所用。汉语是一种有别于印欧语的语言，但语言的共性决定了在印欧语研究基础上所获得的理论方法，在其他类型的语言研究基础上所获得的理论方法，也能在一定程度上适用于汉语研究。但是，语言学科的发展要求我们，我们也有责任，怎么以人类语言的共性为基点、在以汉语为主要对象研究的基础上来创建语言研究分析的新理论、新方法。不过，称得上新理论、新方法的，它必须或有助于挖掘和发现新的语言事实和规律，或有助于人们对语言事实及其内在规律获取新的、更科学的解释与认识，或能更有效地解决语言应用中的实际问题。

就汉语语法研究来说，重视语言事实，这是我们的好传统。我们必须继续坚持。同时，需要树立两种意识，一是"理论意识"；二是"进行科学假设的意识"。

在科学研究中，理论意识很重要。中国的学术传统注重求实，这是个好传统。没有求实，谈不上创新；没有创新，学科就不能发展。但是，还要明了一点：并不是做到了求实，就自然能创新。就语言研究来说，我们有一个很大的弱点，那就是理论意识不强，这就吃了大亏。学术上的创新点，常常一开始可能就是一个稍纵即逝的闪光思想，如不把它抓住，将它固定下来，可能就失去了；而更重要的是，有了好的观念和想法，还得进一步在理论上加以升华。目前语法研究中的许多理论方法，就其基本观念来说，在我国 20 世纪 20 年代到 40 年代的汉语语法论著里都有了，有的甚至已经说得很具体。遗憾的是都没能在理论上加以升华，形成相对完整的理论，并推向世界。结果许多理论方法的"发明权"都让给了后来的外国学者。以美国为代表的西方学术传统则理论意识很强。他们看一篇文章，首先不看有多少材料，而是看有没有新的观点、新的思想。没有新观点、新思想的文章就不予理会、不被采用。至于那观点、那思想是否站得住，那是第二步所要考虑的问题。但是他们也存在着致命的弱点，那就是在材料上下工夫很不够，甚至有的与语言事实严重不符。所以，我们国内的学者常常会质疑国外一些讨论汉语语法的论著所举的例子的可接受性。可见，上述两种学术传统各有所长，也各有所短。应该将二者结合起来，这样才更有利于学术创新。

在科学研究中，善于进行科学假设也极为重要性。各学科领域的发展事实告诉我们，研究要有所突破，科学要有所发展，有效的学术假设是必不可少的。在理工科领域内，假设是常事，大多是先有假设后运用实验等各种手段和办法来探索求证。牛顿对苹果落地的观察和思考实际上是在伽利略关于力的假想影响下进行的，从而提出了引起物理学革命的"万有引力"的牛顿定律（Dampier 1958）。就是在我们语言研究领域内，无论过去和现在，许多重要的突破也都离不开科学的假设。汉语音韵学里的"零声母"假设，语音学里"音位"的假设，近来拉森（Richard Larson）等人关于"VP 空壳理论"（verb shclls）和"轻动词理论"（light verb）的假设，在推动语言研究上都起了积极的作用；而特别是乔姆斯基的三项假设：第一，人的头脑里天生有一个语言机制；第二，人类语言具有共同的普遍性的语言规则（也称"普遍原则"）；第三，这种人类语言的普遍性规则是高度概括、非常简明的。这在全球范围内极大地推动了语言研究。因此，正如爱因斯坦所说："科学的创造性工作的重要特色是，先有理论预言某些论据，然后由实验来确认它。"被誉为当代爱因斯坦的斯蒂芬·霍金也说过，"科学最基本态度之一就是疑问，科学的最基本精神之一就是批判"。我国研究四维力学的著名科学家刘岳松教授也指出："奇迹往往从幻境中诞生，世界上哪一项伟大的发明一开始不都是一幅奇景？"（L. 岳松 2001，司富珍 2006）

　　以上大略地说明了当代种种语法分析理论对推进现代汉语语法研究起了积极的作用，这是无可否认的事实。近十年来，我们不断听到这样一种看法，认为像分布分析、层次分析、变换分析等在我们早期的汉语语法论著中早就运用了，不能认为都是舶来品。不错，在汉语语法研究的过程中，我们先辈确实曾经萌发甚至形成过不少很有理论价值的观念、意识，如"分布"意识、"层次"的意识、"格"的观念、"变换"的观念、配价的意识，等等。但是必须明了，具有某某观念或意识，不管是自觉的还是不自觉的，这跟形成这方面的分析理论，是两码事。这二者是有本质差别的：前者是不自觉的，不成系统的；后者是比较自觉的，成系统的。就拿分布分析来说，这是美国结构主义理论系统中一个很重要的分支理论。这个理论是 20 世纪三四十年代美国结构主义学派逐步形成的，但是分布的观念，在语言学领域里人们早就有了。人们对音的分类也好，对词的分类也好，就都在自觉不自觉地按分布给以分类。我们看到，1922 年问世的陈承泽的《国文法草创》，鉴于《马氏文通》词类假借说之弊端，主张"词的本用、活用"说。怎么确定词的本用和活用呢？陈承泽在书中说：

　　　　当未分本用、活用之前，应不设成见，先广搜各字之用例，然后参合比较，而得其孰为本用，孰为由本用而生之活用，不当仅于实质上求之也。

　　这一说明很明显含有分布的观念，但毕竟只是一种观念，并没有形成分布理论。在谈论分布理论时，我们就不能认为中国早于美国。再如"格"语法理论，现在大家都认为是美国菲尔墨（C. J. Fillmore）20世纪 60 年代提出的。可是吕叔湘先生在 1944 年出版的《中国文法要略》里就提到语义格了，而且所谈的类型比菲尔墨多了一倍（吕先生当时用的术语是"补词"，而其内容实质与菲尔墨的语义格完全相同），遗憾的是吕先生并未升华为理论。因此我们也只能说吕先生早就有语义格观念，但还不能认为"格"语法理论最早是由吕先生提出来的。层次分析、变换分析等情况也是如此。至于在学习、借鉴的同时，对某种理论方法有所修正，提出创见，这也不少，如朱德熙先生（1986）提出的变换分析的平行性原则，但这不能看做理论的自主创新。

总之，科学研究贵在探索与创新。语言研究中要创新，除了需搜集尽可能丰富的语料外，研究者时时要有两种意识，那就是理论意识和进行科学假设的意识。

从某个意义上说，科学研究就是"盲人摸象，自圆其说"。这八个字可能有人会不同意，但我认为这是科学研究的真实写照，或者说真实描绘。事实上，就汉语语法研究来说，已有的结论或看法，都只能说是一种假设性的结论或看法。随着研究的逐步深入，当然其中也有的"自圆其说"的理论可能会被证明可以确认为定论，而大多说的结论或看法，将会被修正，甚至被完全放弃。

科学研究的历史表明，继承、借鉴、怀疑、假设、探索、求证。如此循环往复，这是科学研究发展的必由之路，这也是汉语研究发展的必由之路。关于创新，还有一点很重要的，那就是要有好的思想，这样才能不断推进汉语语法研究。

五、做好三步转化工作

当代语法理论需要学习掌握。但真要见实效，必须做好三步转化工作。

第一步"转化"，要力求将所学的理论学懂、弄透，并努力使之转化为自己头脑里的知识。实施这步转化的目的是要积累知识，而绝不意味着一定要同意那些理论观点。

第二步"转化"，要运用所学的理论知识去思考汉语语法研究和语法教学中的问题，特别是"为什么"的问题，并努力转化为自己的研究成果。

第三步"转化"，是语言上的转化，那就是要用自己的语言，深入浅出、通俗易懂地将自己的研究成果表述出来，尽可能达到让业内人士看着觉得合理、可取，让业外人士看着能懂。

要完成这三步转换不容易，但也不是不能做到的，重要的要坚持以下两条：

第一条，要勤于思考——在阅读他人论著时要不断思考"为什么"、"怎么样"、"行不行"、"概括全面吗"、"有没有例外"、"还有没有更好的处理办法"等问题；在阅读或听讲中获得新知后，要时时有意识地运用所获得的新知来思考自己或他人在研究中、在教学中所碰到的、所要解决的问题。

第二，在表述时心里要有读者，在讲授时心里要有听众。不要将一般很容易懂的问题说的谁也不懂，而要努力将人们难以懂的问题说得大家都能明白。

参考文献

陆俭明. 现代汉语中一个新的语助词"看". 中国语文，1959（10）

陆俭明. "还"和"更".《语言学论丛》（第六辑），1980

陆俭明. 双宾结构补议. 烟台大学学报，1988（2）

陆俭明. 语义特征分析在汉语语法研究中的应用. 汉语学习，1991（1）

陆俭明. 对外汉语教学和配价语法理论. 世界汉语教学，1997（1）

陆俭明. 现代汉语语法研究教程（第三版）. 北京：北京大学出版社，2005

陆俭明. 要重视语言事实的挖掘与描写. 汉藏语学报. 2007（1）

司富珍. 语言学研究中的科学方法. 外国语，2006（4）

朱德熙. "的"字结构和判断句. 中国语文，1978（1、2）

朱德熙. "在黑板上写字"及相关句式. 语言教学与研究，1981（1）

朱德熙. 变换分析中的平行性原则. 中国语文，1986（2）

朱德熙，卢甲文，马真. 关于动词形容词"名物化"的问题. 北京大学学报（人文科学版）.1961（4）

L. 岳松. 四维力学. 上海：学林出版社，2001

Chomsky, N. 《Syntaltic Strultures》. the Hague：Mouton 1957

Chomsky, N. Language and Mind：Current Thoughts on Ancient Problem. *Pesqiusa Linguitica* 3，4. Paper presented at the anniversary of Generativism on internet. 1997

Dampier, W. C. *A History of Science and Its Relative with Philosophy and Religion. Revised and Enlarged*. Cambridge：Cambridge University Press. 1958. 亦参见李珩翻译的中译本《科学史与哲学和宗教的关系》. 北京：商务印书馆，1997

当·代·中·国·文·学·学·家·文·库

邢福明 卷

中　篇

现代汉语本体研究

领属范畴和领属关系[①]

　　　　一定的语义范畴对句法结构会起一定的制约
作用。领属范畴会对句法结构起什么样的制约作
用呢？这是本文所要讨论的。关于领属范畴，近
十多年来汉语语法学界颇为关注，已有多篇文章
谈及。一般都认为领属关系是事物与事物之间的
领有、隶属关系的总称，是属于语义范畴的。但
是从所列举的例子看，大家对领属关系的理解并
不一致。像"小王的书包"、"马的尾巴"，大家
都认为是领属性偏正结构；可是"工厂的围墙"、
"李老师的病"、"浙江的茶叶"是否也是领属性
偏正结构？意见就不一了。原因就在于领属范畴
本身是一种语义范畴，目前大家都只是从语义的
角度来判断一个"NP_1（的）NP_2"是不是领属
性偏正结构（NP代表名词性词语，下同）。而语
义这个东西，很容易智者见智仁者见仁。鉴于领
属关系虽属于语义范畴，但对句法有很重要的影
响，所以我们有必要考虑能否从句法的角度来给
出一个确定领属关系的、可操作的标准。

　　① 原文发表在《南大语言学》第一编，商务印书馆，2004；原标题为"确定领属关系之
我见"。

一、例外的启示

朱德熙先生在 20 世纪 70 年代深入研究了"VP 的"这种"的"字结构的歧义情况，总结、概括并提出了"VP 的"这样一种"的"字结构的歧义指数公式（VP 代表动词性词语，下同）：（朱德熙 1978）

P＝n－m

公式里的 P 代表歧义指数，n 代表动词的"价"数，m 代表出现在 VP 中体现动词价的名词数目（即称动词的配价成分的数目）。根据这个公式，可以很快计算、判断出任何一个具体的"VP 的"的"的"字结构能否作主宾语指称事物，如能作主宾语指称事物会不会有歧义。具体说：

当 P 为 0 时，"VP 的"不能作主宾语指称事物。例如：

(1) 他们休息的

(2) 他参观展览会的

(3) 我给王老师一本书的

例（1）"休息"是一价动词，它的配价成分在"的"字结构里已经出现了，按公式

P＝n－m＝1－1＝0；

例（2）"参观"是二价动词，它的两个配价成分都在"的"字结构里出现了，按公式

P＝n－m＝2－2＝0；

例（3）"给"是三价动词，它的三个配价成分都在"的"字结构里出现了，按公式

P＝n－m＝3－3＝0；

这些"的"字结构由于歧义指数为 0，所以都不能指称事物。

当 P 为 1 时，"VP 的"可以指称事物，但没有歧义。例如：

(4) 他洗的

(5) 洗西服的

例（4）、例（5）"洗"是二价动词，它的两配价成分有一个在"的"字

结构里出现了，按公式

$P=n-m=2-1=1$。

所以这两个"的"字结构可以指称事物——例（4）指称"洗"的受事，例（5）指称"洗"的施事，但都没有歧义。

当 P 为 2 时，"VP 的"能指称事物，而且会有歧义。例如：

　　（6）吃的

例（6）"吃"是二价动词，它的两个配价成分都没有在"的"字结构里出现，所以这个"的"字结构就会有歧义，它既可以指称"吃"的施事（如"你们吃不吃羊肉？吃的举手"），也可以指称"吃"的受事（如"你等一下，我去买点儿吃的"）。

朱德熙先生关于"VP 的"的"的"字结构的歧义指数理论与公式是很有创造性的。但是后来发现，无论哪种情况均有例外，这一点朱德熙先生（1980）自己也发现了。例外有两种情况（试以 P=0 的实例为例）：

一是有可能还能指称 V 的某个已经在"的"字结构里出现的配价成分 NP 所指事物的领有者。例如：

　　（7）孩子游泳的（游泳：$P=n-m=1-1=0$）[可指称孩子的家长]
　　（8）他漆了地板的（漆：$P=n-m=2-2=0$）[可指称某个房间或房子]

二是有可能指称跟作为 V 的某个配价成分、居于 V 后作宾语的第三人称代词"他"（包括"她"和"它"）有同指关系的事物。例如：

　　（9）你给了他书的（$P=n-m=3-3=0$）　[可指称某人，该人与"他"同指]

朱德熙先生有关"的"字结构歧义指数理论的例外情况，为我们寻求确定领属关系的语法标准给以了启示。

二、确定领属关系的语法标准

上面说了，领属关系是指事物与事物之间的领有、隶属关系的总称。

怎样从语法上来确定两个名词性成分之间的领属关系，各种语言所依据的具体标准可能不同。就汉语说，根据我们从朱德熙先生的歧义指数公式的例外情况中所得到的启示，我们觉得可以使用这样的语法标准：

"NP_1（的）NP_2"偏正结构里的 NP_1 与 NP_2 之间是否有领属关系，其鉴别办法是：

（a）让 NP_2 作为某谓词的元系角色进入该谓词的论元结构；

（b）再让该谓词论元结构加上"的"所形成的"的"字结构去作"是"字句的主语；

（c）而让 NP_1 作"是"的宾语中心；

（d）如果"是"字句成立而且作为"是"的宾语中心的 NP_1 跟论元结构里的任何论旨角色没有同指照应关系，那么 NP_1 与 NP_2 之间的语义关系属于领属关系，"NP_1（的）NP_2"属于领属性偏正结构。

请看些实例：

实例（一）：张三的眼镜

眼镜破了的是张三。

实例（二）：书的封面

我撕了封面的是那本书。

实例（三）：红星厂的围墙

围墙塌了的是红星厂。

实例（四）：张三的儿子

儿子游泳的是张三。

实例（五）：桌子的木头

蛀虫蛀了木头的是那张桌子。

实例（六）：那篇文章的论点

论点明确的是那篇文章。

实例（七）：他的前途

前途渺茫的是他。

实例（八）：羊肉片儿

片儿薄的是羊肉。

实例（九）：李老师的病情

病情严重的是李老师。

实例（十）：他妹妹的穿着

穿着华丽的是他妹妹

对上述判别标准的补充说明：

第一，这里所说的谓词，包括动词和形容词（不包括状态词）。

第二，这里所说的谓词的论元结构（严格说应该是"谓词的论旨结构"），也有人称为"句位"，这基本上是根据乔姆斯基（N. Chomsky）理论中的"论旨准则"和"格位指派准则"（Case assignment rules）确定的。所谓论旨准则其主要内容是，每个论元必须而且只能由一个论旨角色充当，每个论旨角色必须而且只充当一个论元。而所谓"格位指派准则"，是说一个作为谓词论旨角色的名词性词语 NP 如要合法参与造句就必须得到合适的格位指派；如果一个作为谓词论旨角色的名词性词语 NP 有词汇形式，但是没有得到格位指派，就不合法，就会生成不合法的句子。结合汉语的具体情况，我们确定现代汉语里每个谓词的论元结构具体遵循以下三原则（沈阳 1994）：

一是 NP 原则。这条原则的内容是，进入论元结构（句位）的 NP 不作语义类型的限制，即不限于施事、受事。

二是 V 前 NP 原则。这条原则的内容是，鉴于汉语是属于"SVO"型语言，所以 V 前必须有 NP，而作为 V 前 NP 在任何情况下都不能加上除了表示被动的"被、叫、给、由、归"以外的介词。例如：

(10) a. 他打了一个玻璃杯。

　　 b. 在图书馆看了一会儿书。

　　 c. 跟小王商量过那件事。

　　 d. （在）昨天晚上看了个电影。

　　 e. （对）那件事已经没有什么印象了。

　　 f. （关于）那起交通事故已经写了个报告。

　　 g. （把）文章写完了。

上面所举的例子里只有 a 例符合"V 前 NP 原则"。

三是 V 后 NP 原则。这条原则包括两个内容：一是凡是把 V 前位置上的 NP 排除以后，所有能出现在 V 后充任宾语的 NP，都属于 V 后 NP，而不考虑其语义角色的性质；二是根据语言事实，V 后最多能放下两个 NP，即 V 后最多带两个宾语。

根据上述"三原则"，各类配价动词（用 V 加上标的数目字来表示几价动词）的论元结构（句位）是：

一价动词 V^1 的论元结构（句位）：$[NP\ V^1]$ 例如：

(11) 他们已经出发了。

二价动词 V^2 论元结构（句位）：$[NP\ V^2 NP]$ 例如：

(12) 他编了一本教材。

三价动词 V^3 论元结构（句位）：$[NP\ V^3 NP_1\ NP_2]$ 例如：

(13) 我送小王一本书。

第三，这里所说的谓词元系角色，实际就是指能进入论元结构的谓词的论旨角色。那么为什么要用"元系角色"这个名称呢？在汉语里，一个动词，譬如说二价动词，它后面当然只能有一个格位（Case），即只能有一个宾语，但允许有不同的论旨角色出现在宾语位置上，只是不在同一句话里，即不能同在宾语位置上同现。例如：

(14) a. 我浇水。[施事－动作－材料]

　　 b. 我浇花。[施事－动作－受事]

(15) a. 你切肉。[施事－动作－受事]

　　 b. 你切丝儿。[施事－动作－方式]

　　 c. 我切黄瓜丝儿。[施事－动作－结果]

　　 d. 你切这把刀。[施事－动作－工具]

　　 e. 你切盘子里。[施事－动作－处所]

像例（14）里的"浇"和例（15）里的"切"算它几价动词呢？我们认为还是二价动词，因为在动词"浇"和"切"的论元结构里只允许有两个格位；但是，"浇"能与三个论旨角色（施事、材料、受事）系联，"切"能与六个论旨角色（施事、受事、方式、结果、工具、处所）系联。这样，我们就称"浇"为二元三系动词，它有两个论元结构，即例（14）的 a. 和 b.；称"切"为二元六系动词，它有五个论元结构，即例（15）的 a.、b.、c.、d. 和 e.。这里所说的"元"实际相当于格位。"元系角色"就是指这类动词的论旨角色。

第四，NP_1 作"是"的宾语时，可以加上"这篇"、"那个"等指量词，或另外一些修饰成分，因为正如徐春阳同志所指出的，领属性偏正结构里充任定语的名词性成分一定是定指的（包括泛指的），而加上了这些指量成分，可以使"是"字句成为一个可接受的句子。

第五，对于上述鉴别标准，不能倒过来理解和使用，即不能认为：

* 由谓词的论元结构加上"的"所形成的"的"字结构作主语的"是"字句里，作为"是"的宾语的 NP 跟前面主语部分里的那谓词论元结构里的主格位或宾格位的 NP 之间一定有领属关系。

这是因为由谓词的论元结构加上"的"所形成的"的"字结构作主语的"是"字句，作为"是"的宾语的 NP 不一定都跟那论元结构里处于主格位或宾格位的 NP 都有领属关系。例如：

（16）他吃牛排的是那副刀叉。

例（16）里的"那副刀叉"与"他"或"牛排"根本就不能形成偏正结构，更不用说它们之间有什么领属关系了。

第六，为什么要规定"作为'是'的宾语的 NP_1 跟论元结构里的任何论旨角色没有同指照应关系"，那是因为不作这条规定，有可能出现假象，那就是某个"NP_1（的）NP_2"该是领属关系的偏正结构，而会得出不是领属关系偏正结构的结论。举例来说，"张三的书"明明是领属性偏正结构，但是如果不作上面的规定，我们可以推出下面这样的符合鉴别标准的句子：

（17）我给了他书的是张三。

作为"NP_2"的"书"出现在谓词"给"的论元结构里，而那个论元结构加上"的"形成的"的"字结构作"是"字句的主语；作为 NP_1 的"张三"在"是"字句里作宾语。符合鉴别标准。可是，按例

— 83 —

（17）的意思，"张三"跟"书"不存在领属关系。而所以会出现这样的情况，就因为这里的"张三"跟前面"给"的论元结构里的"他"有同指照应关系。为避免出现上述情况，所以必须规定"作为'是'的宾语的NP₁跟论元结构里的任何论旨角色没有同指照应关系"。

三、现代汉语领属性偏正结构的语义类型

符合上述标准的领属关系，可以细分为以下16小类：

a. 称谓领属

我的父亲　他的老师　小王的朋友　老张的徒弟　我们的邻居

b. 占有领属

他的房子　小李的笔　我的自行车　爸爸的电脑　姐姐的手表

c. 器官领属

他的眼睛　弟弟的手　猴子的尾巴　大象的耳朵　松树的叶子

d. 构件领属

书的封面　房间的门　衣服的领子　桌子的腿儿　饺子的馅儿

e. 材料领属

桌子的木头　衣服的布料　画报的纸　啤酒瓶的玻璃

f. 属性领属

他的脾气　小王的性格　糖的价格　烤鸭的味道　桌子的长度

g. 特征领属

弟弟的个儿　妹妹的穿着　孩子的长相　箱子的形状　衣服的颜色

h. 观念领属

他的观点　我的看法　校长的意见　朋友的劝告　佐藤君的见解

i. 成员领属

北大的学生　清华的校长　美国的总统　夏普公司的职员

j. 变形领属

土豆儿丝儿　黄瓜丝儿　萝卜块儿　羊肉片儿

k. 成果领属

他的文章　李白的诗　齐白石的画　王羲之的字　茅盾的小说

l. 产品领属

东芝公司的电脑　中国的人造卫星　浙江的茶叶　新泻的大米

m. 状况领属

北大的现状　他的前途　张教授的水平　我们的条件　李老师的病情

n. 创伤领属

张三的伤口　他的口子　老张的胃炎　小李的包

o. 事业领属

我们的事业　小王的工作　郭老的研究　他们的调查　他的考察

p. 景观领属

苏州园林　九寨沟风光　桂林山水　西湖景色

q. 处所领属

张三的面前　小王的身后　王大爷家的房后　北京大学的隔壁

黄居仁（1986）把"他的棋下得很好"、"他的足球踢得很好"里的"他的棋"和"他的足球"看做领属关系，称为"准领属关系"。按我们的鉴别标准，这些偏正词组不能被列入领属性偏正结构。这里的"棋""足球"实际取的是内涵义（陆汝占、靳光瑾1996）。

四、对鉴别标准的进一步修订

本文最早在中国语言学会第 11 届年会（2001.11.3－11.5，扬州）上发表。会后，上海复旦大学中文系博士生徐阳春给我提出了一个问题——"日本朋友"有歧解（除表示领属关系外，还可以表示属性关系），但按本文所给出的鉴别标准，只能作领属关系理解，这个问题怎么解决？这个问题提得很好，当时我没法立即回答他所提出的问题。2001 年 11 月 11 日，徐阳春又发来电子邮件指出，当"$NP_1＋NP_2$"为属性结构时，"NP_1"为非定指，表属性，其作用是对"NP_2"进行分类；当"$NP_1＋NP_2$"为领属性偏正结构时，其中的"NP_1"是定指的。因此，他建议将作为鉴别标准框架里作"是"的宾语的名词性词语改为"定指性名词性词语"。

徐阳春的意见是正确的。根据他的建议，我对原先的鉴别标准作了修改，以解决"$NP_1＋NP_2$"歧解的问题。具体改为：

"NP₁（的）NP₂" 偏正结构里的 NP₁ 与 NP₂ 之间是否有领属关系，其鉴别办法是：

（a）让 NP₂ 作为某谓词的元系角色进入那谓词的论元结构；

（b）再让该谓词论元结构加上 "的" 所形成的 "的" 字结构去作 "是" 字句的主语；

（c）而让 NP₁ 作 "是" 的宾语中心，而且，如果 NP₁ 不是专有名词，在作 "是" 的宾语中心时，前可加表示定指的修饰成分（如 "这"、"那" 等）；

（d）如果 "是" 字句成立，而且作为 "是" 的宾语中心的 NP₁ 跟论元结构里的任何论旨角色没有同指。指照应关系，那么 NP₁ 与 NP₂ 之间的语义关系属于领属关系，"NP₁（的）NP₂" 属于领属性偏正结构。

例如："苏州园林"，（A）是指苏州市的园林（如 "苏州园林是世界闻名的"），按此理解，"苏州园林" 是领属性偏正结构（景观领属）；（B）是指具有苏州的园林韵味的园林（如 "想不到在东北边陲能有那么美的苏州园林"），按此理解，"苏州园林" 是属性偏正结构。作为领属性偏正结构，可以进入鉴别标准的框架；作为属性偏正结构，不能进入鉴别标准的框架。请看：

（19）苏州园林

（A）领属结构：园林有特色的是苏州

（B）属性结构：＊园林有特色的是苏州

再如："诗人风度"，（A）是指诗人所具有的风度，按此理解，"诗人风度" 是领属性偏正结构（属性领属）；（B）是指像诗人所具有的风度，按此理解，"诗人风度" 是属性偏正结构。作为领属性偏正结构，可以进入鉴别标准的框架；作为属性偏正结构，不能进入鉴别标准的框架。请看：

（20）诗人风度

（A）领属结构：风度翩翩的是那位/那些诗人

（B）属性结构：＊风度翩翩的是那位/那些诗人

细细分析，第 4 小节所列的 16 类领属性偏正结构中，表示 c．"器官领属"、f．"属性领属"、h．"观念领属"、i．"成员领属"、j．"变形领属"、l．"产品领属"以及、p．"景观领属"的偏正结构等，如果中间没有"的"，都同时可以表示属性关系，即都有可能有歧解。这里不妨再略举一二例（（A）为领属结构，（B）为属性结构）：

（21）c．器官领属：

狐狸尾巴——（A）狐狸尾巴跟狗的尾巴似乎没有什么
　　　　　　　两样。

　　　　　（B）那家伙终于露出了狐狸尾巴。

（22）i．成员领属：

日本朋友——（A）本田君认为，在所有的日本朋友中，
　　　　　　　美国是最难对付的。

　　　　　（B）小王有一位日本朋友，叫池田真理子。

但修改后的鉴别标准可以对付上述歧义现象。

以上也还只是一个初步的想法。本文所提出的鉴别标准，对语言事实是否有很强的概括力；按目前的鉴别标准是否还存在过宽或过严的问题；这都还需要进一步用语言事实来加以检验。另外，领属性偏正结构的各个语义类型的命名，也不一定很理想。

参考文献

黄居仁．再析国语"领属主语"结构——概化词组结构语法（GPSG）及词汇功能语法（LFG）之背景研究，见曹逢甫等主编．台湾学者汉语研究文集．天津：天津人民出版社（原载《汉语研究》），1986

陆汝占，靳光瑾．领属关系与逻辑语义解释．世界汉语教学，1996（1）

沈阳．现代汉语空语类研究．济南：山东教育出版社，1994

朱德熙．"的"字结构和判断句．中国语文，1978（1、2）

朱德熙．汉语句法里的歧义现象．中国语文，1980（2）

汉语句法研究要以词组为基点^①

一、出发点

　　过去我们比较多地关注汉语的特点，比较多地从汉语看汉语。1993 年，我曾在《汉语学习》（第 1 期）发表了一篇题为"汉语句子的特点"的文章，这篇文章的引用率还很高，但现在我觉得这是我写得最失败的一篇文章。其中绝大多数的所谓汉语句子的特点（陆俭明 1993），正是我从汉语看汉语所得出的；我也跟英语作了些对比，但我实际是把汉语口语的句子跟规范的英语书面语句子作对比，这种做法显然也是不合适的。我现在的一个想法是，我们是否可以换一种角度，从语言共性的基点来观察汉语，看是否会对汉语语法得到一些新的认识。这是我有关汉语句法研究新的思考的第一个出发点。

　　句法和语用是不同的平面。这一点大家也都

---

① 原文发表在《语言学论丛》第二十六辑，商务印书馆，2002 年，原题为"汉语句法研究的新思考"。

是那么说的，特别是自 20 世纪 80 年代初强调区分"三个平面"以来，大家对此认识可以说是毫无异议的，但实际上大家并没有把这两个平面分开来。关于这两个平面现在我也有一点想法，那就是，词组只受句法的制约，不受语用的制约；而句子既受句法的制约，又受语用的制约。这也正是我有关汉语句法研究新的思考的出发点之一。

在重新思考汉语句法研究时，乔姆斯基（Chomsky 1981，1982）关于"原则与参数"的理论是否可以借鉴一下，这也是我有关汉语句法研究新的思考的一个出发点。

过去我们比较习惯于定式的思维方式，具体说，在接受了某种理论方法、某种思想观点之后，就只知道用那种理论方法、那种思想观点来思考问题。这种思维方式对我们自己在学科领域里去进一步探索是极为有害的。我现在的想法是，这种定式的思维方式是否也应该改变一下？这里需要特别强调的是，在科学研究的领域里一定要坚持"多元论"。所谓多元论，是说在科学领域里，不要只学习一家一派的学说、理论和方法，而拒绝别家、别派的学说、理论和方法，因为在科学领域里各种学说、理论和方法都解决过前人无法或没有解决的问题，因而都一定有它合理、可取的地方，但也都会有一定的局限。我们说到局限的时候不要把它跟缺点等同起来。我们说某种学说、理论和方法有局限，是说该种学说、理论、方法都只能解决一定范围内的问题，不可能解决所有的问题，即使在本学科领域里也是这样。可以这样说，在科学领域里，任何一种学说、理论、方法都不可能放之四海、放之古今而皆准的。要知道，客观事物是极为纷繁复杂的，而且是在不断发展变化的，人类对客观世界的认识是无止境的。一个人学问再大，但由于他的研究不可避免地要受到当时具体的科学研究水平、研究条件、本人的认识水平以及研究目的等多方面因素的限制，所以他不可能对研究的对象有完全、彻底的认识，也不可能在他研究领域内能把所有问题都给解决了，也不可能没有一点儿疏漏。因此，你可以崇尚某一种、某一派的学说、理论和方法，但同时要关注、了解其他家、其他派的学说、理论和方法，博采众说之长，兼包并蓄，为我所用。这样，我们才能在前人的研究基础上有所发展，有所前进。这也是我关于汉语句法研究新的思考的出发点之一。

二、新的思考——小语法观念

什么叫"小语法观念"?

过去书上所说的语法规则实际上包含了语法、语用两方面的规则,或者说得更确切些,实际上包含了相当数量的语用规则。且不说有关"易位现象"(陆俭明 1980)的规则明显地属于语用规则,一般认为是汉语语法特点之一的所谓"主谓谓语句",其中有些规则实际上也是属于语用规则的(详下)。如果我们把过去关于语法的看法称之为"大语法观念"的话,如今我们要提出一个"小语法观念"的说法,按照这种说法,我们需要把语用的规则从过去所谓的语法规则中剥离出去。

就句法规则来说,它是在句子平面上充分地体现,还是在词组平面上充分地体现?还是既在句子平面上充分体现,也在词组平面上充分体现?各个语言其情况是不一定相同的。

印欧语(如英语、俄语)的句法规则在句子平面上就能看得很清楚。就英语来说,句法规则和语用规则的界限比较清楚。举例来说,下面这个英语句子:

(1) We are verifying these figures. (我们正在审核这些数字。)

在实际的交际中,其宾语成分 these figures 可以根据交际的需要挪到句首,但这会有两种情况。请先看实例:

(2) These figures are being verified by us. (这些数字正被我们审核。)

(3) These figures we are verifying (it). (这些数字我们正在审核。)

说英语的人也好,研究英语语法的人也好,都会把例(2)句首的 These figures 看作全句的主语,但都不会认为例(3)句首的 These figures 是全句的主语,都还会将这个句子里的 These figures 看作是 verify 的宾语。这也就是说,在英语里某些宾语成分是有可能移位到句首的，但有的是属于句法移位，如例（2）；有的是属于语用移位，如例（3）。显然，英语的句法规则，在句子平面上就能看得比较清楚，因为有鲜明的形式标志。

汉语的句法规则在句子平面上则看不清楚。请看：

（4）弟弟打破了我的杯子。

例（4）在实际交际中，其宾语成分"我的杯子"也可以根据交际的需要挪到句首，说成：

（5）我的杯子被弟弟打破了。
（6）我的杯子弟弟打破了。
（7）我的杯子打破了。

例（5）我们大概可以说是属于句法的移位，因为有形式标志介词"被"；例（6）、例（7）我们就很难只根据那句子形式来断定它们到底是属于句法移位还是语用移位。原因是（a）汉语没有严格意义的形态标志和形态变化。（b）句法成分的大量省略——汉语句法成分（包括某些虚词）的省略比较自由，不像英语那样有严格的句法约束。因此，在句子平面上哪些属于句法规则，哪些属于语用规则，就汉语说，没法从形式上去加以区分。

我们初步认为，汉语的句法规则要在词组平面上去把握。举例来说，下面两个句子现在大家都认为是主谓句：

（8）我们吃。（可回答"你们吃苹果吗？/你们吃不吃苹果？"）
（9）苹果吃。（可回答"你们苹果吃吗？/苹果吃不吃？"）

二者的差别只在于，前者是施事主语句，后者是受事主语句。但是，像"苹果吃"这样的所谓"受事主语句"在什么场合出现？事实告诉我们，一般所谓的无标记受事主语句格式，其实只在句子平面上出现。下列事实可以说明这一点：如果它们都属于动词性句法结构，按朱德熙先生（1978）的歧义指数公式，它们都可以后加结构助词"的"形成能单独作主语或宾语来指称某种事物的名词性"的"字结构。可是我们看到，例（8）"我们吃"和诸如另外的"吃苹果"可以跟"的"形成"的"字结构，但例（9）"苹果吃"却不能跟"的"组成"的"字结构。请看：

（10）a. 我们吃的（歧义指数 $P=n-m=2-1=1$，可指称"吃"的受事，可作主宾语）

b. 吃苹果的（歧义指数 $P=n-m=2-1=1$，可指称"吃"的施事，可作句法成分）

c. 苹果吃的（歧义指数 $P=n-m=2-1=1$，但不能指称事物，不能作句法成分）

这就是说，一个二价动词 V^2，当我们用它来组成"的"字结构并用这样的"的"字结构来指代那动词所表示的动作的施事时，只有"$NP_{[施事]}V^2$ 的"和"$V^2 NP_{[受事]}$ 的"是合法的，而"$NP_{[受事]}V^2$ 的"是不合法的。从这一事实中我们可以认识到，所谓"受事主语的主谓格式""$NP_{[受事]}V^2$"（如"苹果吃"这样的结构）只在句子平面上出现，并不在词组平面上出现。据此我们有理由怀疑"苹果吃"这类结构到底是否真属于句法结构，或许把它看做语用结构似更合适些。总之，按以往的"大语法观念"，"我们吃""吃苹果"和"苹果吃"都是合法的句法结构；而按我们现在的"小语法观念"，"我们吃""吃苹果"是按句法规则构成的合法的句法结构，"苹果吃"不是按句法规则构成的，而是一个语用结构。似乎有例外：

（11）一口苹果都不吃的（是张三。）

（12）什么苹果都不吃的（是张三。）

（13）连苹果都不吃的（是张三。）

（14）芯儿蛀了的（不能吃。）

例（11）至例（14）里的"的"字结构，其中的动词性词语"一口苹果都不吃""什么苹果都不吃""连苹果都不吃"和"芯儿蛀了"，从语义结构关系上看似都属于"$NP_{[受事]}V^2$"。它们为什么能在词组平面上出现呢？需知，例（11）、例（12）、例（13）确实都能指代施事（某人），其中的动词性词语确实都是"$NP_{[受事]}V^2$"结构。然而它们之所以能在词组平面上出现，是因为带有形式标记，分别是"一……"（一口）、"什么"和"连……都"。因此，这儿的"一口苹果都不吃""什么苹果都不吃""连苹果都不吃"是都属于有标记受事主语主谓结构，其中的"苹果"从动词"吃"后的位置移至句首，并分别赋予了形式标志"一……"（一口）、"什么"和"连……都"，因此都属于句法移位。而例（14）"芯儿蛀了的"这个"的"字结构并不能指代"蛀"的施事（如蛀虫什么的），而只能指代跟"芯儿"有隶属关系的事物（如桃子、李子或棒子等）。而"芯儿蛀了"这一结构之所以能在词组平面上出现，是因为"芯儿"跟"芯儿蛀了的"这个"的"字结构所指代的事物（假如说像桃子、李子或棒子等）之间有领属关系（具体说是隶属关系）。因此，从表面看"芯儿蛀了"是"$NP_{[受事]}V^2$"结构，实际上它在这儿不是作为"$NP_{[受事]}V^2$"结构出现的，而是作为"$NP_{[被隶属]}V^2$"结构出现的。类似的现象在汉语中是大量存在的。不妨再举一实例：

（15）衣服卖了的

对于例（15），我们不能笼统地说能成立或不能成立，而得看其中的"衣服"是以什么样的语义角色出现的——如果把它作为"卖"的受事看待。"＊衣服$_{[受事]}$卖了的"就不成立，因为想要用一个"的"字结构来指代"卖"的施事，就不能用"衣服$_{[受事]}$卖了的"这种说法，而得用"卖了衣服$_{[受事]}$的"这种说法；如果把"衣服"作为某人的领有物看待，让"衣服$_{[被隶属]}$卖了的"来指代"衣服"的领有者。那么"衣服$_{[被隶属]}$卖了的"这种说法就成立。再看一个实例：

（16）苹果吃了的

"苹果"作为"吃"的受事，该格式不成立；事实告诉我们，如果要用"的"字结构来指称"吃"的施事，得说成"吃了苹果的"或"什么苹果$_{[受事]}$都吃的"。如果"苹果"作为该"的"字结构所指事物的领有物出现，"苹果$_{[被隶属]}$吃了的"结构能成立。

上述语言事实可能也给我们揭示了词语所具有的带有普遍意义的一种特性，那就是词语在结构中的多功能性。

词语在结构中的多功能性，是指词语在相同的词类序列中可体现不同的功能，在句法上是如此，在语义上也是如此。词语在句法上的多功能现象早已为人们所注意，只是没有意识到这是词语在句法上的多功能性的表现。例如过去汉语语法学界说，"出租汽车"既可看作是述宾关系，"出租"是述语，"汽车"是宾语；也可看作是"定—中"偏正关系，"出租"是定语，"汽车"是中心语。而这实际就是"出租"这个动词，"汽车"这个名词在结构中的句法多功能性的表现；"他写的散文"既可以看作偏正关系，也可以看作是主谓关系，这也实际就是"他写的"这个"的"字结构，"散文"这个名词在结构中的句法多功能性的表现。而上面所说的现象，诸如"一件衣服都不卖的"（指代某人）里的"衣服"作为"卖"的受事，"衣服卖了的"（指代"衣服"的领有者）里的"衣服"作为某人的领有物，正是词语在语义上的多功能性的表现。"大衣扣子"，在语义上我们既可以分析为隶属关系（意思相当于"大衣上的扣子"，扣子是大衣有机的组成部分，个儿有的大，有的小——如袖口上的扣子）；也可以分析为类属关系（意思相当于"大衣上专用的扣子"，个儿都是大大的）。这也是词语在语义上多功能性的表现。

综上所述，在句子平面上，有的格式是句法格式，有的格式则是语用格式，不是句法格式，像"苹果[受事]吃"就不属于句法格式，而属于语用格式。

由于在句子平面句法规则和语用规则混杂在一起，相对比较复杂，不容易把握好汉语的句法规则，所以说从研究词组入手可能比从研究句子入手会更有利于把握住汉语的句法规则。因此，汉语句法研究首先要抓词组的研究。按照上述想法，汉语句法研究需分两个步骤，首先要研究清楚词组的构造规则，在此基础上，再探讨句子平面上的种种变化规则，并分清哪些是属于句法的变化，哪些是属于语用的变化。

三、汉语句法研究步骤之一

首先要研究清楚词组的构造规则。而在着手研究词组的构造规则之前，有必要先考虑如何给词组定位的问题。

就汉语来说，什么叫"词组"？这有种种不同的说法。最常听到的两种说法是，（甲）词组是语言中词和词按一定的规则组合而成的比词大的语言单位；（乙）词组是由词和词互相组合而成的、处于被包含状态的语言单位，所谓"处于被包含状态"就是处于非单说的地位。上述两种说法都有点问题。

（甲）种说法的问题是，所谓"一定的规则"是指什么规则？只是指句法规则，还是包括语用规则？上面已经指出，以往一般所谓的句法规则，实际上把语用规则也包括进去了。因此，如果我们对"一定的规则"不加限制而轻易地肯定（甲）种说法，那么上面我们举到的"苹果吃"一类结构也得看做词组，因为（1）它是由词和词组合而成的；（2）它是按一定规则组合在一起的。但是，正如上面已经指出的，它可能是按语用规则组合在一起的，它不像是按句法规则组合在一起的。

（乙）种说法的问题是，所谓"处于被包含状态"，即"处于非单说的地位"，到底是什么含义？譬如说，复句中的分句，是看作"处于单说的地位"的语言成分呢，还是看作"处于被包含状态"的语言成分呢？作谓词性宾语的成分，是不是都属于"处于被包含状态"的语言成分呢？如果我们对"处于被包含状态"、"处于单说的地位"不作明确定义而轻易地肯定（乙）种说法，同样我们也得把"苹果吃"一类结构看作词组，因为（1）它确实是由词和词互相组合而成的；（2）它可以作复句里的分句（如"苹果吃，香蕉不吃。"），它可以作谓宾动词的宾语（如"我听说苹果吃。"）。但是，正如上面已经指出的，把"苹果吃"看作语用平面上的结构似乎更合适些。

到底怎么给词组定位？现在把问题先提出来，希望大家一起来考虑。这里先说一点我的想法。

研究词组，首先重要的是要深入研究动词的论元结构。根据已有的研究成果，汉语里的词组有各种各样。基本上可以分为两大类——甲类是实义性词语和实义性词语组合而成的词组，乙类是实义性词语和标记性成分所组合而成的词组。所谓实义性词语，大致就是一般所说的实词性词语，一般指名词性、动词性、形容词性词语；我们把副词也归入实义性的词语之中，虽然有的副词（如"也"、"才"等）所表示的意义比较虚灵。所谓标记性成分，这里主要是指介词和助词（动态助词、结构助词等，但不包括语气词）。甲类词组，从内部结构关系上来看，有联合、述宾（动宾）、述补（动补/形补）、主谓、"定—中"偏正、"状—中"偏正、连谓（连动）、递系，等等；从词类系列上看，有"名＋动""名＋形""名＋名""动＋名""动＋动""动＋形""形＋动""形＋名""副＋动""副＋形"等。乙类词组，只指介词结构和各种助词结构。我们觉得在这种不同性质、不同词类系列、不同结构关系的词组中，最重要的或者说首先要抓的是以动词为核心的一些词组，如主谓、述宾这样一些词组（这里所说的动词，也可以把形容词、状态词包括在内，并称之为静态动词（state verb）；或者，如前人已经做的那样，把动词、形容词、状态词合称为谓词，这样也可以改说为"以谓词为核心的一些词组"）。联合、偏正两种词组相对说比较简单；至于述补、连谓、递系，实际上应看作是由不同的（通常是由两个）谓词性结构整合的产物。所以，如果把以动词为核心的一些词组研究清楚了，其他的就好办了。

怎么研究以动词为核心的一些词组呢？我们觉得，可以借鉴乔姆斯基的论元结构理论，这也就是说，重要的或者说首先要深入研究的是动词的论元结构。

什么是动词的论元结构？这里有必要先交代两个概念，一是动词的论元结构，一是动词的论旨结构。

"论元"指的是跟动词发生直接语义联系的语义角色（semantic role），大致相当于"格语法"里的名词格范畴（case category）；动词论元结构可理解为由动词及其语义角色所构成的无序的"动词格框架"。例如动词"洗"，它可以有施事、受事、工具、处所、时间等语义角色；动词"洗"与这些语义角色就构成动词"洗"的论元结构，可表示为：

（18）洗 ［＋施事、受事、工具、处所、时间……］

或表示为：

（19）

任何动词都要求指派它的某些论元角色到一定的格位上（格位，在

英语里用第一个字母大写的 Case 表示）。按"论旨原则"，一个格位必须指派一定的论元角色，但只能指派一个论元角色；一个论元角色进入论旨结构只能被指派到一个格位上。动词的论旨结构就是由动词与动词对其论元角色所指派的格位所构成的。再拿动词"洗"来说，它对其论元角色可以而且也只能指派两个格位："洗"前一个主格位，"洗"后一个宾格位。"洗"前的主格位指派给施事，"洗"后的宾格位指派给受事。"洗"和在它之前的派给施事的主格位和在它之后的派给受事的宾格位一起构成动词"洗"的论旨结构。

动词的论元结构反映了一个动词跟名词之间多方面的语义联系；动词的论旨结构反映了语言中以动词为核心与名词进行组合所遵循的最基本的句法规则。

动词论旨理论为语义和句法找到了较为理想的"接口"（interface）。就自然语言理解与处理中的句处理来说，早期试着将自然语言里的句子与计算机能接受的算式直接转换，结果不能获得预期的效果；后来有人提出在自然语言里的句子与计算机能接受的算式之间需要建立一个中间站"逻辑表达式"。这样一来处理效果提高了许多，但是这只适用于处理无任何缺省的标准句子。而自然语言里更大量的句子往往有所缺省。所以虽然设立了逻辑表达式，自然语言处理仍然不能获得满意的结果。最新研究成果表明，为解决句子的缺省问题，在自然语言的句子和逻辑表达式之间还需设立一个"函子"（functor），以求解缺省和求解函子的组合。而函子理论基础之一就是动词的论旨结构理论（靳光瑾 2001）。

怎样确定动词的论旨结构？确定动词论旨结构要遵循什么原则？根据沈阳（1994）确定动词的论旨结构（沈阳称为"句位"）应遵循以下三原则：

1. NP 原则

该原则的具体内容是，进入动词论旨结构的 NP 不作语义类型的限制。具体说，进入动词论旨结构的 NP，可以是施事、受事、与事，也可以是工具、材料、方式、处所等，具体由动词所指派的格位对 NP 语义角色的要求而定。

2. V 前 NP 原则

该原则的具体内容是，V 前必须有一个 NP，而且只能有一个 NP；

而作为 V 前的 NP，在任何情况下都不能有也不能加上除了标示施事或主体的"被、叫、给、由、归"等以外的介词。

3. V 后 NP 原则

该原则包括两个内容：一是排除 V 前 NP 以后，所有能出现在 V 后充任宾语的 NP，都属于 V 后 NP；二是 V 后最多能共现两个不同语义角色的 NP。

根据上述"三原则"，可以确定一个动词是几元动词，这个动词的论旨结构是什么样的。具体如下：

一元动词 V^1 论旨结构：$[NPV^1]$　　例如：他们已经出发了。

二元动词 V^2 论旨结构：$[NP_1 V^2 NP_2]$　　例如：他参观展览会。

三元动词 V^3 论旨结构：$[NP_1 V^3 NP_2 NP_3]$　　例如：我送他一本书。

像上面所举的"参观"这样的二元动词，要确定它的论旨结构比较容易，因为在"参观"后面的格位上，只能允许指派一种语义角色，即受事。但是，汉语中有不少二元动词，在它后面的格位上可以指派不同的语义角色，只是不在同一个格位上共现罢了。例如：

（20）a. 我浇水。　　　　　　［材料］

　　　 b. 我浇花。　　　　　　［受事］

（21）a. 你切黄瓜。　　　　　　［受事］

　　　 b. 你切丝儿。　　　　　　［方式］

　　　 c. 你切黄瓜丝儿。①　　　［结果］

　　　 d. 你切这把刀。　　　　　［工具］

　　　 e. 你切盘子里。　　　　　［终点］

例（20）"浇"是二元动词，但它可以系联三个语义角色，只是并不是在一个论旨结构里共现；例（21）"切"是二元动词，但它可以系联六个语义角色，只是并不是在一个论旨结构里共现。怎么处理、解释汉语里这种"一动多宾"的语法现象呢？我们不妨可以用"元系说"来处理、解释，那就是，例（20）的"浇"处理为"二元三系动词"；例

---

① "切黄瓜丝儿"里的"黄瓜丝儿"是作为动词"切"的结果或者说产物，以一个名词性偏正词组出现在"切"的宾格位的，而不是以两个独立的名词性成分（分别作为"切"的受事与方式）出现在"切"的宾格位上的。

(21) 的"切"处理为"二元六系动词"。(沈阳 1994，袁毓林 1998)

运用上述"三原则"和"元系说"，我们可以具体描写每一个动词的论旨结构和论元结构。对于"元""系"数相等的动词（如"出发""参观""送"等），一个动词只有一个论旨结构，同时也只有一个论元结构，从某个角度看该动词的论旨结构与论元结构重合。例如"参观"所形成的论旨结构与论元结构就是重合的。对于"系"数（假设为 n）大于"元"数的二元动词来说，一个动词只能形成一个前有主格位，后有宾格位的论旨结构，但可以形成 n−1 个论元结构。例如"浇"，只有一个论旨结构，即"主格位—浇—宾格位"，但可形成 a、b 两个论元结构（见例（20））。再如"切"，也只有一个论元结构，但可以形成 a、b、c、d、e 五个论元结构（见例（21））。

汉语词组最基本的规则主要都体现在动词的论旨结构和论元结构里。把每个动词的论旨结构和论元结构搞清楚了，再深入一步研究，除了探求词语之间的联合关系、偏正修饰关系内部的规则外，重要的是要进一步探求动词的论旨结构和各种论元结构到句子平面后由于成分的移位和省略所引起的变化及其规则。

四、汉语句法研究步骤之二

再进一步研究句子平面的种种变化。

一个词组到句子平面，常常会根据表达的需要而发生一些变化。这样，我们需要进一步考察、研究的是：会发生什么样的变化？其中，哪些属于句法变化？其条件与限制是什么？哪些属于语用变化？其条件与限制是什么？

所谓句子平面的变化，实际只是指动词的论旨结构在句子平面的变化。据初步考察，这种变化，主要有三种情况：

第一种是省略。在汉语中，只要在表达上不引起误解，动词论旨结构里的各种成分——各论旨角色，甚至动词本身几乎都能省略，而留下一个空语迹 e。例如动词"吃(=进食)"的论旨结构"主格位[施事]——吃——宾格位[受事]"（如"张三吃面包"），进到句子平面，在一定的语境里施事、受事或动词都能省略，出现种种省略形式。请看：

（22）a. e$_i$吃面包。（可回答"张三吃什么？"这样的提问）

b. e$_i$e$_v$面包。（可回答"张三吃什么？"这样的提问）

c. 张三 e$_v$面包。（可回答"张三吃什么？"这样的提问）

d. e$_i$吃 e$_j$。（可回答"张三吃不吃面包？""张三吃面包吗？"这样的提问）

e. 张三吃 e$_j$。（可回答"张三吃面包吗？""谁吃面包？"这样的提问）

f. 张三 e$_v$e$_j$。（可回答"谁吃面包？"这样的提问）

第二种是移位。一般是宾格位上的论旨角色前移，有时用介词，有时不用介词，原宾格位留下一个语迹 t。还是以动词"吃（=进食）"的论旨结构"主格位$_{[施事]}$——吃——宾格位$_{[受事]}$"（如"张三吃了两个面包"）为例：

（23）a. 张三把两个面包$_i$都吃了 t$_i$。

b. 两个面包$_i$都被张三吃了 t$_i$。

c. 张三两个面包$_i$都吃了 t$_i$。

d. 两个面包$_i$张三都吃了 t$_i$。

汉语中也有主格位上的论旨角色后移的情形。例如：动词"病"的论旨结构是"主格位$_{[施事]}$——病"（如"凤丫头病了"），但到句子平面上那施事可以移位至动词后面，原主格位上留下语迹，说成：

（24）t$_i$病了个凤丫头$_i$。

第三种是"系"数大于"元"数的动词的不同论旨结构的整合。（李临定 1990、沈阳 1994）

上面已经说到，"浇"是二元三系动词，可以有两种论旨结构："主格位$_{[施事]}$——浇——宾格位$_{[受事]}$"（如"张三浇花"）和"主格位$_{[施事]}$——浇——宾格位$_{[材料]}$"（如"张三浇水"）。这两种论旨结构可以整合，使动词"浇"所系联的三种语义角色在一个句子里共现，于是就可以出现以下一些格式：

（25）a. "施事—用—材料—浇—受事"（如"张三用水浇花。"）

b. "材料—施事—浇—受事"（如"那水张三浇了花。"）

c. "受事—施事—浇—材料"（如"那花张三已经浇了水。"）

d. "施事—把—受事—浇—材料"（如"张三把花浇了水。"）

e. "受事—被—施事—浇—材料"（如"花被张三浇了许多水。"）

例（25）a～e 都是由"主格位[施事]——浇——宾格位[受事]"（如"张三浇花"）和"主格位[施事]——浇——宾格位[材料]"（如"张三浇水"）这两种论旨结构整合而成的。

上述三种变化还可能交叉形成更多的变化格式。现在的问题是，上述句子平面的种种变化中，哪些是属于句法的变化？哪些是属于语用的变化？根据什么原则来区分句法变化和语用变化？这是需要着力研究探求的。关于这些问题，我们将另文讨论。

参考文献

靳光瑾. 现代汉语动词语义计算理论. 北京：北京大学出版社，2001

李临定. 现代汉语动词. 北京：中国社会科学出版社，1990

陆俭明. 汉语口语句法里的易位现象. 中国语文，1980（1）

陆俭明. 汉语句子的特点. 汉语学习，1993（1）。

沈阳. 现代汉语空语类研究. 济南：山东教育出版社，1994

袁毓林. 汉语动词的配价层级和配位方式研究. 袁毓林、郭锐主编. 现代汉语配价语法研究（第二辑），北京：北京大学出版社，1998

朱德熙. "的"字结构和判断句. 中国语文，1978（1）、（2）

Chomsky, N.. *Lectures on Government and Binding*，The Piss Lectures, Holland：Foris Publications. 1981

Chomsky，N.. *Some Consepts and Consequences of the Theory of Covernment and Binding*.（《支配及约束理论的一些概念和影响》）Cambridge：MIT Press. 1982

重新认识"NP＋的＋VP"结构的内部构造[①]

一、目前学界对这一结构的解释

现代汉语里的"NP＋的＋VP"结构（VP包括动词和形容词，下同）是指"这本书的出版""春天的到来""她的走"和"长城的伟大""柠檬的酸"这样一类结构。对这些结构，汉语语法学界都认为这是名词性偏正结构。但是这类结构引起了汉语语法学界的热烈讨论，意见很不一致。讨论的焦点有两个：一是这些结构里的"出版""到来""走"和"伟大""酸"仍然是动词或形容词呢还是名词化了；二是这类结构是否跟以布龙菲尔德（L. Bloomfield）为代表的美国结构主义语言学所提出的向心结构（endocentric construction）理论相悖。意见分歧如下：

第一种意见认为，这类结构里的"出版""到来""走"和"伟大""酸"仍是谓词，布氏

---

① 原文发表在《中国语文》，2003（5），原题目为"对'NP＋的＋VP'结构的重新认识"。此次有所修改。

的理论需修改。(朱德熙 1984)

第二种意见认为，布氏的理论无须修改，这类结构里的"出版""到来""走"和"伟大""酸"已经名词化了(即所谓动词、形容词名词化)。(施关淦 1981，1988；胡裕树、范晓 1994)

第三种意见认为，这类结构里的"出版""到来""走"和"伟大""酸"仍是谓词，布氏的理论也无须修改；而所以会出现这种似乎矛盾的现象，是由于存在着"汉语词类和句法成分的错综对应关系以及名词、谓词和主语、谓语同指称、陈述的错综对应关系"的缘故。(项梦冰 1991)

我们觉得，上述三种意见都缺乏解释力和说服力。

第一种意见不好解释这样一些问题：为什么中心语是谓词性的，而整个偏正结构会呈现体词性？整个结构的体词性由什么决定的？如果我们把整个结构的体词性说成是由偏正格式造成的，那么将会陷入循环论证之中。再说，说布氏的理论要修改，这要有足够的语言事实为根据，光凭汉语"这本书的出版""春天的到来""她的走"和"长城的伟大""柠檬的酸"这样一类结构的情况还不足以动摇布氏理论，如果硬要根据上述结构的情况对布氏理论进行修改，可能会引发更多的问题，将会付出很大的代价。

第二种意见说这种偏正结构里的谓词名词化了，其理由是那谓词不能再带"体貌成分"、不能再带补语、宾语，因此谓词性减弱了。这种看法是站不住的。作为某一类词里的某个具体的词，它当然会具有它所属词类的各种语法功能，但当它进入某个具体的语法位置后，我们没有理由再要求它具有它所属词类的所有语法功能。譬如一个及物动词(如"吃")，它一旦带上补语后(如"吃快了""吃得很饱""吃不完"等)，就不可能再带上宾语，再带上"了、着、过"类体貌成分，不可能再重叠，它本身不可能再直接受"不"的修饰等。我们能据此认为那带补语的及物动词(如"吃")改变词性了吗？事实上，在现代汉语中，即使像"春天的到来"这种结构里的"到来"的情况也不少见。例如，"所看的""所做的"里的"看""做"同样不能再带"体貌成分"，不能再带补语、宾语，不能再重叠，可是没有人认为其中的"看""做"的谓词性减弱了，更没有人认为其中的"看""做"名词化了。

第三种意见难以自圆其说。我们知道，所谓"汉语词类和句法成分的错综对应关系以及名词、谓词和主语、谓语同指称、陈述的错综对应关系"，是说在汉语里，不像印欧语那样，名词只能作主宾语，动词只能作谓语，形容词只能作定语或补足语；而是名词、动词、形容词在作主宾语、作谓语、受定语修饰等方面从句法层面看是基本一样的。如果承认"汉语词类和句法成分的错综对应关系以及名词、谓词和主语、谓语同指称、陈述的错综对应关系"，就得承认"这本书的出版""春天的到来""她的走"和"长城的伟大""柠檬的酸"这样一类结构里的"出版""到来""走"和"伟大""酸"仍是谓词性的，而这又势必跟布龙菲尔德所提出的向心结构的理论相悖。

我们想，能否换一种思路来考虑这个问题。我们觉得不妨可以运用以乔姆斯基（N. Chomsky）为代表的形式语法学理论中的"中心词理论"，来对这类结构进行再分析，再认识。

二、乔姆斯基的"中心词"理论

以乔姆斯基为代表的形式语法学理论中的所谓"中心词"，跟我们汉语传统语法学里所说的"中心语"不是一个概念，跟美国结构主义语言学的"向心结构"理论的"中心词"也不是一个概念。传统汉语语法学中的"中心语"是指修饰性偏正结构里受修饰语（定语或状语）修饰的那个句法成分，如"高大的建筑物""慢慢儿说"里的"建筑物""说"；美国结构主义语言学的"向心结构"理论的"中心词"是指主从结构里与整体语法功能一致的那个成分，例如述宾结构"吃苹果"里的述语成分"吃"，修饰结构"干净衣服""才睡觉"里的的中心语成分"衣服""睡觉"，就是这些结构的中心词。有中心词的结构叫"向心结构"。而像"红的""刚买的"这种"的"字结构，没有中心词，因为结构里的哪个成分在语法功能上都跟结构的整体语法功能不一致。这种没有中心词的结构称为"离心结构"。而以乔姆斯基为代表的形式语法学理论中的所谓"中心词"是指某种结构里要求与之在同一个结构里共现的、其他成分都从属于它的那一个成分（参见 Hudson，1987）。具体说，有一个短语结构 XP，如果其中所含的句法成分 A 的语法特性决定了（注意，是"决定了"而非"等同于"）整个 XP 的语法特性，那么 A 就被看作是 XP 的中心语，这也就是说，A 这个中心词的特性会渗透到整个结构。这就是所谓"中心词渗透性原则"。按照"中心词渗透性原则"，语言中任何一个句法结构都有中心词。像上面举的"红的"、"刚买的"这种"的"字结构，在乔姆斯基眼里，那"的"就是结构的中心词——正是由于"的"的作用，使整个结构成为名词性结构。而这跟朱德熙先生将这种"的"字结构里的"的"分析为名词性附加成分是相一致的。

三、用乔氏的"中心词"理论来分析"春天的到来"一类结构

通过以乔姆斯基为代表的形式语法学理论中的"中心词"理论来考虑、分析"这本书的出版""春天的到来""她的走"和"长城的伟大""柠檬的酸"这样一类"NP＋的＋VP"的结构，我们觉得可以提出如下的新的认识：

> **"NP＋的＋VP"是名词性结构，但不是偏正结构，而是由结构助词"的"插入"NP＋VP"这种主谓词组中间所构成的另一类"的"字结构。**

上述分析与认识跟传统的分析与认识有相同点，有不同点。相同点是都认为"这本书的出版"是名词性结构。不同点是：

第一，对整个结构性质看法不同——按传统的分析，这类结构是"定—中"偏正结构，中心语由谓词（动词或形容词）充任；按现在的分析，这类结构是一种名词性的"的"字结构，这种"的"字结构是由结构助词"的"插入一个主谓词组中间所构成的。

第二，对这类结构的"心"的看法不同——传统的看法是，这类结构的"心"是后面的动词或形容词，即所谓中心语，如上面所举的实例中的"出版""到来""走"和"伟大""酸"等；而按现在的认识，即按中心词理论，这类结构的"心"是作为名词性功能标记的结构助词"的"。（司富珍 2002）以上所述异同可列如下表：

NP＋的＋VP	传统的看法	现在的看法
整个结构性质	名词性	名词性
内部结构关系	偏正结构	"的"字结构
结构的中心词	VP	"的"

显然，按传统认识来分析"这本书的出版""春天的到来""她的走"和"长城的伟大""柠檬的酸"这样一类结构所存在的两个矛盾：（1）整个结构性质（名词性）与作中心语的词语的性质（动词性或形容词性）之间的矛盾，（2）这类结构与结构主义语言学的向心结构理论之间的矛盾，就都没有了。

四、两种类型的"的"字结构

按上述认识，现代汉语里主谓词组跟结构助词"的"构成的名词性"的"字结构可以有两种类型：

甲类：结构助词"的"字附在主谓词组的后边，如"妈妈买的""张三写的"和"叶子宽的""个儿高的"等；

乙类：结构助词"的"字插在主谓词组的主语和谓语的中间，如"春天的到来""她的走"和"长城的伟大""柠檬的酸"等。

从语法上看，这两类"的"字结构，都是由主谓词组跟结构助词"的"构成的，都是名词性的；从表述功能看，它们都表示指称。但是，它们在语法功能、表述功能等方面都有重要的区别。

第一，从语法上看，甲类"的"字结构除了作主语、宾语外，还可以作定语、中心语、谓语等。以"妈妈买的"和"叶子宽的"为例，请看实例：

（1）妈妈买的是白衬衣。｜叶子宽的是韭菜。［作主语］

（2）说到衬衣，我就爱穿妈妈买的。｜韭菜，我喜欢吃叶子宽的。［作宾语］

（3）妈妈买的那件衬衣样式好看。｜叶子宽的韭菜好吃。［作定语］

（4）我手上拿的是一件妈妈买的。｜那叶子宽的是韭菜。［作中心语］

（5）那衬衣，妈妈买的。｜我买的叶子宽的。［作谓语］

乙类"的"字结构则只能作主语、宾语，不能作别的句法成分。请看：

（6）春天的到来给人们带来了希望。｜长城的伟大是举世公认的。［作主语］

（7）人们渴望春天的到来。｜人人都赞叹长城的伟大。［作宾语］

第二，从表述功能看，甲类"的"字结构可以表示转指，也可以表示自指。拿"妈妈买的"和"叶子宽的"为例，在"妈妈买的是白衬衣"、"叶子宽的是韭菜"里，"妈妈买的"转指买的东西，"叶子宽的"转指某种植物；而在"妈妈买的情景""叶子宽的时候"里，"妈妈买的""叶子宽的"都表示自指。这如同古代汉语里的"仁者"一样，可以表示转指（如"仁者乐山"），可以表示自指（如"仁者，人也"）。而乙类"的"字结构在任何情况下都只能表示自指。从另一个角度说，乙类只能表示"名词语＋谓词语"事件（这也就是表示自指），甲类则既能表示"名词语＋谓词语"事件，也能表示与谓词相关的某个事物（这也就是表示转指）。（朱德熙 1983）

第三，甲类"的"字结构经常用来提取谓词的论元，例如"张大夫用中草药治疗肺气肿"，这句话里动词"治疗"的论元有三个——施事论元"张大夫"，受事论元"肺气肿"，凭借论元"中草药"，当我们要提取其中的任何一个论元时，可以而且只能用甲类"的"字结构。请看：

（6）张大夫用中草药治疗的是肺气肿。［提取受事论元］

（7）用中草药治疗肺气肿的是张大夫。［提取施事论元］

（8）张大夫治疗肺气肿用的是中草药。［提取凭借论元］

乙类"的"字结构不能用来提取谓词的任何论元。

五、需要改变观念

如果接受本文的观点与分析，那么一定要改变一些观念。

一是要改变对"中心语"或者说"中心词"这一概念的看法——不要认为偏正结构里跟修饰语相对的那个成分才是中心语，更不能认为只有实词性词语才能成为中心语。按标杠理论和中心词理论，语言中任何一个句法结构都有中心词，其中心词可以是实词，也可以是虚词。

二是要改变对结构助词"的"的看法——不能认为它只是后置的，事实上它也可以有条件地中置，只是不能前置。

上述看法不违反"的"是名词性标记的认识，而且跟前人关于"所"的分析相一致——朱德熙（1982）、陆俭明（1989）认为，"他所反对的"，作如下的切分比较合理，并作了较为有力的论证：

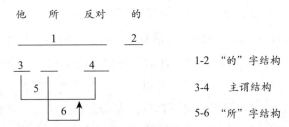

1-2	"的"字结构
3-4	主谓结构
5-6	"所"字结构

值得注意的是，吕叔湘、朱德熙（1952）就曾将"中国的解放""态度的坦白"看作"主谓短语"，而将处于被包含状态的"自己不懂（的东西）""中国人民获得解放（是世界历史上一件大事）"看作"句子形式"，以示区别。关于主谓短语，他们是这样说的："主谓短语：一个主语加上一个谓语，中间用'的'字连接，如'中国的解放''态度的坦白'。"

我们曾用上述分析与观点给外国留学生讲解"这本书的出版""春天的到来""她的走"和"长城的伟大""柠檬的酸"这样一类结构，效果相当好。因此，本文所得结论对于对外汉语教学中有关结构助词"的"的教学，将会有一定的参考价值。

最后需要指出的是，不是所有的主谓词组都能形成甲类"的"字结构，也不是所有的主谓词组都能形成乙类"的"字结构。到底哪些主谓词组能跟"的"构成甲类"的"字结构，哪些主谓词组能跟"的"构成乙类"的"字结构，规律何在？我们将另文讨论。

参考文献

胡裕树，范晓. 动词形容词的"名物化"和"名词化". 中国语文，1994（2）

陆俭明. 关于"他所写的文章"的切分. 语言学通讯，1989（1—2）

吕叔湘，朱德熙. 语法修辞讲话. 北京：中国青年出版社，1952

施关淦. "这本书的出版"中"出版"的词性——从向心结构理论说起. 中国语文通讯，1981（4）

施关淦. 现代汉语里的向心结构和离心结构. 中国语文，1988（4）

司富珍. 汉语的标句词"的"及相关的句法问题. 语言教学与研究，2002（2）

项梦冰. 论"这本书的出版"中"出版"的词性：对汉语动词、形容词"名物化"问题的再认识. 天津师大学报，1991（4）

朱德熙. 语法讲义. 北京：商务印书馆，1982

朱德熙. 自指和转指——汉语名词化"的、者、所、之"的语法功能和语义功能. 方言，1983（1）

朱德熙. 关于向心结构的定义. 中国语文，1984（6）。

Chomsky，N.. *The Minimalist Program*，Cambridge，Massachusetts：The MIT Press. 1995

Hudson，R. A.. *on heads*. Linguistics 23. 1987

句法语义接口问题[①]

一、接口问题已成为句法语义研究的重要课题

句法语义接口问题已成为句法语义研究的一个重要课题。这在当代自然语言处理与研究中显得特别突出。

现在世界范围的自然语言处理研究工作，大致都停留在句处理阶段，其进展不像希望的那样快。句处理的核心问题是怎么让计算机处理、理解自然语言中一个句子的意思，又怎么让计算机自动生成一个符合自然语言规则的、让人能理解的句子。在这个问题的解决上，现在可以说是八仙过海、各显神通。从大的方面说，大致有两种策略，一种是基于规则的处理策略，一种是基于统计的处理策略。（詹卫东 2000a，2000b）基于规则的句处理策略，要求研究者拥有两方面的语言知识：一是范畴知识；二是规则知识。范畴知

---

① 原文在《外国语》2006（3）上发表，此次有所修改。

识有句法的，有语义的。句法的如主语、谓语、宾语、定语以及名词、动词、形容词等，语义的如施事、受事、工具以及数量、领属、自主、位移等。范畴用来刻画语言对象的一个或一组特征。规则用来表述范畴间的关系。一个范畴可能刻画为几个特征，一个特征也可能用来刻画多个范畴。所有规则都是建立在已知的或者更确切点说是假设的范畴的基础上。从逻辑上来说，所有规则都可以表示为 P→Q 这样的蕴涵式。比如，可以有这样的规则，如果某个词 W 是名词（P），那么 W 能作主语（Q）。这条规则在"'名词'"跟"'主语'"两个范畴间建立起了一种联系，尽管这条规则所描述的联系是粗糙的，甚至不那么正确。但是，以这样的方式建立范畴之间的联系是分析语言的结构时必不可少的。而语言学家所要做的，正是去寻找正确的和好的联系。范畴知识一般用词库（机器可读词典 MRD）来负载，规则知识则由所谓规则库（规则的集合）来承担。计算机建立了词库和规则库，就可以利用这些词库和规则库按研究者的需要进行运算、分析，然后研究者根据计算机的分析结果（着重看计算机的分析结果是否跟预期的要求或目标相符），来调整原有的范畴体系、具体语言成分的属性取值以及相关的规则，即改进词库和规则库的内容。

基于统计的"句处理"策略，主要借助于计算机对大规模语料库真实文本的统计分析，由计算机来抽象出语言知识。因此，基于统计的"句处理"，其重要依靠就是存放实际的语言交际中真实出现的语言材料的语料库（corpus）。语料库可以分"生语料库"和"熟语料库"。所谓生语料库，是指未加工的、未带有任何语言学信息标注的语料库；所谓熟语料库是指经过词的切分、词性标注等一定加工的、带有语言学信息标注的语料库。（詹卫东，2000a，2000b）可见，建设一个语料库，除了通过某种手段录入大量语料外，重要的是要对所录入的语料进行如下的标注加工：

词的切分（Segmentation，或者说"分词"）

词性标记（Part-of-speech tagging）

句法层次和范畴标记（Grammatical parsing）

词义标记（Word sense tagging）

篇章指代标记（Anaphoric annotation）

— 111 —

韵律标记（Prosodic annotation）

以上是从大的方面说的。从小的方面说还各有招术。但不管用什么策略，用什么招术，都有赖于或者说都离不开有关自然语言的各种资源，特别需要语法、语义等多方面分析研究成果的支撑。具体到中文信息处理，那就是离不开有关汉语的资源或者说知识。面向中文信息处理的汉语资源建设，已成为中文信息处理，乃至我国的信息科技发展的关键性工程。在汉语资源的建设中，揭示、描述句法语义的互动、接口问题是其中的一个重要组成部分。（陆俭明 2003）

二、接口问题可以有不同的研究、探索思路

朱德熙先生生前一直强调语法研究中形式和意义的结合。（朱德熙 1985）这是从汉语本体研究的角度来说的，是从汉语本体研究中悟出的道理。从中文信息处理的角度说，亟需从交际过程中编码、解码的角度来考虑问题。从交际过程中编码、解码的过程来说，就是要解决好句法、语义的接口问题。怎么解决好句法语义的接口问题？现在大家还是在探索之中。句法语义的接口问题，我想，是否可以有不同的研究、探索的思路。一种是从考虑句子意思的组成的角度来研究探索，具体研究探索一个句子的意思是由哪些意义编织成的，这些意思是怎样编制成一个句子的意思的。这个思路可以看作是由外往里的思路。另一种是考虑人到底是怎么把自己对于客观世界的认知所得通过言辞表达出来的。这个思路可以看作是由里往外的思路。就前一种思路说，一个句子的意思是由哪些意义编织成的，是值得考虑、研究的。我先前曾认为，句子的意思是由这样一些意义组成的：（陆俭明 1987）

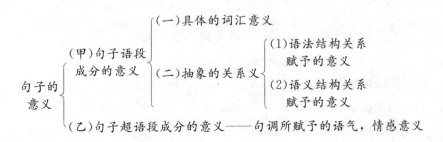

后来受到 Golgberg（1995）的构式语法理论的影响，又认为句子的意思是由这样一些意义组成的：

现在先且不说一个句子的意思是不是由这些意义组成的，即使承认是由这些意义组成的，也还存在一个问题：这些不同的意义是怎样编制成句子的意思的？

就后一种思路来说，得研究思考从人通过感觉器官感知客观世界到最后用言辞把感知所得表达出来，这中间可能会经历几个不同层面。根据我们的假设，可能会有六个不同层面（包括各管世界在内）[①]：

ⅰ→客观世界；

ⅱ→通过感觉器官感知而形成直感形象或直觉；

ⅲ→在认知域内进一步抽象形成意象图式（概念框架）；

ⅳ→该意象图式（概念框架）投射到人类语言，形成该意象图式（概念框架）的语义框架；

ⅴ→该语义框架投射到一个具体语言，形成反映该语义框架的构式；

ⅵ→物色具体词项填入该构式，形成该构式的具体的句子。

以上当然也还只是一种假设，但这一假设为我们深入探索句法与语义的接口问题提供了一种思考的基础。而且，从实际的话语交际中我们确实也可以体会到，说话者与听话者在下列认识上取得一致才能进行正常的、顺畅的交际——人对客观世界的认知将形成一个概念框架，这个概念框架一定投射为某个特定的语义框架，这个特定的语义框架又一定

---

① 此假设最早见王黎（2005）。我后来已经几度修改。

通过特定的构式来加以表达，这个特定的构式为能准确表述语义框架的内容，就在语言层面词库中选择最恰当、合适的词语，选择最恰当、合适的词语组合规则，最终形成交际需要的句子。

三、需要具体研究、探索的问题

如果我们承认存在上面假设的内容，也还有许多关键性的问题需要我们去进一步研究和探索：

（一）从感知客观存在的事物与现象到用言将感知所得语表达出来，是否就是这六个层面？每一个层面的实际情况到底是怎么样的？

（二）我们该怎么研究意义框架？对于意义框架的研究是否可以采取从上而下和从下而上两头挤压的办法？譬如说研究"获取"这一语义框架，是否既可以研究"获取"这一语义框架可能会有哪些子框架——诸如"抢"框架、"偷"框架、"买"框架、"赢"框架、"拿"框架等等；也可以反过来，研究诸如"抢"框架、"偷"框架、"买"框架、"赢"框架、"拿"框架等，可以概括为什么样的上位语义框架。

（三）语义框架是否可以认为是由框架元素以及框架元素之间的合乎逻辑的概念关系所形成的？或者说是否可以认为语义框架是由框架元素以及框架元素之间的合乎逻辑的概念关系所构成的？语义框架内各个框架元素之间是主从依存关系还是平等依存关系？该理解为主从依存关系能更好地解释种种语义现象，还是该理解为平等依存关系能更好地解释种种语义现象？此外，不管你认为是主从依存关系还是平等依存关系，都必须除了正面证明你所认可的依存关系之外，还得证明为你所否定的那种依存关系之不可取，以便强化人们对你所认可的那种依存关系的认识和认同。

（四）单个语义框架，只能表述简单的意思，要表达复杂的意思，必须要求多个语义框架参与。这是不是就意味着存在着不同语义框架之间的连接、协调和整合的问题？是不是还应该研究各个语义框架之间的连接问题？或者还应该相应地研究各个构式之间语言层面的相互连接问题？

（五）能否认为语义框架为各个语言所共有，比如说任何语言都会有诸如存在框架、转移框架、获取框架等，而构式是属于个别语言的？怎么给构式定义？是动词唤起构式的形成还是构式决定各个词项的选择？汉语有多少种构式？

（六）构式意义从何而来？我上面所说的句子意思还应包括语义结构关系所赋予的意义，这语义结构关系所赋予的意义是否就包含在构式所表示的语法意义之中？

（七）进入构式的某个词的词义是通过什么机制发挥它的表义作用的？

（八）任何意义的表达都有赖于某个特定的概念结构。概念结构是怎么形成的？就言语交际需要的情况看，到底需要多少、哪些概念结构？不同民族、不同时代的人，其概念结构是否相同？这些问题将涉及认知科学、脑科学等其他学科。

菲尔墨（Fillmore 2003，1968，中译本 2003）把句子分为情态与命题两部分。以上只是就对命题部分的理解来说的。目前只想到这一些问题，如果把情态问题考虑进来，那么情况将要复杂些，肯定还会提出更多的问题要我们去研究探索。

四、不可忽视词语特征的研究

无论是由外往里的思路（即考虑从句子意思的组成的角度来研究探索一个句子的意思是由哪些意义编织成的），还是由里往外的思路（即考虑人到底是怎么把自己对于客观世界的认知所得通过言辞表达出来的），都不可忽视词语特征的研究。词语携带了丰富的句法语义信息，它在很大程度上决定了它所在的句子的句法语义结构。反过来，句子之所以表现出不同于其他句子的句法语义结构，也正是因为其中所包含的某些关键词语不同。因此，重视词语的句法、语义的特征的研究与描写，将是解决好句法语义接口问题的重要一步。我们注意到，从 20 世纪 70 年代以来，就语言研究说，似有这样一个趋向，那就是逐步重视特征的研究和描写。这一点，无论在语言理论研究上或是在语言应用研究上，都是这样，可以说是殊途同归。（陆俭明 2006）

我们知道，乔姆斯基因为认为结构主义对语言的描写所概括的规则太复杂了，所以他要提出转换生成语法的观点，以简化语法规则。简约，一直是生成语法学的一个很重要的原则。发展到"最简方案"（Chomsky 1995）以及近几年的论述，众多的原则和移位规则更趋简约，D－结构，S－结构都没有了，只保留了"原则和参数"理论和如下的"X－阶"结构模式：

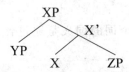

X 是一个结构的中心词；X'是 X 的中节；XP 是 X 的最高节点，或者说最大投射；YP 是标示语（Spec.），ZP 是补足语（Comp.）。这就进一步强调了简约原则，并提出中心词（head）理论和特征核查（feature checking）理论，注入了新的研究课题——接口研究。基本的句法运作是从基础部分（即词库）取出带有各种各样的有关语义、句法特征的词项，进行来回匹配、合并（merge），形成词项组合结构。这个词项组合结构如能通过特征核查，即中心语跟标示语，中心语跟补足语，在特征上吻合，便分别去跟音韵和逻辑语义接口，从而最终生成我们所听到或看到的句子。乔姆斯基（1998，2005）进一步提出句法推导的基本步骤是先从词库（LEX）选出词汇项，构成词汇列（lexical array），形成短语，通过"探针"（probe）与"目标"（goal）相互核查后，如果没有不可诠释特征，就"转移"（lransfer）给两个语音和语义的界面接口层次，以获得音义结合的语言形式。这就进一步提升了特征描写的概括力。总之，词语特征的分析和描写被放到非常重要的位置，走上了"大词库，小规则"之路。

在自然语言处理与理解这方面的语言应用研究中，现在较为普遍地采用了 Pollard ＆ Sag（1987）提出的中心词驱动的短语结构文法（Head-Driven Phrase Structure Grammar，缩写为 HPSG）。中心词驱动的短语结构文法，是基于约束的词汇主义，而基于约束的词汇主义（Constraint-Based Lexicalism），而基于约束的词汇主义来源于这样的心理语言学事实：语言理解是以一种高度整合和渐进的方式进行的。中心词驱动的短语结构文法认为，词语携带了丰富的句法语义信息，它在很大程度上决定了它所在的句子的句法语义结构。反过来，句子之所以表现出不同的句法语义结构，也正是因为其中所包含的关键词语不同。（Pollard & Sag 1987、1994，Sag & Wasow 1999）显然，中心词驱动的短语结构文法把语法规则的"重担"几乎全部转移到了词汇上，是严格的词汇主义。而规则的描述都是围绕中心词展开的，而其最基础的、普遍通用的原则是中心词特征原则，因此中心词驱动的短语结构文法同时采用复杂特征（complex feature set）和合一（unification）运算的方法来实行计算机对句子的理解与生成，这是中心词驱动的短语结构文法区别于其它处理方法的主要特点之一。描写词语的特征成了描述语法信息的一种主要手段，也是实现其"词汇主义"的主要手段，因而也成了中心词驱动的短语结构文法理论的重要组成部分。这样，自然语言处理与理解的研究最终也走上了"大词库，小规则"的道路。陆俭明（2004a，2004b）曾强调词语的具体意义对句子意思的影响与制约。正如上面已经说到，词语携带了丰富的句法语义信息，它在很大程度上决定了它所在的句子的句法语义结构。反过来，句子之所以表现出不同的句法语义结构，也正是因为其中所包含的关键词语不同。而进一步考虑，实质上也就是概念之间的关系制约问题。重视词语的具体意义（事实上是概念之间的关系）对句子意思理解的影响，重视词语的特征研究与描写，这可能是解决语义与句法接口问题的一条光明大道。

现在的问题是，词语的特征到底该如何描写，才能满足解决语义与句法接口问题的需要，这是亟需探索的新问题。

参考文献

陆俭明. 试论句子意义的组成. 语言研究论丛（第四辑）. 天津：南开大学出版社,1987

陆俭明. 语义在自然语言处理中的作用. 徐波、孙茂松编. 中文信息处理若干重要问题. 北京：科学出版社，2003

陆俭明. 词的具体意义对句子意思理解的影响. 汉语学习，2004a，（2）. 又见苗传江，杜燕玲主编. 第二届 HNC 与语言学研讨会论文集. 北京：海洋出版社,2004

陆俭明. "句式语法"理论与汉语研究. 中国语文，2004b（5）

陆俭明. 要重视特征的描写与研究. 长江学术，2006（1）

王黎. 关于构式和词语的多功能性. 外国语，2005（4）

詹卫东. 80 年代以来汉语信息处理研究述评. 当代语言学，2000a（2）

詹卫东. 面向中文信息处理的现代汉语短语结构规则研究. 北京：清华大学出版社，南宁：广西科学技术出版社，2000b

朱德熙. 语法答问. 北京：商务印书馆，1985

Chomsky，N.. *The Minimalist Program*，Cambridge，Massachusetts：The MIT Press. 1995

Chomsky，Noam. Minimalist Inquiries：The Framework［A］. MIT occasional papers in linguistics 15［C］. Department of linguistics and Philosophy，MIT，1998

Chomsky，Noam Three Factors in Language Design［J］. Linguistic Inquiry，2005，36

Fillmore，C. J. The Case for Case（1968）. 胡明扬译. "格" 辨. 北京：商务印书馆，2003

Goldberg，Adele E. Construction：A Construction Grammar Approach to Argument Structure［M］. Chicago：The University Chicago Press. 1995

Pollard，Carl and Sag，Ivag A.，Information Based Syntax and Semantics［M］. Chicago：The University of Chicago Press，1987

Pollard，Carl and Sag，Ivag A.，Head－Driven Phrase Structure Grammar［M］. Chicago：The University of Chicago Press，1994

Sag，Ivag A. and Wasow，Thomas. Syntactic Theory：A Formal Introduction［M］. Center for the Study of Language and Information，Stanford，California，1999

语义和谐律[①]

　　这几年我一直在思考研究句法语义问题，语义和谐律是我的研究心得之一。语言和谐问题，国内外都有所论述，但大多是就语音、用词、句式选择、会话原则等方面谈的。（冯广艺 2007）我是着重从句法语义的角度探讨并提出句法层面的语义和谐问题的。

一、句法说到底是语义问题

　　朱德熙（1985）曾指出："语言包括形式和意义两方面。语法研究的最终目的就是弄清楚语法形式和语法意义之间的对应关系。所以从原则上说，进行语法研究应当把形式和意义结合起来。不过这个话说起来容易做起来难。一会儿讲点意义，一会儿讲点形式，两方面没有内在的联系，这叫糅合，不叫结合。真正的结合是要使形

　　① 该内容先在第17届国际中国语言学学会年会（2009年7月2—4日，法国巴黎）上以"语义和谐律——句法语义研究的一个新想法"为题在会上宣讲，后以"修辞的基础——语义和谐律"为题，正式发表在《当代修辞学》2010年第1期。此次有所修改。

式和意义互相渗透。讲形式的时候能够得到语义方面的验证，讲意义的时候能够得到形式方面的验证。"现在人们逐步认识到，语法问题，说到底或者留有余地地说在很大程度上，是个语义问题。语法的种种现象，最后主要都得从语义上去解释，只有极少部分属于韵律问题。（冯胜利 2000）可是说到语义，大家都会觉得实在太复杂，太难以研究了。语义，犹如流沙，难以把握，不经意地就给漏掉了；语义，简直是个泥潭，一旦陷入，不能自拔；语义，让人感到酷似可怕的黑洞，一旦进去，可能就渺无音讯。然而，既然已经逐步意识到语法问题说到底主要是个语义问题，那么语义问题再难我们也要去研究，去探索。

二、"语义和谐律"说受"元音和谐律"之启迪而成

我关于"语义和谐律"的想法，是受到语音研究中"元音和谐律"（vowel harmony）观点的影响和启迪而提出来的。"元音和谐律"指的是在某些语言里，如在阿尔泰语族中的蒙古语、土耳其语、突厥语等语言里，松元音和紧元音，或者前元音和后元音，在一个词的各个音节里出现时，存在着"求同性、限制性、序列性、制约性"等要求（清格尔泰 1983；N·鲍培 1960，中译本 2004）。本文所说的句法层面的语义和谐跟阿尔泰语系某些语言的元音和谐具有相类似的特性。

我先前曾指出，句子的意思是由以下四部分意义整合而成的：句中的词汇意义、句法结构关系所赋予的意义、语义结构关系所赋予的意义、句子超语段成分所赋予的意义。（陆俭明 1987）后又增加了构式义（陆俭明 2004）。现在看来还得注意句子使用的具体语境义，也就是马真（2004，2008）所说的"语义背景"。语义和谐律将揭示这样一个事实：任何语言的任何句子都要求上述诸方面的语义处于一个和谐状态。因此，我们可以说，语义和谐律具有普遍性，任何语言都存在，而且可能是人类语言中最高的语义原则。

三、"语义和谐律"在语言中的具体体现

根据 20 世纪八九十年代所逐步形成的构式语法理论，（Fillmore

1982，1990；Kay & Fillmore 1999；Goldberg 1995，2003，2006）语言的句法层面实际存在着一个个构式（construction），每个构式都是形式和意义的匹配（pair），都能表示独特的语法意义，而其形式也好，意义也好都无法从其组成成分或其他构式推知。这就是所谓构式义的"不可预测性"（unpredicable）。我们认同这些观点。我们所说的句法层面的语义和谐律，具体指以下三个方面。

一是整体的构式义与其组成成分义之间在语义上要和谐。例如，我们只能说"虚心点儿！""大方点儿！"但是不说"＊骄傲点儿！""＊小气点儿！"，这为什么？袁毓林（1993）认为，那是因为出现在这种祈使句里的形容词 A 得具有"可控"和"非贬义"的语义特征，即：

A［＋可控，＋非贬义］或 A［＋可控，－贬义］

可是，我们却又能说"马虎点儿！""糊涂点儿！"，甚至在电视、电影导演过程中，导演可能会对某个场景向工作人员提出这样的要求："这儿还不够脏乱。脏乱一点儿，再脏乱一点儿！"这又是为什么？其实，原因是共同的，那是因为"（NP_S）A（一）点儿！"（NP_S代表主语，A 代表形容词）这一祈使句构式本身所表示的语法意义（简称"构式义"）是："要求听话人在某一点上达到说话人所要求的性状。"这一"构式义"决定了这个构式在对形容词词项的选择上首先必须是可控的，而且以"可控的、非贬义的"形容词为优先选择词项，但不排除在特殊语境下选择可控的贬义词项，以达到说话人的某种特殊要求。再如，我们只能说"这种现象连科学家都解释不了"，却不能说"＊这种现象连三岁孩子都解释不了"；反之，只能说"这么简单的问题连三岁孩子都知道"，却不能说"＊这么简单的问题连科学家都知道"，这又为什么？这是因为某个事物，孤立地看，它只是孤立地存在着，其实它与其他事物发生错综复杂的联系，往往处于不同的序列之中，从而与其他事物形成不同的量级关系。（王伟 2006）就人来说，在对客观现象或问题的认识或解释上，在一般人的心目中，自然形成一种由低到高或由高到低的具有量级性质的序列，前者如"知识水平较低的孩子—有一定知识的成年人—很有知识的科学家"，后者如"很有知识的科学家—有一定知识的成年人—知识水平较低的孩子"。"（NP_S）＋连＋NP＋都/也＋VP"这一"连"字句本身就是一个表示"极性强调"的构式，或者说是一个量级序位化"标举极端"的构式，这就必然要求整个构式义跟该构式中的 NP_s、NP、VP 相互之间在语义上要受"和谐机制的作用"的影响与制约。（张谊生 2005，张旺熹 2009）上面所举的两个实例，都涉及整体的构式义与其组成成分义之间的和谐问题。类似的构式如：（王伟 2006）

a. （NP_s）＋连＋NP＋也/都＋VP。如：

这种现象连科学家都解释不了。

＊这种现象连孩子都解释不了。

b. 不仅＋X＋VP，就连/甚至＋Y＋也/都＋VP。如：

那年头，不仅小孩子喊饿，就连/甚至大人也/都饿得受不了。

＊那年头，不仅大人喊饿，就连/甚至三岁孩子也/都饿得受不了。

c. X＋尚且＋VP，（更）何况＋Y。如：

厅长、局长尚且不放在那张大华眼里，更何况那小小的处长。

＊小小的处长尚且不放在那张大华眼里，更何况那厅长、局长。

d. 别说＋X＋（VP），Y＋也/都＋VP。如：

他们那里，别说馒头米饭吃不上，稀汤汤也/都喝不上。

＊他们那里，别说稀汤汤喝不上，馒头米饭也/都吃不上。

e. X＋都＋VP，更别说＋Y＋了。如：

这哪赶得上？乘车都赶不上，更别说靠两条腿走路了！

＊这哪赶得上？靠两条腿走路都赶不上，更别说乘车了！

f. 从X到Y＋VP。/从X升/降到Y。如：

那几年她特走运，从实习生到部门经理连着往上升。

＊那几年她特走运，从部门经理到实习生连着往上升。

他这次错误犯得不小，从局长被贬到了处长。

＊他这次错误犯得不小，从处长被贬到了局长。

上述各种构式的两个实例，为什么前一个可说，后一个不说，这都得用"整体的构式义与其组成成分义之间的和谐律"去加以阐释，这样才能解释得深刻，解释得透。

二是构式内部，词语与词语之间在语义上要和谐。例如，带实指趋向补语的述补结构是一种兼表致使和运动趋向的构式。这种构式内部，述语动词所表示的行为动作跟趋向补语所表示的运动趋向这二者之间，必须形成和谐关系，否则就不能成立。之所以只有"拔出来""拔出去"的说法，却不允许有"＊拔进来""＊拔进去"的说法；只有"插进去""插进来"的说法，不允许有"＊插出来""＊插出去"的说法；就是因为"拔"的语义是"把固定或隐藏在其他物体里的东西往外拉；抽出"；"插"的语义是"①长形或片状的东西放进、挤入、刺进或穿入别的东西里；②中间加进去或加进中间去"。① 这决定了"拔"所带的实指的趋向补语只能是"出来""出去"，不能是"进来""进去"；"插"所带的实指的趋向补语只能是"进来""进去"，不能是"出来""出去"。这样，动词与趋向补语之间的语义关系才能达到和谐。

三是构式内部词语的使用与构式外部所使用的词语在语义上要和谐。请看下面两个句子：

a. 在硝烟弥漫的岁月里，他慢慢成长了，从班长、排长升到副营长。

b. 陈若飞没有继续往上飞，相反屡犯错误，从副营长、连长降到排长。

例a"从班长、排长升到副营长"和例b"从副营长、连长降到排长"都是具有量级性质的"从X到Y"构式，只是内中名词的排列次序二者正相反。为什么？这是为了跟构式外部的词语取得和谐。拿例a来说，为了跟前面的"他慢慢成长"和谐，后面选择了"从……升到……"格式；然后，为了跟"升"取得和谐，于是就选择了"班长——排长——副营长"这样的词语

① "拔"和"插"的注释均见《现代汉语词典》（第5版）。

序列。而例 b，为了跟前面的"没有继续往上飞，相反屡犯错误"和谐，后面选择了"从……降到……"格式；然后，为了跟"降"取得和谐，于是就选择了"副营长——排长——班长"这样的词语序列。

我们常常说，词语之间存在着语义制约关系。而所谓词语之间语义制约关系，从本质上来说就是要求句子中的各个词语之间在语义关系上要和谐。我们觉得，语言中就存在着"语义和谐律"这一普遍原则。

四、"语义和谐律"有助于解释许多句法语义现象

语义和谐律可以解释许多句法语义现象。例如："VA 了"结构（V代表动词，A 代表不含褒贬色彩的中性形容词）可以表示两种语法意义：（陆俭明 1990）

甲、表示结果的实现。如：

拉直了　剪平了

乙、表示结果的偏离（含过分义）。如：

拉短了　剪长了

下面的"VA 了"结构里的 A 都是"短"或"长"，可是各个结构表示的语法意义呈现奇特的不同情况，请看（"＋"号表示"具有"，"－"号表示"不具有"）：

VA 了	甲义	乙义【含过分义】
拉短了	－	＋
拉长了	＋	＋
剪短了	＋	＋
剪长了	－	＋
画短了	＋	＋
画长了	＋	＋
买短了	－	＋
买长了	－	＋

（表一）

这为什么？这也是由 V 和 A 这两个词之间语义关系要求和谐所决定的。原来，V 所表示的行为动作对由该行为动作所引起的与之相关的事物的某种性质上的变化，起制约作用，但这种制约作用有一定的方向性——动词"拉"，按常理所拉的事物只能越拉越长，不会越拉越短，显然"长（chang²）"对"拉"来说是顺向的，而不会出现变短的不顺向的情况。动词"剪"的情况则与"拉"正好相反，按常理被剪的事物只能越剪越短，不会越剪越长，显然"短"对"剪"来说是顺向的，而不会出现变"长（chang²）"的不顺向的情况。动词"画"则是另一种情况，"画"这一行为动作，对所画图案的长短大小的制约作用是双顺向的——可以画得长，也可以画得短，可以画得大，也可以画得小。而动词"买"所表示的行为动作的实施，不会影响所买的东西性质的变化，衣服、鞋等原是多长就是多长，并不因为"买"这一行为动作的实施而出现所买的东西变长或变短的情况。表一"VA 了"的各种实例的语法意义所呈现的不同情况，表面看，就是由上述不同的语义制约关系所决定，但从根本上来说，是语义和谐律的体现。下面再举一个一般所说的总括副词"都"使用的例子。请先看实例：（张谊生 2003，例子有所修改）

    a. 那些苹果张三都扔了。

    b.？那个苹果张三都扔了。

    c. 那个苹果张三都吃了。

    d. ＊那个樱桃张三都吃了。

    e. 那个樱桃小松鼠都吃了。

例 b 与例 a 的差别在于句子的话题由复数"那些苹果"变为单数"那个苹果"。副词"都"表示总括，例 a 能说，例 b 不太能说，那是在情理之中。那么我们能否据此认为，如果"主语"或者说"话题"是"这/那……"这样的单数形式，就不能用"都"呢？不能，例 c 实例的存在说明了这一点。

例 c 和例 b 的差别只在谓语动词由"扔"变为"吃"。那么为什么例 b 不太能说，例 c 就能说呢？因为按常理，扔一个苹果，不会一点一点地扔，所以就"扔"而言，"那个苹果"不仅为单数，而且也不太能看作是一个可以划分为若干部分的集合，这样当然就不能用"都"。而就"吃"而言，苹果得一口一口地吃，"那个苹果"虽为单数，但可以看作是一个集合——可以分解为若干个个体的整体，所以就能用"都"——"都"总括的一定是个集合，这个集合可以体现为复数，也可以体现为可被分割的整体。

那么我们能否根据例 c 的存在就认为，当谓语动词为"吃"时，如果"主语"或者说"话题"是"'那个/这个'＋名词［可吃的食物］"，就一定能用"都"呢？也不能那么说。例 d 之不说，说明了这一点。

例 d 和例 c 的差别在于话题由苹果变为樱桃。按常理，人吃樱桃，不会一点一点地吃，都是将樱桃把儿一摞，往口里一塞，吐出核儿就吃了，所以"那个樱桃"在 d 句里不能看做是一个可以划分为若干部分的集合。因此，我们不能说"＊那个樱桃张三都吃了"就很可以理解了。那么是不是如果"'那个/这个'＋名词［可吃的食物］"里的名词是樱桃那样的小东西，谓语动词为"吃"时，就一定不能用"都"呢？也不能那么说，还得看是谁吃。

例 e 用"都"的句子就能说。例 e 和例 d 的差别在于动作的施事由人（张三）变为小松鼠。樱桃虽小，对小松鼠来说，不能像人那样一口吃进去，得一点一点地吃。就小松鼠吃樱桃而言，"那个樱桃"又可以看作是一个可以划分为若干部分的集合，所以例 e 能用"都"。

上面实例所呈现的现象，属于"构式内部词语之间语义上的和谐律"，这说明，使用总括副词"都"的句子成立不成立，在于它所总括的成分是不是一个集合，而判断所总括的成分是不是一个集合，得要求综合观察，得分析动词所表示的行为动作、行为动作的施事的情况、行为动作所支配的对象的情况。换句话说，使用总括副词"都"的句子成立与否，实际会关系到句子的谓语动词、表示谓语动词的施事的名词成分、表示谓语动词的受事的名词成分这三者之间的语义关系是否处于和谐状态。

最近有位老师给我这样一个偏误句：

＊我当时紧张得手心出了一身冷汗。

那位老师说，查了所有讲搭配不当的论著都没有谈到这种类型。该怎么看？其实这也是一个违反语义和谐律的例子——"一身冷汗"里的"一身"跟前面的"手心"不和谐。

语义和谐律跟其他句法语义分析理论不是对立或互相排斥的，是互为补充的。举例来说，为什么可以说"盛碗里三条鱼"，不能说"盛碗里鱼"？陆俭明（1988）用"数量范畴对句法的制约作用"来加以解释；沈家煊（1995）则进一步用认知语言学的"有界－无界"理论加以解释，这样解释显然深一层了。但我们还要进一步问：为什么动词部分的"有界性"必须要求名词宾语部分也具有"有界性"？要进一步回答这个问题，就得用"语义和谐律"这一理论来加以解释，而且更具深刻性，因为语义和谐律是语言中普遍存在的现象。

五、语义和谐律也是修辞的基础

修辞，无论是所谓的积极修辞还是消极修辞，从本质上说，都是言语交际中带有创新性的一种言语活动。但这种带有创新性的言语活动，也都要严格遵循语义和谐律。

修辞虽为创新的言语活动，但其基础是语义和谐。至于修辞层面的语义和谐具体体现在什么地方？将遵循什么原则？这是需要进一步探究的。这里不妨举两方面的实例来加以说明。

先说积极修辞比喻方面的例子。比喻，首先要求喻体与本体要相和谐。我们知道，历史上咏雪的诗句很多，最有名的是《世说新语》里"咏雪联句"故事里的谢道韫的一句。该故事如下：

> （1）谢太傅雪日内集，与儿女讲论文义。俄而雪骤，公欣
> 然曰："白雪纷纷何所似？"
>
> 兄子胡儿曰："撒盐空中差可拟。"兄女曰："未若柳絮因
> 风起。"公大笑乐。……
>
> （《世说新语·言语·谢道韫咏雪》）

谢太傅即谢安，胡儿是谢安的侄儿胡朗；兄女是指谢安的大哥无奕的女儿谢道韫，她是个才女。对纷飞大雪，谢道韫的比喻显然远胜于胡朗。胡朗的比喻只点出了雪之白，雪之细，撒盐虽有动感，然表达不出

漫天大雪的飞舞之状，意境狭小，诗意不浓。而谢道韫的比喻，不仅紧扣漫天飞舞的雪骤情景，同时将雪用柳絮作比，又给人们带来了春的信息，诗意盎然，故历来被看作是咏雪一绝。两相比较，显然，谢道韫所用比喻，其喻体与本体非常和谐；而胡朗所用比喻，其喻体与本体显然不相和谐。

喻体也要求句中其他词语与之相和谐。朱自清著名的散文《荷塘月色》开头的一句就最能说明问题：

（2）月光如流水一般，静静地泻在这一片叶子和花上。

诸多学者已经指出，这个"泻"字用得精当。为什么？就因为跟前面的比喻相吻合，也就是相和谐——作者把月光比作流水，因此后面用了个"泻"作为全句的谓语动词。早有学者指出，如果"把'泻'字换成'照'字，这句话就变得平淡无奇了。（北京大学中国语言文学系汉语教研室 1962）其实岂止"变得平淡无奇"；用了"照"字跟上文的"流水般的月光"就变得非常不和谐了，从而破坏了作者用比的作用。句中动词"泻"确实用得精当，但动词"泻"前的状语"静静地"也用得出神入化——表面看"静静地"与"泻"相矛盾，然而正是这"静静地"与"泻"的配搭使荷塘月色之夜的描写收到了静中有动、动中有静的独特效果。

此外，所用比喻还得跟文章的主题思想相和谐。请看一位高中学生《球赛》作文中的一段比喻：

（3）看球赛的人越来越多，里三层外三层，围得个水泄不通。我和我的朋友们站在后面，大家踮起了脚，脖子伸得老长，仿佛许多鸭子被无形的手提着，拼命地往前挤。

"仿佛许多鸭子……"这一比喻显然是仿自鲁迅小说《药》。鲁迅的文字是这样的：

（4）老栓也向那边看，却只见一堆人的后背，颈项都伸得很长，彷佛许多鸭被无形的手捏住了的，向上提着。

鲁迅那样比喻是有用意的。当时的反动统治者杀害革命青年，而一些小市民却不愤怒，对被害的青年不同情，反而挤在刑场上围观，争着看热闹。鲁迅用鸭子来比喻那些没有头脑的围观的小市民，鲁迅那一段笔墨的用意就是来讽刺那些围观的小市民的麻木、冷漠，以提醒广大民众。其比喻跟文章主题思想相当和谐，"无形的手"也是有所指的。而那学生在作文里用类似的比喻来描述观看球赛的观众，就弄巧成拙了，所使用的比喻跟文章的主题思想就不相和谐，显然很不恰当。

再举所谓消极修辞中的例子。消极修辞之一，讲究句式的选择。句式的选择，首先要求所选句式要与文章主题、上下文语境，包括所刻画的人物形象要相吻合，也就是相和谐。鲁迅在《祝福》的第三段对已沦为乞丐的祥林嫂的描写用的都是短句，请看：

（5）她一手提着竹篮，内中一个破碗，空的；一手挂着一支比她更长的竹竿，下端开了裂：她分明已经纯乎是一个乞丐了。（鲁迅《祝福》）

那一个个短句如同一个个电视、电影的分镜头，自远而近，将祥林嫂早已沦为乞丐的形象跃然纸上。不难设想，如果将这一段描写换用长句，即写成：

（6）她一手提着内中放了个空的破碗的竹篮，一手挂着一支比她更长的下端开了裂的竹竿：她分明已经纯乎是一个乞丐了。

不仅起不到上述的表达效果，还会让读者读着有如同嚼蜡之感。而下面的长句所表达的内容就不宜用短句来表达：

（7）某教育学院今年对四百六十七名学生就"毛笔字、钢笔字、粉笔字和普通话"作了一次考核，结果"三字一话"的及格率分别仅为百分之二点七、百分之二十八、百分之二十和百分之四十五。（《人民日报·海外版》，2003年）

（8）教育部和财政部决定，从今年9月1日起，将享受中国政府奖学金来华学习的外国留学生的奖学金生活费标准，由原来的每人每月本科生550元人民币、硕士研究生和普通进修生650元人民币、博士研究生和高级进修生750元人民币，分别

提高到 800、1100 和 1400 元人民币。(《北京晚报》，2003 年)

长句的特点之一信息容量大。在新闻报道和议论文中，为体现表意的完整性和句子严密的逻辑性，常用长句，特别是并列项有多个、需要合并叙述的时候。例（7）"毛笔字、钢笔字、粉笔字和普通话"共四项，和下文的四个百分比数字分别对应；例（8）外国留学生中的三类人原来的奖学金生活费标准分别和下文新的标准一一对应。这都是"合叙"。如果拆开，一点一点分头说，不仅笔墨将增加很多，语句会显得罗嗦，而且如果组织得不好甚至会给人意思不完整的感觉。

在句式选择上，还要求前后句式上下均匀、和谐。在语言中，同一个意思往往可以用不同的句式来表达，以体现在不同语境下表意的细微差别。在同一种语境下，选用相同意思的句式，必须注意前后上下句式的和谐配搭，否则就显得不和谐。请看实例（转引自北京大学中文系汉语专业 1978）：

(9)　＊生产衬衫有两道工序，一是上袖口，二是上领子。
在这两道工序上，纺织三厂和纺织四厂各有所长。三厂上袖口
的技术比四厂差，而四厂上领子的技术没有三厂高。……
(报)

"三厂上袖口的技术比四厂差，而四厂上领子的技术没有三厂高"，语法上是通的，可是顺着上文念下来，这两句话的口气总让人感到别扭。问题在哪里呢？第一，上文既然是说两个厂"各有所长"，按理就应该从他们各自的长处说，现在却从他们各自的短处说，这就造成上下不和谐；第二，"X 比 Y 差"与"X 没有 Y 高"，这两种说法虽义近但句式不同，含义也有所差异，并排使用也显得不和谐。整个句子宜调整修改为：

(10)生产衬衫有两道工序，一是上袖口，二是上领子。
在这两道工序上，纺织三厂和纺织四厂各有所长。三厂上领子
的技术比四厂高，而四厂上袖子的技术比三厂高。……

修辞层面的语义和谐还有一种体现，那就是所选用的句式义（或称构式义）要与语篇的整体语境所要表达的内容相和谐。例如，在现代汉语里，典型的"把"字句是主观性很强的表示处置义的句式，（沈家煊

2002)"被"字句则一般用来表示"非如意"之义的。下面两个例子里的"把"字句和"被"字句显然用得不妥：(马真 2008)

(11) *洪水是退了，但是眼前是一片不好的景象：洪水把村舍的房屋冲倒了一大半，把猪、鸡、羊都淹死了，空气里充满了难闻的臭味儿；洪水也把成堆的木材几乎都冲光了，……(报)

(12) *玛丽是个勤快的孩子，每天都是她最早起来。等我们起床，早饭已经被她准备好了，屋子也已经被她整理得干干净净。

例(11)冒号以后的部分，是要具体描绘洪水过后的荒凉景象的，按说应顺着上文的意思，用表示遭受的"被"字句，不宜用"把"字句，可是却用了好几个"把"字句，使前后文气很不连贯、很不协调。而例(12)是来具体描述玛丽的勤快的，按上下文的意思，这里宜用表示处置的"把"字句，而不该用"被"字句。例(11)、例(12)的毛病就是所选用的句式跟语篇所要表达的意思不相和谐。例(11)、例(12)宜分别改为：

(13) 洪水是退了，但是眼前是一片不好的景象：村舍的房屋被洪水冲倒了一大半，猪、鸡、羊都被淹死了，空气里充满了难闻的臭味儿；成堆的木材也几乎都被洪水冲光了，……

(14) 玛丽是个勤快的孩子，每天都是她最早起来。等我们起床，她已经把早饭准备好了，还把屋子整理得干干净净。

总而言之，尽管修辞是一种创新的言语活动，但它也必须受到来自"语义和谐律"的制约。

六、需要进一步探究的问题

上文已经说到，句子的意思是由以下四部分意义整合而成的：句中的词汇意义、句法结构关系所赋予的意义、语义结构关系所赋予的意义、句子超语段成分所赋予的意义。(陆俭明 1987)后发现还需增加

"抽象的构式义"。（陆俭明 2004）现在看来还得注意句子使用的具体语境义。那"语义和谐律"正是揭示了这样一个事实：任何语言的任何句子都要求上述诸方面的语义处于一个和谐状态。因此，我们可以说，语义和谐律具有普遍性，任何语言都存在，而且可能是人类语言中最高的语义原则，值得进一步深入探究。本文只是提出一种初步的想法，语义和谐律问题真要研究起来，还有一大堆问题需要我们去探索。例如：

语义和谐的机制是什么？

语义和谐，可能会有哪些原则？

语义和谐，可能而且应该会有不同层面的语义和谐问题，那么该有哪些不同层面？

语义上和谐与否，该有些什么样的检测手段？

参考文献

北京大学中国语言文学系．汉语教研究．现代汉语（第九节），北京：商务印书馆，1962

北京大学中文系汉语专业．语法修辞（修订本），北京：商务印书馆，1978

冯广艺．语言和谐论．北京：人民出版社，2007

冯胜利．汉语韵律句法学．上海：上海教育出版社，2000

陆俭明．试论句子意义的组成．语言研究论丛（第四辑）．天津：南开大学出版社，1987

陆俭明．现代汉语中数量词的作用．语法研究和探索（四）．北京：北京大学出版社，1988

陆俭明．"VA 了"述补结构语义分析．汉语学习，1990（1）

陆俭明．语义在自然语言处理中的作用．徐波、孙茂松编．中文信息处理若干重要问题．北京：科学出版社，2003

陆俭明．"句式语法"理论与汉语研究．中国语文，2004（5）

马真．现代汉语虚词研究方法论，北京：商务印书馆，2004

马真．在汉语教学中要重视词语使用的语义背景．蔡建国主编．中华文化传播：任务与方法，上海：上海人民出版社，2008

清格尔泰．关于元音和谐律．中国语言学报，1983（1）；又见．清格尔泰民族研究文集．北京：民族出版社．1998

沈家煊．"有界"与"无界"．中国语文，1995（5）

沈家煊. 如何处置"处置式"——论把字句的主观性. 中国语文，2002（5）

王伟. 名词性并列结构中语义量级的句法投射. 北京大学学报（国内访问学者、进修教师论文专刊），2006

袁毓林. 现代汉语祈使句研究. 北京：北京大学出版社，1993

张旺熹. 连字句序位框架及其对条件成分的映射. 汉语句法结构隐性量探微. 北京：北京语言大学出版社，2009

张谊生. 范围副词"都"的选择限制. 中国语文，2003（5）

张谊生. 汉语"都"的语法化和主观化. 徐州师范大学学报（哲学社会科学版），2005（1）

朱德熙. 语法答问. 北京：商务印书馆，1985

N. 鲍培. 阿尔泰语言学导论（中译本，周建奇译）. 呼和浩特：内蒙古教育出版社，2004

Fillmore，C. J. Frame Semantics. In Linguistic Society of Korea，ed.，Linguistics in the Morning Calm，Seoul：Hanshin Publishing Co. 1982

Fillmore，C. J. *Construction Grammar*. Course reader for Linguistics 120A，University of California，Berkerey. 1990

Goldberg ，Adele E. *Construction：A Construction Grammar Approach to Argument Structure*，The University Chicago Press. 1995

Goldberg ，Adele E. *Construction：A new theoretical Approach to language*，《外国语》，2003（3）

Goldberg，Adele E. *Construction at Work：The Nature of Generalization in Language*，Oxford：Oxford University Press. 2006

Kay，Paul. & C. J. Fillmore Grammatical Constructions and Linguistic Generalizations：The What's X doing Y? construction. *Language*. 1999

词语之间语义结构关系的多重性①

我先前发表的《汉语句法研究的新的思考》（陆俭明 2002）一文中，对汉语句法研究提出了一种新的想法，认为"过去所谓的汉语句法规则，其中实际上包含了语法、语用两方面的规则。由于汉语没有严格意义的形态变化，因此汉语句子平面句法规则和语用规则是混杂在一起的。我们真要把握汉语句法规则，首先要研究词组的构造规则。研究的步骤是先研究清楚词组的基本构造规则，再探讨句子平面上的句法变化规则及其条件和语用变化规则及其条件"。前两年我又就"句法－语义"接口问题，进行了一些思考，我在文章（陆俭明 2006）中谈到，无论从理论上来说，还是从中文信息处理的应用角度说，亟需从交际过程中编码、解码的角度来考虑问题，具体可以有不同的研究、探索思路：一种是从考虑句子意思组成的角度来研究探索，具体研究探索一个句子的意思是由哪些意义编织成的，这些意思是怎样编织成一个句子的意思的，这个

---

① 本文发表在《汉藏语学报》2010（4）。

思路可以看作是由外往里的思路；另一种是考虑人到底是怎么把自己对于客观世界的认知所得通过言辞表达出来的，这个思路可以看作是由里往外的思路。但无论从哪个思路研究、探索，都会涉及到一些深层次的语义问题。今天就想说说自己最近的一个新想法——相同词语之间可以存在多重语义结构关系，以求教于大家。这是涉及深层次的语义问题，希望大家提出意见，提供实例。

一、词语之间可以形成多重语义结构关系

两个相同的词语，组合在一起，有可能形成不同的句法结构关系，比如"出租"和"汽车"组合在一起，有可能形成"定－中"修饰关系（如：叫一辆出租汽车）；也有可能形成"动－宾"支配关系（如：他们专门出租汽车）。同样，"我写的"和"散文"之间，有可能是"定－中"修饰关系（如：我写的散文哪比得上她呀!），有可能是主谓关系（如：我写的散文，而她写的是诗歌。）"我们"和"三班"之间，既可以构成"定－中"偏正关系（如：年级主任王老师说："我们三班是全校的重点班。"），也可以构成同位关系（如：三班班长说："我们三班所以能在全校作文比赛中夺魁，都应该归功于我们的语文老师，也就是我们的班主任曾老师。"），还可以构成主谓关系（如："同学，你们是几班?""我们三班。"）。相同词语之间可以形成多重句法结构关系，这早就引起语法学界的关注与研究，而相同词语之间也能形成多重语义结构关系，这一点似乎尚未引起语言学界充分注意。

在具体论述相同词语之间可以形成多重语义结构关系这个观点之前，先作一点说明，那就是词语之间的句法结构关系直接受词序的影响，"富士山高高的"与"高高的富士山"，包含的词语完全相同，由于词序不同，二者的句法结构关系也就完全不同——"富士山高高的"是主谓关系，"高高的富士山"则是"定－中"修饰关系。如果是词序相同而形成不同的句法关系，那就会产生歧义，如前面举的"出租汽车"、"我写的散文"和"我们三班"等。词语与词语之间的语义结构关系是无序的，从语义结构关系上来说，"富士山高高的"也好，"高高的富士山"也好，"富士山"和"高高的"之间都是"事物－性状"关系（"高

— 135 —

高的"都是用来说明"富士山"的性状的),只是前者采用的是修饰性说明,后者采用的是陈述性说明。

为了具体说明"词语之间可以形成多重语义结构关系"这一观点,不妨先从现代汉语里的存在句说起。请先看下面的实例:

> (1) 台上坐着主席团
>
>   床上躺着病人
>
>   门口站着许多孩子
>
>   ……
>
> (2) 墙上挂着画
>
>   门上贴着对联
>
>   头上戴着帽子
>
>   ……

这些句子就是通常所谓的存在句。对于这类存在句,汉语语法学界已经讨论得很多。但是如果站在今天的认识高度,现代汉语中这种存在句有许多问题还需要我们去作出进一步的解释:

第一,例(1)各句的施事,即一般所谓的域外论元(external argument),怎么跑到动词后面去了?

第二,例(2)里的动词是二元动词,其受事论元在动词后作宾语,但是,为什么动词的施事论元在这种存在句中没有出现,而且也不能出现?

第三,语言事实告诉我们,假如同为述宾结构,如果宾语的语义角色不同,所表示的语法意义就会有差异。例如:

> (3) a. 吃苹果 〔宾语为受事〕
>
>   b. 吃大碗 〔宾语为工具〕
>
>   c. 吃食堂 〔宾语为处所,一说方式〕
>
>   d. 吃环境 〔宾语为目的〕
>
>   e. ……

例(3)各个例子的动词后的语义角色各异,a、b、c、d 等各个述宾结构所表示的语法意义也各不一样。那么为什么在存在句里宾语的语义角色可以不一——例(1)里的宾语为施事,例(2)里的宾语为受事,而整个格式所表示的语法意义却一样，都表示存在，表静态呢？

生成语法学派也注意到了这个问题，想了各种办法试图来解释这一现象。（潘海华 1996，1997；顾阳 1997，1999；）该学派认为那是因为前面有个处所成分，这就压抑了动词的施事——如果是一元动词，那么施事得移到动词之后；如果是二元动词，就不能在句中出现。但人们还要追问：为什么句首出现了处所成分就会把动词的施事压抑住了呢？为什么"那书房里确实看见过一只老鼠"，句首是处所成分，而动词的施事仍然能在句中出现？请看：

（4）那书房里确实看见过一只老鼠。

⬇

那书房里<u>我</u>确实看见过一只老鼠。

可能的回答是，例（1）、例（2）是存在句，例（4）不是存在句。可是人们又得问：为什么存在句句首出现了处所成分就会把动词的施事压抑住了呢？

顾阳（1997）又认为例（2）里的动词经历了一个"从二元到一元的涵变过程"，这些"存现动词的涵变，使动词的论元结构发生了变化，从而导致了句法上的变化"。这里且不说动词是否发生了构词上的涵变，这种解释本身有循环论证之嫌——例（2）存在句怎么形成的？如果是由其中的动词从二元动词涵变为一元动词造成的，你怎么知道这里的动词发生了从二元动词到一元动词的涵变？因为它们出现在了存在句。这岂不是循环论证吗？

这两年也有人用动词空壳（verb shells）理论和轻动词（light verb，用 v 表示）理论来解释。（Lin 2001，蔡维天 2005，应晨锦 2006）Chomsky（1995）把轻动词看成是个引导动词语的成分（v is a light verb that introduces verbal phrases.）。按动词空壳理论和轻动词理论可以这样解释存在句：在这些句子的动词结构前还有一个表示存在义的轻动词结构，即：

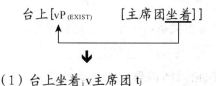

（1）台上<u>坐着</u>ᵢv主席团 tᵢ

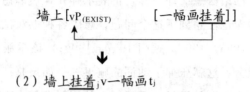

$$墙上[vP_{(EXIST)} \qquad [一幅画挂着]]$$

$$\downarrow$$

（2）墙上挂着$_j$v一幅画t_j

但是，也并不能对前面提出的第二、第三个问题做出回答。

应该看到，轻动词理论说到底也无非是为了圆或者说补论元结构理论。

事实上，对于存在句，我们不能按照常规的眼光来判断它，也不能按照生成语法学里的论元结构理论来判断它，实际上这是一种特殊的句式，这种句式从语义上来说，不能再用"施事""受事""动作"这一套语义术语来看待，这种存在句式的语义配置应该看作："存在处所——存在方式——存在物"。换句话说，例（1）"主席团"和"坐"之间虽然有"施事——动作"的潜在关系，但在这个存在句里，凸显的不是"施事——动作"的关系，而是"存在物——存在方式"的关系。同样，例（2）"挂"和"画"之间虽然有"动作—受事"的潜在关系，如"他正在大门口挂灯笼"；但在"墙上挂着画"这个存在句里，凸显的不是"动作—受事"的关系，而是"存在方式—存在物"的关系。

上面举的存在句的例子说明，"主席团"和"坐"之间就语义结构关系说，在某个场合，如在"他在椅子上坐着"句子中，是"施事—动作"的关系；在某个场合，如在例（1）里，则是"存在物—存在方式"的关系；同样，"挂"和"画"之间，就语义结构关系说，在某个场合是"动作—受事"的关系，在某个场合则是"存在方式—存在物"的关系。这种语言现象，我们称之为"词语之间语义结构关系的多重性"（multiplicity of semantic structure relations between words）。

二、词语间语义关系多重性具有普遍性

"词语之间语义结构关系的多重性"是普遍存在的。这里不妨再举一个汉语里的例子。

按照乔姆斯基的论元结构理论和论旨理论，动词"吃"和"人"，

"吃"和"饭",都只有一种语义结构关系,即"人"是"吃"的施事,"饭"是"吃"的受事。事实并不是如此。请看:

(5) 那个人吃了一锅饭。

(6) 十个人吃了一锅饭。

从表面看,例(5)和例(6)的语义配置一样,"人""吃""饭"之间,在语义上都是"施事—动作—受事"的关系——"吃"是动作,"那个人"/"一个人"是"吃"的施事,"一锅饭"是"吃"的受事。可是实际上例(6)跟例(5)有很大的区别。最明显的,例(6)"十个人"和"一锅饭"可以换位,换位后的句子大家都能接受,例(5)则不行。请看:

(5') *一锅饭吃了那个人。

(6') 一锅饭吃了十个人。

这为什么?怎么分析、解释例(6')?蔡维天(2005)认为,例(6')还是"受事—动作—施事"关系的"主—动—宾"句,并用轻动词理论来加以解释,即:

(6') 一锅饭[受事]吃了[j]v 十个人[施事]t[j]

(6'') 一锅饭[受事]v [供/够]十个人[施事]吃了

这看来是解决问题了,其实没有。

第一,事实上,例(6')和例(6),即:

(6) 十个人吃了一锅饭。

(6') 一锅饭吃了十个人。

表面看似乎语义配置不一样,例(6)是"施—动—受",例(6')是"受—动—施",其实例(6')和例(6)是同一种句式。从构式语法理论的角度看,都是"数量关系构式"。具体说,是一个"容纳量与被容纳量的数量关系构式",这种数量关系构式的语义配置总是"容纳量—

139

容纳方式—被容纳量"。这也就是为什么例（6）的主宾可以换位的原因。例（6）"十个人吃了一锅饭"，"十个人"是容纳量，"一锅饭"是被容纳量，"吃了"是容纳方式；例（6'）"一锅饭吃了十个人"，"一锅饭"是容纳量，"十个人"是被容纳量，"吃了"是容纳方式。这一点从它们表可能的否定式可以看得更清楚：

（7）a. 十个人吃不了一锅饭。

　　　b. 一锅饭吃不了十个人。

例（7）a 句是说，十个人的饭量容纳不了一锅饭的饭量（那锅饭的量大，或者说那十个人的饭量小）；例（7）b 句是说一锅饭的饭量容纳不了十个人的饭量（那十个人的饭量大，或者说那锅饭的量小）。

　　事实上，例（6）内部的语义配置，跟例（5）并不一样。例（5）确实是"施事—动作—受事"关系的"主—动—宾"句式，而例（6）则不再是"施事—动作—受事"关系的"主—动—宾"句式，而是上面说过的"容纳量—容纳方式—被容纳量"关系的"数量结构关系"句式。例（5）和例（6）的对比说明，虽同为"指人名词语—V—指食物名词语"，但在不同的场合可能会形成不同的语义结构关系，凸现不同的语义结构关系。这也就是"词语间语义结构关系多重性"的一种表现。正是这种语义关系上的差异，决定了例（5）主宾不能换位，例（6）主宾可以换位。应该承认，"人""吃""饭"之间，在语义上所存在的"施事—动作—受事"关系是最基础的语义结构关系，在一般的事件结构（或称"动作结构"）里，所凸现的就是"施事—动作—受事"这种基础的语义结构关系；但是在另一种结构里不一定凸显这种语义结构关系，而可能凸显另一种语义结构关系，"施事—动作—受事"只是它们之间的一种潜在的语义结构关系。

　　第二，轻动词理论只能解释"一锅饭吃了/能吃/吃不了十个人"，而不好解释"十个人吃了/能吃/吃不了一锅饭"，因为这里不能设想有个语义为［供/够］的轻动词。下面的例子实际都属于"容纳量—容纳方式—被容纳量"的数量结构关系结构：

（8）a. 十个人吃了/能吃/吃不了一锅饭。

　　　b. 一锅饭吃了/能吃/吃不了十个人。

c. 一个人坐了/能坐/坐不了两个位置。

d. 一个座位坐了/能坐/坐不了三个人。

e. 一天写了/能写/写不了 50 个字。

f. 50 个字写了/要写/写不了一天。

g. 一天走了/能走/走不了五个村。

h. 五个村走了/要走/走不了一天。

而例（8）各例所潜在的基础的语义结构关系，即按照传统的观念分析，将是：

(8') a. 十个人吃了/能吃/吃不了一锅饭。

　　　施事——动作——受事

b. 一锅饭吃了/能吃/吃不了十个人。

　　　受事——动作——施事

c. 一个人坐了/能坐/坐不了两个位置。

　　　施事——动作——处所

d. 一个座位坐了/能坐/坐不了三个人。

　　　处所——动作——施事

e. 一天写了/能写/写不了 50 个字。

　　　时间——动作——受事

f. 50 个字写了/要写/写不了一天。

　　　受事——动作——时间

g. 一天走了/能走/走不了五个村。

　　　时间——动作——处所

h. 五个村走了/要走/走不了一天。

　　　处所——动作——时间

这种句式表面看句中包含有动词，其实不是事件结构（或称动作结构），具有"非动态性"的特点（张旺熹 1999），因此句子所凸显的不是一般表示事件结构的句式里所理解的语义结构关系。它们都是表示容纳性的数量结构关系的句式，不管各句各自潜在的基础语义结构关系是什么样的关系，即不管按传统的观念怎么看待动词前后的这些名词语的语义角色性质，都可以统一为：

(9) 容纳量——容纳方式——被容纳量

句中的"V了""能/要 V""V 不了"的不同只在于："V 了"和"能/要 V"用来形容容纳量大，只是前者已成为事实，后者则表示可能和需求；"V 不了"用来说明不能容纳这么多量。①

前面一开始所举的存在句的例子，以及例（5）和例（6）的对比说明，语言中相同的词语之间确实有可能形成不同的语义结构关系。先前，我们曾将这种现象称之为"词语的语义多功能性"（陆俭明 2004），现在看来，宜将这种语言现象称为"词语之间语义结构关系的多重性"。

三、词语间的语义关系类似人际关系

相同的词语之间可以形成多重语义结构关系，其中一定会有一种语义结构关系在人的认知域中被认为是最基础的语义结构关系。那相同的词语在某种特定的句式中出现时，只能凸显某一种语义结构关系，其他可能有的语义结构关系都只是潜在的关系，而所凸显的语义结构关系不一定是最基础的语义结构关系。"主席团""坐""椅子上"之间，在语义上存在着"施事—动作—处所"的语义配置关系，这是最基础的语义结构关系。但是在前面所举的存在句（"台上坐着主席团"）里，凸显的不是这种语义结构关系，凸显的是另一种语义结构关系——"存在处所——存在方式——存在物"的语义结构关系，而"施事—动作—处所"关系只是它们之间的一种潜在的语义结构关系。同样，"人""吃""饭"之间，在语义上存在着"施事—动作—受事"的语义配置关系，这是最基础的语义结构关系，但是在上面所举的例（6）、例（6'）里，凸显的不是这种语义结构关系，凸显的是另一种语义结构关系——"容纳量——容纳方式——被容纳量"关系，而"施事—动作—受事"关系只是它们之间的一种潜在的语义结构关系。这个情况有点儿类似人类社

---

① 关于"十个人吃了/吃不了一锅饭｜一锅饭吃了/吃不了十个人"这类表示"容纳量——容纳方式——被容纳量"的句式，还有些问题值得深入研究、探讨，譬如说，为什么不能说"＊一锅饭吃了/吃不了一个人"？这个问题，是蒋绍愚教授提出的。

会中的人际关系。假设张志平和张骐轩二人，在家庭关系上是父子关系，但在公司里的业务关系上，作为儿子的张骐轩是总经理，作为父亲的张志平是会计，张志平和张骐轩二人在公司里凸显的不是父子关系，而是雇员与雇主的关系。张志平和张骐轩之间的父子关系虽是基础性关系，但在公司里只是一种潜在的人际关系。从某种意义上来看，我们能否认为，语言中这种"相同词语之间语义结构关系的多重性"也可以看作是社会生活中多重人际关系在语言中的一种反映或者说投射，因此这种现象也可以看作体现了认知语言学里所说的相似性原则？我不敢肯定。

四、Jackendoff 的一个看法

"词语之间语义结构关系的多重性"问题，似未见有论述。Jackendoff 在 *Semanfic Sfractures*（1990：126）一书中好像有类似的看法，他说：

Adapting suggestion of Culicover and Wilkins（1986），let us suppose that conceptual roles fall into two tiers：a *thematic tier* dealing with motion and location，and an *action tier* dealing with Actor－Patient relations，Staying for a moment with a description in terms of informal annotation，we might find analyses like those in（10）.

（……我们设想，概念上的角色可分为两个层级：主位层级【thematic tier】和行为层级【action tier】。主位层级涉及移动和处所，行为层级牵涉动作者－受事的关系。……）例如：

(10) a. Sue　hit　Freel.
　　　　Theme　Goal　【thematic tier】
　　　　Actor　Patient　【action tier】
　　b. Pete　therw　the ball.
　　　　Theme　Goal　【thematic tier】
　　　　Actor　Patient【action tier】
　　c. Bill　entered　the room.
　　　　Theme　Goal　【thematic tier】
　　　　Actor　Patient　【action tier】

—— 143 ——

但跟我们所说的"词语之间语义结构关系的多重性"不完全一样——他说的是,同一个句子结构可以分别从主位和行为不同的层面去认识,如例(10),从主位层面看,可以视为"位移结构",其主语、宾语之间可以看作是"主事-目标/位移终点"的关系;而从行为层面看,可以视为"事件结构",其主语、宾语之间可以看作是"动作者-受动者"的关系。我们说的是,同样的词语串在不同的句法结构里可以凸显不同的语义结构关系。如上所述,这种情况,如同人类社会中的人际关系,甲和乙可以或者说可能存在一种固有的潜在关系,但在不同的社会集团/群体中,可以呈现或者说凸显不同的人际关系。张潮生(1994)也曾注意到了语义关系的"多角度、多类型",而且还提到"事物之间关系的角度更是多种多样,如两个人之间可以既是亲戚,又是同学",但遗憾的是,他没有往我们上面所说的那种词语之间多重语义关系方面去思考。

不过,Jackendoff 的看法,张潮生的有些想法,对我们认识词语之间语义结构关系的多重性有参考价值。为什么我们要将"主席团"与"坐"之间的"施事-动作"关系定为最基础的语义结构关系呢?为什么我们要将"画"与"挂"之间的"受事-动作"关系定为最基础的语义结构关系呢?因为这都是行为层级的语义结构关系,而凡属行为层级的语义结构关系在人的认知域里会定为最基础的语义结构关系,因为行为事件是人最早、最频繁发生和接触的事件,由动作动词与名词之间所形成的其他的语义结构关系都是由行为事件通过隐喻或转喻而成的。

五、造成词语间语义关系多重性的原因

词语之间语义结构关系的多重性这种现象的存在,其原因可能有二。

一个原因是,一个词的意义,是极为复杂的,这如同一个词的句法功能是复杂的一样。譬如,一个动作动词,就拿"吃"来说,它可以单独作谓语,可以带宾语,可以带补语,可以受否定词"不"或"没有"的修饰,可以后面带动态助词"了、着、过",可以跟助词"的"构成"的"字结构等。这些都是动词"吃"的句法功能。但在一个特定的句法组合中,譬如在"吃着苹果"中,它只能实现并凸显带动态助词

"着"和带宾语这样的句法功能，其余的可以看做是它潜在的句法功能。词的语义功能也是如此。语言学界都认为，语言并不是直接对应现实客观世界的，而是通过人脑中的认知域跟现实客观世界联系起来。作为一个词的一个义项，实际反映了人所感知的现实客观世界的某一方面或某一点在认知域里所形成的意象图式（image schema），而作为认知域里的一个意象图式，含有丰富的内容，投射为语言中的一个词的词义，其内涵也极为丰富复杂。就拿上面举的动词"吃"来说，他最基础的意义内涵是"用嘴咀嚼后将食物咽进体内"，而"吃"又可以通过隐喻或转喻产生各种引申含义，而在不同的句式中，实际只能实现或者说凸显词的义项的某一部分内涵。这样，我们就可以理解，在"那个人吃了一锅饭"中，实现或凸显的是"吃"的基础意义内涵；而在"十个人吃了/能吃/吃不了一锅饭 ｜一锅饭吃了/能吃/吃不了十个人"里，实现或凸显的是体现"吃"的引申义，抽象为一种容纳方式，而作为"吃"的基础的意义内涵，只是潜在的。

　　另一个原因是，词语组合成句时还要受到所在构式的制约。上面说了，语言并不是直接对应现实客观世界的，而是通过人脑中的认知域跟现实客观世界联系起来。譬如，作为现实客观世界的客体或状态的空间存在，并不是直接在语言中影射的，都得通过人的认知域，而且是一层一层地投射而成的（层层投射的设想，我们将在《关于构式义》一文中具体讨论）。这"层层投射"当然也还只是一种假设。不过，这一假设告诉我们，其实作为现实世界客体或状态的空间存在并不是直接在语言中的影射的，而都得通过人的认知域。而人对现实客观世界的认识过程，就决定了人在认知上需要一个个认知图式，在语言中需要一个个语义表达框架，具体到某个语言，就需要一个个构式。一个构式需要多少词项，对进入构式的每一个词项的句法、语义有什么样的要求与限制，均由构式的语义表达决定。而作为一个词项，往往可以进入不同的构式，它在不同的构式则实现或者说凸显不同的意义内涵。这就决定了两个相同的词语由于出现在不同的构式里，因而就有可能形成不同的语义结构关系。再以动词"坐"为例，在不同的构式里就实现或者说凸显不同的词义内涵，请看：

　　　　（11）在"事件构式"里——"主席团刚坐下"

［"坐"实现其基础的意义内涵，"主席团"与"坐"是"施事－动作"关系］

（12）在"存在构式"里——"台上坐着主席团"

［"坐"实现其作为存在方式的意义内涵，"主席团"与"坐［着］"是"存在物－存在方式"关系］

（13）在"容纳与被容纳数量关系构式"里——"三个人坐了四个座位"

［"坐"实现其作为容纳方式的意义内涵，"三个人"与"坐［了］"是"容纳量－容纳方式"关系］

这样，语言中存在"词语之间语义结构关系的多重性"是很正常的事，只是以往我们对此没有认识到而已。

六、建立"词语之间语义结构关系的多重性"观念的意义

建立"词语之间语义结构关系的多重性"的观念，重视并注意研究分析语言中"词语之间语义结构关系的多重性"问题，将有助于解释许多语法现象。这里也不妨再举两个实例来加以说明。

［实例一］"芯儿蛀了的"

"芯儿蛀了的"，这是个"的"字结构。一般是怎样分析这个结构的呢？在句法上，分析为主谓词组"芯儿蛀了"跟"的"形成的"的"字结构；在语义结构关系上，分析为"受－动"加结构助词"的"。大家都知道，朱德熙先生（1978）创建了关于"动词性词语 ＋ '的'"这种"的"字结构歧义指数理论，并建立了一个数学公式——"'VP 的'歧义指数公式"[①]：$P = n - m$（P 代表歧义指数，n 代表"VP 的"内 V 的配价数，m 代表 V 的配价成分在"VP 的"内出现的个数）。其计算方式是：当 $P = 0$ 时，"VP 的"不能作主宾语，只能作定语，如"张三游泳的"；当 $P = 1$ 时，"VP 的"能作主宾语，也能作定语，作主宾语时不会产生歧义，如"张三参观的 ｜ 参观联合国大厦的"，作主宾语

---

① 朱德熙先生原文中表示动词性结构的符号用的不是"VP 的"，而是"DJ 的"。

时，前者只能指称"参观"的受事，后者只能指称"参观"的施事；当 P≥2 时，"VP 的"能作主宾语，能作定语，作主宾语时会产生歧义，如"吃的"，作主宾语时，既能指称"吃"的施事（"谁吃羊肉？吃的举手！"），也能指称"吃"的受事（"你们等着，我去买点儿吃的。"）。"芯儿蛀了的"这一"的"字结构里只出现了动词"蛀"及其受事"芯儿"，动词"蛀"的施事未出现，按照朱德熙先生这个"VP 的"歧义指数公式与理论，"芯儿蛀了的"这个"的"字结构按理应该指称没有在 VP 里出现的、作为动词"蛀"的施事的蛀虫。可是事实上当人们说"芯儿蛀了的"，听话者想到的不会是蛀虫，而是跟芯儿相关的梨、李子、桃子什么的，即那芯儿的领有者。这是为什么？怎么解释这一现象？看来，目前一般人对于"芯儿蛀了的"这类"VP 的"的内部语义结构关系的分析还存在问题。其实，"蛀"和"芯儿"在有的结构里，如在"那虫专蛀芯儿"里，可以形成并凸显动作和受事的关系，但是在"芯儿蛀了的"这个"的"字结构里，单就"芯儿蛀了"来说，那"芯儿"同时兼有两种语义身份——一方面，跟"蛀"存在着"受事和动作"的关系；另一方面，它同时又跟未在结构中出现的、实际是领有它的某个事物（如桃儿、李子、棒子等）存在着"隶属关系"。而当"芯儿蛀了"跟结构助词"的"构成"的"字结构时，"蛀"和"芯儿"虽然还是隐含着"动作—受事"这一基础语义结构关系，但在这里并不凸显这种关系，而是凸显芯儿与其领有者的领属关系。其证明办法是，"芯儿蛀了的"这个"的"字结构，只能转指芯儿的领有者"李子""桃儿"或"梨"什么的，而不能转指"蛀"的施事。下面是类似的例子：

　　（14）撕了封面的站出来。

　　（15）撕了封面的是我的笔记本。

例（14）、例（15）作主语的都是"撕了封面的"，例（14）"撕了封面的"是转指动词"撕"的施事论元，可是例（15）"撕了封面的"却是转指"封面"的领有者"笔记本"。这清楚地表明，"封面"在例（14）、例（15）里虽然都处于动词后面的宾语位置上，但是在例（14）里，"封面"是作为动词"撕"的受事论元身份出现的，而在例（15）里，"封面"虽然与动词"撕"有潜在的"动作—受事"关系，但在这里凸显的不是这种关系，这里"封面"是作为"笔记本"的被领有物的身份出现的。将"芯儿蛀了的"和撕了封面的这两个"的"字结构相对照，可以看到另一条规则：一个动词的受事论元，如果居于动词后，并由此与助词"的"形成"的"字结构，则既可以凸显"动"、"名"之间"动作—受事"的语义结构关系，也可以凸显该"名"与在意义上领有它的另一"名"之间的"隶属关系"；而如果那"名"无标记地居于动词前，并由此与助词"的"形成"的"字结构，则只能凸显该"名"与在意义上领有它的另一"名"之间的"隶属关系"。

〔实例二〕"坐下来"

"坐下来"是个带趋向补语的述补结构。"坐"为状态内动词，表示施事所呈现的一种状态。类似的动词如"站、立、躺、睡、跪"等。例如：

（16）大家请坐下来。

（17）站起来！

（18）他慢慢儿躺下去！

（19）他就这样慢慢儿跪下去了。

这类状态内动词都具有〔＋状态，＋使附着〕的语义特征，所形成的"动趋"结构都会有歧义。试以"坐下来"为例：

（20）你不用老站着，不嫌累啊？坐下来歇歇。

（21）你怎么坐上边儿去啦？来，坐下来，跟我坐一起！

例（20）里的"坐下来"，我们不妨称为甲式，其中的"动"（"坐"）表示动作者所呈现的状态的改变（原先不是呈现坐的状态）；其中的"趋"，表示动作者状态改变的自然趋向。而例（21）里的"坐下来"，我们不妨称为乙式，其中的"动"（"坐"）也表示动作者所呈现的状态；但其中的"趋"，则表示动作者所处位置的变动，即改变原先所坐的位置——原来在高处，移位到低处。上述事实告诉我们，甲式和乙式虽均为"坐下来"，而且从句法结构关系看均为"动趋"式，但内部语义结构关系则并不相同。这说明，动词"坐"和动词"下来"之间可以形成不同的语义结构关系，即在不同的语境中凸显不同的语义结构关系。其中，甲式所表示的语义结构关系可以认为是"坐"和"下来"之间的基础性语义结构关系。

像"芯儿蛀了的"、乙式"坐下来"这样的结构，和上面讨论的"十个人吃了一锅饭／一锅饭吃了十个人"这样的句式，以及像现代汉语里的存在句句式，实际都是一种难以为人们发现其内部真实的语义配置关系的隐性的语言事实，或者说隐性的语言现象（陆俭明2007）。

建立"词语之间语义结构关系的多重性"的观念，重视并注意研究分析语言中"词语之间语义结构关系的多重性"问题，将会引导我们去发现更多的有价值的隐性的语言事实与语言现象，将有助于深化对语言事实的认识，将有助于语言研究的进一步深入，而这对中文信息处理和汉语教学也将有直接的参考价值。

参考文献

蔡维天. 从论元的特殊限制看句法－语义映像的问题. 在北京大学汉语语言学研究中心所作的关于生成语法理论系列演讲的第九讲. 2005

顾阳. 关于存现结构的理论探讨. 现代外语，1997（3）

顾阳. 关于存现结构. 见徐烈炯主编. 共性与个性——汉语语言学中的争议. 北京：北京语言文化大学出版社，1999

陆俭明. 汉语句法研究的新的思考，语言学论丛，2002

陆俭明. 词语句法、语义的多功能性：对"构式语法"理论的解释. 外国语，2004（2）

陆俭明. 句法语义接口问题. 外国语，2006（3）

潘海华. 篇章表示理论概述. 国外语言学，1996（3）

潘海华. 词汇映射理论在汉语句法研究中的应用. 现代外语，1997（4）

应晨锦. 现代汉语轻动词结构研究. 北京大学博士论文，2006

张潮生. 语义关系的多样化的一些原因. 语言研究，1994（1）

张旺熹. 汉语特殊语法的语义研究. 北京：北京语言文化大学出版社，1999

朱德熙. "的"字结构和判断句. 中国语文，1978（1，2）

Chomsky, Noam. *The Minimalist Program*. Cambridge，Mass.：The MIT Press. 1995

Jackendoff，Ray. *Semantic Structures*. Cambridge，Mass.：MIT Press. 1990

Lin，Tzong－Hong（林宗宏）. *Light Verb Syntax and the Theory of Phrase Structure*. Doctoral Dissertation of University of California. 2001

构式语法理论与汉语研究[①]

一、构式语法理论的产生

构式语法理论（简称 CG 理论）是 20 世纪 80 年代末逐渐兴起、90 年代逐步形成的一种新的语法分析理论。这种理论发端于由美国加州大学伯克利分校的菲尔墨，（Fillmore1976，1982，1988，1990）由普林斯顿大学的 A. E. Goldberg 正式形成并提出。构式语法理论的基本观点是：（Goldberg1995，2006，2009）

第一，构式是形式和意义（含功能）的匹配（pair）。

第二，构式本身能表示独特的语法意义，自身有独特的语义配置方式（即独特的语义结构关系）。

第三，构式的形式、意义都不能从其组成成分或其他构式推知。

---

① 原文发表在《中国语文》2004（5），原题为"'句式语法'理论与汉语研究"。此次有较大的修改。

构式语法理论的这些观点是可取的，它符合心理学和认知科学关于"整体大于部分之和"的完形（gestalt）原理。

20 世纪 50 年代，法国语言学家、从属语法的创始人特思尼耶尔（Lucien Tesnière）他注意到句子的构成成分不只是表面所看到的一个个词，更重要的是词与词之间的"关联"（connexion），即我们所说的组合关系。现在 Goldberg 则进一步要我们看到，句式本身还有独立的形式和意义，因此一个句子的意义，并不能只根据组成句子的词语的意义、词语之间的结构关系赋予的意义所推知，也不能从其他已有的结构所推知，构式本身也表示一定的意义，并将影响句子的意思。

构式语法理论一面世，很快引起语言学界的瞩目。目前已经成为国际语言学领域研究、讨论的热点之一。从 2001 年至今，专门关于构式语法的国际学术研讨会已举行了 6 次，分别在美国加州伯克莱（2001.4.）、芬兰赫尔辛基（2002.9.）、法国马赛（2004.7.）日本东京（2006.9.）、美国奥斯汀（Austin，德克萨斯州首府）和捷克布拉格（2010.9.）。现在，内部已经形成不同的支派：一派是以 Goldberg，A. E. 和他的老师 Lakoff，G. 为代表；一派是以 Fillmore，C. J. 和 Key，P. 为代表；一派是以 Croft，W. 和 Taylor，J. R. 为代表；一派是以 Langacker，R. W. 为代表。后两派被称为极端派。Fillmore 一派实际可以说是开创者，不过理论的进一步阐述是 Goldberg，所以一般以 Goldberg 的理论为构式语法理论的代表。Goldberg 是一位年轻的女学者，现任普林斯顿大学教授。她于 1992 年获得加州大学伯克利分校语言学博士学位，师从著名认知语言学家 Lakoff 教授。

构式语法理论自 20 世纪末、21 世纪初张伯江（1999）、沈家煊（2000a/b）和英语学界的同仁如纪云霞、林书武（2002）、董燕萍、梁君英（2002，2004）等引介到我国汉语语法学界之后，立刻引起大家的关注和重视，已成为学界讨论的热点之一，先后已有不少学者或评介其理论，或运用该理论尝试解释现代汉语的一些语言现象。外语学界已经举行过多次构式语法理论的研讨会。根据我的博士生张娟的不完全统计，在我国进入 21 世纪后有关讨论构式语法的论文就已将近百篇，作者达 60 多位。

— 151 —

20世纪八九十年代，为什么会突然冒出个构式语法理论，而且一出现就迅猛发展，受到整个国际语言学界的重视，并迅速影响到各个主流语言的语法的本体研究和应用研究？

应该看到，20世纪50年代乔姆斯基理论的诞生，改变了以往语言学界"定于一尊"的状况，出现了真正体现百家争鸣的"形式""功能""认知"三足鼎立的局面。而且每一派的"深且广"的发展都令人鼓舞。构式语法理论正是在这样的背景下产生的。具体说影响构式语法理论产生的因素主要是：

第一，认知语言学理论的发展。认知语言学是建筑在认知科学的基础上的。认知科学是20世纪兴起的一门新的学科门类，其目的和任务在于探索人脑、心智的工作机制、工作原理。什么是认知科学？学者有不同的观点与解释。现在一般倾向于接受萨加特（Thagard）的说法："认知科学是关于心智和智能的跨学科研究，拥有心理学、哲学、计算机科学、语言学、人类学和神经科学各领域。认知科学就是关心人脑心智性质的这六个学科领域的研究者们的旨趣和研究定向的联盟。"（Thagard1995：345—346）

现在从事或接受认知语言学的学者普遍认为，语言是人的认知能力的不可分割的重要组成部分，语言是人特有的一种认知活动，这种认知活动包括人对世界的感知、人对世界的经验以及人对世界加以概念化的方式等。认知语言学就是以认知为出发点，来探究人是怎样运用语言符号对事物或事件进行抽象，怎样运用语言符号对事物或事件加以概念化；来探究人是怎样运用语言符号以及由这些符号组成的种种语言结构来实现人的交际活动，来实现人的思维活动的。因此认知语言学的研究将涉及范畴化、原型理论、隐喻和转喻、意象图式、象似性、主观性、有界与无界、语法化等诸方面，而上述每一个方面可以说都神秘莫测，都够我们探索深究一辈子（就个人而言）、几辈子甚至几十辈子（就整个人类而言）的。

认知语言学认为，"有必要把语言看作是一个认知（心理）系统"（Goldberg 2006）。他们思考这样的问题：

（a）为什么语言使用者可以说出并理解有关任何话题的无穷的句子？

（b）儿童如何习得语言？

他们认为，看来"得有一种组合结构的方式来创造新的话语"。（Goldberg 2006）这种组合结构方式是什么？这一问题就引导人们去思考，去探索。

第二，框架语义学理论的提出。这是菲尔墨所提出的理论。大家都知道，菲尔墨在 20 世纪 60 年代提出了"格"语法。格语法不仅揭示了与动词相关的"格"范畴，更值得注意的是，它在某种程度上揭示了人类的心理现实，可以较好地说明语言的表层形式与深层语义之间的联系，因此"格"语法受到了多方面的注意。特别在自然语言处理领域，不少语言模型直接或间接地受到格语法的影响。然而格语法理论只是揭示了低层次的语义关系，即动词和相关名词之间的语义关系，不能用来解释高层次的语义关系，即整个句法格式表示的语法意义。因此正如朱德熙先生（1986）所指出的："格语法理论的致命弱点就在于企图凭借为数有限的几种低层次上的语义关系来解释全部句法现象，这显然是不可能的。"这一点菲尔墨自己也逐渐意识到了，而且他注意到场景对句子语义的影响，而研究分析这种影响不能光靠对词语的意义、词语的句法功能、词语间语义关系的简单分析，以及通过简单的逻辑推理来达到，而应该通过对语义"框架"的描述来达到。因此从 70 年代中期以后他就致力于框架语义的研究，从而建立了"框架语义学"（Frame Semantics）。框架语义学旨在研究、揭示话语是如何通过包含在话语里的词语及时、有效地获得话语"整体的语义理解和描写"。菲尔墨（1982）具体分析了交易活动这一语义框架。在商业交易框架中，我们可以使用下列词语来关注事件的不同方面：

——"购买"（Buy）：凸显"买者"和"商品"，如"张三买了一套豪宅"。

——"销售"（Sell）：凸显"卖者"和"商品"，如"张三卖了自己的车"。

——"付款/花钱"（Pay）：凸显"买者"和"货币"，如"张三为买车付/花了 10000 美元"。

——"值"（Cost）：凸显"商品"和"货币"，如"这套豪宅值 200 万美金 / 这辆车值 10000 美元"。

—— "收款"（Charge）：凸显"卖者"和"货币"，如"那套豪宅李四卖了 200 万美金 / 那辆车张三卖了 10000 美金"。

通过对商业交易框架中的元素进行分析我们可以发现，动词"购买"注重"买方"关于"商品"的行为，而这时"卖方"和"钱"是背景；动词"销售"正相反。动词"付款"则注重"买方—钱—卖方"之间的关系，以商品为背景。动词"花钱"（花费）注重"买方"对"钱"的使用，"卖方"和"商品"是背景。"值"注重"商品"和"货币"而"收款"则关注"卖者"和"货币"。由此可见，动词仅仅反映了对事件概念化的方式，体现出语言使用者对事件的观察视角，而不是句子意义的全部。很明显，框架语义学理论高度关注词汇意义与语法格式之间的关系，认为词语意义的描述必须与语义框架相联系，由此才能探求获知"词语的意义在语言中存在、在话语中使用"的背景和动因，并为语义的结构描述与表征提供一个思路与途径。（Fillmore 1976，1982）正是这种研究思路，导致他和 Paul Kay 对诸如 let alone 和 What's X doing Y 等习语和习语型句式的研究，并最先提出了"Construction Grammar"这一术语。这为后来各种流派的构式语法观点的发展奠定了理论基础。

第三，对以乔姆斯基为代表的生成语法理论的批判。构式语法理论是在批判生成语法理论的基础上产生、发展起来的。关于如何评价乔姆斯基的生成语法理论人们会有各种不同的意见，不过有一点可以肯定，乔姆斯基的生成语法理论的诞生，应该说无论从研究的深度与广度上看，包括学风，都极大地推进了整个语言研究，这是毋庸置疑的。但是必须看到，生成语法理论，特别是其论元结构理论有其局限。论元结构理论以动词为中心，按照论元结构理论，句子以动词为核心，而作为一个动词，必将形成一个以该动词为核心的论元结构，一切包含该动词并以该动词为核心的句法结构都可以看作是该动词的论元结构通过一定转换规则生成的，否则，就认为动词发生了词义变化，或者认为所谓"增元"或"减元"了。论元结构理论用来说明诸如下面这样的语法现象是得心应手的：

(1) a. 弟弟吃了我的苹果。

b. 弟弟把我的苹果吃了。

  c. 我的苹果被弟弟吃了。

  d. 我的苹果弟弟吃了。

然而，除了生成语法理论所研究的"核心语言现象"外，语言事实中还存在（甚至可能更多的是）像下面这样的语言事实：

  e. 苹果吃了的是我弟弟。

  f. 弟弟吃了我一个苹果。

  g. 弟弟一个人吃不了一个苹果。

  h. 一个弟弟吃三个苹果，（四个弟弟吃几个苹果？）

  i. ……

  不只是汉语如此，英语也是。Goldberg（2006）举了英语里这样的例子来加以说明：

  (2) a. He sliced the bread. 【transitive】

   （他切面包。）【及物】

   b. Pat sliced the carrots into the salad. 【caused motion】

   （帕特把胡萝卜切到色拉里。）【致使移动】

   c. Pat sliced Chris a piece of pie. 【ditransitive】

   （帕特给克里斯切了一块饼。）【双及物】

   d. Emerilsliced and diced his way to stardom. 【way construction】

   （艾默利尔凭借刀功成了明星。）【way 构式】

   e. Pat sliced the box open. 【resultative】

   （帕特切开了盒子。）【结果】

在所有这些表达式中，*slice* 的意义都是"用一个锋利的工具切"，但很难都用生成语法理论的 *slice* 的论元结构来加以解释。其实不光汉语、英语如此，可能各个语言都如此。后面我们将会更多地分析汉语的例子，将进一步说明这一点。

  再说，我们目前对语言研究和了解得还是很不够，在这样的情况下，我们很难断定哪些语言现象是核心的，哪些语言现象是边缘的。如果按乔姆斯基理论着重研究核心的，其后果可能会将极为重要的语言现象给忽视或丢掉了。

第四，语言应用实际也需要构式语法理论。（见下文二）

构式语法理论就是在上述背景下产生的。

二、构式语法理论的价值

Goldberg 的看法我们认为值得重视，因为构式确实有独立的意义。构式有独立的语义这一点前人早已注意到了，譬如说王力先生（1943—1944）早在 20 世纪 40 年代就将"把"字句称为"处置式"，认为该句式"表示处置"。"表示处置"，这实际说的就是"把"字句式所表示的独特的语法意义。（当然，王力先生对汉语"把"字句式的语法意义的概括是否准确，可以讨论，实际大家也一直在讨论）朱德熙先生（1981）认为，"$NP_L+V+着+NP$"是个歧义句式，可以分化为 C_1 和 C_2 两个句式，C_1 式（如"墙上贴着标语"）表示存在，表静态，C_2 式（如"台上唱着戏"）表示活动，表动态，这实际上也就指出了"$NP_L+V+着+NP$"代表不同句式的同形结构，而各个句式各自表示不同的语法意义。遗憾的是，王力先生和朱德熙先生并没有将自己所观察到的现象去作理论上的思考，升华为理论。而 Fillmore、Kay 和 Goldberg 等人在前人研究的基础上，将此总结为"构式语法"理论并明确地提出来，这无疑是一种贡献，也是有建设性的。构式语法理论的价值，我想这可以从以下四个方面来看：

第一，构式语法理论有其理论价值。构式语法理论最基本的观点是，"构式本身能表示一定的语法意义"，且这种意义没法从构式的组成成分或已知的其他构式所推知。这一观点不仅否定了"主要动词决定句子的全部形式与意义"这一普遍观点，而且对生成语法的动词论元结构理论提出了挑战，也有助于说明各种不同构式产生的原因与理据——由于各个构式本身能表示一定的语法意义，所以为了表达的细腻，人们在交际过程中就不断创造新的表达格式，也即构式来满足表达的需要。

构式语法理论区分动词框架（即生成语法所说的"动词的论元结构"）和构式论元结构这两个有联系但又有本质区别的概念；相应地，将动词框架内动词所联系的名词性成分称为"参与者角色"（先前生成语法称为"动词的论元"），而将构式论元结构内动词所联系的名词性成分称为"论元"。拿汉语里的存在句为例——

    （3）a. 台上坐着主席团。

         b. 台上放着玫瑰花。

例（3）是同一构式的两个实例。从动词框架说，a句有一个作为行动元的施事参与者角色"主席团"，有一个作为状态元的处所参与者角色"台上"；b句有一个作为行动元的受事参与者角色"玫瑰花"，有一个作为状态元的处所参与者角色"台上"，施事参与者角色则隐含着；a和b是两个不同的动词框架。从构式论元结构角度说，例（1）a、b句是同一个表示存在的构式的实例，都有两个论元，一个是存在物（a句的"主席团"、b句的"玫瑰花"），一个是存在的处所"台上"。构式语法理论所作的上述区分，也无疑有助于推进语言研究。

    第二，这种理论将提醒我们不要将句法格式（即构式）所表示的语法意义误归到格式中某个词的身上。而"误归"问题是实际的语言研究中常见的毛病。例如，《现代汉语规范词典》（第1版）误将"一组八个人""一年一次""一人两块钱"这类结构里的"一"看作是表示"每"的代词。事实上这"每"的意思是由这个"数量结构对应式"（也就是我们所说的构式）所表示的。（马真2005）再如，胡裕树、范晓（1995：387）误将"SVOV得R"句子（如"小张吃饭吃得饱极了"）所表示的肯定语法意义归到了"得"的头上，事实上那肯定的意思是由整个格式表示的。此外，有不少人在讲到副词"也"的时候，误将特定的复句格式所表示的并列关系、递进关系、让步转折关系或条件关系等语法意义归到复句中的"也"的头上，事实上含有"也"的复句所表示的并列关系、递进关系、让步转折关系或条件关系等语法意义，并不是由"也"单独表示的，都是由包含"也"的整个复句格式表示的，而"也"仍表示类同。（马真1982，2005）

    第三，构式语法理论对语言的应用研究有直接的参考价值。这起码有两方面的参考价值：

    （一）可以改革汉语作为第二语言/外语教学中语法教学的思路。在分析讲解一个以动词为谓语中心的句子时，我们习惯于句法上"主—谓

一宾"、语义上"施－动－受"这样的教学法。这是从古希腊分析讲解
拉丁语语法开始一直沿用至今的语法分析讲解法。这种分析讲解方法具
有一定的科学性，多数以动词为谓语中心的句子确实可以这样分析讲解。
但是语言现象极为复杂，这在汉语教学中就遇到了麻烦。譬如，在汉语
教学中存在句的讲授就会遇到很多麻烦（参看本书上篇《重视语言事实
的挖掘与描写》、中篇《词语之间语义结构关系的多重性》）。

现代汉语里的存在句，按照构式语法理论，其内部的语义配置
都是：

存在处所—存在方式—存在物

按此理解，在汉语教学中具体可以这样讲授存在句：

同学们请看黑板上/屏幕（如果使用 PPT 的话）上的
实例：

门口站着许多孩子。

床上躺着一个病人。

桌子下面趴着一只小狗。

墙上挂着两幅画。

门上贴着一副对联。

花瓶里插着一束玫瑰花。

这是当代汉语中表示存在的句子。说到存在，大家一定可
以想象和理解，一定会有一个存在物，一定会有个存在的处
所。在现代汉语里，如果我们要以存在的处所作为话题，往往
将它放在句子头上，而将存在物就放在句子末尾，二者之间通
常要安上一个链接成分——最常见的链接成分是表示存在义的
"有"。例如：

门口有许多孩子。

床上有一个病人。

桌子下有一只小狗。

墙上有两幅画。

门上有一副对联。

花瓶里有一束玫瑰花。

如果要同时说明存在物存在的方式，通常使用"动词 ＋ 着"的说法。例如：

门口站着许多孩子。

床上躺着一个病人。

桌子下趴着一只小狗。

墙上挂着两幅画。

门上贴着一副对联。

花瓶里插着一束玫瑰花。

大家看，这种存在句由三部分组成：

（a）存在的处所。居于句首，通常由方位词组充任。

（b）存在物。居于句尾，是个名词性词语，往往含有数量成分。

（c）存在物和存在处所之间的链接。居于句子中间，通常是动词"有"或"动词＋着"。整个句式表示存在，表静态。

这样讲授，实际上对学习者既教了句式的形式，同时将其意义及内部的语义配置也告诉了他们。讲解中，实际上隐含着构式语法理论、语块理论的精神，但并没有使用"构式""语块"等术语。这种教学法可以称之为"构式－语块"教学法，其基本精神在于："通过激活学习者自身具有的人类认知的共性，从而把他们引导到学习、理解、掌握汉语中带有汉语个性特点的句式上来。"教学实践说明，"构式－语块"教学法具有可取性、可操作性和有效性，特别是在分析、解读一些疑难句式或普遍认为的特殊句式上，优于传统的语法分析讲解思路。（苏丹洁 2009）

（二）更有助于语言习得的研究。我很同意董燕萍、梁君英（2002）的看法，"构式语法和语言的习得与使用有更密切的关系"。"由于构式语法研究一个个具体的构式在形式和意义上的匹配，而形式和意义的匹配也是语言习得领域的一个重要问题，也是语言使用过程中的一个重要问题，所以语言习得与使用都可以从构式语法的研究中受益"。

第四，有助于我们去进一步探索影响句子意思的因素，去进一步探索句子意思的组成。原先我们认为，整个句子意思的组成可以描写如下：（陆俭明，1987）

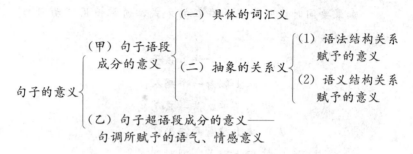

现在看来，上述描写显然不全面。似拟修改为：

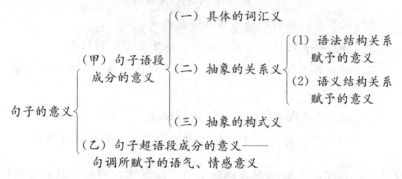

第五，更重要的一个方面，构式语法理论为语言研究，尤其是为语法研究提供了一种新的视角，引起我们对以往语法理论的新的反思和思考，开拓语法研究的新领域。下面就专门就这一问题加以论述。

三、构式语法理论有助于开拓汉语语法研究的思路

构式语法理论有助于开拓汉语语法研究的思路，帮助我们来解释一些先前想不到去解释、或先前不好解释的语法现象。先前想不到去解释的例子就是上面讲的存在句。存在句的问题虽然是从对外汉语教学中引发的，但以往没想着要去解释，也不知怎么解释好。现在构式理论给作出了较好的解释，并可直接用于汉语教学（具体论述见上一节第三中之（一））。下面再举一个先前不好解释或者说解释得不是能令人满意的语法现象，那就是所谓"论元增量句"。例如：

（4）张三高李四一个头。

（5）我总共/一共吃（了）他三个苹果。

"高"是形容词，或者说是状态动词（state verb），它只能有一个论元，可是在例（4）里，"高"前后出现了三个不同性质的名词性成分——"张三""李四""一个头"。这怎么分析和解释？"吃"是二元动词，可是例（5）"吃"前后出现了三个不同性质的名词性成分——"我""他""三个苹果"。这又怎么分析和解释？以往的解释是：例（4）那三个不同性质的名词性成分是"高"的三个论元，"高"由一元动词涵变为三元动词；例（5）那三个不同性质的名词性成分是"吃"的三个论元，"吃"由二元动词涵变为三元动词。这种现象就是动词的增元现象。表面看来这解释不错，但是，其增元的机制、动因是什么？这个解释很难作出令人满意的回答。对此现象，构式理论可以作出较好的解释。一般的"张三高"，这是一种性状构式，这个构式除了形容词"高"之外，只有一个论元；而例（4）"张三高李四一个头"则是一种性状比较构式，这个构式除了形容词"高"之外，包含三个论元——性状主体"张三"、比较对象"李四"和比较差量"一个头"。同样，一般的"我吃苹果"是一种"施—动—受"事件构式，除了动词"吃"之外，包含两个论元——施事"张三"和受事"李四"；而例（5）"我吃了他三个苹果"则是一种取得型双宾构式，除了动词"吃"之外，包含三个论元——取得者"我"、失去者"他"、取得物亦即失去物"三个苹果"。这种解释的根据，一是语言中确实存在的"词语之间语义结构关系的多重性"（见本书《词语之间语义结构关系的多重性》一文），一是构式义实乃人的认知域的意象图式在语言中的投射（见本书《关于构式义》一文）。

这两种解释，哪一种更合理？哪一种对于语言事实更具有解释力？可以进一步去思考、比较。

必须指出，上述现象不只是汉语中存在，其他语言里也存在。Goldberg（1995：9）就说到英语里的 sneeze 是明显的不及物动词，但在下列句子里却带上了宾语：

(6) He sneezed the napkin off the table.
　　他　打喷嚏　餐巾—　下来　桌子
　　他打喷嚏打得把餐巾弄到桌子下了。

上例含有明显的使动意义，而这种使动意义很难说是由动词 sneeze 表示的。这种使动意义就是由这种特殊的构式所表示的。这种句子的存在，也让我们去进一步思考：Goldberg 所举的含有 sneeze 的句子能从动词 sneeze 的论元结构推导出来吗？如果回答是否定的，那么这是不是也说明同一个动词可以形成不同的论元结构？

总之，就汉语研究来说，构式语法理论有助于我们开阔语法研究的视野和思路。最近我甚至想，构式理论，再配以其他理论，如语块理论、词语间语义关系多重性理论，可能将会改写目前依据传统语法理论只按"主—谓—宾"、"施—动—受"这一种思路来分析的汉语语法描写系统。（见本书《"构式—语块"句法分析法》一文）

四、构式语法理论的局限

但是我们必须看到，构式语法理论毕竟是一个新兴的理论，还很不完善，甚至还存在某些局限与需要进一步探讨的问题。这里先说构式语法理论的局限。我们觉得主要有四个：

第一个局限，Goldberg 认为凡是形式和意义的对应体就都可以看作构式（Goldberg 2006 又改说为"形式和功能的对应体"）。于是，她所说的构式，包括了从复句到语素的不同单位。（Goldberg 1995，2003，2006）按照这种看法，语言成了一个由长度不等、复杂程度不等的一个个构式所组成的清单。这与她自己在 Goldberg（1995）第三章3.1谈到"语言组织的相关心理原则"时所提出的"最大经济性原则"是矛盾的。Goldberg 接受 Haiman（1985）的意见，认为"不同构式的数量应尽可能最小化"，但是现在她把一个个语素、词、成语、短语结构都看成了构式，按此推断，那么一个个具体的句子也该看作是构式。这一来，构式的数量还小得了吗？可以说是无穷！这能符合"最大经济性原则"吗？

第二个局限，Goldberg 否认"转换"说，将一个个构式孤立化，而忽视了所指基本相同（即近义）的构式之间的相关性。于是构式与构式之间的联系，特别是句法层面构式与构式之间的相关性，都给抹杀了。可是语言事实告诉我们，语言中存在着类似同义词现象的同义句式现象（严格地说是近义现象），例如：

    a. 弟弟打破了我的杯子。

    b. 弟弟把我的杯子打破了。

    c. 我的杯子被弟弟打破了。

    d. 我的杯子弟弟打破了。

例 a、b、c、d 所指基本相同——我的杯子由好变破，打破杯子的是弟弟。但由于表达的需要，采用了不同的构式，而每种构式表示不同的特殊的语法意义，从而造成各个句子意思不同，各个句子的表达功能也不同。怎么看待 a、b、c、d 各例？这就成了问题。Goldberg（1995）在第三章，一方面强调理据性推理的重要性，认为"新信息可被分析为已知信息的变异"，"一个系统中的成分会互相影响，在语义上和句法上相联的构式之间存在非对称的承继联接"，而且还允许"多重承继"；另一方面又不承认构式的"转换性"，二者似乎是矛盾的。

    第三个局限，与上面谈的局限相关，Goldberg，特别是一些激进的学者，如 Croft、Langacker 等，放弃投射的观点和与之相关的组合规则，认为"词库和句法之间没有严格的分界线"（Goldberg 1995：1.2）；Langacker（2005）甚至认为没有必要制定句法组合规则之类的规则。这样就等于取消了句法组合理论。而这无论从语言教学、自然语言处理还是对语言本身种种现象的解释来看，都是不利的。

    第四个局限，由于 Goldberg 将构式的范围弄得过于宽泛，以致造成了自身不可克服的矛盾，有些地方恐怕难以自圆其说。举例来说，Goldberg 把语素也看作是一种构式。语素是语言中最小的音义结合体。那么语素这种构式跟句法层面上的构式显然会存在着"在要素上无法统一"的问题。举例来说，按 Goldberg 的说法，构式是形式和意义的配对。那么我们要问：语素这类构式，如语素"涩"这一构式，其形式是什么？我们只能说是"语音形式"。然而，句法层面的构式，其形式显然不是指其语音形式，应该或者说可能是指形成构式的词类序列和形成构式的语义配置。可是这一来，对构式的"形式"的理解就会存在概念上的本质差异——不同质的"形式"。

    Goldberg 总想着能用她这一理论去解释所有的语言现象。事实上是办不到的。不要说她这一理论办不到，而且可以说，任何一种理论都办不到。一种切合语言事实的理论方法，可以而且应该能解决若干语言问题，解释若干语言现象，但都不可能包打天下。对一种新生的、迅速为学界吸纳的理论方法，采取绝对肯定或绝对否定的态度和做法都是不可取的，都不能看做是科学的态度和做法。

五、构式理论需要进一步探讨的问题

作为一种新兴的理论，构式语法理论为人们提供了研究语言的一个新的视角。但毕竟时间短，还很不完善。正如有的学者所认为的，目前还不好说是一种新兴的理论，稳妥一点还是先叫"构式语法方法"。（这是 Kay 的意思，转引自董燕萍、梁君英 2004）事实上也确实有许多问题需要我们去进一步探索、明确。

（一）是不是只要是意义和形式的匹配就是构式？特别是语素、词等是否要列入构式范围之内？

（二）构式义的性质是什么？构式义从哪里来的？即为什么构式本身会具有独立于词语的整体意义？

（三）构式所指的形式到底是什么含义？构式只指范式还是还包括实例？

（四）构式到底是否具有多义性？

（五）构式只是指特殊语法格式吗？构式能否分类？怎么分类？

（六）是不是每个构式都具有特殊的构式义？像"张三吃了两个面包"这类一般所说的句法上"主—动—宾"、语义上"施事—动作—受事"的句式是否也看做构式？

（七）怎么理解"动词义与构式义的互动关系"？

（八）构式（这里只指句法层面的）的组成成分是什么？也就是说构式的基本构造单位是什么？

（九）构式和语块是一种什么样的关系？

（十）构式语法理论的层次观念跟美国结构主义的 IC 分析理论的层次观是一致的还是不一致的？

（十一）构式语法现在还是停留在对各种构式的孤立的研究上，

并未形成一个依据构式语法理论所建立的完整的语法系统或者说语法体系。如何从现有的孤立的一个个构式的研究走向构建完整的语法体系？

（十二）在应用上，现在只能说在二语教学上，在某种句式的教学上具有某种优越性，但还没有在更广泛的领域加以运用。如何从构式的角度进一步就语言习得，语言测试，自然语言处理与理解等方面去加以实验和检验，以确定其可取性？

（十三）现有的构式语法理论可以说是在英语的基础上建立起来的，语言的共性决定了即使只是从英语的基础上建立起来的构式语法理论也将不同程度地适用于其他语言。汉语是跟英语很不同的语言，对我们来说，如何一方面站在语言共性的高度；另一方面，立足于汉语，来进一步完善构式语法理论？

（十四）构式语法理论与其他语法理论将是一种什么关系？能否兼容？

参考文献

董燕萍，梁君英. 走近构式语法. 现代外语，2002（2）

董燕萍，梁君英. 构式在中国学生英语句子理解中的作用. 外语教学与研究，2004（1）

胡裕树，范晓. 动词研究（第四章伍"复动'V得'句"）。开封：河南大学出版社，1995

纪云霞，林书武. 一种新的语言理论：构块式语法. 外国语，2002（5）

陆俭明. 试论句子意义的组成，见《语言研究论丛》第四辑，天津：南开大学出版社，1987

马真. 说"也". 中国语文，1982（4）

马真. 是词的意义还是格式的意义. 崔健、曹秀玲主编. 对韩（朝）汉语教学研究. 延边：延边大学出版社，2005

苏丹洁. "构式－语块"教学法的实质和价值. 在教育部语信司与暨南大学共建的海外华语研究中心所举办的第二届全球华语论坛（广州 2009. 10. 26.）上宣读

沈家煊. 说"偷"和"抢". 语言教学和研究，2000a（1）

沈家煊. 句式和配价. 中国语文，2000b（4）

王力. 中国现代语法》（上）、（下）. 北京：商务印书馆，1943－1944

张伯江. 现代汉语的双及物结构式. 中国语文，1999（3）

朱德熙. "在黑板上写字"及相关句式. 语言教学与研究，1981（1）

朱德熙. 变换分析的平行性原则. 中国语文，1986（2）

Fillmore, C. J. Frame Semantics and the Nature of Language. In S. Harnad, H. Steklis and J. Lancaster, eds., *Origins and Evolutions of Language and Speech*. New York：New York Academy of Sciences. 1976

Fillmore, Charles J. *Frame Semantics*, *in Linguistics in the Morning Calm*, Seoul：Hanshin Publishing Co. 1982

Fillmore, C. J. *The Mechanisms of " Construction grammar "*. BLS 14, 35－55. 1988

Fillmore, Charles J. Construction Grammar. *Course Reader for Linguistics* 120A, University of California, Berkeley. 1990

Goldberg, Adele E. *Construction*：*A Construction Grammar Approach to Argument Structure*, The University Chicago Press. 1995

Goldberg, Adele E. Constructions：A new theoretical approach to language, 载《外国语》，2003（3）

Goldberg, Adele E. Construction at Work：The Nature of Generalization in Language, Oxford：Oxford University Press. 2006

Haiman, J. Iconic and Economic Motivation, Language 59：781-819. 1983

Langacker, R. W. "Construction Grammar：Cognitive, Radical, and less so." In*Cognitive Linguistics*. *Internal Dynamics and Interdisciplinary Interaction*. F. Ruiz de Mendoza and S. Pe a (eds.), 101－159. Berlin/New York：Mouton. 2005

Thagard, P. On "What is Cognitive Science?". *Philosophy of Science*. Vol. 62. 1995

关于构式义[①]

        Goldberg(1995，2003，2006)论述的构式语法理论(construction grammar theory)是 20 世纪 80 年代末兴起的。它是基于认知语言学理论、源于菲尔墨(Fillmore 1976，1982，1988，1990)的框架语义学(Frame Semantics)的一种语言研究理论与方法。它一问世，立刻受到语言学界的普遍关注，大多认为构式语法理论既有理论意义，也有实用价值。我国语言学界对构式语法理论先后也已有不少介绍与评论，也有学者用来分析、解释汉语语言现象，如张伯江(1999、2000)、沈家煊(2000a、2000b)、纪云霞、林书武(2002)、董燕萍、梁君英(2002、2004)、徐盛桓(2003)、陆俭明(2004a、2004b、2008a、2008b)、袁毓林(2004)、王黎(2005)、应晨锦(2004)、郑靓(2005)、王寅(2006)、严辰松(2006)和石毓智(2007)等。

        但是，有些很本质的问题至今尚缺乏讨论，

[①] 该文发表在（《北京大学学报》(哲学社会科学版)，2009 (3)，原题为"构式与意象图式"。此次作了修改和增补。

那就是构式义的问题。具体说，构式义的性质是什么？为什么构式本身会具有独立于词语的意义？构式该是单义的还是多义的？是不是每个构式都具有特殊的构式义？本文着重论述以下三点：

第一，构式是人的认知域所形成的意象图式在语言中的投射。

第二，构式并不像 Goldberg（1995）所说的那样具有多义性。

第三，不存在不具有构式义的构式。

一、构式是认知域中的意象图式在语言中的投射

关于"构式义的性质是什么"这个问题，Goldberg（1995）在第二章"动词与构式的互动"一开始就提出来了。但书中只是强调了构式具有"多义性"的特点（关于"构式多义性"之说是否合适，尚需讨论，见下文），并提出了"构式义跟人类经验有关"的想法。我们所以说 Goldberg（1995）关于"构式义跟人类经验有关"仅仅是一种想法，因为她只是提出了"情景编码假设"，且对此假设只是作了这样的表述："与基本句子类型对应的构式把与人类经验有关的基本事件类型编码为这些构式的中心意义。"但对构式怎么"把与人类经验有关的基本事件类型编码为这些构式的中心意义"没有进行深入的论说。至于"为什么构式本身会具有独立于词语的意义"这个问题，Goldberg（1995）只是提了一下，没有任何论述；在 Goldberg（2006）中虽也说了一些，但并没有说清楚。

我们人从感知客观事物到用言辞将所感知的客观事物表达出来，其过程如何？陆俭明（2008a）曾做过这样的假设——中间可能有六个不同的层面[①]：

ⅰ→客观世界；

ⅱ→通过感觉器官感知而形成直感形象或直觉；

ⅲ→在认知域内进一步抽象形成意象图式(概念框架)；

ⅳ→该意象图式（概念框架）投射到人类语言，形成该意象图式（概念框架）的语义框架；

[①] 此假设最早见王黎（2005）。我后来已经几度修改此假设。

　　ⅴ→该语义框架投射到一个具体语言，形成反映该语义框架的构式；

　　ⅵ→物色具体词项填入该构式，形成该构式的具体的句子。

这只是假设，而且未加以验证。但如果认为这一假设有误，那么需要证伪。在未证伪之前，暂且依赖这一假设。

按这一假设，语言中确实存在构式，而某种语言中的构式都是人的认知域里的意象图式投射到该语言而形成的。具体说，每一个构式都是某个具体语言之中所存在的、由以该语言为母语的人在认知域中所形成的意象图式投射到语言里所形成的语义框架在该语言中所具体呈现的、表达人对客观世界某一方面认识的句法形式。换句话说，具体语言中所存在的每一个构式，都反映或体现了人对客观世界某一方面的一定认识，这种认识是以该语言为母语的人在认知域中所形成的——先通过感官感知客观世界的某一个方面，其所感知在人的认知域里形成直感形象或直觉，再进一步抽象为意象图式，那意象图式投射到语言，于是在一个具体语言中形成构式。举例来说，客观存在一个开会的场面，有一个主席台，主席台上有若干座位，每个座位上都坐上了人，这是通过视觉器官所能感知的；再有，根据经验，这些在主席台上就座的人员，都是会议主席团成员——以上就是人对客观事实的一种感知，并由此形成一种直感形象或直觉。如果某人从存在的视角将这一直感形象或直觉进一步加以抽象，凝练成存在的概念，而作为"存在"这样一种概念，必然含有"存在物""存在处所"以及这二者之间的链接；再说，此人想以存在处所作为思考的起点，想让存在物居于末端，于是就在认知域里形成了一种以存在处所为起点的表示存在的意象图式。认知域中这一表示存在的意象图式，投射到语言中，就形成以存在处所居首位的表示存在语义框架。这一表示存在的语义框架，具体在汉语中，就形成以存在处所为话题的表示存在的构式——或为"NP$_L$＋有＋NP"（只是表示某处存在某物），或为"NP$_L$＋V＋着＋NP"（除表示某处存在某物外，还同时说明存在的方式）。根据客观实际，在上述构式里填入具体词项，就形成具体的表示存在的存在句——或是：

  （1）台上有主席团。

或是：

  （2）台上坐着主席团。

  显然，构式的意义来源于人的认知域里的意象图式，不过不是直接投射，中间隔了一层人类语言层面上的"语义框架"。

二、构式并不具有多义性

  Goldberg（1995）在第二章"动词和构式的互动"里的 2.3 小节里，一开始就谈"多义性"（polysemy）问题，明确认为"构式并非只有一个固定不变的、抽象的意义"，还说"由于构式被看作是与语素一样有相同的基本数据类型，所以构式自然与语素一样具有多个意义"。构式真具有多义性吗？我们的回答是否定的。

  这里必须认识到，构式跟我们通常说的句式不一样。对于句式，学界有不同角度的认定——或从形式着眼加以认定，譬如我们说"NP_L＋V＋着＋NP"是一个句式，"NP_1＋把＋NP_2＋VP"是一个句式，等等，这样的"句式"这里姑且称之为"形式句式"；或从意义着眼加以认定，如我们常说"存在句式""比较句式"等，这样的"句式"这里姑且称之为"语义句式"。语言事实告诉我们，无论是形式句式还是语义句式，一般都会有歧义。例如，作为形式句式的"NP_L＋V＋着＋NP"句式，就是一个歧义句式——既可以表示存在，表静态；又可以表示活动，表动态。（朱德熙 1981）再如，作为形式句式的"把"字句，像下面的实例：

  （3）（她）把衣服洗干净了｜她把衣服搁在柜子里。

  （4）这盆衣服把我洗得累死了。

  （5）我把个北京城都跑遍了。

虽然它们都属于"把"字句，但这三种"把"字句语法意义各异，显然"把"字句式是个多义句式。同样，语义句式也可能会有歧义，例如：

    （6）张三比李四还高。

    （7）那蛇比碗口还粗。

虽然都是比较句，而且都是"比"字句，但二者语法意义也不一样，前者表示比较，后者表示夸张性比喻（陆俭明1980）。总之，不论从哪个角度着眼来认定的句式，就句式本身而言都可能有歧义。

    构式都是单义的。由于构式本身是从形式和意义两方面来定义的——构式是形式和意义的对应物，所以构式不可能也不允许多义。从理论上来说，"把"字句不能认为只是一个单一的构式；"比"字句也不能认为只是一个单一的构式；它们都应该根据所表示的语法意义的不同而区分为不同的构式。至于具体怎么区分，那是进一步研究的问题。

    总之，构式不同于句式。句式可以有多义句式（即同形句式）；构式则没有多义构式（即没有同形构式）。

    Goldberg（1995：2.3.1）认为，构式"与语素一样有相同的基本数据类型，所以构式自然与语素一样具有多个意义"。Goldberg关于语素"具有多个意义"的看法，反映了她对结构主义语言学缺乏必要的了解。众所周知，语素是语言中最小的音义结合体。语素的特点之一就在于不能再被分割为更小的音义结合体。语素明显地具有单义性。因此Goldberg用所谓语素的多义性来比附构式，说明构式也具有多义性，这个看法是完全站不住的。

    构式没有多义构式，但有同义构式。试以表示存在的构式为例：

    a. NP_L ＋ 有 ＋ NP（墙上有画）

    b. NP_L ＋ V ＋ 着 ＋ NP（墙上挂着画）

    c. NP ＋ V ＋ 在 ＋ NP_L（画挂在墙上）

    d. NP ＋ 在 ＋ NP_L ＋ V ＋ 着（画在墙上挂着）

a、b、c、d都表示存在，可以认为是同义构式，当然更确切地说，是"近义构式"。对同义构式如何分析？也就是说怎么看待和说明a、b、c、d之间的关系？这还要进一步研究。可以有多种假设：

（一）语义框架相同，a、b、c、d 是同一种构式的不同变体。

（二）语义框架相同，但 a、b、c、d 是并列的不同的构式。

（三）语义框架相同，a、b、c、d 是不同的构式，但 a 是母式，b、c、d 是由母式派生的子式。

（四）语义框架就不同，a、b、c、d 当然就是分属于不同语义框架的不同构式——取这一分析态度，等于不承认 a、b、c、d 为同义句式。

哪种假设更符合语言实际？

总之，构式语法理论对汉语语法研究会起一个推动作用。构式语法理论毕竟还是一种新兴的理论，其中有许多问题还需进一步讨论与探究。

三、是不是每个构式都具有特殊的构式义

是不是每个构式都具有特殊的构式义？像"张三吃了两个面包"这类一般所说的"主—动—宾"句式，或者说"施事—动作—受事"句式是否也看作构式？

回答是肯定的。那为什么会提出这个问题呢？因为一般感觉不到"动作—事件"这种"主—动—宾"句式本身具有什么独立的意义，似乎从参与句子的词项和内部的语法关系就可以推知句子的意思。而这显然跟构式语法理论不相一致。那么到底怎么解释一般感觉不到这种"主—动—宾"句式或者说"施事—动作—受事"句式表示什么语法意义这一事实呢？Goldberg（1995：39）也注意到了这一点。她用"情景编码假设"来加以解释。她说："与基本句子类型对应的构式把与人类经验有关的基本事件类型编码为这些构式的中心意义。"不过这种基本句子类型能否看作构式，Goldberg 是倾向于持否定意见的。她很强调预测性。像"I love you.""张三吃了一个苹果。"从字面可以预测整个句子的意思，所以 Goldberg 不承认是构式。Goldberg 这一观点受到 Langacker（2005）等许多学者批评。Goldberg（2006）对此作了修正，说了这样一段话：

> 即使有些语言格式可以得到完全预测，只要它们的出现频率很高，这些格式仍然会被存储为构式。

她虽然作了这样的修正，但没有说明像"I love you.""张三吃了一个苹果。"这类句法格式如果作为构式，表示什么独特的语法意义。

我们认为，像"I love you.""张三吃了一个苹果。"这类句法格式也是构式，他们也表示独特的语法意义。对此我们可以作这样的解释：

> 任何语言的句子结构都可以分为两大类，一类是符合人类一般语言规律的，一类是不符合人类一般语言规律的，即：
>
> 语言的句子结构 → 一般结构(符合人类语言的一般规律)
> 　　　　　　　　→ 特殊结构(不符合人类语言一般规律)
>
> 像"主—动—宾"句式（有的语言可能是"主—宾—动"句式，如日语、韩语等）或者说"施事—动作—受事"句式（有的语言可能是"施—受—动"句式，如日语、韩语等），就属于符合人类一般语言规律的句式。这种句式其实也表示特定的构式义，那就是"表示事件"。只是因为这种句式符合人类语言一般规律，是人类最常用的认知表达方式，习以为常，就不觉得它表示什么特定的语法意义了。而那些不符合人类语言一般规律的特殊句式，如汉语的"把"字句和许多固定句法格式，如"V—O—V 的"（如"睡觉睡的 ｜看书看的"）、"V/A 是 V/A（了），…"　　（如"走是走了，…… ｜便宜是便宜，……"）等，会让人一下子就感受到它们所表示的特定的语法意义。

当然，这个解释怎么样还可以研究。

总之，我们不能认为有的构式有独特的语法意义，有的构式没有独特的语法意义，应该是所有构式都有独特的语法意义。

参考文献

董燕萍，梁君英. 走近构式语法. 现代外语，2002（2）

董燕萍，梁君英. 构式在中国学生英语句子理解中的作用. 外语教学与研究，

2004 (1)

　　纪云霞、林书武. 一种新的语言理论：构块式语法. 外国语，2002 (5)

　　陆俭明. "还"和"更". 见《语言学论丛》第六辑. 北京：商务印书馆，1980

　　陆俭明. 词语句法、语义的多功能性：对"构式语法"理论的解释. 外国语，2004a (2)

　　陆俭明. "句式语法"理论与汉语研究. 中国语文，2004b (5)

　　陆俭明. 构式语法理论的价值与局限. 南京师范大学文学院学报，2008a (1)

　　陆俭明. 再谈相同词语之间语义关系的多重性. 在"国际中国语言学学会第16次学术年会（IACL216）"（6月1日，北京大学）上发表，2008b

　　沈家煊. 说"偷"和"抢". 语言教学和研究，2000a (1)

　　沈家煊. 句式和配价. 中国语文，2000b (4)

　　石毓智. 构式语法理论关于 construction 定义问题研究. 重庆大学学报（社会科学版），2007 (1)

　　王黎. 关于构式和词语的多功能性. 外国语，2005 (4)

　　王寅. 国外构造语法研究最新动态. 现代外语，2006 (2)

　　徐盛桓. 常规关系与句式结构研究——以汉语不及物动词带宾语句式为例. 外国语，2003 (2)

　　严辰松. 构式语法论要. 解放军外国语学院学报，2006 (4)

　　应晨锦. 构式语法评介. 中文自学指导，2004 (3)

　　袁毓林. 论元结构和句式结构互动的动因、机制和条件. 语言研究，2004 (4)

　　张伯江. 现代汉语的双及物结构式. 中国语文，1999 (3)

　　张伯江. 论"把"字句的句式语义. 语言研究，2000 (1)

　　郑靓. 句式语法对语言研究及外语教学的新启示. 外语教学，2005 (1)

　　朱德熙《"在黑板上写字"及相关句式. 语言教学与研究，1981 (1)

　　Fillmore, C. J. Frame Semantics and the Nature of Language. In S. Harnad, H. Steklis and J. Lancaster, eds., Origins and Evolutions of Language and Speech. New York：New York Academy of Sciences. 1976

　　Fillmore, C. J. Frame semantics. In Linguistic Society of Korea, ed., *Linguistics in the Morning Calm*，111－38. Seoul：Hanshin. 1982

　　Fillmore, C. J. The Mechanisms of "Construction grammar". *BLS*14, 35－55. 1988

　　Fillmore, C. J. Construction grammar. *Course Reader for Linguistics* 120A, University of California, Berkley. 1990

　　Goldberg, A. E. Construction：A ConstructionGrammar Approach to

Argument Structure，The University Chicago Press. 1995

　　Goldberg，A. E. Construction ：A new theoretical Approach to language，载《外国语》，2003（3）

　　Goldberg，A. E. Constructions at Work：The Nature of Generalization in Language（Oxford：Oxford University Press）2006

　　Langacker，R. W. "Construction Grammar：Cognitive ，Radical，and less so. " In-*Cognitive Linguistics. Internal Dynamics and Interdisciplinary Interaction.* F. Ruiz de Mendoza and S. Peña（eds.），101－159. Berlin/New York：Mouton. 2005

在
探
索
中
前
进

"构式—语块"句法分析法[①]

——一种汉语句法研究的新思路

　　这几年我一直在研究、思考汉语句法语义问题，主要获得了三种认识与想法：一是词语之间语义关系存在多重性；二是语义和谐律；三是分析句子或句法结构，不能囿于句法上的"主—动—宾"、语义上的"施—动—受"这一传统的研究分析思路。本文只就第三方面的想法，与大家交流，求教于大家。

一、传统句法分析思路的局限

　　大家知道，对于以动词为核心的句子，如"张三吃了一个苹果"，历来按照句法上的"主—动—宾"、语义上的"施—动—受"来分析的。这一分析思路从古希腊形成以来一直沿用至今。这一研究分析思路对"张三吃了一个苹果"这种典型的"主—谓—宾"句毫无问题，可是对有些以动词为核心的句子就未必见效。譬如，用来分

---

　　① 该内容分别在上海外国语大学、上海财经大学、首都师范大学、越南河内大学、台湾政治大学、台湾中山大学作过专题演讲。

析现代汉语里的存在句（如：床上躺着一个病人｜墙上挂着一幅画），这种思路就有问题。（参看本书《构式语法理论与汉语研究》）

再看容纳量关系句。这里不妨先看三组实例：

（1）a. 张三[施事]打了办事员[受事]。——"施—动—受"

　　 b. 办事员[施事]打了张三[受事]。——"施—动—受"

　　 [句子成立，句式未变]

（2）a. 张三[施事]吃了一锅饭[受事]。——"施—动—受"

　　 b. ＊一锅饭[受事]吃了张三[施事]。——"受—动—施"

　　 [句子不成立，句式变了]

（3）a. 十个人[施事]吃了一锅饭[受事]。——"施—动—受"

　　 b. 一锅饭[受事]吃了十个人[施事]。——"受—动—施"

　　 [句子成立，句式未变]

例（1）、例（2）、例（3）的 a 句，都是句法上为"主—动—宾"、语义上为"施—动—受"的句式。主、宾换位后，例（1）、例（2）、例（3）的 b 句则情况各异：

例（1）b 句成立，跟 a 句对照，作主、宾语的成分换了位，但句式未变，仍是"主—动—宾"／"施—动—受"句式，只是作为施事论元和受事论元的具体成员改变了，即"张三""办事员"在 a、b 句中的语义角色变了样——在 a 句中，"张三"是施事，"办事员"是受事；在 b 句中，"办事员"是施事，"张三"是受事。

例（2）b 句不成立，跟 a 句对照，作主、宾语的成分换了位，句式却发生了变化——从内部语义关系看，a 句是"施—动—受"句式，b 句则成了"受—动—施"句式。b 句不成立，这说明在汉语里，作为一个无标记动作事件句不允许"受—动—施"句的存在。

例（3）b 句成立，跟 a 句对照，作主、宾语的成分换了位，从表面看，似跟例（2）一样，句式变了样——a 句为"施—动—受"句式，b 句为"受—动—施"句式，可是在现代汉语里不仅 a 句成立，b 句也成立。

怎么解释上述三组句子的差异？怎么解释例（3）的现象？更值得注意的是，无论按先前美国结构主义语言学理论中的"扩展—紧缩"理

论，还是按照乔姆斯基生成语法理论的早期短语结构理论，例（3）b
句"一锅饭吃了/能吃/吃不了十个人"，其基本结构是"饭吃人"，而
"饭吃人"是不为母语为汉语的人所认可的。那为什么例（3）b句能成
立，能为母语为汉语的人所认可？

蔡维天（2005）和余祥越、黎金娥（2006）尝试用生成语法理论中
的动词空壳理论和轻动词理论来加以解释。认为例（1）、例（2）、例
（3）的动词空壳结构分别所用的轻动词不一样：例（1）a、b句和例
（2）a句、例（3）a句，轻动词是"做"（DO），而例（3）b句轻动词
是"供用/够"，即（v代表轻动词）：

（3）b. 一锅饭[受事]<u>吃了</u>$_j$ v 十个人[施事]t$_j$。
　　　　　　　　　　↑

（3'）b. 一锅饭[受事] v [供/够]十个人[施事]<u>吃了</u>。
　　　　　　　↑＿＿＿＿＿＿＿＿＿＿＿｜

这看起来是解决问题了，其实没有。

首先，例（3）a、b句，即：

（3）a. 十个人[施事]吃了一锅饭[受事]。

　　 b. 一锅饭[受事]吃了十个人[施事]。

表面看，似乎语义配置不一样，a句是"施—动—受"，b句是"受—
动—施"；其实这是以传统的眼光、以生成语法理论的论元结构理论的
眼光，把例（3）a、b句都看做事件结构而得出的看法，实际上例（3）
a、b句不属于事件结构（或称"动作结构"）。张旺熹（1999）也曾指
出，这里的动词已经没有动作性，这种句子具有"非动态性"的特点。
从构式语法理论的角度看，这属于"数量关系构式"，具体说，是一个
"容纳量与被容纳量的数量关系构式"，这种关系构式的语义配置总是
"容纳量—容纳方式—被容纳量"；主宾换位后，事实上也不会改变其
"容纳量—容纳方式—被容纳量"这一语义配置关系。例（3）a句"十
个人吃了一锅饭"，"十个人"是容纳量，"一锅饭"是被容纳量，"吃
了"是容纳方式；b句"一锅饭吃了十个人"，"一锅饭"是容纳量，
"十个人"是被容纳量，"吃了"是容纳方式。这一点从它们表可能的否

定式可以看得更清楚：

  （4）a. 十个人吃不了一锅饭。

    b. 一锅饭吃不了十个人。

例（4）a 句是说，十个人的饭量容纳不了一锅饭的饭量（那锅饭的量大，或者说那十个人的饭量小），a 句主宾对调后的 b 句是说一锅饭的饭量容纳不了十个人的饭量（那十个人的饭量大，或者说那锅饭的量小）。显然，主宾对调前、主宾对调后，说的都是前边那个量容纳不了后面那个量。这种构式里的主语成分都表示容纳量，宾语成分都表示被容纳量。不同的只是，在 a 句"十个人"表示容纳量，"一锅饭"表示被容纳量，而在 b 句，"一锅饭"表示容纳量，"十个人"表示被容纳量。这样看来，例（3）a 句和 b 句性质是相同的。再说，上面两个句子不是孤立的，我们可以举出一系列的表示容纳量与被容纳量关系的数量关系构式。请看：

  （5）a. 三个人喝了／能喝／喝不了一锅汤。

    b. 一锅汤喝了／能喝／喝不了三个人。

    c. 十个人（能）坐／坐不了一条板凳。

    d. 一条板凳（能）坐／坐不了十个人。

    e. 一天写了／能写／写不了 50 个字。

    f. 50 个字写了／要写／写不了一天。

    g. 一天走了／能走／走不了五个村。

    h. 五个村走了／要走／走不了一天。

如果按照传统的观念，例（5）各例的语义关系将会分别被分析为：

  （5'）a. 施事——动作——受事

     b. 受事——动作——施事

     c. 施事——动作——处所［存在的处所］

     d. 处所［存在的处所］——动作——施事

     e. 时间——动作——受事

     f. 受事——动作——时间

     g. 时间——动作——处所

h. 处所——动作——时间

其实，例（5）是一种表示容纳性的数量结构对应式，不管各句按传统的观念怎么看待动词前后的这些名词语的语义角色性质，都可以统一概括为：

容纳量——容纳方式——被容纳量

其次，例（3）b 句勉强可以用轻动词"$v_{[供/够]}$"来解释，例（3）a 句就没有法用轻动词"$v_{[供/够]}$"解释，请看：

(7) a. 十个人$_{[施事]}$吃了$_j$v 一锅饭$_{[受事]}$t$_j$。

(7') a.? 十个人$_{[施事]}$v$_{[供/够]}$一锅饭$_{[受事]}$吃了。

例（3'）a 无论从哪个方面说都显然不合理。上面我们已经论证说明，例（3）的 a 句和 b 句所表示的语法意义是完全相同的，是属于同一种构式。我们总不能对同一种构式用不同的轻动词来解释。

其实，存在句也好，容纳量关系句也好，表面看是以动词为核心，事实上都已经不属于"动作－事件"结构句，都具有"非动态性"。所以我们如果依然用"主－谓－宾"、"施－动－受"这一传统语法研究思路来分析，就没法回答和解释前面提出的问题。

有人可能要问：存在句，譬如以"床上躺着一个病人"、"墙上挂着两幅画"为例，难道"病人"和"躺"之间在语义上没有"施事－动作"关系？"挂"和"画"之间在语义上没有"动作－受事"关系？例（7）"容纳量关系句"，难道"人"和"吃"之间在语义上没有"施事－动作"关系？"吃"和"饭"之间在语义上没有"动作－受事"关系？回答应该是肯定的："当然有。"但是，这种语义关系在存在句中也好，在"容纳量关系句"中也好，都只是一种潜在的语义关系。在存在句中所凸显的是"存在处所－存在方式－存在物"那样的语义关系；在容纳量关系句中所凸显的是"容纳量－容纳方式－被容纳量"那样的语义关系。这种语义现象我们称之为"词语间语义结构关系的多重性"。（陆俭明 2010）

词语之间语义结构关系具有多重性，这是个普遍现象。正是这种词语之间语义结构关系的多重性决定了我们对以动词为核心的句法结构的研究与分析不能囿于句法上的"主－谓－宾"、语义上的"施－动－受"这一传统的语法研究思路。从另一个角度说，传统的句法分析思路是有局限的。

二、构式理论、语块理论给我们的启迪

那么该取什么样的语法研究思路呢？构式语法理论和语块理论将会给我们启迪。

构式语法理论（Construction Grammar）自 20 世纪末张伯江（1999）引介到我国汉语语法学界来之后，立刻引起大家的关注和重视，已成为学界讨论的热点之一。

构式语法理论的基本观点（参看本书《构式语法理论与汉语研究》一文）无疑符合心理学和认知科学关于"整体大于部分之和"的完形原理。这里我们还要补充的是，构式义来自认知域的意象图式。具体说，每一个构式都是某个具体语言之中所存在的、由以该语言为母语的人在认知域中所形成的意象图式投射到语言里所形成的语义框架在该语言中所具体呈现的、表达人对客观世界某一方面认识的句法形式。换句话说，具体语言中所存在的每一个构式，都反映或体现了人对客观世界某一方面的一定认识，这种认识是以该语言为母语的人在认知域中所形成的——先通过感官感知客观世界的某一个方面，其所感知在人的认知域里形成直觉形象或直感，再进一步抽象为意象图式，那意象图式投射到语言，于是在一个具体语言中形成构式。

语块理论（Chunk Theory）则是由缪勒（Miller 1956）的短时记忆理论演化而来的。国内外二语教学界和自然语言处理与研究学界已经广泛使用这种理论来为教学、为自然语言处理服务。我国目前在二语教学界对"语块"这一术语的使用更多的还是从词汇角度来考虑的，"语块"之含义大致相当于英语里的 formulaic language。本文所使用的"语块"、"组块"术语，其含义分别相当于英语的 chunk 和 chunking。语块理论的核心内容是，根据心理实验所提供的数据，大脑运用语言进行组码（即编码）也好，解码也好，能容纳的离散块的最大限度是七块

左右（即 ±7），关注范围是四块左右（即 ±4）；这样，一个经过组块（chunking）而成的语句表面看是由若干个语素或者说若干个词组合成的，实际的组成单位是语块（chunk）。语块是"人类信息处理能力的实际运用单位"。（陆丙甫 2008）

2009 年 5 月在对外经济贸易大学所举行的"首届全国语言语块教学与研究学术研讨会"上，我提出了"要从构式认识语块"的看法。（陆俭明 2009a）在会上有与会者提出"构式－语块"教学法，而且以实验数据说明，"'构式－语块'教学法不仅对课堂教学有用，对网络教学也有一定启发。"（苏丹洁 2009a）按照上述构式语法理论和语块理论，语言的句法层面存在的是各种各样的构式；每个构式都由语块构成，语块是构式的构成单位（苏丹洁 2010）；而某个语言中的各种构式都是人的认知域里的意象图式、概念框架投射到该语言而形成的。

我们认为，通过整合构式语法理论和语块理论不仅可以形成"构式－语块"教学法，更应该形成一种新的句法研究思路，那就是"构式－语块"句法研究思路，这一研究思路可以对前面所提出的问题做出较好的回答与解释。

三、"构式－语块"句法分析思路的运用

"构式－语块"句法分析思路具体怎么运用？上面说到的存在句就是一种存在构式，可以分析为三个语块，不管包含多少词语（为说明语块分析不考虑包含词语的多少，下面特举长度不等的存在句）：

存在处所 ——	存在方式 —	存在物
(6) a. 台上	坐着	主席团
靠墙那床上	躺着	一位患急性肺炎的病人
b. 台上	放着	玫瑰花
她那卧室的窗台上	摆着	一盆她朋友从新加坡寄来的兰花

上面举的容纳量关系句，也就是容纳量关系构式，也可以分析为三

个语块：

存在处所 ——————存在方式 ————— 存在物
(7) a. 十个人　　　吃了/能吃/吃不了　　一锅饭
　　 b. 一锅饭　　　吃了/能吃/吃不了　　十个人

下一步的分析，譬如我们来分析存在构式时，以"靠墙那床上躺着一位患急性肺炎的病人"为例，主要需分析说明：

第一，这是一个存在构式。

第二，这一构式表示存在，表静态。

第三，内部语义配置是"存在处所—存在方式—存在物"；内含三个语块——"靠墙那床上"是存在的处所，"躺着"表示存在的方式，"一位患急性肺炎的病人"是存在物。

第四，表意特点：以存在处所为话题；标明存在方式；凸显存在物是什么。

至于那三个语块之间是什么语法关系——是"主—谓—宾"关系，还是"状—述—宾"关系？根本无需考虑，因为不管取哪一种分析都对理解这一句子的意思没有什么帮助。换句话说，组成构式的各个语块之间的句法关系不必作分析。陆丙甫、蔡振光（2009）的一句话很值得我们重视："语法研究很多内容往往带有很强的'名词术语之争'的性质，如语法中一个热门题目是如何定义和判断'主语'等语法成分，但是一个完全不懂语法成分术语的普通人也能理解句子。看来，'主语'等概念是否是研究语言所必需的也只得打个问号。"那么如果每一个语块是一个复杂的句法结构，要不要作进一步的分析？如果要分析，是作句法关系分析还是作语义关系分析？这都要根据研究分析的目的与需要来定，不作硬性规定。

再拿表"处置—致使"的"把"字构式来说，例如"张三把帽子挂在衣帽架上"，我们主要需分析说明：

第一，这是一个表示"处置—致使"的构式。

第二，表示处置，表示致使。

第三，内部语义配置是"致事者—役事—致使方式—致使结果"；内含四个语块——致事者"张三"，役事"帽子"，致使方式"挂"，致使结果"（帽子）在衣帽架上"。

　　第四，表意特点：以致事者为话题；以"把"为役事标记；凸显致使结果；含位移性。

　　至于那三个语块之间是否要分析为"主—谓—宾"，同样无需考虑，因为这种句法分析无助于人们对这种句子的理解。

　　以上所述就是由构式理论和语块理论整合而形成的"构式—语块"语法分析研究新思路。这种分析研究新思路，可以作为"主—动—宾"、语义上的"施—动—受"的传统语法分析研究思路的补充。这种分析思路充分考虑和运用了人类语言甚至是人类认知的共性。

四、从语言共性、个性看构式

　　这里，我们接受乔姆斯基"原则与参数"的理论观点，并鉴于人类在认知上具有极大的共性又有一定的个性，语言中一个个语义框架，一个个构式，正是人的认知域中意象图式概念框架投射到语言中所形成的，因此从中可以推测，人类各个语言在句法层面，既有人类语言共有的构式，也会有各个语言自身特有的构式。当然，具体到某个语言，譬如说汉语，哪些构式属于具有人类语言共性的构式，哪些属于带有该语言个性特点的构式，这需深入考察研究后才能定下来。但可以这样设想，任何一个语言所存在的构式大致可以分为以下几大类（用短横隔开构式中的各个语块）：

　　（一）所有语言共有的构式。例如：

　　a. NP_1 ＋ VP ＋ NP_2［表行为动作事件的构式］例如：

　　（8）张三 — 吃了 — 三个苹果。

　　b. NPs ＋ VP ＋ NP_1 ＋ NP_2［表"给予"义的双及物构式］例如：

　　（9）张三—给—李四—一件毛衣。

　　c. NP_1＋是 ＋ NP_2［表判断的构式］例如：

　　（10）张三—是—电机工程师。

d. NP ＋ AP［表性状构式］例如：

（11）张三—很聪明。

所有语言共有的构式在语序上可能会有差异，例如汉语说"张三—吃了—三个苹果"。日语和韩语会说成"张三—三个苹果—吃了"。再如表性状的构式，在英语里要用系动词 be，在汉语里则不用系动词"是"。不过，这只是反映了各个语言参数的不同而已。

（二）某概念化范畴及其框架全人类都有，但投射到各个具体的语言所形成的构式并不相同。譬如，全人类都有表"存在"的概念化范畴及其框架，作为存在一定包含三部分内容——存在物、存在处所和二者之间的链接。如果以存在处所作为说话的话题，不同的语言所形成的表"存在"的构式各不相同。例如：

汉语：a. NP$_L$＋有 ＋ NP［表示存在的构式］例如：

（12）桌上—有—三本书。

　　　床上—有—病人。

　　b. NP$_L$＋ V ＋着 ＋ NP［表示存在的另一种构式］例如：

（13）桌上—放着—三本书。

　　　床上—躺着—病人。

英语：There ＋ be ＋ NP ＋ PP［表示存在的构式］例如：

（14）There are— three books— on the table.

（三）某个语言中所特有的但并非熟语的构式。例如：

汉语：a. QP$_1$＋ V 了/能 V/V 不了 ＋ QP$_2$［容纳构式］例如：

（15）十个人—吃了/能吃/吃不了—一锅饭。

　　　一锅饭—吃了/能吃/吃不了—十个人。

　　b. NPs ＋把 ＋ NP ＋ VP［"把"字处置构式］例如：

（16）张三—把帽子—挂在衣帽架上。

张三—把衣服—洗干净了。

英语：Every one ＋ can't ＋ be ＋ NP［强调"并非全部，只有部分"构式］例如：

　　(17) Every one— can't be— a professor.

（四）某个语言所特有的、类似熟语但能类推的固定构式。如汉语里的——

　a. ···爱 ＋ V ＋不 ＋ V　例如：

　　(18)（你）爱吃—不吃 ｜ （她呀，老）爱理—不理的。

　b. X ＋ 是＋ X，Y ＋ 是＋ Y　例如：

　　(19) 昨天— 是— 昨天，今天— 是— 今天｜ 她— 是— 她，你是你。

　c. ···V₁＋ 多少 ＋ V₂＋ 多少　例如：

　　(20) 要多少—拿多少。

　d. ···别＋ N＋ N＋ 的　例如：

　　(21) 别—经理经理的。｜别—狗子狗子的。

　e. V ＋ O ＋ V ＋的　例如：

　　(22) 睡觉—睡的 ｜看电视—看的。

以上四类构式情况不同，但有共同性：
第一，都由音义结合的语言成分组合而成。
第二，都可以分解为大小不等的语块。
第三，都分别能表示独特的语法意义。
第四，任何一个构式填入具体的词项所形成的句子都含有相同的语法意义，用朱德熙先生的话来说，各个句子的"高层次上的语义关系相同"（朱德熙 1986）。
任何语言中都会有许多为该语言所特有的、不能类推的、纯熟语性的结构。这种结构具有不可分析性，不可类推性。例如：

汉语：三个臭皮匠合一个诸葛亮　｜　不管三七二十一
英语：by the way　｜　eat away

这种结构是否也看做构式？目前一般都将它们看做构式，但我认为这个问题可以讨论。这实际涉及到"构式到底是什么"这一根本性问题，我们将另文专门讨论。

以上只是一个初步的设想。一个语言中到底能分为多少种类型的构式，一个大类下还能划分为多少种构式，还得进一步作具体、深入的研究。

对于属于语言所共有的构式，譬如对第一类的"张三吃了一个苹果"，可以沿用传统的语法分析思路来分析。对于带有语言个性特点的构式，如上面所说的第二至第五类的构式，用"构式－语块"研究思路进行分析比较好。分析时只需描写说明：

第一，是一种什么构式？

第二，构式的语法意义是什么？

第三，构式内部的语义配置具体如何？所含的语块有几块？是哪几块？

第四，在表达上有什么特点？

五、还需作进一步研究

构式是由语块构成的，语块需从构式的角度来认识。因此，真要运用"构式－语块"研究思路，必须做好有关构式、语块以及相关理论的深入研究。具体说，需作以下许多方面的研究工作。

（一）是否存在人类语言共同的基本构式？如果存在，有哪些？

（二）在一个具体的语言里，如在现代汉语里，到底可分析为多少种类型的构式，一种类型的构式之下又该分析为多少种子构式？

（三）各个构式到底表示什么样的独特语法意义（可简称为"构式义"）？

（四）各个构式内部的语义配置是怎么样的（如存在句的内部语义

配置为："存在处所—存在方式—存在物")？

（五）各个构式在表意上有什么特点？使用该构式时是否要求具有某种独特的语义背景？

（六）构式的构成成分到底是词还是语块？如果是语块，具体到某个构式到底可以划分为几个语块？具体是什么样的语块？语块的划分是否与构式的语义配置相对应？

（七）如果构成构式的某个语块本身又是一个复杂的结构，该如何分析该语块？使用什么样的分析手段？

（八）构式的组成单位如果是语块，某个构式的各个语块的核心词项是什么？该构式何以可以选用这些词项？

（九）同一个词项何以能出现在不同的构式里？这个词项在不同的构式里出现时各凸现什么意义。例如，动词"坐"可以出现在以下三种构式里，是否可以认为那是三种不同性质的构式？请看：

（23）在"事件构式"里——"主席团刚坐下"

［"坐"实现其基础的意义内涵，"主席团"与"坐"是"施事—动作"关系］

（24）在"存在构式"里——"台上坐着主席团"

［"坐"实现其作为存在方式的意义内涵，"主席团"与"坐［着］"是"存在物—存在方式"关系］

（25）在"容纳与被容纳数量关系构式"里——"三个人坐了四个座位"

［"坐"实现其作为容纳方式的意义内涵，"三个人"与"坐"是"容纳量—容纳方式"关系］

（十）支撑"构式—语块"句法分析法的是"词语间语义关系多重性"理论。（陆俭明 2010）具体到某个语言，其内部词语间语义关系多重性具体呈现什么样的情况？

（十一）如何分析处理出现在各个构式实例中的虚词性成分或者说功能性成分？

最后，需说明三点：

第一，"主—动—宾"、"施—动—受"的语法研究思路是传统的思路，它既然能从古希腊传承至今，而且至今仍有生命力，这绝不是偶然的，原因就在于它符合人类语言语法共性的需要。但它又有它的局限，那就是并不是所有以动词为核心的句法结构都能用它来分析和解释。因此，对于以动词为核心的事件结构句子，仍然可以用"主—动—宾""施—动—受"这一传统语法分析思路来分析，而对于某些虽以动词为核心但已不属于事件结构的句子，且带有鲜明个性特点的这样一些句子，用"构式—语块"语法分析这样一种新思路来分析和解释比较好。苏丹洁（2009b）所做的教学实验证明，"'构式—语块'教学法对于汉语第二语言语法教学来说，具有可取性、可行性和有效性，特别是在分析、教授一些汉语特有的句式上，优于传统的'主—谓—宾'思路。"

第二，一个构式的语义配置的某一部分意义的负载形式只是一个词，譬如"床上躺着一个病人"里的"病人"，"张三把帽子挂在衣帽架上"里的"张三"，那么"病人""张三"能否看作一个语块？这里还是可以分析为语块的。语块，往上看是构式的一个组成成分，或者说组成单位；往下看，它是词的组合体。"病人"、"张三"虽只一个词，我们还是可以看作是分别由"病人"、"张三"跟一个零形式词 Ø 组合成的，因此还是可以看作语块。

第三，句子的组成单位是语块，陆丙甫（1981，1985，1986，1993，2008）、史有为（1984）、鲁川（2005）已有这一思想；未必什么句子都按照"主—谓—宾"思路来分析，陆丙甫、蔡振光（2009）也已有这一思想。我提出的"构式—语块"句法研究思路跟他们不同的是，我强调运用构式语法理论，强调将构式理论与语块理论结合运用，强调要重视词语间语义关系的多重性，进而明确提出我们的语法研究不能囿于句法上的"主—谓—宾"、语义上的"施—动—受"这一传统的句法研究思路。

参考文献

蔡维天. 生成语法理论系列演讲. 北京大学汉语语言学研究中心. 2005

鲁川. "预想论：现代汉语顺序的认知研究. 世界汉语教学，2005（1）

陆丙甫. 主干成分分析法. 语文研究，1981（1）

陆丙甫. 流程切分和板块组合. 载《语文研究》，1985（1）

陆丙甫. 语句理解的同部组块过程及其数量描述. 中国语文，1986（2）

陆丙甫. 核心推导语法. 上海：上海教育出版社，1993

陆丙甫. 直系成分分析法——论结构分析中确保成分完整性的问题. 中国语文，2008（2）

陆丙甫，蔡振光. "组块"与语言结构难度. 世界汉语教学，2009（1）

陆俭明. 词语之间语义结构关系的多重性. 汉藏语学报，2010（4）

陆俭明. 从构式看语块. 在"首届全国语言语块教学与研究学术研讨会"（2009a. 5.17，对外经济贸易大学，北京）大会上报告

史有为. 语言的多重性与层－核分析法. 见徐枢编. 汉语析句方法讨论集. 上海：上海教育出版社，1984

苏丹洁. 从存现句习得实验看构式理论和语块理论在汉语语法课堂教学和纲络教学中的作用. "首届全国语言语块教学与研究学术讨论会"（北京：外经贸大学）论文，2009a

苏丹洁. "构式-语块"教学法的实质和价值——以兼语句教学实验为例，"第二届全球华语论坛"（广州：暨南大学），2009b

苏丹洁. 试析"构式-语块"教学法. 汉语学习，2010（2）

余祥越，黎金娥. "人喝酒"与"酒喝人"——最简方案框架下的汉英动词句法差异比较. 外语研究，2006（1）

张伯江. 现代汉语的双及物结构式. 中国语文，1999（3）

张旺熹. 汉语特殊句法的语义研究. 北京：北京语言大学出版社，1999

朱德熙. 变换分析的平行性原则. 中国语文，1986（2）

Miller, G.. A. The Magical Number Seven, Pluse or Minus Two. *The Psycological Review*：63. 1956

会话新原则——应答协调一致性原则①

一、语言学的发展有赖于三个方面

根据以往的汉语研究实践以及前辈语言研究的经验教训，中国语言学的发展，其实整个语言学的发展都要有赖于三个方面：第一，要不断挖掘和发现新的语言事实，这是基础，是永恒的研究课题，因为语言研究的目的之一就是要把语言的实际情况让人们了解清楚。第二，要不断吸收和更新研究的理论与方法，这是一个学科得以建立和发展的关键。从语言研究的角度看，对语言的考察和描写只是研究的基础，还未达到真正意义上的科学研究。真正意义上的科学研究必须对考察、描写所得的语言事实及其规律做出科学的解释，并进一步从中总结出具有解释力的原则升华为理论，能用这些原则、理论来解释更多的语言事实。而一种理论和一种方法只能解决或解释

① 原文在《语言科学》2007 年第 6 期上发表，原题为"从量词'位'的用法变异谈起"。此次有所修改。

一部分或一定范围里的问题，老的问题解决了，又不断出现新的问题，发现新的现象，原有的理论方法难以对付，这就要求研究者去探索、寻求新的理论方法，从而不断推进学科研究的发展。第三，要不断加强应用研究。科学研究的最终目的是为了应用。语言的应用研究是语言本体研究的试金石，也是发现问题的一个起点。社会语言学既可以认为是语言本体研究的重要组成部分，也可以看做语言应用研究的一部分。

二、一个社会语言学方面的实例——关于量词"位"的使用

这里我想举一个属于功能学派的社会语言学方面的具体的小例子来加以说明。大家都知道，汉语里有一个用于人的名量词"位"。辞书、语法书和讲汉语量词的论著里，在谈到这个量词"位"时，都说这个量词只用于人，含敬称之意，不能用于说话人自身一方。请看一些辞书对"位"的注释：

《现代汉语词典》（第5版）：

　　〔量〕用于人（含敬意）。

《应用汉语词典》：

　　〔量〕用于人（含敬意）。

《商务馆学汉语词典》：

　　〔量〕用于人（用于比较客气、尊敬的场合）。

譬如，我们不说：

　　（1）我们系就我一位没有博士学位。

　　（2）我们三位都来自上海。

最近发现了一个新情况。上大酒楼、大饭店用餐，一进门，服务员热情迎上前问："请问几位？"我们常常会脱口而出说："我们五位。""我们四位。"等等。注意：在上面的答话里，量词"位"就用在了说话人自身一方。这用得对不对？还是有别的什么原因驱使我们这样回答？于是我进行了实地调查。调查地点是北京市海淀区海淀镇新开元大酒楼，调查的方法是，假装在酒楼门口等人，注意客人进门时服务员与顾

客的对话。调查分三次进行，一共注意了 163 拨顾客进酒店时与服务员的对话。调查结果发现，其中有 151 拨顾客在答话中用"位"，约占 93.6%；答话中用"个"的，只有 12 拨顾客，约占 6.4%。

为慎重起见，对于量词"位"的这种用法，我先后请教了三位北京籍的语言学家——晁继周、方梅、张伯江，他们都是北京大学中文系汉语专业毕业的，现在都是中国社会科学院语言研究所的研究员。结果他们都认同我所发现的用法。在张伯江研究员的提示下，我又获得了其他量词使用上的类似现象（问话者用什么量词问话，答话者就用什么量词回话）：

狗，可以论只，也可以论条。如果有人问"你家养了几条狗？"应声回答时总会说"两条"，而不说"两只"。而如果用量词"只"问话"你家养了几只狗？"这时总会应声回答说"两只"，而不会说"两条"。猪，可以论头、只、口。也是问话人用什么量词，答话人也跟着用什么量词。烟，可以论支、根。也是问话人用什么量词，答话人也跟着用什么量词。

在介词使用上，口语交际中也存在类似现象。我的家乡东山岛（太湖中的一个半岛，过去属苏州专区吴县管辖，现在属苏州市管辖）所说的土话叫"东山话"，属于吴语的一个次方言。在我们家乡，当两个熟人（假定是甲和乙）在街上对面碰见，习惯用下面这样的看似废话的一问一答作为打招呼：

（3）甲：你往东去？

乙：哎，我往东去。你往西去？

甲：哎，我往西去。

（4）甲：你朝北去？

乙：哎，我朝北去。你朝南去？

甲：哎，我朝南去。

不难发现，如果先打招呼的人用介词"往"，答话人一定也用"往"回话；如果先打招呼的人用介词"朝"，答话人一定也用"朝"回话。

绍兴文理学院马明艳教授提供了另一个佐证。趋向动词中的"来/去"，按一般的说法，是以说话人为基点的——"来"指物体朝说话人方向移动，"去"指物体离说话人而移动。① 可是在一问一答中会出现例外。例如，上课铃响了，老师在教室里招呼学生："同学们，上课了，快进教室来。"学生回答："我（们）马上就来。"而不说"＊我（们）马上就去。"再如，电话中，对方问："你什么时候来？"一般都回答："马上就来。"反倒不说"＊马上就去。"

三、一条新的会话原则——应答协调一致性原则

从上面所说的语言事实中我们可以看到，在汉语会话里存在这样一种现象：会话双方在某些词语的选用上会跟随最先发话人，最先发话人用什么词语，在后面会话中就跟着用什么词语。该怎么看待上述一系列语言现象呢？格赖斯（Grice 1975）曾提出会话合作原则（cooperative principle），勃朗和列文森（Brown & Levinson 1978）和利奇（Leech 1983）后又先后提出的会话礼貌原则（politeness principle）。但是他们所谈的原则都是针对会话内容来说的。而上面所陈述的汉语里的会话现象，则完全是形式方面的。我们完全可以根据汉语的语言事实提出建立另外一条新的会话原则——"应答协调一致性原则"。但是，"应答协调一致性"的会话原则似不好解释下面的对话（假定为张三、李四对话）：

(5) 张三：早饭用过了？

李四：吃过了，您呢？

张三：我也吃过了。

在上面的对话里，张三一开始用的是表示敬意的"用"（意思相当于"吃"），而答话人答话时并不用"用"，而改用普通的"吃"。这里，并不存在"应答协调一致性"，这个情况跟"应答协调一致性"原则不相符合，这该怎么解释？

---

① 《现代汉语词典》（第5版，商务印书馆，2005）：来〔动〕从别的地方到说话人所在的地方（跟"去"相对）（807页）；去〔动〕从所在地到别的地方（跟"来"相对）（1129页）。《商务馆学汉语辞典》（商务印书馆，2006）：来　从别的地方到（说话人在的地方）（和"去"相对）（421页）；去　（离开说话人在的地方）到别的地方（和"来"相对）（580页）。

这就促使我再回过头来考察、分析在大酒楼门口服务员与顾客一问一答之中有时有顾客回话用量词"个"是什么情况。

进一步调查的结果发现，答话不用"位"而用"个"的情况都属于下面一类例子：

(6) "请问几位？" "就我们哥儿俩。"

(7) "请问几位？" "就我一个。"

(8) "请问几位？" "三个。"

原来，少数应答时不用"位"的都不是宴请客人的，都是自家人（包括跟好朋友一起）用餐吃饭。上述情况说明，"应答协调一致性原则"还是存在的，但是它得让位于礼貌原则。这也说明，在数条会话原则中还存在着会话原则的优先顺序问题——排在最优选地位的是礼貌原则。①

上述事实告诉我们，新的语言事实、语言现象的挖掘与描写很重要；同时也说明理论的需要——没有功能学派的会话理论，面对上述语言事实可能只停留在一般的事实描写上，不会想到其中还存在什么另外的会话原则问题。

最后我想重复一下我在给《语言学前沿与汉语研究》（刘丹青2005）一书所写的序文里的一句话："继承、借鉴、怀疑、假设、探索、求证"，如此循环往复，这可以说是语言研究的必由之路。我想继往开来是一切科学发展之路，继往，应该既包括对本国、本民族已有的学术研究成果的继承，也包括对国外已有的学术研究成果的借鉴。中国语言学要发展，还得回到我一开始所说的三条，那就是：一是要不断挖掘和发现新的语言事实；二是要不断吸收和更新研究的理论与方法；三是要不断加强应用研究。而这一切都得在前人研究的基础上进行，也就是最近鲁国尧（2007）所强调的"从已知求未知"。

---

① Leech 的"礼貌原则"下有6条准则，其中"赞同准则"（又译"一致准则"）指在言语交际行为中要尽量减少与对方的分歧，在非原则问题上尽量靠拢对方的观点，以增加一致性。这个"赞同准则"强调的是在"观点/意思"上跟对方保持一致（赞同）。如果由此拓展为在"形式"上跟对方保持一致，那么本文所说的"应答协调一致性原则"似也可以归入"礼貌原则"。不过本文举出的语言现象都是"形式一致"的例证。（此脚注是根据詹卫东的意见加上的）

参考文献

刘丹青. 语言学前沿与汉语研究. 上海：上海教育出版社，2005

鲁国尧. 论汉语音韵学的研究方法和我的"结合论". 汉语学报，2007（2）

Brown, P. & P. Levinson. Universals in Language Usage：Politeness Phenomena. In Goody, E. N. （ed.） *Questions and Politeness*：*Strategies in Social Interaction*，Cambridge University Press，1978

Grice, H. P. *Logic and Conversation*，Unpublished Ms of the William James Lectures，Harvard University，1975.

Leech, G. N. *Principles of Pragmatics*. Longman，1983.

关于隐喻和转喻^①

关于隐喻和转喻，国内外，特别是国外已经讨论得很多，而且对于隐喻和转喻可以说已形成这样的共识：隐喻、转喻都是人类的一种思维方式，是人认识、理解客观世界的一种工具。人类各种语言活动，可以说都是通过隐喻、转喻来体现人对客观世界的认识。因此，隐喻和转喻对于人类的认识和语言都起着重要的作用。不过有些问题还值得进一步探究。

一、是投射/映射还是激活

认知语言学认为，在人的认知域里，一个认知域可以投射/映射到另一个认知域，并说这是认知心理学早就通过实验证明了的。因此，国外在谈到隐喻、转喻时，都用 projection 或 mapping 这字眼儿。Lakoff & Johnson（1980）认为，隐喻是"从一个认知域向另一个认知域的结构映射"。即从源域（source domain）向目的域

---

① 原文发表在《外国语》2009（1），原题为"隐喻、转喻散议"。此次略有修改。

（target domain）的映射；谈论转喻的学者也基本仿照这种说法。而且，许多人认为 Lakoff 他们所提出的"映射"说具体描述了隐喻的工作机制。（林书武 1997，束定芳 2000，赵艳芳 2001，胡壮麟 2004，刘正光 2007，谢之君 2007）

"在人的认知域里，一个认知域可以投射/影射到另一个认知域"，我想这只是一种假设。这个假设，我觉得还可以斟酌。我想，在起始阶段实际情况似不该是"一个认知域投射/映射到另一个认知域"，因为如果承认在起始阶段就投射/映射的话，那我们得问，为什么要"一个认知域投射/映射到另一个认知域"？投射/映射的目的是什么？动因是什么？恐怕难以回答。我觉得在起始阶段应该作这样的假设："在人的认知域里，一个认知域可以激活（activate）另一个认知域。"按这个假设，在人的心智中，不同认知域之间首先不是投射/映射关系，而应该是激活关系，也就是一般我们所说的联想关系。为什么要一个认知域激活另一个认知？为什么一个认知域可以激活/联想另一个认知域？这比较好回答，好解释，因为客观事物之间本来就互相联系，因此在人的心智或脑海里，在人通过感官感知客观事物所形成的系统的认知框架里，作为认知框架的组成部分，即一个个认知域之间肯定也是互相联系的。正是这种联系促使某一个认知域可以激活与之密切相关的另一个认知域，至于 A 认知域能不能激活 B 或者 C 认知域？A 认知域为什么只激活了 B 认知域，没有激活 C 认知域？这都取决于人的常识和一定的语境。例如：

（1）那家伙，老狐狸一个！

在人的千百年的经验中，狐狸被认为是动物中最狡猾的，所以在说到某人狡猾时，为使表达生动、形象，不直接说"某某人狡猾"，而说"某某人是个狐狸"，从而让听话人从狐狸的狡猾去联想到那个人跟狐狸一样狡猾。同样，下面的例子：

（2）回到原单位，看到的尽是新面孔。

这被称为转喻的"新面孔"为什么能转指"不熟悉的新人"呢？那是因为人一般都是靠观察面相来认识识别人的。所以，提到"新面孔"，就会在听话人脑海里激活"原先不认识的新人"这与之密切相关的另一认知域。我们人正是用这种思维方式来思考问题的。再如：

> (3) 在上班高峰时，两个轮子比四个轮子还快些。

"四个轮子"是指汽车，"两个轮子"是指自行车。一个人如果不具有关于城市交通的背景知识，对于例（3）的内容可能会感到莫名其妙。

那么人为什么明明要说 B 事物，却不直接调用对 B 事物感知所形成的认知域，而要用另一个认知域 A 来激活"人对 B 事物感知所形成的认识域"呢？这完全出于表达的某种需要，最常见的是为了使表达新鲜、生动、有表现力、富有感染力。当然，作为隐喻，在用 A 激活 B 之后，A 与 B 之间可能会形成一种投射/映射关系，不过那是第二步的事。总之，在认知域里，不是"一个认知域可以投射/映射到另一个认知域"，而是"一个认知域可以激活另一个认知域"。我赞同程琪龙（2006）的意见，概念隐喻映射理论没法解释一般所说的创新隐喻。

二、隐喻、转喻界限难分

关于隐喻和转喻，国外讨论得比较多的是二者的关系和区分。大家都知道，亚里士多德（Aristotle）在他的《诗学》（Poetics）中，将隐喻分为四种，目前一般所说的转喻现象是其中的一种，只是当时亚里士多德没有用转喻这个术语。亚里士多德将转喻看作隐喻一个分支的观点一直延续到 20 世纪中叶。之后，一般倾向于将隐喻和转喻分为各自独立的认知现象，用Jackobson（1956）的话来说，二者的区别在于转喻基于邻近（contiguity），隐喻基于相似（similarity）。但是，有学者认为，转喻是隐喻的基础（Barcelona 2000，Niemeier 2000），而现在也有一些学者认为隐喻、转喻是一个连续统。（Dirven 1993，Grady 1997，Radden 2002，Taylor 1995）我们认为，如果承认我们先前的说法，即隐喻也好，转喻也好，都是一个认知域激活另一个认知域的一种认知功能，那么"隐喻、转喻是一个连续统"的说法比较可取。有的实例，很难说只是隐喻，也很难说只是转喻。例如：

— 199 —

(4) 李老汉是我们村的诸葛亮。

从相似性角度看，例（4）属于隐喻——"李老汉"与"诸葛亮"之间存在隐喻关系。从专名"诸葛亮"指代最聪明、最能干一类人来看，例（4）又属于转喻。

从激活的角度说，隐喻也好，转喻也好，都是一个认知域激活另一个认知域，都是由一个认知域联想推知另一个认知域。但我们也不否认二者的区别——因为"隐喻基于相似"，所以当 A 激活 B 之后，A 和 B 之间可能会形成投射/映射关系。而转喻因为"基于邻近"，所以当 A 激活 B 之后，A 和 B 之间不会形成投射/映射关系。这也就是说，如果要区分隐喻和转喻，那么可以将隐喻和转喻分别看作"两个极端"（Jackobson 1956），不过这两个极端只能看做一头方、一头圆的那类筷子的两端，到中间还是界限难分。

三、激活的类型

激活可以分单一激活和叠加激活。一般所说的隐喻、转喻都是单一激活。单一激活可以分为以下三大类：

第一大类是相似性激活。所谓相似性激活，是指由于 B 事物与 A 事物有某种相似性，因此当说 B 事物时，不直说 B 事物如何如何，而用 A 事物来激活人们对 B 事物的认识。例如，狐狸在人的认识上是动物世界中最狡猾的。一个人如果很狡猾。人们就会认为这个人在狡猾这一点上跟狐狸有相似性。当有人要说"张三"这个人很狡猾时，不这样直说，而就用狐狸的狡猾来比喻"张三"，说："张三，老狐狸一个！"用狡猾的狐狸来激活人们对狡猾的"张三"的认识。木头人是没有生命的，当然也不会思维。人们说到一个死脑筋的人或脑子不灵活的人，不直说那个人脑子如何不灵活，而就用木头人来比照那个人，说"那个人是木头人"，即用木头人来激活人们对那个死脑筋的人的认识。上述情况在认知域里就是一种相似性激活。这种相似性激活现象在传统的修辞学里称为"比喻"（还可以细分为各种比喻），在认知语言学里称为"隐喻"。

两个事物之间相似与否，带有极大的主观性。有的是明显的，甚至明显到几乎成为大家的共识。有的则并不明显、甚至说很不明显。人们平时压根儿就没有意识到。而人的创造性之一就在于善于发现事物之间的新的联系。这样，人们为了某种表达的需要，往往会灵机一动，发现或者刻意想象出某两个事物之间的相似性，从而就形成一种富有表现力、感染力的新的说法。Black（1962）曾说，隐喻可以"创造出新的相似性"也是这个意思。一般称这种隐喻为"创新隐喻"。例如：

（5）她以无私的献身精神为自己的一生画上了一个圆满的句号。【句子表明一个句子终结，将人生的终结跟句号连上】

（6）你姐姐呀，一块冰！【将待人冷淡的人跟冰连上】

（7）他们学校，硬件不错，但是软件不行。【将学校的建筑、设备等跟计算机硬件连上，将学校的体制、管理水平、人员素质等跟计算机软件连上】

这些说法刚一产生，让人感到新鲜、形象、生动、给人以创新之感。

第二大类是"整体—部分"联想激活。所谓"整体—部分"联想激活，是指或由事物的部分联想到事物的整体，或由事物的整体联想到事物的部分。这又有好多种情况。

第一，以事物的一部分来激活人们对领有该部分的整个事物的认知。例如：

（8）退休七八年，回到单位，老家伙很少了，见到的尽是新面孔。

（9）他为躲避那四个轮子，就将自己的两个轮子往右偏了一下，谁知……。

例（8）中的"新面孔"用来指代新的成员，例（9）中的"四个轮子"用来指代汽车，"两个轮子"用来指代自行车。

第二，以事物的外形特征激活事物本体。例如：

（10）那大耳朵到哪里去了？

（11）那高鼻子去哪儿啦？

(12) 你身上还有几个袁大头?

例（10）以"大耳朵"这一特征，指代"长着一副大耳朵的人"。例（11）以"高鼻子"这一外形特征来指代西方洋人。例（12）以"袁大头"来指代带袁世凯头像的银元。

第三，以事物的附着物外部标志来激活事物本体。例如：

(13) 每个十字路口都有红领巾在帮着警察叔叔维持交通秩序。

(14) 你去把眼镜儿给我叫来。

例（13）"红领巾"是少先队员的标志，这里就用来指代少先队员。例（14）"眼镜儿"指代谈话双方都熟悉的人群中戴眼镜儿的那一位。

第四，以特殊的工具激活使用、凭借该种工具的人。例如：

(15) 雨来刚到堂屋，只见十几把雪亮的刺刀从前门冲进来了。

(16) 小号怎么还没有来?

例（15）"雪亮的刺刀"指代敌人。例（16）"小号"指代吹小号的乐手。

第五，以专称激活泛称。例如：

(17) 我们村里的诸葛亮来了。

(18) 中国会有自己的哥白尼、富兰克林、居里夫人、爱因斯坦。

例（17）的"诸葛亮"和例（18）的"哥白尼""富兰克林""居里夫人""爱因斯坦"等都是专名，分别用来指代"被认为是最聪明、最能干的人"和各类"科学家"。

第六，以部分个体激活一定范围里的全体。例如：

(19) 他们不拿群众一针一线。

(20) 烹调所需的油盐酱醋都齐全了。

例（19）中的"一针一线"用来指代群众家的任何东西。例（20）里的

"油盐酱醋"指代烹调用的所需调料。

第七,以整体激活部分。例如:

(21) 他一下子变得很微弱,一分钟只有 24 跳。

(22) 王刚踩着油门把车子开得飞快。

例(21)"他"指代脉搏,例(22)"王刚"指代王刚的脚。

以上所述种种情况,在认知域里就都属于"部分-整体"联想激活。这类激活现象一般称为转喻;在传统的修辞学里称为"指代",而且有很细的分类,只是没有解释。

第三大类是"因-果"推理联想激活。先看例句:

(23) 据我所知,华丰公司上个月就关门了。

(24) 听说他们上床了。

例(23)用"关门"表示"停业","停业"和"关门"可以互为因果,这就看你从哪个角度说。例(24)用"上床"表示"睡觉"或"性交","上床"和"睡觉"或"上床"和"性交"可以互为因果,这看我们从哪个角度去说。

我们日常有"弦外之音"的说法。"弦外之音"的话语也体现了"因-果"推理联想激活。例如:

(25) 张华(进门坐下):今天好像有点儿热!

李刚(若有所思):啊,是吗?(一面应着,一面走到窗前将窗户打开)

例(25),"张华"不向"李刚"直说"请你将窗户打开",而用"今天好像有点儿热!"这句话来暗示;"李刚"领会了"张华"的起初意思,便"一面应着,一面走到窗前将窗户打开"。有时,同一句话在不同的语境中,所激活的可以是不同的方面。例如:

(26) 你有钱吗?

例(26)有时可能表示"说话人要向听话人借钱"的意思;有时可能表示"说话人暗示听话人,如果需要钱,我这里有,可以借给你"的意

思；有时可以理解为反问句，表示"你没有钱"的意思；如果在黑夜路上有人这样问你，意味着可能要打劫。（陆俭明1987）

上述因果推理联想激活，这在认知语言学上也称为"转喻"，称为"间接言语行为转喻"，也称为"高层转喻"。（陈香兰2008）传统修辞学里不谈此类现象。

上面说的种种激活现象都属于单一激活。现在说叠加激活。所谓叠加激活，顾名思义，是指不止一次激活。例如：

（27）他呀，榆木脑袋！

例（27）说话人是想用"木头人"来隐喻脑筋不灵活的"他"，可"木头人"，作者又用"榆木脑袋"来转喻。显然，例（27）是隐喻和转喻交织在一起使用，也就是说，先用"榆木脑袋"激活"木头人"，再由"木头人"来激活"脑筋死，不灵活的人"。再如：

（28）我们村的小诸葛来了！
（29）各级政府都要关心老百姓的菜篮子！

例（28），"诸葛"激活"诸葛亮"，再由"诸葛亮"激活"最聪明、最能干的人"。例（29）"菜篮子"是用来买菜的，由此激活"菜"，而菜是老百姓最必需的副食品，由此激活"副食"。下面的例子也可以看作叠加激活现象：

（30）各级领导都要抓菜园子。

例（30）"菜园子"指副食品生产，"抓菜园子"就是"抓副食品生产"——由"菜园子"激活联想到"种菜"，由"种菜"激活联想到"抓副食品生产"。这种激活现象是由具体事物激活跟那具体事物密切相关的活动或事件。

对于叠加激活目前研究得很不够，还需进一步探索。

四、关于"很阳光"之类的说法

近几年来汉语中大量出现程度副词"很"等修饰名词的现象，如

"很中国、很男人、很女人、很农民、很阳光"等。有学者（刘润清、刘正光 2005）将此种现象称之为"非范畴化"（de-categorization）。范畴化（categorization）现在大家都承认是人类最重要的认知能力之一，其基本作用是从差异中找出相似之处，从一个个的个别之中发现不同类别的共性特征，以便给事物、给行为或给性状等进行必要的分类。从而减轻认识过程中的认知负担，以实现经济性原则；我们常说"没有分类就没有科学"，道理就在这里。但是，在人类认识的完整过程中，实际既包含"从个别到一般"的体现"范畴化"的认识过程，又包含"从一般到个别"的体现"非范畴化"的认识过程，后一种认识过程更体现了人们的认识的深化和创造性。这两种认识过程，即"范畴化"与"非范畴化"构成了一个有机的整体，构成了完整的范畴化理论。（刘正光 2006）

对于"很中国、很男人、很女人、很农民、很阳光"这类现象，可以如刘正光从"非范畴化"角度去解释，但是，也可以从转喻的角度去加以解释，即也可以把它看作 A 激活 B 的认知现象，以使人们加深对这类语法现象的认识。只是这种激活现象是由具体事物激活那事物所具有的性质，或者说特性。这样说来，转喻不一定都是"从具体到抽象"，也可以"从抽象到具体"。

五、隐喻、转喻的作用与"发展前途"

上面说了，隐喻、转喻都是人类的一种思维方式，是人认识、理解客观世界的一种工具。人类各种语言活动，可以说都是通过隐喻、转喻来体现人对客观世界的认识活动。因此，隐喻和转喻对于人类的认知和语言起着下面两种作用：一是不断提供认识和描述事物的新视角；二是不断增添词语的新的意义。在日常生活中，所谓这个说法新，实际就是运用了新的隐喻，新的转喻；在词汇学上所谓词的比喻义、引申义的产生，就是运用隐喻、转喻的结果；某些句法格式的产生也可以看作某些隐喻、转喻的结果。

语言事实告诉我们，一个新的隐喻，一个新的转喻，发展的前途将会呈现两种情况：

第一种情况是，一个新的隐喻，一个新的转喻形成后，常被运用，经久不衰，即并不给人"俗套"的感觉。如"老狐狸"、"榆木脑袋"和"上床"、"关门"等。正因为常用不衰，所以甚至会促使一个新的隐喻、一个新的转喻形成，使原词语产生新义，如"硬件""软件""关门"等，甚至新义形成后，原义逐渐地反不为人知了，如"基石""鼻祖"等。此外，也可能会促使一种新的句法结构的形成，现代汉语里"的"字结构（如"红的""吃的"等）的出现可能跟这有关。（见下文六）

第二种情况是，一个新的隐喻、一个新的转喻形成后，用一两次或者两三次可以，用多了会给人以"俗套"的感觉，甚至会令人厌烦。如"画上了一个圆满的句号"，如"形成了一道靓丽的风景线"等，开始用时，人们觉得新鲜、形象，用多了就觉得有点儿俗套了，唤不起或者说引不起人们的新鲜感，不再有感染力，甚至令人腻烦。

隐喻、转喻等激活现象为什么会形成上述不同的发展前途？这方面国外已有所探讨，但还未形成完美的认识，更谈不上形成共识。这个情况很值得我们进一步研究。

六、"的"字结构——另一种激活类型

上面说到，现代汉语里"的"字结构，从某个角度说，实际反映了认知语言学上的转喻问题。（沈家煊 1999）

"的"字结构是指助词"的"黏附在实词性词语后所形成的名词性结构。通常将名词性"的"字结构码化为"X 的"。结构助词"的"其作用有两个方面：（朱德熙 1983）

第一，"语法功能的转化"，具体说就是名词化。不管什么性质的实词性词语，加上结构助词"的"（或称"名词性附加成分"）都可能会形成一个名词性结构。例如：

> VP＋的→NP　　吃的、妈妈买的、喝茶的、戴眼镜儿的
>
> AP＋的→NP　　红的、更好的、最时髦的、亮得耀眼的
>
> 　　　　　　　荤的、雄的、野生的、慢性的、微型的
>
> NP'＋的→NP　　磁性、木头的、他们家的、上海的

第二，"语义功能的转化"，具体说就是指称化、事物化，例如"红"原指一种颜色，"红的"则就指称红的东西了，所以可以加数量词，如"三个红的是苹果"。

上面说了，从认知上来说，"的"字结构也是一种转喻现象——用该事物的部分特性来指代该事物。即：

> 红的衣服　　　红的「衣服所具有的颜色的属性」
>
> 我的书　　　　我的「书所具有的归属的属性」
>
> 批改的老师　　批改的「老师所具有的批改作业的属性」
>
> 批改的作业　　批改的「作业所具有的被批改的属性」

"的"字结构所呈现的转喻现象说明激活可以有两种类型：一种是直接激活，如前面所举的"他呀，老狡猾一个！""见到的尽是新面孔""你去把眼镜儿给我叫来！"等实例，另一种是借助一定的语法手段来激活，这就是"的"字结构所呈现的转喻现象。如果我们将一般修辞里所谈的从物到物的借代称为"低层转喻"，将一般所谓的言外之意的"谓词转喻"称为"高层转喻"，那么"的"字结构所体现的转喻似介乎二者之间。

不是任何"的"字结构都能呈现转喻作用，甚至同一个实词性词语形成的"的"字结构，有时能呈现转喻作用，有时不能。（严辰松2007）例如：

> （31）a 铁的（柜子）
>
> 　　　b 铁的硬度【铁的（硬度）】
>
> （32）a 哥哥的（手机）
>
> 　　　b 哥哥的耳朵【＊哥哥的（耳朵）】
>
> （33）a 干净的（衣服）
>
> 　　　b 干净的双手【＊干净的（双手）】
>
> （34）a 一般的（衣服）
>
> 　　　b 一般的职工【＊一般的（职工）】

例（31）到例（34）a 实例里的"铁的""哥哥的""干净的""一般

的",在一定的先引词的引导下,在某些语境中可以起转喻作用,例如:

(35)你到底买哪种柜子啊?铁的还是木头的?

(36)你把房间里的衣服归拾归拾,干净的挂柜子里,脏的放大桶里,待会儿洗。

(37)我们那儿的衣服都很贵,一般的也都要百十来块钱。

而例(31)到例(34)b实例里的"铁的""哥哥的""干净的""一般的",在任何语境下都不能起转喻作用。能与不能的严格界限在哪里还需研究。

参考文献

陈香兰. 高层转喻研究. 外语教学,2008(6)

程琪龙. 概念框架和认知. 上海:上海外语教育出版社,2006

胡壮麟. 认知隐喻学. 北京:北京大学出版社,2004

林书武. 国外隐喻研究综述. 外语教学与研究,1997(1)

刘润清,刘正光. 语言非范畴化理论的理论意义.《外语教学与研究》,2005(1)

刘正光. 语言非范畴化——语言范畴理论的重要组成部分. 上海:上海外语教育出版社,2006

刘正光. 隐喻的认知研究——理论与实践. 长沙:湖南人民出版社,2007

陆俭明. 试论句子意义的组成. 语言研究论丛. 第四辑. 天津:南开大学出版社,1987

沈家煊. 转指与转喻. 当代语言学,1999(1)

束定芳. 隐喻学研究. 上海:上海外语教育出版社,2000

谢之君. 隐喻认知功能探索. 上海:复旦大学出版社,2007

严辰松. 限制性"X的"结构及其指代功能的实现. 解放军外国语学院学报,2007(5)

赵艳芳. 认知语言学概论. 上海:上海外语教育出版社,2001

朱德熙. 自指和转指. 方言,1983(1)

Barcelona,A. *Metaphor and Metonymy at the Crossroads*,Berlin/ New York:Mouton de Gruyter. 2000

Black,W. *Models of Metaphor*. Cornell University Press. ,1962

Dirven,R. Metonymy and metaphor:different mental strategies of conceptualisation. *Leuvense Bijdragen.* 8—2: 1993. 1—25

Grady, J. Theories are buildings. *Cognitive Linguistics.* 8: 1997. 267— 290.

Jackobson, R. Two aspects of language and two types of aphasic disturbances. In Jakobson, R. & Halle, M. (eds.), *Fundamentals of Language.* The Hague: Mouton. 55—82. 1956

Lakoff, G. . & M. Johnson. *Metaphors We Live By.* Chicago: The University of Chicago Press. 1980

Niemeier, S. Straight from the heart-metonymic and metaphorical explorations. In Barcelona, A (ed.),. *Metaphor and Metonymy at the Crossroads*, Berlin/ New York: Mouton de Gruyter. 195—214. 2000.

Radden, G. How metonymic are metaphors? In Dirven, R. & Pörings, R. (eds.), *Metaphor and Metonymy in Comparison and Contrast.* Berlin, New York: Mouton de Gruyter. 2002.

Taylor, J. R. *Linguistic Categorization: Prototypes in Linguistic Theory.* Oxford: Clarendon. 1995.

关于汉语方言语法的
调查与研究①

一、方言语法调查、研究滞后的原因

我国幅员广阔，汉语方言复杂。先秦时期，人们就注意到方言情况，到了西汉，扬雄（公元前53—公元18年）就编著了《輶轩使者绝代语释别国方言》（简称《方言》），这是我国也是世界上第一部方言学著作，而且是一部方言词汇比较的专著。例如：

> 亟、怜、憮、㤅、俺，爱也。东齐、海岱之间曰亟；自关而西秦晋之间，凡相敬爱谓之亟；陈、楚、江淮之间曰怜；宋、卫、邠、陶之间曰憮；或曰俺。

现代意义上的方言研究，当以赵元任先生的《北京、苏州、常州语助词研究》（1926）和《现

① 原文发表在《语言科学》，2004（2），原题为"关于汉语方言语法调查研究之管见"。

代吴语研究》（1928）的问世为开端。应该说汉语方言研究一直是汉语研究的重要组成部分。然而，长期以来汉语方言研究一直局限于方言语音、方言词汇的调查研究，尤其是方言语音的调查研究，很少顾及方言语法的调查研究。这到底是什么原因？

方言语法研究滞后的原因确实是一个值得大家深思、值得大家进一步去探讨的问题。我们欣喜地注意到了 2002 年 12 月由全国方言学会、华中师范大学语言和语言教育研究中心、黑龙江大学文学院与新闻传播学院联合举办的，在黑龙江大学举行的首届国际汉语方言语法学术研讨会，这届研讨会上发表了近百篇汉语方言语法研究的论文，并出版了会议论文集（戴昭铭 2003）。其中，张振兴（2003）、刘丹青（2003）以及鲍厚星（2003）都就此问题发表了自己的看法。鲍厚星（2003）认为，首先是由于汉语方言的分区主要依据语音上的特点，因而众多的方言研究者更多的关注汉语方言语音调查研究。这或许是个原因，但是词汇也不能成为汉语方言分区的依据，那为什么方言词汇的调查研究能一下子搞上去了，并一下子出版了大部头的《现代汉语方言大词典》，而且大部头的汉语方言词典还不止出版了一部？看来，这还不是根本的原因。我想，根本的原因是鲍厚星（2003）所说的第二个原因，即"方言语法研究的难度很大"，而这个情况正是刘丹青（2003）所指出的，"由语法规则尤其是分析性语法规则的隐蔽性造成的"。

事实告诉我们，方言语法确实远比方言语音、方言词汇难调查，难研究。语音规则性很强，而且已由一代一代的学者描写、研究清楚了汉语中古音系统，并已由前辈学者选择在声韵调方面极具代表性的若干汉字制作了一份较为理想的汉语方言语音调查字表，所以相对说来方言语音规则较容易调查，较容易控制与掌握。词汇虽缺乏规则性、系统性，但我们可以用"笨办法"，以普通话的词语为准，制订一个词汇调查词表，分门别类一个词一个词进行调查、对比，最终获得某个方言在词语上的特点。

我们在方言语音调查和方言词汇调查方面已积累了丰富的经验，总结了许多好的调查研究方法，但都没法用到方言语法调查研究上来。语法虽然规则性也很强，但比语音规则不知复杂多少倍，而且奥妙无穷。一种方言语法之错综复杂和精细奥妙之处，难以为非母方言者所体察，难以为非母方言者所了解，难以为非母方言者所调查，方言语法不像调查语音或词汇那样三问两问就能问得出来的。而对于操该方言但又缺乏语法知识的人来说，习惯成自然，又觉察不到自己母方言在语法上的错综复杂和精细奥妙之处。因此，非母方言者难以全面、准确、深入地调查了解该方言的真实面貌，而操该方言但又缺乏语法知识的人也难以全面、准确、深入地调查了解该方言的真实面貌。这样，方言工作者，或者扩大一点说，汉语语言工作者难以仿照方言语音调查或方言词汇调查很快制订出一份理想的方言语法调查表，总结出一套行之有效的方言语法调查方法。这是方言语法调查与研究滞后的最根本的原因。

当然，方言语法研究长期滞后也有一定的认识上的主观原因。长期以来一般认为汉语方言之间语音的差异最大，词汇的差异其次，语法的差异最小。所以普遍认为普通话的语法规则一般也适用于汉语方言。个别有识之士可能很早就注意和重视方言语法的研究了，但真正重视汉语方言语法的调查研究，并逐步成为汉语语言学界的一种普遍观念是 20 世纪 80 年代以后的事，而这跟朱德熙先生的大力提倡和推动有关。朱先生长期在北京大学中文系任教，他在堂上堂下曾不止一次地说到，方言是语言的活化石。从汉语各方言之间的差异上大致可以看出汉语（包括语音、词汇、语法）发展的轨迹，因此多次强调要重视汉语方言语法的调查研究。朱先生在给日本汉学家桥本万太郎的专著《语言地理类型学》中译本所写的序文里还批评研究现代汉语的人"往往只研究普通话，不但不关心历史，把方言研究也看成隔行"。（朱德熙 1985b）而朱先生自己在生前连续发表了《北京话、广州话、文水话和福州话里的"的"字》（1980）、《潮阳话和北京话重叠式象声词的构造》（1982）、《自指和转指——汉语名词化标记"的、者、所、之"的语法功能和语义功能》（1983）、《汉语方言里的两种反复问句》（1985a）和《从方言和历史看状态形容词的名词化兼论汉语同位性偏正结构》（1994）等一系列跟汉语方言语法有关的学术论文，为我们做出了榜样。他所指导的第一个博士生陈小荷（现在南京师范大学文学院任教，教授，博导），其博士学位论文的研究课题就是对自己家乡话（江西丰城话）的语法现象进行描写。朱先生在中国语言学会第六届学术年会（1993）上的书面发言中则更感慨地说道：

　　1961 年写《说"的"》，花了很大的力气说明"的"字应该三分。要是当时讨论的不是北京话而是某种方言，比如说是广州话，那么不费吹灰之力就可以得到同样的结论。因为广州话三个"的"不同音，一眼就可以看清楚。可是我是在《说"的"》发表之后二十年才去观察广州话的。不但如此，当时批评《说"的"》的文章也只是批评它不提历史，不批评它不提方言。可见那个时候大家心目中简直没有方言语法研究这回事。(着重号是引者所加的)(朱德熙 1993)

20世纪80年代以来，朱德熙先生还强调，要推进汉语语法研究就必须注意将横向的汉语方言之间的比较研究、纵向的古今汉语之间的比较研究和标准语的研究这三者科学地、有机地结合起来。（陆俭明 1993）后来华萍（1991）等学者也强调这一点。在这方面朱先生也为我们作了示范，上面所举的朱先生发表的有关论文就是个证明。在朱先生这种思想影响下，方言语法调查与研究越来越为汉语语言学者所关注，而现在随着汉语方言类型学研究的逐步开展，方言语法调查与研究更为越来越多的汉语语言学者所重视。

二、开展汉语方言语法调查与研究的方法

在目前尚未有一份理想的方言语法调查表、一套行之有效的方言语法调查方法的情况下，该怎么开展汉语方言语法调查与研究呢？

我们觉得，当前首先需要大力提倡并鼓励目前从事汉语方言研究的学者和从事汉语语法研究的学者，开展对自己母方言语法的调查研究，同时也提倡并鼓励目前从事汉语方言研究的学者和从事汉语语法研究的学者参与对非母方言语法的调查研究。在调查研究中，既要注意所调查的方言语法跟普通话语法之间相一致的地方，更要注意所调查的方言语法跟普通话语法之间不一致的地方。调查，都要搞实地调查，不依赖第二手材料。

在目前尚未有一份理想的方言语法调查表、尚未有一套行之有效的方言语法调查方法的情况下，对方言（不管是母方言或他方言）语法的调查研究，需要开阔思路，从多角度、多方面入手。例如，我们可以：

（一）以表达范畴为纲开展调查研究，如时体表达范畴、数量表达范畴（包括主客观量表达）、时间表达范畴、处所表达范畴、趋向表达范畴、领属表达范畴、工具表达范畴、否定表达范畴、称谓表达范畴、被动表达范畴、致使表达范畴、存现表达范畴等。

（二）以特殊的词语系统为纲开展调查研究，如量词系统、指代词系统、语气词系统、否定词系统、连接词系统、象声词系统等。

（三）以常用动词为纲开展动词论元结构及其变式的调查研究，语序的调查研究。

（四）词语重叠情况的调查研究。

（五）造词法调查研究（特别注意语音造词，如已发现有的方言有分音词、嵌/l/词等），其中包括词语形态变化的调查研究（如已发现有的方言的人称代词在不同的格位上，语音形式有所不同）。

（六）特殊句法格式的调查研究（所谓特殊的句法格式，是指普通话里所没有的、有特殊表达作用的句法格式）。

（七）特殊虚词的调查研究。

但是必须指出，上面所说的方言语法调查研究实质是属于以标准语为参照点、有针对性的方言语法调查研究。这种调查研究当然也需要，但不是最主要的。而且如果只是靠这种调查研究，不能真正认识某个方言的语法全貌，甚至会出现自以为调查研究得很好而实际上是在以普通话的语法模式来套方言语法的问题。

应该看到，方言语法调查基本上甚至可以说完全是属于口语调查，因此主要的还是要采取我国前辈和国外的某些学者所使用过的田野调查的方法，那就是首先实地录制尽可能多的活生生的方言语料，然后对这些方言语料进行细致的分析研究（在分析研究中可以参照上面所说的那些方面）。而且，这种"调查—分析"需要反复进行，反复核实。当然这种调查研究所付出的代价比较大，具体说要投入较大的人力和财力。但是只有这样调查才能较全面、深入地了解、认识某个方言的语法面貌，也才能真正在汉语方言语法的调查研究上获得重要而满意的成果。

方言语法调查，最理想的还是由操该方言的学者来调查研究该方言的语法。换句话说，最理想的还是由从事汉语方言研究的学者或从事汉语语法研究的学者来调查研究自己母方言的语法。为什么这样说呢？因为即使采用田野调查的方式，所搜集的语料也毕竟是有限的，某个范畴的语法表现，某个特殊句法格式或某个特殊虚词的用法，某种重叠形式等，不一定都能包含在所调查的语料之中，不一定都能在所调查的语料中呈现，所以很需要甚至可以说必须要由操该方言的学者通过内省的办法来尽可能地挖掘。对于某个方言，如果能既采用田野调查的方式搜集尽可能多的语料，又由操该方言的学者通过内省的办法挖掘尽可能多的语料，而且将这两方面的语料合在一起，然后对这些语料进行细致的分析研究，这样就能比较全面、深入地了解、认识、描写该方言的语法面貌。因此说最理想的还是由从事汉语方言研究的学者或从事汉语语法研究的学者，来调查研究自己母方言的语法。

在以上调查研究的基础上建立相应的汉语方言语法语料库，以便自己或他人作进一步的深入研究。

三、汉语方言语法调查与研究需要由一定的理论来支撑

进行汉语方言语法调查与研究需要由一定的理论来支撑。需要什么样的理论指导？需要什么样的理论框架？这也需要大家去探索。李荣先生（1983）曾强调指出，"语言是变的，语言学理论也是变的。语言学理论的作用是帮助我们记录分析语言，不能迷信一种流行的理论。""研究语言的人千万别忘了，实践是检验真理的标准，语言比语言学丰富，语言学的理论必须建立在语言事实的基础上。"李荣先生的意见值得记取。李小凡（2003）认为，"当前需要的理论框架应该是一种具有兼容性和开放性，可以不断丰富和完善的实践性理论"，而评价这种理论的标准是"适用性""通用性""便捷性"。这个看法值得重视。我们必须坚持多元论，根据汉语方言语法的实际情况，在目前众多的语法理论的框架中，综合考虑，吸取对汉语方言语法研究分析有用的理论。这只是一个原则性的意见，适用汉语方言语法研究的具体的理论框架还需靠大

家在实践中逐步建立起来。但是，不管采用什么样的理论方法，其中缺一不可的是对比研究。

在扎实的方言语法调查的基础上，必须开展对比研究，包括双方言语法对比研究，方言和普通话语法对比研究，方言和古汉语语法对比研究，以及方言、古汉语、普通话语法对比研究。这种对比研究跟汉语方言语法调查研究起着互动的作用，将大大有助于推进汉语方言语法的调查研究。在这方面已有学者做了许多研究，获得了很好的研究成果。在 2002 年 12 月首届国际汉语方言语法学术研讨会上宣读的有关汉语方言对比研究的文章就多达十几篇。但也不能不指出，从先前已发表的某些论文来看，有些研究者似没有很好领会朱德熙先生等学者的意见精神，只是简单地套用，表面看问题，进行牵强的比较研究，而不考虑自己在方言或古汉语方面是否有功底、是否能驾御。这样的研究不但不能深入，还容易弄巧成拙，在文章中出现不该有的硬伤。这一点不能不引起我们的注意和警惕。

四、多调查，多研究，多总结，多交流，推进方言语法调查研究

汉语方言语法调查研究虽然难度很大，基础也比较薄弱，但我们毕竟已经起步了，开始阔步向前走了。20 世纪 90 年代以来，就已先后举行过 6 次方言语法的专题讨论会——动词的体（1993 年，上海；1994 年，北京）、动词谓语句（1994 年，韶关）、代词（1995 年，武汉）、介词（1996 年，黄山）、结构助词（1998 年，苏州）、疑问句（2003 年，广州），并已出版了多本方言语法的专题论文集（以上材料由李小凡、项梦冰二位提供）：

《动词的体》，张双庆主编，香港中文大学中国文化研究所
吴多泰中国语文研究中心，1996 年出版；

《汉语方言体貌论文集》，胡明扬主编．江苏教育出版社，
1996 年出版；

《湖南方言的动态助词》，伍云姬主编，湖南师范大学出版
社，1996 年出版；

《动词谓语句》，李如龙、张双庆主编，暨南大学出版社，1997 年出版；

《湖南方言的介词》，伍云姬主编，湖南师范大学出版社，1998 年出版；

《代词》，李如龙、张双庆主编，暨南大学出版社，1999 年出版；

《湖南方言的代词》，伍云姬主编，湖南师范大学出版社，2000 年出版；

《介词》，李如龙、张双庆主编、暨南大学出版社，2000 年出版；

《汉话方言代词研究》，张惠英编，语文出版社，2001 年出版。

更让我们高兴的是，就已发表、出版的论著来看，有不少创见。举例来说，孙立新（2002）在谈到关中方言的指示代词时，注意到了层次问题，即关中多数方言指示代词近指是"这（搭）"，远指分两个，一是"兀（搭）"，表示相对不远，一是"奈（搭）"，表示相对很远。这种认识就很可贵。所谓指示代词二分，可能实际上都是有层次的，或者在远指中再分为"远"、"更远"，或者在近指中再分为"近"、"更近"。换句话说，按层次观念，所谓三分实质上还是二分，只是属于层层二分而已。李连进（2003）提供的实例也说明了这点：

(1) a. ［ə³³lie³⁵ʂʅ²²heŋ³¹ti¹¹，mə³³lie³⁵ʂʅ²²haŋ³¹ti¹¹，mə³³lau⁵⁵　　ʂʅ²²həu³⁵ti¹¹］
　　　这个　是红　的　　那个　是黄　的　　那　个(距离更远)是黑　的

　　b. ［ə³³la³⁵ʂʅ²²heŋ³¹ti¹¹，mə³³la³⁵ʂʅ²²haŋ³¹ti¹¹，mə³³lau⁵⁵mə³³la³⁵ʂʅ²²həu³⁵ti¹¹］
　　　这些　是红　的　　那些　是黄　的　　那　些(距离更远)是黑　的

　　　　　　　　　　　　　　　　　　　　　　（富川八都土话）

(2) a. ［tən³¹kei³³ɕi³¹hoŋ¹³ti³³，tən³¹tsa³³ɕi³¹uaŋ¹³ti³³，tən³¹tsa⁵³
　　　个　这　是红　的　　个　那　是黄　的　　个　那(距离更远)
　　　ɕi³¹həuI⁵⁵ti³³］
　　　是　黑　的

　　b. ［nei⁵³kei³³ɕi³¹hoŋ¹³ti³³，nei⁵³tsa³³ɕi³¹uaŋ¹³ti³³，nei³¹tsa⁵³
　　　些　这　是红　的　　些　那　是黄　的　　些　那(距离更远)

$$[\text{ɕi}^{31}\text{həuI}^{55}\text{ti}^{33}]$$

　　　是　黑　的　　　　　　　　　　　　　　（马堤村优念话）

(3) a. $[\text{kɔ}^{11}\text{ni}^{11}\text{ɕi}^{11}\text{hoŋ}^{13}\text{kE}^{33}，\text{kɔ}^{53}\text{ni}^{33}\text{ɕi}^{11}\text{vioŋ}^{13}\text{kE}^{33}，\text{kɔ}^{11}\text{kɔ}^{53}\text{ni}^{33}　\text{ɕi}^{31}\text{tɐŋ}^{55}\text{kE}^{33}]$

　　　个 这 是 红 的 个 那 是 黄 的　个 那(距离更远) 是 黑 的

b. $[\text{ŋɔ}^{53}\text{thɛi}^{11}\text{tɐ33}\text{ni}^{11}，\text{nɔ}^{11}\text{thɛi}^{11}\text{tɐ33}\text{ni}^{11}，\text{ni}^{53}\text{thɛi}^{11}\text{kɔ}^{11}\text{tɐ33}\text{ni}^{33}]$

　　　我 在 里 这 他 在 里 那 你 在 里 那(距离更远)

　　　　　　　　　　　　　　　　　　　　　　　（潘内村优念话）

　　当然，"指示代词三分实质上是层层二分"说，希望有更多的方言语法调查材料来证实。

　　2002 年年底，由全国方言学会、华中师范大学语言和语言教育研究中心、黑龙江大学文学院与新闻传播学院联合举办的首届国际汉语方言语法学术研讨会在东北黑龙江大学举行。那次国际汉语方言语法学术研讨会的举行，以及研讨会论文集《汉语方言语法研究和探索》的出版，应该说是汉语方言语法调查与研究正在向前发展的一个新的标志，也为总结交流汉语方言语法研究成果开了个好头，今后要继续多调查，多研究，多总结，多交流，大家集思广益，一定会迎来汉语方言语法调查研究的大突破，大发展。

参考文献

　　鲍厚星. 方言语法研究与田野调查. 见戴昭铭主编. 汉语方言语法研究和探索——首届国际汉语方言语法学术研讨会论文集. 哈尔滨：黑龙江人民出版社，2003

　　戴昭铭主编. 汉语方言语法研究与探索——首届国际汉语方言语法学术研讨会论文集. 哈尔滨：黑龙江人民出版社，2003

　　华萍. 现代汉语语法问题的两个"三角"的研究——1980 年以来中国大陆现代汉语语法研究的发展. 语言教学与研究，1991（3）

　　李荣. 方言研究中的若干问题. 方言，1983（2：1—15）

　　李连进. 广西富川土话指示代词的三分. 见戴昭铭主编. 汉语方言语法研究和探索——首届国际汉语方言语法学术研讨会论文集. 哈尔滨：黑龙江工人民出版社，2003

　　李小凡. 当前方言语法研究需要什么样的理论框架. 见戴昭铭主编. 汉语方言语法研究和探索——首届国际汉语方言语法学术研讨会论文集》. 哈尔滨：黑龙江

人民出版社，2003

刘丹青. 试谈汉语方言语法调查框架的现代化. 见戴昭铭主编. 汉语方言语法研究和探索——首届国际汉语方言语法学术研讨会论文集. 14～24 页. 哈尔滨：黑龙江人民出版社，2003

陆俭明. 80 年代中国语法研究. 北京：商务印书馆，1993

孙立新. 关中方言代词概要. 方言，2002（3）

张振兴. 方言与方言语法研究. 见戴昭铭主编. 汉语方言语法研究和探索——首届国际汉语方言语法学术研讨会论文集. 哈尔滨：黑龙江人民出版社，2003

朱德熙. 北京话、广州话、文水话和福州话里的"的"字. 方言，1980（3）

朱德熙. 潮阳话和北京话重叠式象声词的构造. 方言，1982（3）

朱德熙. 自指和转指——汉语名词化标记"的、者、所、之"的语法功能和语义功能. 方言，1983（1）

朱德熙. 汉语方言里的两种反复问句. 中国语文，1985a（1）

朱德熙. 序. 见桥本万太郎. 语言地理类型学（中译本，余志鸿译）. 北京：北京大学出版社，1985b

朱德熙. 关于"的"字研究的一点感想——在中国语言学会第六届学术年会上的书面发言. 中国语文，1993（4）

朱德熙. 从方言和历史看状态形容词的名词化. 方言，1994（1）。

吴县老东山话里的"阿 VP?"疑问句①

引　言

太湖中间归吴县管辖的主要有两个岛，一个是洞庭东山岛（简称东山岛，东山），一个是洞庭西山岛（简称西山岛，西山）。洞庭西山岛是个真正的岛，洞庭东山岛实际是一个半岛，离苏州不到 90 公里。东山话，俗称"山朗闲话"，跟"吴侬软语"的苏州话，有明显的差异。除了整个说话的语调、势态有很大不同外（苏州话很软，东山话很硬，"很拗"），突出的是：

（一）遇摄鱼虞韵知章组三等字韵母都是[ɿ]，而不像苏州话都是[ʮ]。如"猪、著、除、书、住、输"。

（二）效摄韵母都是[ɔ]／[iɔ]，而不像苏州话都是[æ]／[iæ]。如"好、桥"。

（三）止开三等字和蟹合一等字韵母都是[ei]，而不像苏州话都是[ɛ]。如"碑、堆"。

① 原文发表在《语言学论丛》第三十五辑，商务印书馆，2007。此次有所修改。

（四）在声调上，苏州话是 7 个调，调值如下：（钱乃荣 1992）

阴平 44	江飞天青	阳平 223	人云前逃
阴上 51	懂纸老近		
阴去 412	对去到快	阳去 31	路共同梦
阴入 55	脚各作黑	阳入 23	局陆吃肉

老东山话上声分阴阳，所以有 8 个声调，调值跟苏州话也不完全相同，具体如下：

阴平 44	江飞天青	阳平 32	人云前逃
阴上 41	古走口草	阳上 33	老有是近
阴去 313	对去到快	阳去 23	路共同梦
阴入 55	脚各作黑	阳入 22	局陆吃肉

对于吴语里的"阿 VP？"疑问句，前人早有描写和论述，但看法有分歧——赵元任（1928）、汪平（1984）认为吴语里的"阿 VP？"疑问句是"是非问句"，其中的"阿"的功用相当于北京话里的疑问语气词"吗"；而朱德熙（1985）认为吴语里的"阿 VP？"疑问句是"反复问句"，"阿"是个表示疑问的副词。我们到底该怎么看待吴语里的"阿 VP？"疑问句呢？"阿 VP？"疑问句的归属问题一直存疑。笔者是吴县东山人。2004 年底与我老母亲的一次无意间的谈话引发我重新思考这个问题。

一、吴县老东山话里的疑问形式

在讨论吴语里的"阿 VP？"疑问句到底该看作是非问句还是反复问句之前，有必要先介绍一下吴县老东山话里的疑问形式。

吴县老东山话里的疑问形式，除了包含疑问代词的特指问和"A 还是 B"类型的选择问外，还有以下三种疑问形式（格式里的 VP 代表动词或形容词性成分，NP 代表名词性成分；例句中〔　〕里用国际音标的注音，代表有音无字的言语成分，下同）：

（A）一个实词性成分（或 VP，或 NP）加上一个问号"？"（"？"既表示一句话的终结，也表示句子的疑问语调）。可以码化为：

VP/NP＋？

例如：

(1) 俚勿来？［他不来？］

(2) 葛个橘子酸？［这个橘子酸？］

(3) 雨伞？［（你要/买/……）雨伞？］

（B）一个入声字"阿"加上一个动词或形容词性成分（即 VP），再加上一个问号"?"。可以码化为：

（NP）阿＋**VP**＋?

例如：

(4) 俚阿来？［他来吗？/他来不来？］

(5) 葛个橘子阿酸？［这个橘子酸吗？/这个橘子酸不酸？］

（C）叠用一个动词或形容词（都用 V 表示），中间嵌入否定词"勿"，再加上一个问号"?"。可以码化为：

（**NP**）**V** 勿 **V**……

例如：

(6) 俚来勿来 $[\eta^{33}]$ 勿晓得。［他来不来我不知道。］

(7) 葛个梨酸勿酸，$[\eta^{33}]$ 得吃了就晓得了。［这个梨酸不酸，你们吃了就知道了。］

上述（A）类疑问形式，相当于北京话里的不带疑问语气词"吗"的是非问形式，这类疑问形式可以独立形成疑问句，不过只用于回声问，不用于起始问，语用功能是为了证实。例如：

(8) 甲：$[\eta^{33}]$ 今朝勿想吃面。［我今天不想吃面。］

　　乙：侬今朝勿想吃面？［你今天不想吃面？］

(9) 甲：葛个橘子酸。［这个橘子酸。］

　　乙：葛个橘子酸？［这个橘子酸？］

(10) 甲：葛桩事体 $[\eta^{33}]$ 勿清楚，侬去问老三。［这件事我不了解，你去问老三。］

　　　乙：去问老三？

(11) 甲：$[\eta^{33}]$ 要一把雨伞。［我要一把雨伞。］

　　　乙：侬要（一把）雨伞？［你要（一把）雨伞？］

— 222 —

例（8）到例（11）里的""疑问句都用于回声问。乙见到甲，不能劈头问：

    （12）＊倷今朝勿想吃面？［你今天不想吃面？］

        ＊葛个橘子酸？［这个橘子酸？］

        ＊去问老三？

        ＊倷要（一把）雨伞？

而得这样问：

    （13）倷今朝阿是勿想吃面？［你今天不想吃面吗？/你今天是不是不想吃面？］

        葛个橘子阿酸？ ［这个橘子酸吗？/这个橘子不酸？］

        阿是要去问老三？［要去问阿三吗？/是不是要去问阿三？］

        阿是要（一把）雨伞？［是要（一把）雨伞吗？/是不是要（一把）雨伞？］

同样，当甲给乙一个橘子，乙不能这样问甲：

    （14）＊葛个橘子酸？［这个橘子酸？］

而得这样问：

    （15）葛个橘子阿酸？［这个橘子酸吗？/这个橘子不酸？］

    例（8）到例（11）虽属于回声问，但还得把这种问句归入是非问句。其实，这个情况不限于东山话，所有吴语，甚至可能所有"可VP？"类型的方言里，都是这样。

    上述（B）类疑问形式，通常单独形成疑问句，而且是特指疑问句、选择疑问句以外用得最多的疑问句，这里不再举例。这类疑问句到底相当于北京话里的是非问句还是反复问句，这正是本文要探究的。

上述（C）类疑问形式，不能单独形成疑问句，只能处于被包含状态，通常是作主语或作宾语，包括作介词的宾语。作主语的例子就是上面所举的例（6）例（7）；作宾语的例子如：

(16) 今朝戏馆［ŋ³³］勿晓得开门勿开门。［今天剧院我不知道开门不开门。］

(17) 葛辰光拿孝敬勿孝敬爷娘当作一桩大事体。［那时候把孝敬不孝敬爹娘看作是件大事情。］

例（16）"开门勿开门"作动词"晓得"的宾语；例（17）"孝敬勿孝敬爷娘"作介词"拿"的宾语。

二、老东山话里的三种"阿 VP?"疑问句

上面说了，是 2004 年底与我老母亲的一次无意间的谈话，引发了我重新思考吴语里的"阿 VP?"疑问句的归属问题。我母亲当时居住在上海青浦，她老人家是 45 岁离开东山的，随我父亲在崇明住了 17 年，父亲退休后迁居我二哥居住地上海青浦，在家里她一直说一口东山话。那次谈话内容如下：

(17) 我：姆妈，［ŋ³³］来哉。［妈，我来了。］

母亲：俭明，侬［yi²³］来开会哉。身体阿好？［俭明，你又开回来了。身体好吗？/身体好不好？］

我：好，侬看！［好，你看！］

母亲：马真（注：我老伴儿）阿好［lₐ⁷²²］？［马真好吗？］

我：俚［ₐ³³］蛮好。［她也很好。］

母亲：陆征（注：我儿子）阿好［lₐ⁷²²］？［陆征好吗？］

我：［ₐ³³］蛮好。［也很好。］

母亲：葛么小熊（注：陆征的妻子，姓熊）［ȵie⁷²²］？［那么小熊呢？］

我：［A³³］蛮好。［也很好。］

母亲：俚得阿常打电话来？［他们常打电话来吗？／他们是不是常打电话来？］

我：常打，两三个礼拜一趟。［常打，两三个星期一次。］

母亲：葛么陆征得小囝阿好［lA⁷²²］？［那么陆征他们的孩子好吗？］

我：俚得才蛮好。［他们都很好。］

母亲：大家才好［zie²³］好。马真，［ŋ³³］是晓得俚身体一直勿大好，葛么俚现在身体到底阿好［ȵie⁷²²］？［大家都好就好。马真我是知道她身体一直不大好，那么她现在身体到底好不好呢？］

我：勿宁骗倷，俚蛮好，倷放心好了。［没有骗你，她很好，你放心好了。］

这段对话里，我母亲在问各人的身体好不好时，先后用了三种形式：

（甲）（NP）阿好？

（乙）（NP）阿好［lA⁷²²］？

（丙）（NP）阿好［ȵie⁷²²］？

（甲）、（乙）、（丙）就是老东山话里的三种"阿VP?"疑问句形式，可以分别码化为：

（甲）（NP）阿VP？

（乙）（NP）阿VP［lA⁷²²］？

（丙）（NP）阿VP［ȵie⁷²²］？

它们彼此之间的差别，表面米看只在（一）句末带不带语气词——（甲）不带语气词，（乙）、（丙）带语气词；（二）带什么样的语气词——（乙）带［lA⁷²²］，（丙）带［ȵie⁷²²］。但更需注意的是，它们在使用上有区别，突出的一点是，它们跟表追究性疑问语气的副词"到底"的共现情况不同。

下面所用例句，其咨询人除了我老母亲外，还有两位：一位是我大哥，今年78岁，22岁离开家乡，现居住在上海，但还是一口东山话；

另一位叫张阿三，是我儿时邻居家的小朋友，现年 69 岁，至今还居住在东山叶巷。

三、三类 "阿 VP?" 疑问句式与 "到底" 的共现情况

大家都知道，汉语几乎各个方言里都有表示追究性疑问语气的副词 "到底"，书面上还可以用 "究竟"。"到底""究竟" 在语义指向上有一个特点，那就是它一定而且只能指向实在的疑问成分（陆俭明 1997）。因此，在北京话里，"到底" 不能用于是非问句，不管句末有没有疑问语气词 "吗"，因为是非问句的语段成分里不含有实指的疑问成分。例如不能说：

(18) ＊你到底去（吗）？

(19) ＊这桔子到底甜（吗）？

"到底" 只用于 "非是非问句"，包括特指问句、选择问句和反复问句，不管句末有没有疑问语气词 "呢"。例如：

(20) a. 他们到底去哪儿（呢）？

　　　b. 他们到底是去广州还是去深圳，还是去厦门（呢）？

　　　c. 他们到底去不去广州（呢）？

这说明，在疑问句中使用表追究性疑问语气的副词 "到底" 的先决条件是疑问句中必须含有除了疑问语气词之外的实指的疑问成分。这个情况具有普遍性，各个方言都是如此，即表示追究性疑问语气副词 "到底" 在各个方言里都是不用于是非问句（如果有是非问句的话），只用于 "非是非问句"。

现在看老东山话里三种 "阿 VP?" 疑问句式与表追究性疑问语气副词 "到底" 的共现情况。

语言事实告诉我们，在老东山话里，（甲）类 "（NP）阿 VP?" 疑问句和（丙）类 "（NP）阿 VP [nie^{r22}]?" 疑问句都可以跟表追究性疑问语气副词 "到底" 共现。（甲）类 "（NP）阿 VP?" 疑问句跟表追究

性疑问语气副词"到底"共现的例子如：

> （21）葛么葛个电影倷到底阿想看？［那么这个电影你到底
> 想不想看？］
>
> （22）倷搭［ŋ³³］说实话，倷到底觉着葛个房子阿好？［你
> 给我说实话，你到底觉得这个房子好不好？］

（丙）类"（NP）阿 VP［ȵie⁷²²］？"疑问句跟表追究性疑问语气副词
"到底"共现的例子如：

> （23）俚到底阿来［ȵie⁷²²］？／到底俚阿来［ȵie⁷²²］？
>
> （24）葛个橘子到底阿酸［ȵie⁷²²］？／到底葛个橘子阿酸
> ［ȵie⁷²²］？

但（乙）类"（NP）阿好［lᴀ⁷²²］？"疑问句不能跟"到底"共现，即老
东山话里没有下面的问法：

> （25）＊俚到底阿来［lᴀ⁷²²］？／＊到底俚阿来［lᴀ⁷²²］？
>
> （26）＊葛个橘子到底阿酸［lᴀ⁷²²］？／＊到底葛个橘子阿
> 酸［lᴀ⁷²²］？

以上所述可列如下表：

"阿"疑问句类型	跟"到底"共现
（甲）（NP）阿 VP？	＋
（乙）（NP）阿 VP［lᴀ⁷²²］？	－
（丙）（NP）阿 VP［ȵie⁷²²］？	＋

四、三类"（NP）阿 VP？"疑问句中"阿"的不同作用

从三类"（NP）阿 VP？"疑问句跟表追究性疑问语气副词"到底"
共现的不同情况，可以窥知其中"阿"的不同作用。

（甲）类"（NP）阿 VP？"疑问句，由于能跟表追究性疑问语气副

— 227 —

词"到底"共现。如上面所举的例（21）到例（22）。再如：

（27）［ŋ³³］得到底阿去看电影？［你们到底去不去看电影？］

（28）葛条路到底阿好走？［这条路到底好走不好走？］

而"到底"呢，上面我们已经指出，它在语义指向上一定而且只能指向实在的疑问成分，现在（甲）类"（NP）阿VP?"疑问句可以跟"到底"共现，这就不难断定，（甲）类"（NP）阿VP?"疑问句属于反复问句，其中的"阿"只能分析为"表示反复疑问"语法意义的成分，即只能将这里的"阿"分析为表示反复问的标记，因为如果认为这里的"阿"相当于北京话的"吗"，就不好解释为什么（甲）类疑问句可以跟表追究性疑问语气副词"到底"共现，因为"吗"不属于"实在的疑问成分"。

（乙类）"（NP）阿VP［lₐ⁷²²］?"疑问句不能跟"到底"共现，这说明句中没有实指的疑问成分，这也就是说，句中的"阿"不是实指的疑问成分。（乙）类疑问句句末的"［lₐ⁷²²］"，不是疑问语气词，因为在我们东山话里，不管是老派东山话还是新派东山话，压根儿就没有"＊（NP）到底阿VP［lₐ⁷²²］?"这样的疑问句。这样看来，（乙）类疑问句里的"阿"只能分析为类似北京话里的句末疑问语气词"吗"。至于那句末的"［lₐ⁷²²］"，是个语气词是肯定的，但是它表示什么样的语气，得另行研究。

（丙）类疑问句里的句末语气词［ȵie⁷²²］，看来相当于北京话里的句末语气词"呢"，其根据是它跟北京话里的"呢"在用法上是完全平行的：

第一，可以用在特指问句、选择问句末尾，例如：

（29）买啥物事［ȵie⁷²²］？［买什么东西呢？］

（30）倷花仔几化铜钿［ȵie⁷²²］？［你花了多少钱呢？］

第二，也可以用在"非疑问形式"的成分后边，构成简略的特指问句。例如前面例（17）的对话中的"葛么小熊［ȵie⁷²²］? ［那么小熊呢？］"（＝葛么小熊哪哼［ȵie⁷²²］? ［那么小熊怎么样呢？］）。再如：

（31）甲：门朝倷啥晨光来？［明天你什么时候来？］
　　　乙：下半天来。［下午来。］

甲：后尼［ȵie⁷²²］？［后天呢？］

乙：后尼［ŋ³³］上半天来。［后天我上午来。］

第三，也可以用在主语或话题之后，表示停顿，表对举。例如：

(32) 葛趄［ŋ³³］勿去则，㑚看，门朝［ȵie⁷²²］，［ŋ³³］呒不空，后尼［ȵie⁷²²］，要送小囝去北京。[这一回我不去了，你看，明天呢，我没有空，后天呢，要送小孩儿去北京。]

鉴于（丙）类"（NP）阿 VP［ȵie⁷²²］？"疑问句可以跟表追究性疑问语气副词"到底"共现，而句末的语气词"［ȵie⁷²²］"与北京话例的"呢"完全对等，因此我们可以断定，（丙）类"（NP）阿 VP［ȵie⁷²²］？"疑问句里的"阿"也是个反复问的标记。如果认为丙类"（NP）阿 VP［ȵie⁷²²］？"疑问句里的"阿"相当于北京话的"吗"，就难以解释（丙）类疑问句为什么能分别与"到底"和等同于北京话里"呢"的"［ȵie⁷²²］"共现。

这里有个问题，老东山话里三类"阿 VP？"疑问句里的"阿"，明明是语音形式相同，书写形式相同，出现的语法位置相同，而且都属于功能性成分，能分析为不同性质的语言成分吗？从理论上来说，完全可以。朱德熙先生（1961）对现代汉语里"的（de）"的分析与处理（将"的"分析为副词性后加成分、形容词性后加成分和名词性后加成分三个"的"），英语语法学中对 -ly（分析为副词性后缀和形容词性后缀）和对 -s（分析为表示名词复数的词缀和表示第三人称单数动词现在时的词缀）的分析和处理，就是这样做的。

结束语

老东山话里的"阿 VP？"疑问句，无疑就是大家讨论的吴语那种"阿 VP？"疑问句。通过对老东山话里的"阿 VP？"疑问句的考察、分析，我们看到，赵元任先生和朱德熙先生先前对吴语"阿 VP？"疑问句的分析与看法，各有合理之处，但似都存在考虑不全面之处。事实说明，"阿 VP？"疑问句在某些语境里（当句末带有［lA⁷²²］时），可以视为类似北京话里带"吗"的是非问句;在某些语境里(当句末带有 [nie$_{22}$],或不带任何语气成分时),可以看作表示类似北京话里的反复问的标记。

上面所谈实例也说明,挖掘、描写新的语言事实有助于我们对语言现象获得新的认识。

参考文献

陆俭明. 关于语义指向分析. 中国语言学论丛,1997(第一辑)

钱乃荣. 当代吴语研究. 上海:上海教育出版社,1992

汪 平. 苏州话里表疑问的"阿、曾阿、啊",中国语文,1984(5)

赵元任. 现代吴语的研究. 北平:清华学校研究院印行,北京:1928

朱德熙. 说"的". 中国语文,1961(12)

朱德熙. 汉语方言里的两种反复问句. 中国语文,1985(1)

北佐明 卷

下 篇

现代汉语应用研究

新世纪中汉语应用研究的
三个主要方面①

《中国语文》2000 年第 1 期在"本刊编辑部"的文章《迎接新世纪》里，把"加强语言本体研究与语言应用研究的沟通"列为《中国语文》编辑部在新世纪"特别关注的"首要方面。这是符合时代发展需求的。科学研究的最终目的都是为了应用，现代汉语研究也不例外。现代汉语应用研究有许多方面，跨入新世纪后首先要抓哪些方面的应用研究呢？本文试就这个问题谈些意见。

一、21 世纪可能存在的特点

为了能更好地把握住跨入新世纪后首先需要抓的有关现代汉语的应用研究，似有必要先了解一下 21 世纪可能存在的时代特点。

21 世纪将会有什么样的时代特点呢？根据 20 世纪后半叶，特别是八九十年代各方面的发展情况，我们大致可以预见到：

① 原文发表在《中国语文》，2000（6），原题为"跨入新世纪后我国汉语应用研究的三个主要方面"。此次有所修改。

21世纪是一个高科技迅速发展的信息时代。这是新世纪的第一个时代特点。这也是继标志人类文明的农业时代、工业时代之后的一个新时代。21世纪的高科技，主要指信息技术、生物技术、纳米技术、材料技术、能源技术、航天技术和环保技术。而所有高科技研究的进行和开拓，都无不依赖于信息科技，特别是计算机。所以也可以说，21世纪的高科技将以信息科技为先导，为龙头。

21世纪是一个知识经济的时代。这将是新世纪的第二个时代特点。

在信息时代，主宰世界的当然还是人，但是占主导地位的是知识。原先说"知识就是力量"，现在，特别是到了21世纪，知识将就是生产力；信息转化为知识，知识转化为经济，知识将作为一种无形的经济成为信息时代经济的主要特征。今后，单位与单位之间的竞争，地区与地区之间的竞争，国家与国家之间的竞争，不同社会制度之间的竞争，固然还是各种实力的竞争，但在很大程度上都将具体化为知识的竞争。21世纪，衡量一个国家的实力如何主要不是看你生产多少吨煤，生产多少吨钢铁，生产多少吨石油，而是看你输出多少资本，看你输出多少技术。到那时，谁能掌握最先进的科学技术知识，特别是信息科学技术知识，谁能最大限度地拥有信息，特别是谁能最先拥有最新的信息，谁就将拥有财富，谁就将取得主动权。信息时代知识获取的重要性，决定了一个正常的成年人，不但要普遍地学习知识，而且要不断地更新知识，不断努力地学习最新科技知识，终生接受教育，这样才能适应工作的需要。因此，21世纪教育也将面临着前所未有的严峻挑战。

21世纪又是"经济全球化的时代"。这将是新世纪的第三个特点。2000年1月27日至31日在瑞士达沃斯（Davos）举行的"世界经济论坛"（World Economic Forum）会议，许多国家的元首都参加了这个会。当时我们国家是吴邦国副总理出席了这次会议，并在会上发表了演说，阐明了我国对世界经济前景的看法与对策。这次大会提出了这样一个口号，那就是：

New beginning，Making the difference

（新的起点，新的思路）

而且形成了一个共识，那就是 21 世纪将是一个经济全球化的时代。"经济全球化"，有些人把它理解为"美国化"，这是不正确的。所谓"经济全球化"，主要是指作为经济三大要素的资本、科技、人才将遵循市场法则，逐步在全球范围内自由流动与组合。更具体地说，"经济全球化"首先是要求商品真正按市场法则在全球流通，这可以说是第一个层次；其次是要求资本、技术和人才按市场法则在全球流通，这可以说是第二个层次；最后要求货币自由兑换。由此逐步形成全球性的经济分工与合作，使世界经济逐步变为一个整体。所以"经济全球化"也称为"世界经济一体化"。进入经济全球化时代后，制约经济发展的主要因素有三个，一是现代高科技知识与技能，一是市场竞争机制，一是政府职能的转换。这三大因素，迫使每个国家必须对现行的经济、政治制度进行不断改革。经济全球化的结果将把世界经济带入一个高增长、低通货膨胀、低失业率的新经济时代，到那时衡量一个地区、一个国家发展潜力的根本依据将是教育水平与教育质量、人的素质、人的知识结构、管理机制与管理水平、服务水平与服务质量等，而这也就构成了新经济时代无形经济的主体。

我国目前还是属于发展中国家。世界经济全球化是不可阻挡的历史潮流。作为发展中国家，是参与、融入国际社会，还是回避、远离？发展中国家的目标，应是尽快地缩小与发达国家、与世界水平的差距。闭关自守永远不能使自己发展强大，老百姓也甭想过上好日子。近十多年来的事实说明，早开放、早融入国际社会的国家，其受惠程度高于晚开放、晚融入国际社会的国家。其实，融入国际社会是迟早的问题，这不依人的意志为转移。正如古巴总统卡斯特罗所说的，"经济全球化是不得不乘坐的大船"。我国加入世贸组织，就目前说，有利于进一步引进竞争机制，有利于我国从劳动密集型生产向资本、技术密集型生产过渡；有利于增强我们与发达国家之间的互补性、依赖性；也使我国在世界经济贸易上和经融改革上有更多的发言权；可以促进我们国内各方面的改革。

从国际政治上，特别是从国与国的关系上说，21 世纪是一个多极化的时代；和平、民主与发展将成为新世纪的主流。这将是新世纪的第四个时代特点。

我们知道，18 世纪上半叶到 20 世纪初，可以说是殖民统治横行的时代；20 世纪 50 年代到 80 年代，是苏美称霸、苏美对峙的冷战时代；80 年代末以来随着苏联的蜕变、东欧的解体、中国经济和国力的增强、第三世界的发展壮大，根本改变了原先苏美争霸世界的国际政治格局。据有关报道，20 世纪，各种战争夺走了 1.1 亿人的生命，而其中绝大部分是平民百姓，参战军人的死亡人数只占到 10%。现在，虽东西、南北的复杂关系与矛盾依然存在，但世界正向着多极化方向发展，和平、民主、发展已；成为世界人民共同的呼声，而且将不可逆转。

21 世纪是一个人、自然、社会协调发展的时代。这将是新世纪的第五个时代特点。

21 世纪，人类将更加普遍地、理性地、科学地节制生育和消费，愈加重视自身的生存环境和生活质量，更加重视地球上有限资源的合理使用；人们将更理性地改革社会体制，合理地均衡物质财富的分配，健全社会民主与法制，升华社会道德，建立平等、和谐的人际关系和区际关系；在不断调整人与自然之间、人与人之间两大主线的基础上，使人类社会真正走上理想的可持续发展的道路。

根据上述 21 世纪可能存在的特点，并考虑到现代汉语应用研究的走向，我们认为，跨入 21 世纪后，现代汉语应用研究中应以下述三方面为研究重点：

第一，适应中文信息处理需要的现代汉语应用研究。

第二，适应中小学语文教学需要的现代汉语应用研究。

第三，适应汉语作为第二语言/外语教学（以下简称汉语教学）需要的现代汉语应用研究。

下面试分别加以说明。

二、适应中小学语文教学需要的现代汉语应用研究

正如上文提到 21 世纪是一个知识经济的时代，衡量一个地区、一个国家发展潜力的根本依据将是教育水平与教育质量、人的素质、人的知识结构，竞争机制、管理机制与管理水平、服务水平与服务质量等，

而这都离不开一个东西，那就是母语的语文修养和语文水平。而目前我国的情况是，一般人的语文修养、语文水平都不尽如人意，单就大学生（包括研究生在内）来说，语文修养和语文水平有每况愈下的趋势。从小学，到中学，到大学，这是一条教学的长河。大学是下游，中小学是上游。上游能源源不断地供给丰富、清澈的河水，才能保证下游不但水质好，而且水域宽广。中小学语文教学的问题已引起全社会强烈的反应，怎样提高中小学的语文教学水平与质量，进而提高全民族的语文修养与语文水平，这是21世纪亟需解决的研究课题。

目前中小学的语文课，从语言教学的角度说，存在着两大问题：一是课本有很多不合理的地方，字、词、语法点的出现与安排很缺乏科学性；二是现行的语文教学思路和教学方法很有问题。这里需要研究的是以下几点。

第一，中小学语文教学的目的该是什么？

笔者认为中小学语文教学的目的有三个：一是使学生受到真、善、美的教育与熏陶；二是让学生有一些文学素养；三是让学生具有一定的"听说读写"的技能，全面综合的语文能力。

第二，学生怎样才能获得"听、说、读、写"的技能，全面综合的语文能力？

要让学生获得上面所说的技能和能力，中小学语文教学需要做三方面工作：

一是设法让学生大量阅读范文，并在老师的指导下模仿写作。

二是通过各种教学手段，让学生知道，一篇文章好，好在哪儿，一篇文章不好，不好在哪儿。

三是需要给学生一点语文知识。

其中，第一点是根本；第二点也很重要，可以帮助学生开窍，第三点起辅助作用，目的是为了有利于老师教，有利于学生学。设法让学生大量阅读范文，并在老师指导下模仿写作，这是中国语文教学的老传统，应该说是一种好的传统。但光靠这一条是不够的。一个高明的、有责任心的语文老师一定会在第一点的基础上设法让学生知道，一篇文章的闪光点和蹩脚之处。为了能收到事半功倍的教学效果，我们还有必要而且是恰到好处地给学生一点语文知识。第二、第三两点应该说是我们当今语文教学高于传统语文教学的地方。

第三，字、词、语法点该多少，该哪些，孰前孰后，复现率该是多少，语文课本该怎么编写？

第四，应该需要一种什么样的教学思路和教学方法？具体说，该怎么讲解课文？在这里，我不妨说一段经历。

我们知道，不同版本的中学语文课本里都有鲁迅先生的短篇小说《祝福》这篇课文。有一次，我应邀去某个中学听一位老师讲解这篇课文。他在对作者和文章写作背景作了介绍之后，他解释了课文中一些生字、生词，领读了一遍课文，然后让学生自己阅读一遍。而后又采用启发式教学法，边讲解、边提问、边讨论，分析说明了《祝福》的篇章结构、段落大意、主题思想。还给学生分析了几个多重复句。应该说，老师的备课是很认真、很充分的，讲课也很认真。学生听了老师的讲解后是会有一定收获的。但是，从学生获得全面综合的语文能力的角度说，我虽没有作调查，但估计收效甚微，获益甚小。事实上课文中有些段落、有些词句是应该而且值得好好给学生分析讲解的。譬如课文的第三自然段里作者对他在街上所遇到的祥林嫂，是这样描写的：

> 她一手提着竹篮，内中一个破碗，空的；一手拄着一支比她更长的竹竿，下端开了裂；她分明已经纯乎是一个乞丐了。

小说《祝福》运用倒叙的手法，通过刻画主人公祥林嫂这个下层劳动妇女的悲惨命运，来解剖旧中国的农村社会，抨击黑暗的宗法制度和吃人的封建礼教。鲁迅对祥林嫂的这一段描写，在全文中起很重要的作用。语文老师应该引导学生注意这一段描写，特别注意语句的运用。老师可以这样来启发学生思考：

第一，"她一手提着竹篮，内中一个破碗，空的"这一句包含了三个分句，我们能否把这个句子改为内容与之相当的、但变成一个包含长定语的单句——"她一手提着一个内中放了一个空的破碗的竹篮"？为什么？

第二，"（她）一手拄着一支比她更长的竹竿，下端开了裂"，这也是一个包含两个分句的复句，我们能否也把这个句子改为包含长定语的单句——"（她）一手拄着一支比她更长的下端开了裂的竹竿"？为什么？

第三，"竹竿"前有个定语"比她更长的"，这个定语的用意是什么？能否将它删去？为什么？

第四，"下端开了裂"这个小句能否删去？为什么？

在启发学生思考这些问题时，老师应引导学生要联系课文的主题、联系所需刻画的人物形象来考虑，并要引导学生注意考虑鲁迅是从什么样的角度来刻画祥林嫂的。我想，语文老师如果能把类似这样的"能否""为什么"等问题讲清楚了，语文教学的收效肯定会比较大；学生如果能把类似这样的"能否""为什么"领悟到了，他的语文水平、语文修养肯定会有较大的提高。可惜那位老师没那么做。

这不是那一位老师的问题。据了解，一般都是这样讲的。真要提高学生的语文修养与语文水平，语文教学中的课文讲解就不能只满足于讲文章的主题思想、篇章结构、段落大意、生字生词，更应对课文中一些起关键作用或带有深刻含义的词句，紧密结合文章的主题思想、人物特点、上下文语境进行必要的分析讲解。这样才能使学生懂得在什么场合、什么情景、在什么人物身上、当表达什么意思时，需要用什么样的词，什么样的句子，什么样的句调语气，等等。

要解决好上述中小学语文教学中的问题，语言工作者负有责任。首先要求语言学工作者要重视这方面的应用研究，并与广大中小学语文教师密切合作进行切实的研究。在这里，我们特别要呼吁从事汉语语言本体研究的专家学者，要从学习者角度出发，加强汉语同义词、同义句式，特别是书面语同义句式的研究，并尽快能编写出相应的高水平的工具书来，以供中小学语文教学之需。

三、适应汉语教学需要的现代汉语应用研究

本文也提到 21 世纪是一个信息时代，是经济全球化时代，从国际上看，和平、民主与发展将成为新世纪的主流。信息时代的到来与发展，使地球的空间距离越来越短，新型的国际环境将使国与国之间、地区与地区之间的人员往来日益频繁。而不同国家、不同地区之间人员往来所需要克服的最大障碍是语言交际问题。联合国前秘书长安南先生充分注意到了这一点，因此他在 2000 年到来前夕的一次讲话中，强调指

出，到 21 世纪，作为一个年轻人，起码要掌握三种语言（包括母语），必须还要掌握两门外语，这样才能适应 21 世纪时代的需要。中国是一个大国，现在就已经显示出、今后将进一步显示出，世界上任何一个国家，任何一个地区，为了本国、本地区、本民族的利益，都不能不跟中国交流，而我们为了自身的利益，也要跟其他国家及地区交流沟通。这样，在中国外语学习将势必进一步升温，而在外国，汉语热也势必将越来越加温。这预示着汉语教学在语言教学中的地位，乃至在我国汉语研究中的地位将越来越重要。

对母语为汉语的学生讲解现代汉语词汇、语法什么的，学生只是作为一种知识来接受的，他们听了就听了，至于老师讲的有关词汇、语法方面的规则对不对，全面不全面，合适不合适，都不怎么考虑，更不会按老师讲的规则去造句，去说话。汉语教学，面对的是外国学生或外族学生，这跟面对汉族学生的汉语教学不同。外国学生或外族学生对汉语原先是一无所知，老师怎么教，他们就怎么学，就怎么说，而且本能地要按老师讲的规则去类推。可是一类推就出错。这已是众所周知的事实。这种问题，在对中国学生的语文教学（包括语法教学）中是不大可能提出来的。从某种意义上来说，汉语教学是汉语本体研究的一块试金石。现在无论国内还是国外，对于汉语教学的研究备受重视，逐步深入，汉语教学已逐渐作为应用语言学的一个分支成为一个独立的学科，而且已有不少研究成果，并极大地促进和推动了汉语本体研究。汉语教学大发展应该说是一件大好事。但是，正如笔者在德国举行的第六届世界汉语教学讨论会上所指出的那样，我国汉语教学的历史毕竟不长，经验也不足，特别是对于汉语教学基础研究还来不及深入考虑，也还未引起有关方面的足够重视，因此，目前各地区、各学校汉语教学的教师队伍水平不一，所用教材大多由各高校教师自己编写，编写者都花了心血，但因为大多是应急之需，不是经过充分调查研究后编写的，所以随意性很大，没有统一规范，不少教材缺乏科学性。进入 21 世纪，为适应汉语教学的需要，当务之急需要加强汉语教学的基础研究和建设。汉语教学基础研究的总的指导思想是，怎么让一个从未学过汉语的外国留学生在最短的时间内能最快最好地学习、掌握好汉语。就汉语言文字方面的知识来说，具体需进行哪些方面的基础研究，请参看陆俭明（1999）。

四、适应中文信息处理需要的汉语应用研究

上文论述 21 世纪是一个高科技迅速发展的信息时代，其中信息科学技术起着龙头的作用。从发展趋势来看，信息科技将主要包含三方面的内容：数字化、网络化、智能化。其中最难达到较为理想境地的是智能化。所谓"智能化"，就是要使计算机具有一定的自学和思维的能力，以便能逐步代替人来从事由信息转化为知识、由知识转化为信息的工作。信息科技的智能化，有赖于多方面知识的支持，其中语言知识是属于关键性的知识。20 世纪 80 年代开始，人们就提出了研制"智能计算机"的任务。而要研制智能计算机离不开语言学。从报纸杂志的报道看，当今世界已形成了三个研制智能计算机的中心，一个是美国，一个是日本，一个是欧洲共同体。无论哪个中心，他们在着手进行研制智能计算机的任务中，都不约而同地以自然语言处理与理解为切入点。在他们的研制队伍里都有语言学家。"语言学将成为领先科学"这个预言正在逐步实现，特别是进入 90 年代以后。有人这样说，从 18 世纪以来世界科学的热点由经典物理学转向数学，现在又正由数学逐步转向语言学。这当然只是某些科学家的看法，但这种看法并非没有道理。人的思维离不开语言，语言是思维的物质外壳。所谓智能计算机，也就是能像人一样会思维的计算机，使用这种计算机以实现人机（人与计算机）对话，包括人机笔谈。要计算机能思维，必须把人的语言规则形式化，并使之可计算，而输入到计算机中的语言规则要求充分而准确。如果输入的规则有错误，或者不全面，不严密，都会严重影响计算机对自然语言的理解，计算机也就不能说出人所能听得懂的语言。要做到这一点（这当然也有个过程，不可能一步到位），需要语言学家的帮助。中国从 80 年代开始也在酝酿研制智能计算机，并已把该研究列入国家科研规划之中，中文信息处理在 20 世纪，较好地解决了"字处理"（汉字输入、存储和显示）和"词处理"（中文自动分词、词性标注）的问题（严格说，还是初步的，还不是很完美）。21 世纪将需要集中解决"句处理"的问题。句处理的主要内容是，怎样使计算机理解自然语言（如现代汉语，下同）的句子的意思，并生成符合

— 241 —

自然语言规则的句子。现在句处理有多种策略和途径——有基于句法规则的，有基于概念网络的，有基于语料库统计的，有基于语义计算的，等等，形成了一个竞相研究、竞相发展的局面。这是一个可喜的现象，这种种策略和途径，我们很难说哪一种是惟一正确、惟一合理、唯一可取的。这些策略与途径，表面看不同，其实无论哪一种策略和途径，都包含着两方面内容：一是关于汉语的知识，一是表述汉语知识的机制。其中共同的一点是，都离不开汉语研究成果的支撑，换句话说，最终都需要依赖可靠的汉语知识来驱动计算机正确处理自然语言（汉语）。因此，各种策略和途径我们都需给以足够的重视，都应给以足够的支持；同时各种策略和途径也都难免存在偏颇和缺陷。各种策略和途径都应该继续深入研究下去，可以而且应该各显神通。但同时一定要取长补短，通力协作，逐步形成在信息科学领域里能在国际上与他国抗衡的群体竞争力量。使我们国家在不太长的时间里，在中文信息处理乃至自然语言理解和处理方面，从工程到理论能达到世界先进水平，继而能居世界领先地位。

"句处理"所需要的汉语知识，应该是一种涉及到语音、语义、语法、语用等诸方面的综合的知识，因为人用语言向对方表达自己的思想、看法、情感，或者从对方的话语中准确理解对方的思想、看法、情感，都需经过一个复杂的编码或解码的过程，而在这个编码或解码的过程中事实上要调动各种各样的因素，单就语言这个角度说，起码也得调动语音、语义、语法、语用等各方面的因素。目前，大家都深感现有的关于汉语的知识远远不能满足中文句处理的需要。单就句法方面而言，在中文信息处理过程中将会不断遇到我们所想像不到的问题。许多问题在人看来还是比较容易解决的，但机器解决不了。譬如说：

（1）北京的公路建设得很快。

（2）北京的公路建设很有成绩。

这两句话中，字面上有相同的部分，那就是"北京的公路建设"，但这两句话的内部构造是不同的。这对我们人来说，只要稍有一点语法知识，是很容易区分的：

(1′) 北京的公路　建设得很快。

(2′) 北京的公路建设　很有成绩。

但让计算机来切分时，就出了问题，第（2）句它可能会切分为：

(2″) ＊北京的公路　建设很有成绩。

再如：

(3)

a 中国	日本	瑞士	b 中国	山东	湖北	b 中国	山东	济南
1	2	3	1	2		1	2	
	3	4		3	4			

1—2—3　　1—2 修饰关系　1—2 修饰关系
联合关系　3—4 联合关系　3—4 修饰关系

　　这 a、b、c 三个短语对人来说，都很容易分清的。机器却很难分辨清楚。要让机器分辨清楚，就得把三个处所名词组合在一起什么条件下一定构成 a 类关系、什么条件下一定构成 b 类关系、什么条件下一定构成 c 类关系搞清楚，并将规则输入计算机。至于像"动词性词语＋动词性词语"在现代汉语里可以构成种种不同的结构关系——

打算回去［述宾关系］

分析研究［联合关系］

研究结束［主谓关系］

研究清楚［述补关系］

访问回来［连动关系］

请他研究［递系关系］

生产管理/养殖研究［"定—中"关系］

讽刺说［"状—中"关系］。

对人来说，通过讲解，大致可以分辨，可是要机器分辨清楚，就非常难，因为我们至今还没有总结概括出"动词性词语＋动词性词语"构成各种不同句法关系的具体规则。换句话说，"动词性词语＋动词性词语"在什么条件下一定构成什么句法关系，我们至今还说不清楚。相对说来，现代汉语句法还研究得较充分一些，研究成果也多一些。句法尚且如此，语义、语用等方面的问题就更多了。

很显然，进入 21 世纪，为适应中文信息处理需要，在现代汉语应用研究方面，当务之急需要进行以下几项研究工作：

第一，汉语动词的题元结构系统的研究，包括建立面向汉语动词的题元结构理论框架、不同动词的题元结构的形式化模型，不同的词语参与组合后可能发生的变化的研究，以及对各个具体动词（按义项出条）进行动名句法形式选择和动名题元角色标注。

第二，汉语词的语义分类层级系统研究，包括建立适用于汉语的语义特征分析的理论框架、对 5 到 10 万个词语进行语义分类，以及建立能与动词题元结构系统配套的现代汉语词汇语义层级系统。

第三，种种词语之间的组合类型与规则的研究，这包括同类的词与词之间彼此组合将会形成的种种关系的类型及其具体规则的研究，不同类的词与词之间彼此组合将会形成的种种关系的类型及其具体规则的研究，以及同类的或不同类的短语与短语之间彼此组合将会形成的种种关系的类型及其具体规则的研究。

第四，种种排歧研究，包括种种歧义类型和针对不同歧义类型所采取的种种不同的排歧策略。

第五，在上述研究的基础上，建设汉语知识库，同时开展跟句处理相关的实验和应用系统的研制开发。

在这里我们不能不提醒大家注意这样一点：中文信息处理我们还面临着严峻的国际挑战。我们需要清醒地看到，不要以为“中文信息处理中的句处理”我们一定是大拿，优势一定在我们中国人手里。就目前的形势看，我们只能说优势有可能在我们手里。我们需要了解这样一个事实：中文信息处理，国外早就注意并着手研究了。以往他们是在国外，或者买断我们某项科研成果；或者买下我们某项研究成果的使用权；或者将研究课题交给中国有关研究机构或高等院校来做，他们出钱；或者他们从中国雇人去他们那儿进行研究。这两年发生了变化，他们（如微软公司、IBM 公司、摩托罗拉公司、英特尔公司、富士通公司等）陆续进驻中国，在北京、上海等地设立中文信息处理的研究机构或基地，以高薪聘用中国研究人员。他们这样做，不只因为聘用中国的研究人员比从本国国内聘用研究人员来华工作所花的费用要低得多，更在于与中国研究机构与高等院校争夺人才，争夺中文信息处理的“制高点”。要知道，"削弱对方的实力，是提高自己实力的招数之一"。因此，如果我们不觉醒，如果我们还是上面不重视、不积极支持，下面不团结、不合作，那么这中文信息处理的"制高点"很快就会被外国公司或外国研究机构所占领。到那时，不只是耻辱的问题，更关系到国家安危问题。这决不是危言耸听，是严酷的现实。

面向 21 世纪所需进行的现代汉语应用研究有许多方面，除上面所说的三方面以外，起码还可以包括：为制定国家的语言政策、语言规划所需的汉语应用研究，包括推广普通话、汉语规范化、不断完善汉语拼音方案、汉字简化与规范化等；不同领域的语言研究，包括法律语言研究、戏曲语言研究、新闻语言研究、广告语言研究以及礼貌语言研究、公关语言研究等；此外，还有文化语言研究，语言心理研究，语言病理研究（包括失语症研究），儿童语言习得研究，辞书编纂及其研究，汉外双语研究以及语言测试研究和术语标准化研究等。但上面所说的为适应中文信息处理所需的现代汉语应用研究、为适应中小学语文教学需要的现代汉语应用研究和为适应汉语作为第二语言/外语教学需要的现代汉语应用研究，这三方面，我们认为是进入 21 世纪所亟需抓紧的研究项目，因为它们直接影响着我们国家的经济、文化、科技、教育的发展和我国国力的增长。

参考文献

曹右琦. 中文信息处理研究的现状和前瞻. 语言文字应用，1995（1）

冯志伟. 中文信息处理与汉语研究. 北京：商务印书馆，1992

冯志伟. 自然语言的计算机处理. 北京：外语教育出版社，1996

黄昌宁，夏莹. 语言信息处理专论. 北京：清华大学出版社，北京：科学技术出版社，1996

柯彼德. 汉语作为外语教学的语法体系急需修改的要点. 第三届国际汉语教学讨论会论文选. 北京：北京语言学院出版社，1991

李镗. 中小学语文课文字词分布统计及应用价值. 语言文字应用，2000（3）

李行健主编. 中国语言学年鉴（1992）. 北京：语文出版社，1993

李行健主编. 中国语言学年鉴（1993）. 北京：语文出版社，1994

李行健主编. 中国语言学年鉴（1994）. 北京：语文出版社，1995

刘坚主编．二十世纪的中国语言学．北京：北京大学出版社，1998

刘坚，侯精一主编．中国语文研究四十年纪念文集．北京：北京语言学院出版社，1993

刘开瑛，郭炳炎．自然语言处理．北京：科学出版社，1991

鲁健骥．汉语语法研究与汉语教学语法体系．载《中国语文研究四十年纪念文集》．北京：北京语言学院出版社．1993

陆俭明，郭锐．汉语语法研究所面临的挑战．世界汉语教学，1998（4）

陆俭明．关于汉语虚词教学．语言教学与研究，1980（4）

陆俭明．改进中学语文教学之管见．中学语文，1999（3）

陆俭明．关于开展汉语教学基础研究之管见．语言文字应用，1999（4）

陆俭明．汉语言文字应用面面观．语言文字应用，2000（2）

吕必松．对外汉语教学发展概要．北京：北京语言学院出版社，1990

马真，陆俭明．"名词"＋"动词"词语串浅析．中国语文，1996（3）

孙茂松，黄昌宁、方捷．汉语搭配定量分析初探．中国语文，1997（1）

王丽编．中国语文教育忧思录．北京：教育科学出版社，1998

许嘉璐，王福祥、刘润清主编．中国语言学现状与展望．北京：外语教学与研究出版社，1996

于根元．20世纪的中国语言应用研究．太原：书海出版社，1996

詹卫东．80年代以来汉语信息处理研究述评．当代语言学，2000（2）

张普．汉语信息处理研究．北京：北京语言学院出版社，1992

赵金铭．汉语研究与汉语教学．北京：语文出版社，1997

郑懿德．外国留学生汉语专业高年级语法教学的实践与思考．语言教学与研究，1995（4）

中国科学院．2000高科技发展报告．北京：科学出版社，2000

语文教学之症结和出路^①

一、语文是基础的基础

  21 世纪是一个信息时代，是一个知识经济的时代。在 21 世纪，主宰世界的当然还是人，但是占主导地位的将是知识。知识作为一种无形的经济将成为信息时代经济的重要特征，甚至可以认为是主要特征。今后，国家与国家之间的竞争，地区与地区之间的竞争，当然还有各种实力的竞争，在很大程度上都将具体化为知识的竞争，看你掌握多少技术标准或规范。而不像过去那样，仅仅看你生产多少吨煤，生产多少吨钢铁，生产多少吨石油。目前已经显示，今后也将进一步显示这样的现实：二流国家出产品，二流国家出技术，一流国家出知识，超级国家出标准。这意味着，谁能掌握最先进的科学技术知识和各种标准、规范，特别是信息科学技术知识及相关的标准和规范，谁能最大限度地拥有最新的

---

① 原文发表在《课程·教材·教法》，2006（3）。

信息，谁就将在经济竞争中取得主动权，谁就将拥有财富。对个人或单位来说也是如此，知识和信息将成为自身在这个竞争性的社会里立足、提升以及与他人抗衡所必备的首要条件。因此，对国家或单位来说，人才的培养和使用至关重要；对个人来说，知识水平的高低和知识结构的合理与否至关重要。

学校的主要任务是培养人才，而对人才的培养是随着社会的发展而不断提出新的要求的。本文一开始就说到，21世纪是一个信息时代，也是一个知识经济的时代。这是人类社会在经历了农业经济时代和工业经济时代之后，正在全面进入的第三个时代。在这样一个时代，国民素质将集中体现并反映一个国家的文明程度和发展水平。那么作为一个文明国家的国民应具备什么样的素质呢？一个人的素质，应反映在三个方面，这就是老祖宗早就给我们总结的三个字：德、智、体。不过，人们对德、智、体的认识与理解会随着社会的发展而不断变更与深化的。

对于德，过去一般理解为喜爱真善美，憎恶假恶丑，讲究文明，崇尚真理和科学。这是全人类的一致要求，更是中华民族的优良传统。如今当然还是可以这样理解，但是当今更强调人文精神、对社会的责任感和团队精神。有科学家预言，21世纪将是"忽视个人发明创造的时代"，将是"集成创新的时代"，个人只起基础的作用。一切科学上或工程上的重大发明创造和成果，必须通过综合集成和集体协作才能获得。

对于智，过去一般理解为全面扎实的基础知识，动脑动手的实践能力，勇于探索的创造精神。这些认识也是对的，这是一个人在事业上能有所作为的基石。但从新时代的需要看，更需要有发现问题的能力。过去人们谈到能力培养时，常常这样说，"要培养分析问题、解决问题的能力"。这也不错。但是，就今天的发展趋势看，更需要培养发现问题的能力，这是一切研究和发明创造的起点。

对于体，过去一般理解为健全的体魄，而且认为这是最基本的条件。这个认识也不错，但从新时代的要求看，更要有良好的心态和心理素质，要学会包容和大度。换句话说，要做到身心健康。

按上面这样理解的这种德、智、体素质，需要从小培养，特别是在小学、中学阶段，因为小学、中学学习期间正是孩子长身体、长知识、逐步形成世界观的时期，可塑性很大，需要抓住这个时期，加强对他们进行全面的素质教育。

对国民从小就进行全面的素质教育，培养他们成为适应时代需要的高素质的人才，中小学的每一门课都担有责任，而语文教学在其中承担着特别重要的任务。为什么这样说呢？要知道，上面所说的学生所应具有的知识，包括科学技术知识和人文社会知识，而在科学技术知识和人文社会知识中，最基础的知识与素养，就是母语的语文水平和语文修养，对我们大家来说，也就是中文的语文水平和语文修养。因此，已故著名语言学家吕叔湘先生曾强调说：

> 学好语文是学好一切的根本。

著名数学家苏步青教授说：

> 如果说数学是学习自然科学的基础，那么语文则是这个基础的基础。

吕叔湘、苏步青二位的看法应成为我们语文教育的最基本的指导思想。

二、语文教学问题之症结及其原因

时代对每个国民的母语语文水平和修养的要求越来越高，然而从20世纪90年代开始，人们普遍感觉到，社会的整体语文水平在下降，广大国民的语文水平与语文修养呈现下滑的趋势。即使是可以称为知识分子的在校的大学生、研究生，部分大、中、小学的教师和个别领导在写作、说话中用词不当，文气不顺，语句不通，前言不搭后语，把握不住该先说什么，后说什么，而且词汇贫乏，都是比较普遍的现象。甚至严肃的法律条文都存在不少语言问题。上述情况表明，目前国民个人的语文素养跟21世纪这个时代对我们的要求之间存在着明显的反差。

这个情况不能怪罪于中小学的语文老师。事实上，中小学语文老师的教学工作量是最重的，他们是最辛苦的，可是得不到学生的积极回报，多数学生不喜欢上语文课，这是令语文老师非常伤心和悲哀的事。

这个局面是怎么造成的呢？我认为原因主要有以下四个：

　　第一个原因，语文教育的定位实际上始终没有定好。直到目前为止，语文学界还存在着"语文教育定位在哪里"的争议：

　　第一，有人侧重强调它的工具性，持这种观点的人认为，语文教学的主要目的、任务是培养学生敏捷的思维能力和听、说、读、写的语言技能。

　　第二，有人侧重强调它的人文性，持这种观点的人认为，语文教学的主要目的、任务是培养学生具有中华民族的人文精神。

　　第三，有人侧重强调它培养学生语感的任务，持这种观点的人认为，语文教学的主要目的、任务是培养学生具有良好的感悟，正确的语感，因此语文教学应该以语感为支点。

　　第四，有人侧重强调它培养学生文学素养的任务，持这种观点的人认为，"文"与"道"应该统一，语文教学的主要目的、任务是要培养和提高学生文学鉴赏能力和文学艺术的审美能力。

　　语文教育到底应该定位在哪里？大家至今并不十分明确，而这必定影响语文教学的效果。

　　第二个原因，虽然2003年4月教育部颁布了普通高中《语文课程标准》，将语文课定位定在"人文性与工具性的统一"上。但是，怎么理解"人文性与工具性的统一"并未作出明确的说明。再说，定位问题上众说纷纭的争议，加之传统的教育观念很难一下子转变过来，致使许多语文教师对语文教学的目的、任务一直不是很明确。目前的主要倾向是在语文课里过于强调人文性和文学素养的教育。

　　第三个原因，语文课从教材编写（包括课文的选择）到具体教法上，都存在着不能如人意之处，具体说，所选的课文引不起学生的兴趣，语文课的讲解，不能让学生茅塞顿开，因而不能激发起学生对语文的爱好和对语文课的强烈的学习愿望。学生上语文课，只是感到一种负担，学生之所以还硬着头皮上课，只是为了日后的考试。为什么会出现这个情况呢？大家知道，语文课和别的课不同，别的课的内容对学生来说是全新的，学生不好好学就不懂；语文课则不同，由于学生，特别是高中学生，语文课里的课文也都看得懂。如果课文本身不能吸引学生，不能引起学生的兴趣和共鸣，而老师对课文的讲解并未超出学生自身对课文的理解，学生并不感到老师的讲解对自己有什么收获，学生当然就会对语文课采取冷谈的态度，甚至产生厌倦情绪。

第四个原因，目前的高中教育，基本上是应试教育，也就是说高考成了中学教育，特别是高中教育的指挥棒，给学生教什么，其根据是高考会考什么。如果我们的高考试题很科学，真能体现科学测试考生的基础知识和全面综合的语文能力，即考试的信度和效度都很合适，很科学，那么在这种情况下应试教育没有什么可以指责的。但是，就目前中国高考语文考试来说，并没有达到真能科学测试考生的基础知识和全面综合的语文能力，这样就把语文课引导到了斜路上去。

上述四条，我认为，这正是当前语文教学之所以陷入困境，之所以不能令人满意之症结所在。

以上并不只是我们从事汉语言文字研究的人这样看。北京大学前副校长、历史系郝斌教授于1998年在北京大学举行的一次张志公语文教育思想研讨会上的致辞中就认为，大学生、研究生的语文水平一代不如一代，呼吁与会者要好好探讨这个问题。最近，当代著名作家、北京大学现当代文学博士生导师曹文轩教授也发表了这样一段谈话：目前的语文教育现状实际已经暴露了这几年人文教育力量过于强大和工具性教育相对薄弱的缺陷。比如说，大学生写论文时病句连篇，知道有错，却不知道错在什么地方，这实际上是语文忽视工具性导致学生语言能力不足的表现。（曹文轩 2005）

笔者认为，郝斌教授、曹文轩教授他们的话毫无夸张之处，实际情况就是这样。

三、语文教学走出困境策略之一

语文教学要从目前的困境中走出来，首先需要把语文教育的定位问题解决好，而其前提是要进一步明确语文教学的目的、任务。

一般说，我们评价一个人的语文修养与语文水平，主要是就他的书面语修养和水平而言的。一个孩子进学校学习，特别是进入中学学习，主要是要学习、掌握好书面语。这样，他才能读书，才能不断接受高素质的教育，包括科技教育、文化教育、品德教育，才能用娴熟的书面语来表达自己的意见。这里需要明白，学习母语是个"习得"和"学得"

兼而有之并彼此相互交融、相互促进的过程。在没进学校之前，孩子通过习得（听说），已初步掌握了一定的母语词汇和语法规则，并已初步形成了自己对母语的语感。而进学校主要是学书面语，当然也会反过来规范和提高学生的口语听说能力。而书面语的掌握主要不是靠习得，而是靠学得。因此，整个中小学的语文教学必须突出"帮助学生学习、掌握好书面语"这一基础性的任务。根据上述观点，语文教学的目的和任务具体说应该是：

第一，逐步培养学生全面综合的语文能力。

第二，让学生获得一定的文学素养，并逐步养成以健康的审美情趣和文化品味来鉴赏文学艺术作品的能力。

第三，使学生不断受到真善美的教育与熏陶。

上述三个任务中，最核心、最根本的是第一个任务，即培养学生全面综合的语文能力。语文教育的定位就应该定位在"逐步培养学生全面综合的语文能力"上。这种全面综合的语文能力具体体现在语言理解、语言表达和实际的语文纠错能力这三个方面：

在语言理解方面，无论读或者听，要让学生都能一下子抓住对方表达的主要内容，并能品鉴一篇文章、一席讲话，它好，好在哪里，不好，不好在哪里。

在语言表达方面，无论说或者写，要让学生做到得体、到位，具体说，要让学生懂得在什么场合，什么情景，在什么人物身上，当表达什么意思时，需要用什么样的词，什么样的句式，什么样的句调、语气。

实际的语文纠错能力。无论是看别人的，或是自己的文字，能凭语感初步判断一个词语使用的好坏，一个句子的正误与好坏，并能有改正的能力。

学生有了这三方面的语文能力，那么他们就会切实掌握好书面语。我们如果圆满地完成了上面所说的语文教学任务，就达到了语文教学目的，学生的语文水平、语文修养就会得到切实的提高，也就能更好、更快地接受高素质的教育。

要实现与达到上述语文教学的任务与目的，需要做三方面的工作：第一方面的工作，设法让学生大量阅读范文，并在老师的指导下模仿写作；第二方面的工作，通过各种教学手段，让学生知道，一篇文章好，好在哪儿，一篇文章不好，不好在哪儿；第三方面的工作，需要恰到好处地给学生一点语文知识。上述三方面工作，第一、第二两方面工作，不需要多说，这里需要就第三方面工作进一步作些说明。

中学语文教学中讲授语文知识，其目的并不是真要学生系统学习、了解并掌握所讲的语文知识。讲授语文知识的目的只是为了让学生有一些这方面的知识，有助于老师教课文和进行作文或练习评讲，从而有利于学生学。一句话，有助于学生能更好地理解课文，让学生更好地增强他们的良好的语感，使学生更好地表达，防止出现或减少语病。总之，对学生来说，学语言方面的知识，不是为了死背一些知识，死抠一些概念，而是为了对学生的阅读、写作起到点拨、启发的作用。所以对学生来说，他知道一些有关语音、文字、语法、词汇、修辞、作文法等方面的最起码知识，哪怕只是知道一些名词术语就行了。从这个意义上讲，语文知识教育在整个语文教育中，它只起辅助的作用，也只能起辅助的作用。

总之，当前语文教育界，明确语文教育的定位，明确语文教学的具体目的和任务并取得共识是至关重要的。

四、语文教学走出困境策略之二

语文教学要从目前的困境中走出来，要解决好教材问题。这里不准备全面评论教材问题，只想就课文问题说些看法。语文课本的课文是进行语文教学的根基和依托，课文选得好不好，课文选得是否合适，直接影响语文教学任务的实施和完成。因此必须重视课文的选取。课文的选用必须考虑学生的特点和需求，课文必须从学生学习的角度来精心挑选。而正是在这一点上过去是很不注意的。

我们得选什么样的课文呢？我认为，从小学到高中，必须把"要符合童心的发展和需求、能激发学生审美情趣、能启迪学生对未知的追求，对语言美的感悟"这一点作为选文的重要标准之一。我们所选的课文（不求全部，但求多数课文）应该是：能唤起孩子对未知世界的向往，能激发学生"敏锐的感知力，丰富的情感力，独特的想象力"（童庆炳1998）。在语言文字上，得经得起分析，能培养学生对语言的敏感，对语言美的欣赏，对语言魅力的感悟，能培养有助于学生驾驭语言的能力；从内容上说，能给学生以真善美的感染和熏陶。

目前有些课文选得不错，老的名篇如朱自清的《荷塘月色》、鲁迅的《祝福》、茅盾的《白杨礼赞》等，新的选文如杏林子的《生命 生命》等，无论就内容或语言文字看，都很适合作为语文课文。但是，过去多数课文不能达到上述要求。有的选文，内容可以，但语言上经不起分析；有的选文，在某个历史时期可能还是不错的，但时代性太强，不适合继续作为课文。

最近教育部指示，中小学语文教材实施"一纲多本"制。这是一个好政策。各出版社积极性很高，纷纷组织编写班子，编写中小学语文教材。看来是个好现象，但这其中也隐含着危机，那就是有的出版社积极性那么高并不是真正出于为了提高中小学的教学质量这样的目的，而是受经济利益驱动。最明显的证据是，编教材赶时间，根本不是在科学研究的基础上来新编教材。

必须了解，中小学生还不是成熟的读者，他们的阅读、表达带有鲜明的年龄特征。比如小学学生最爱用哪些字词说话、造句，最爱阅读什么样的课文，什么样的语文活动最适合孩子们，最能引起他们的兴趣，到了初中，到了高中，又会有什么变化，在表达上又会有什么样的变化……对于诸如此类的问题，我们目前都还没有作系统的调查统计和认真的分析研究。如果我们的语文教学能建立在翔实的基础研究和丰富的教学实践的基点上，并能凭借语文信息网络的现代化手段，从内容到形式能尽可能适合学生的年龄特点及认知规律，同时考虑到不同的方言区学生在说话写作上的不同情况，我们就能迎来语文教学科学化的春天，学生对语文课就会爱学，学生乃至整个国民的语文水平、语文素养就一定会逐步地、大幅度地提高。

五、语文教学走出困境策略之三

语文教学要从目前的困境中走出来，还要解决好怎么讲解语文课文的问题。

我们认为，必须改变过去把课文讲解注意力只放在段落大意、主题思想的分析上的旧套路，必须改变过去那种课文讲解跟语文实践脱节，跟语文知识讲解脱节的做法。课文的讲解必须注意语言的运用，包括词语的选择与锤炼，句式的运用等。

无论阅读和写作，就语言运用来说，不能不注意词语的选择和锤炼。但是一说到词语的选择与锤炼，许多学生甚至少数老师可能就认为大概应该多用些漂亮、华丽的形容词，其实不然。要纠正学生这些想法，并且让他们真正体会到该怎么选择和锤炼词语，就应该结合一些课文的讲解来解决这些认识问题。譬如说语文课本里选了朱自清的一些散文，如《背影》、《荷塘月色》都是名篇。在词语的选择上就很讲究，很见功夫。《背影》里有这么一段：

> 他给我拣定了靠车门的一张椅子，我将他给我做的紫毛大衣铺好坐位。他嘱我路上小心，夜里要警觉些，不要受凉。

这里没有华丽的辞藻，"拣定"、"嘱"、"警觉"，都是很普通的词语，但用在这里都很到位，让人感到质朴而有神韵，字字传情，真切地表现了父爱。老师可以提出这样一些问题来先让学生思考：

（一）这里的"拣定"改用"找"或单用"拣"，好不好？

（二）在"拣定了靠车门的一张椅子"里的"靠车门的"这一修饰语似乎也可以去掉，但作者用了这个修饰语，用意是什么？

（三）将"嘱"改为"要"、"叫"怎么样？为什么用"嘱"好？

在提出这些问题的同时，可以先告诉学生，当思考这些问题时，一定要联系全文的主题。再如《荷塘月色》里有这么一句：

> 月光如流水一般，静静地泻在这一片叶子和花上。

作者把月光比作流水，因此后面用了个"泻"字。如果把"泻"换成"照"就变得平淡无奇了。由此可知，用词不仅要准确，还要求新鲜、生动，以增强文章的感染力。句子中动词是关键，能用上一个贴切的动词，就能起到画龙点睛的作用。这里的"泻"就都起到了这种作用。这里也还可以提出这样一个问题让学生思考：在动词"泻"前为什么还要用个修饰语"静静地"？那修饰语起什么作用？再如《阿Q正传》有一段描写人群围观阿Q跟小D厮打的情景。鲁迅是这样描写的：

四只手拔着两颗头，都弯了腰，在钱家粉墙上映出另一个蓝色的虹彩，至于半点钟之久了。

"好了，好了!"看的人们说，大约是劝解的。

"好，好!"看的人们说，不知道是劝解，是颂扬，还是煽动。

可以让学生思考、讨论这样两个问题：

（一）上一句有"了"，说"好了，好了!"，后一句不带"了"，只说"好，好!"这二者在表达上有什么区别？

（二）"好了，好了!"跟"好，好!"能不能倒一个位置？能不能改为：

"好，好!"看的人们说，不知道是劝解，是颂扬，还是煽动。

"好了，好了!"看的人们说，大约是劝解的。

为什么？

再如上面说到杏林子的《生命　生命》，这是一篇很出色的小品文，语言质朴，很有感染力。特别是在修饰语的选用与锤炼上很见功夫。请看其中的一段：

夜晚，我在灯下写稿，一只飞蛾不断地在我头上飞来飞去，骚扰着我。趁它停在台前小憩时，我一伸手捉住了它，我原想弄死它，但它鼓动着双翅，极力地挣扎，我感到一股生命的力量在我手中跃动，那样强烈! 那样鲜明! 这样一只小小的飞蛾，只要我的手指一用力，它就不会再动了，可是那翅膀，在我手中挣扎的生之欲望，令我震惊，使我忍不住放了它。

《生命　生命》这篇小品文写出了作者从一些日常的生活中所感受到的生物普遍具有的那种强烈的求生欲望和生命力，以及从中所领悟到的生命的价值和不应辜负生命的道理。上面这一段，就是写作者从飞蛾身上所感受到的求生欲望。在这一段文字里，作者用了许多修饰成分，而且很注意前后的照应，都用得十分贴切而有表现力。我们就应该结合这个课文，讲讲句子中修饰成分的作用以及使用修饰成分需要注意的问题。可以先提出这样一些问题让学生思考：

（一）"在灯下"这个状语是否可以不用？为什么？

（二）"不断地"这个修饰语是否可以不用？为什么？

（三）"我原想弄死它"里的"原"起什么作用？

（四）"但它鼓动着翅膀，极力地挣扎"这句话能否改为"但它鼓动着翅膀挣扎着"？即如果把"极力地"删去，怎么样？为什么？

（五）在这段话里有两处都用到了"在我手中"这个修饰成分，这有什么作用？

（六）"那样强烈！那样鲜明！"里的"那样"是否可以换成"十分"或"非常"？为什么？

（七）前面说到飞蛾时没有用"小小的"来形容它，为什么后面说到飞蛾时要用"小小的"来形容它？

（八）最后一句能否改为"我就放了它"？"忍不住"在这里起什么作用？

再请看《桃花源记》第一段：

> 晋太元中，武陵人，捕鱼为业。缘溪行，忘路之远近。忽逢桃花林，夹岸数百步，中无杂树，芳草鲜美，落英缤纷，渔人甚异之。复前行，欲穷其林。

陶渊明的《桃花源记》，这是中学必读的千古名篇。这个作品强烈反映了作者对当时社会的不满。作者以丰富的想象力，在文中虚构了一个和现实相反的不可实现的理想图景。词语的选用也十分见巧，极富表现力。文章开头第三句的"忽逢桃花林"的"忽"，就用得非常精当，就有必要跟学生讲讲。我们知道，桃花源完全是作者虚构的理想境界，因此作者也有意把桃花源写得虚无缥缈，神奇多变，忽现忽隐，从而突出桃花源不同于现实的特性。"忽逢桃花林"的"忽"恰好有这种表达效果。它与前一句里的"忘"字相应，不但把通往桃花源的路点染得空灵剔透，飘忽不定，而且把渔人进入桃花源的恍惚神情也衬托了出来，同时也为文章最后的"太守即遣人随其往，寻向所志，遂迷，不复得路"埋下了伏笔。

在阅读或写作中，句式的选择也是很需要注意的。而这方面的教育也要融于课文讲解之中。譬如说，文言文里有一种常见的句式："……

者……也"，学生阅读文言文，需了解这种句式的意义和用法。我们该怎么教？一种办法，作为一种纯知识来教，脱离课文单独给学生讲解这种句式。当然，教师为了让学生了解，会举大量例子。另一种办法，结合课文来讲解。譬如中学课本里都有欧阳修的《醉翁亭记》这一名篇。《醉翁亭记》之所以成为千古名篇，从写作上说不能不说别具特色，有极大的创造性。这篇散文是欧阳修在安徽滁州当太守时写的。宋仁宗庆历六年，即公元 1046 年，欧阳修由于参加范仲淹新派对保守派的斗争，而被陷害贬到滁州作太守，《醉翁亭记》就是他被贬到滁州的第二年写的。在这篇散文里，作者以他老练的生动之笔，层次分明、细致生动地描绘了醉翁亭的景色，抒发了他寄情山水、以山水为乐而又有些感到抑郁的、委婉细腻而复杂的感情。这篇散文不仅在构思上别具匠心，在写景抒情上达到了高度融合、形神兼备的地步，在虚词运用上也有极大的独创性。他在采用骈文句式的同时，一连用了 21 个语助词"也"，并每每与"者"字相应，构成"……者……也"的格式。我们就可以结合这篇课文来给学生讲解"……者……也"句式。在文言文里，"……者……也"这一格式，都用来表示陈述、判断、解释的语气。欧阳修在这篇散文中，大量运用这一格式，每每对景对情下判断，作解释，这很合乎一州之长的太守的身份，同时使全文形成回环往复、忽起忽落、高低跌宕的旋律，从而大大增强了文章在欢快中所蕴蓄的抑郁的抒情气氛。我想，第二种讲法肯定比第一种讲法好，这样讲，不只使学生学得进去，不会觉得是负担，而且还能让学生更好地从这一名篇中真正得到美的享受。

像上文说的那样讲解课文，也就是具体结合课文进行语言运用和语文知识的讲解，我想学生是会得到实惠的，会使他们茅塞顿开、恍然大悟，因此肯定会受到学生的欢迎。而且这样讲解才能真正全面提高他们综合的语文能力。

六、语文教学走出困境策略之四

造成目前语文教学的不良状况的根子，还在应试教育上。应试教育是难以避免的，但是目前的应试教育是很成问题的，因为目前的高考很有问题。因此，不改变目前的应试教育路子和办法，语文教育的改革将寸步难行。而目前应试教育这一人人皆知弊多利少的问题又不是哪个人一句话就能解决的。可是我们也不能干等着。我想是否可以作两方面的试验：

第一，是否可以先考虑取消颁布考试大纲制度。现有的考试大纲成了一根指挥棒，它严重地束缚了教师的教学积极性与创造性，可以说它成了目前应试教育的祸根之一，因此在未完全改变目前这种应试教育之前，先取消考试大纲。

第二，高考语文试题逐步增加主观题，减少客观题。

参考文献

童庆炳．不要错过历史机遇．王丽编．中国语文忧思录．北京：教育科学出版，1998

桑哲．语文：民族文化的薪火传承者　母语规范化的责任承担者——访当代著名作家、北京大学博士生导师曹文轩教授．语文建设，2005（1）

语文教学应定位在哪里①

一、语文教育形成的怪三角

目前，语文教育形成了一个怪三角，可称之为"语文怪三角"：

一个角，人人都说语文重要——"学好语文是学好一切的根本。"（著名语言学家吕叔湘）"如果说数学是学习自然科学的基础，那么语文则是这个基础的基础。"（著名数学家苏步青）"母语教育是文化的命脉。……语文能力、语文素养已经成为一种无形的非物质资源。"（教育部语信司司长李宇明教授）

第二个角，多数中学生对语文课有厌倦情绪，不爱上语文课。

第三个角，社会整体的语文水平、语文素养严重滑坡，实例不胜枚举。据《光明日报》2007

---

① 先期曾以"语文教学的定位问题"为题撰文发表在《中学语文》2006 年第 2 期，后又以"语文教学定位应定在哪里？"为题撰文发表在《语言文字应用》2007 年第 3 期，此次整合两篇文章内容修改而成。

年 2 月 12 日（7 版）、14 日（5 版）报道，中国逻辑学会、中国编辑学会、中国语文现代化学会、中国语文报刊学会、中国文化报、中国新闻报、《光明日报》理论部、中国逻辑与语言函授大学等单位联合组织全国 24 位挑错能手，集中对 4 种中央级报纸、24 种省级报纸的 2006 年 7 月 14 日那一天的报纸 1～8 版进行检查，挑出的毛病，经专家鉴定确认，结果是：平均每种报纸出错 46 处，平均每版有错 5.8 处，错误最少的也达每版 2 处，最多的每版 23 处。错误类型多样，有错别字、标点误用、用词不当、概念不清、判断失当、推理错误、不合语法、违反常识、不符合规范等。

二、为什么会出现"语文怪三角"

为什么会出现语文怪三角？学生为什么不爱上语文课？社会的语文水平、语文素养滑坡是怎么造成的？

有人归咎于英语教学的冲击与影响。我不想在这里跟持这种主张的学者进行争论。退一步说，在某些错误的导向下，英语学习可能会对语文学习有所冲击，但外因也得通过内因起作用。顺带说两个事实：第一个事实，目前学生们不只语文不行，外语水平也不高；第二个事实，解放前有不少教会学校，在教会学校中除了中国历史和国文这两门课用中文外，其余课都用外文。但是，无论中学、大学毕业出来的学生，不仅外语好，语文水平也很高。这是为什么？很值得有关部门去研究研究。

我觉得，学生不爱上语文课，语文水平、语文素养滑坡，还得从语文教学自身去找原因。

不妨先从学生不爱上语文课说起。学生不爱上语文课，我们往往责怪学生，并要学生"端正学习态度"。不错，学生是需要有一个正确的学习态度。问题是，怎样让学生真正具有正确的学习态度？靠老师苦口婆心地劝说？靠老师抽象地说教？应该看到，对未成年的孩子来说，积极、上进的学习态度，只能来自学生内在的心理需求，来自学生对语文教学的浓厚的兴趣，来自学生对语文课文积极的情趣体验和感情陶冶之后所产生的强烈的阅读愿望，来自对未来的憧憬和美的想象。这就是说，态度需要由情感来驱动，而情感需要由兴趣来驱动。如果我们的语文课文、我们的课外阅读文选、我们的语文教学实践，能极大地引发学生的兴趣，从而对学生能产生巨大的吸引力，学生就会对我们的语文课文和整个语文教学活动产生浓厚的兴趣，学生就会对语文课发自内心地需求与喜爱。这里必须明白这样一点：语文课不同于别的课程，别的课程，如数学、物理、外语、地理等，其内容对学生来说是新鲜的，学生要弄懂，如果老师不教，光靠自己看课本，那是学不会的，所以学生学习这些课程的积极性是不言而喻的；而语文课不同，其课文学生一般都能看懂，如果课文内容不能吸引学生，老师的讲解又不能让学生有茅塞顿开之感，不能让学生获得更多、更新的感受，学生学习语文的积极性当然会大大受挫。

那么为什么现在的语文课课文内容不能吸引学生？老师的讲解为什么不能让学生有茅塞顿开之感？我认为根本的原因是语文教育一直没有定好位，这致使语文教材的编写者，语文课的老师对语文教育的目的、任务都比较迷茫。

三、新课标就没有定好位

2001 年 7 月教育部推出了九年制义务教育的语文新课标（实验），2003 年 4 月又发布了普通高中语文新课标（实验）。这两个课标似乎已经给语文课程定了位——"工具性与人文性的统一"。这"工具性与人文性的统一"怎么理解？新课标压根儿就没有说清楚。只说了一些模棱两可、笼笼统统的话。虽然提到了要"提高学生的语文素养，使学生具有较强的语文应用能力"，但是那"语文素养"和"语文应用能力"具体是指什么并没有明确地说。新课标还说了一大堆所谓"总目标"，请看：

> （1）在语文学习过程中，培养爱国主义感情、社会主义道德品质，逐步形成积极的人生态度和正确的价值观，提高文化品位和审美情趣。
>
> （2）认识中华的文化丰厚博大，吸收民族文化智慧。关心当代文化生活，尊重多样文化，吸取人类优秀文化的营养。
>
> （3）培植热爱祖国语言文字的情感，养成语文学习的自信

心和良好习惯，掌握最基本的语文学习方法。

（4）在发展语言能力的同时，发展思维能力，激发想象力和创造潜能。逐步形成实事求是、崇尚真知的科学态度，初步掌握科学的思想方法。

（5）能主动进行探究性学习，在实践中学习、运用语文。

（6）学会汉语拼音。能说普通话。认识 3500 个左右常用汉字。能正确工整地书写汉字，并有一定的速度。

（7）具有独立阅读的能力，注重情感体验，有较丰富的积累，形成良好的语感。学会运用多种阅读方法。能初步理解、鉴赏文学作品，受到高尚情操与趣味的熏陶，发展个性，丰富自己的精神世界。能借助工具书阅读浅易文言文。九年课外阅读总量在 400 万字以上。

（8）能具体明确、文从字顺地表达自己的意思。能根据日常生活需要，运用常见的表达方式写作。

（9）具有日常口语交际的基本能力，在各种交际活动中，学会倾听、表达与交流，初步学会文明地进行人际沟通和社会交往，发展合作精神。

（10）学会使用常用的语文工具书，初步具备搜集和处理信息的能力。

要培养学生的爱国主义感情和社会主义道德品质；要学生形成积极的人生观、价值观，并具有"审美能力、探究能力"；要学生"形成良好的思想道德素质和科学文化素质"。语文课确实也要担负起这方面的任务。但是，这不是语文教学的专项任务，其他课程也有这个任务。制定这样的语文教育总目标，给语文教育如此定位，只能把大家的思想搞乱。

最近，教育部又在组织人要修改新课标。观念不改变很难修改好。

四、语文教育定位该定在哪里

语文教育该定位在哪里？我的看法是，该定位在"逐步培养学生全面综合的语文能力"上，这也是语文教育的主要任务。为什么这么说？

一般来说，我们评价一个人的语文修养与语文水平，主要是就他的书面语修养和水平而言的。一个孩子进学校学习，从小学到中学，在语文方面主要是要学习、掌握文字，学习、掌握好书面语。这样他才能读书，才能不断接受高素质的教育，包括科技教育、文化教育、品德教育，他才能用娴熟的书面语来表达自己的意见。而书面语的掌握主要不是靠习得，而是靠学得。根据上述观点，语文教学的目的和任务具体说应该是以下三个。

第一，"帮助学生学习、掌握好书面语"，以逐步培养学生全面综合的语文能力。

第二，让学生获得一定的文学素养，并逐步养成以健康的审美情趣和文化品味来鉴赏文学艺术作品。

第三，使学生不断受到真善美的教育与熏陶。

上述三个任务中，最核心、最根本的是第一个任务，即培养学生全面综合的语文能力。语文教育的定位就应该定位在"逐步培养学生全面综合的语文能力"上。这种全面综合的语文能力具体体现在以下三方面。

第一，在语言理解方面，无论听或者读，能一下子抓住对方表达的主要内容，具有获取新的信息和知识的能力。具体地说，首先能基本听懂、看懂；再进一步，能一下子抓住人家的讲话或书写文本所表达的主要内容；再进一步，能品鉴一席讲话、一篇文章，它好，好在哪里，不好，不好在哪里。

第二，在语言表达方面，无论说或者写，具备运用汉语、汉字完成在自己的工作、学习范围内传递信息、表达自己思想情感的能力。具体地说，首先能做到文从字顺，条理清楚，词语的运用和标点的使用基本正确，没有错别字；再进一步，要求在语言表达上做到得体、到位；再进一步，能懂得在什么场合、什么情境，当表达什么意思时，需要选用什么样的文体框架，什么样的词语，什么样的句式，什么样的句调、语气。

第三，具有实际的纠错能力。无论是看别人的或是自己的文字，能凭语感初步判断一个词语使用的好坏，一个句子运用的正误与好坏，并有能改正的能力。

总之，语文教育的根本任务就是使学生掌握好书面语，培养"全面综合的语文能力"，这也可以说是语文教育的主要目标。

五、还得解决好教什么、怎么教等问题

语文教育的定位问题解决了，语文教育在培养学生语文能力方面的具体目标明确了，不等于就解决了语文教育的质量问题。这里还需解决好教什么和怎么教的问题。

关于教什么，我想为要达到和完成前面所说的语文教学的目的与任务，语文课需要做以下三方面的工作：

第一，要设法让学生阅读大量范文，包括课外阅读，并在老师指导下模仿写作。

第二，要通过各种教学手段，让学生知道，一篇文章好，好在哪儿，一篇文章不好，不好在哪儿，并让学生做一定的练习，从而帮助学生开窍。

第三，在中学阶段要恰到好处地给学生一点点语文知识，包括词汇、语法、修辞知识。

第一方面的工作是根本，这是中国语文教学的老传统，应该说这是一种好的传统。现在中学生的最大问题之一，就是受高考指挥棒转，不怎么读所谓"闲书"。进北京大学中文系学习的学生，四部古典小说都看了的很少很少，其他高校的学生就可想而知了。在语文上，没有"输入"哪有"输出"？第二方面的工作也很重要，要知道，一个高明的、有责任心的语文老师一定会在第一方面工作的基础上设法让学生知道，一篇文章好，好在哪儿，一篇文章不好，不好在哪儿，并让学生了解与懂得在什么场合，什么情境，在什么人物身上，当表达什么意思时，需要用什么样的词，什么样的句式，什么样的句调、语气。为了能收到事半功倍的教学效果，老师有必要恰到好处地给学生一点语言知识。第二、第三两方面工作应该说是我们当今语文教学高于传统语文教学的地方。这里必须明确，中学语文教学中讲授语文知识，其目的并不是为了给他们灌输一套死的语文知识，而是为了有助于老师教，有利于学生学。具体说，是为了让学生更好地理解课文，是为了更好地增强学生的良好的语感和语文素养，是为了帮助他们更好地表达，是为了帮助他们防止出现或减少说话、写作上的各种各样的毛病。总之，对学生来说，学习语文方面的知识不是为了死背一些知识，死抠一些概念，而是为了对学生的阅读、写作起到点拨、启发的作用。当然，同时也是为了有助于老师讲解课文和进行作文或练习评讲。根据这个目的，对学生来说，他知道一些有关的最起码的知识，哪怕只是知道一些名词术语就行了。从这个意义上讲，整个语文知识教学在中学语文教学中，它只起辅助的作用，也只能起辅助的作用。需要注意的是，以上所说是对学生来说的，而对中学语文老师来说则不是那么要求。须知整个语文知识在语文教学中能否处理得恰到好处，真正使语文知识起到它应有的作用，先决条件是教师本人的语文知识要"到位"。所谓到位，一是要求语文老师所掌握的语文知识尽可能丰富，广博；二是要求对具体的语文知识尽可能掌握得牢；三是在教学中能善于利用语文知识。为什么对语文教师要提出这样的要求呢？这就跟在中学语文教学中怎样讲授语文知识有关。

关于怎么教的问题，具体地说有两个问题：怎么教课文？怎么教语文知识？

怎么教课文？这方面大家都有很好的经验。语文教学的一个重要环节是讲解课文。当然，我这里所说的课文，应该都是经过精心挑选的范文——从内容上讲，能"符合童心的发展和需求，能激发学生审美情趣，能启迪学生对未知的追求、对语言美的感悟"，能唤起孩子对未知世界的向往；能激发学生"敏锐的感知力、丰富的情感力、独特的想象力"（童庆炳 1998），能使学生受到真善美的教育，懂得该怎么做人；在语言文字上，不但是规范的，而且是优美的，富于表现力的，经得起分析的，能培养学生对语言的敏感，对语言美的欣赏，对语言魅力的感悟，能有助于培养学生驾驭语言的能力。不过，有了好的课文，还有一个怎么讲解课文的问题。这是中学语文教学中非常重要的一环。

那么该怎么讲解课文呢？目前的课文讲解，主要是讲文章的主题思想、篇章结构、段落大意、生字生词以及体现在课文里的情感的体会等。这当然是需要的，但是讲解课文不能满足于讲这些内容，更应对课文中一些起关键作用或带有深刻含义的词句，紧密结合文章的主题思想、人物特点、上下文语境进行必要的分析讲解。关于这个问题请参看本书下编《语文教育之症结与出路》一文。

怎样进行语言知识教学？这是一个很值得研究的问题。可惜我们过去对这个问题研究、思考得不够。我认为，必须改变过去那种跟课文讲解和语文实践脱节的，游离式地、孤立地传授语言知识的做法，而必须坚持随机教学，坚持采用点拨式教学法。

所谓随机教学，就是要紧密结合课文的讲解或作文、练习的评讲来进行有针对性的语言知识教学，而不要把语文知识教学跟课文讲解、语文实践（如做练习、做作文）弄成两张皮，要融为一体。换句话说，要把语言知识教学跟课文讲解、作文或练习评讲紧密地结合起来，只有这样，同学才爱听，才能收到较好的教学效果，否则会把学生讲得倒胃口，会让学生感到语文知识的讲解是一种负担而本能地加以拒绝。

所谓点拨式教学法，就是语言知识的讲解不能学院式地、无目的地、倾盆大雨式地讲解，而应该有针对性地一事一议地进行讲解。譬如前面讲到，为提高学生的素质，提高学生的中文修养和水平，有必要给学生一些有关母语词语选择与锤炼、句式的选择等方面的知识。怎么给呢？一种办法是老师摆开阵势，一个问题一个问题给学生讲解，讲解时举一定的实例；一种办法是结合课文讲解或结合作文、练习的评讲来讲解，即将母语知识融入课文讲解之中，融入作文或练习的评讲之中。先前几十年走的是前一条路，实践已证明这是一条失败的路。是否可以走走后一条路？我看是可以的。不但是可以的，而且将是一种最佳选择。具体来说，可以从两方面来做。

首先是结合课文适量讲解一些语文知识。譬如说，老师常常会教育孩子要注意词语的选择与锤炼，要注意句式的选择和运用，可是许多学生一想到词语的选择与锤炼，以为就是应该多用些漂亮、华丽的形容词，其实不然。要纠正学生这些想法，并且让他们真正体会到该怎么选择和锤炼词语，就可以结合一些课文的讲解讲讲用词问题、修饰语的使用问题，以及句式的选用问题。譬如说语文课本里大多选了朱自清的一些散文《背影》《荷塘月色》和鲁迅的小说《祝福》，以及杏林子的《生命　生命》等，文言文方面大多选了《桃花源记》《醉翁亭记》等，这都是名篇，在词语的选择与锤炼上，在修饰语的运用上，在句式的选择上都很讲究，都很见功夫。语文知识就应该结合这些课文的讲解来讲授，这样做的好处是课文讲解与语文知识的讲解不会成为两张皮，而可以融为一体，让学生受益。

其次是结合作文评讲，结合练习评讲来进行语文知识教学。对学生所做的作文，所做的练习需要评讲。学生是很愿意听评讲的。通过评讲，可以对学生的写作起引导、指点的作用。由于时间关系，当然不可能每做一次作文或练习就评讲一次，但一学期总得进行几次评讲。评讲，我想内容有二，一是表扬好的，有的写得活做得特别好的，可以公开念给学生听听，并分析一下为什么说好，好在哪儿；二是指出并分析作文或练习中普遍存在或出现的问题。无论哪一方面，老师都可以有意识地结合着讲授些语文知识。这里要注意掌握两个原则：一是所讲的语病得是常见的，带有普遍性的；二是一次不要讲得很多，着重讲一个，最多不超过两个，而对所分析的语病一定要讲透，而不是蜻蜓点水那样讲。所谓讲透，就是既要指出毛病之所在，也需分析造成毛病的原因，还需举出这种毛病的常见类型，最后也得告诉学生怎么改。

参考文献

童庆炳. 不要错过历史机遇. 王丽编. 中国语文教育忧思录. 北京：教育科学出版社，1998

要从更为广阔的视角审视
中学语文教学^①

一、为什么要从更为广阔的视角来审视中学语文教学

近十年来，语文教学在我国备受社会各界的关注，并引起了广泛的讨论，孔庆东等（1999）发出了"审视中学语文教育"的呼声。为什么语文教学会受到社会如此普遍的关注和重视？我想原因主要有两个：一是从近十年来的情况看，广大国民包括在校的大学生和研究生，其语文水平与语文修养普遍存在着下滑的趋势，以致许多高等院校先后在大学一年级开设"国文"课或类似"国文"的课程。语文水平与语文修养下降的问题大多出现、暴露在大学和社会媒体，原因则不能不到中学，乃至小学的语文教学中去找。如果我们把小学、中学、大学比喻为一条教育的长

① 原文发表在何国祥主编《语文教育的反思》（2001 年国际语文教育研讨会论文集），香港教育学院语文教育中心，2002 年。先期曾以"要从更为广阔的视角审视中学语文教学"为题在《语文教学通讯》2001 年第 6 期发表一短文。

河，小学无疑处于上游，中学处于中游，而大学则处于下游。下游水源枯竭或水质不好，我们不能不到中游、上游去找原因。二是随着社会进入知识经济时代，社会对国民的知识水平、人文、科技素养的要求越来越高。上述两方面的情况形成了不相适应的反差，这就是语文教学会受到社会如此普遍关注和重视的原因。鉴于上述情况，关于中小学语文教学的改革问题，确实必须从更为广阔的视角来加以审视。

所谓从更为广阔的视角来考虑中学语文教学，我体会，就是应该从新时代对人才培养的要求、从提高整个国民素质的角度、从语文教学在整个中学教学中的地位和作用来考虑。

说到新时代对人才培养的要求，我们必须清醒地认识到，21 世纪是一个信息时代，也是一个知识经济的时代。在 21 世纪，知识、技能作为一种无形的经济成为信息时代经济的主要特征。今后，单位与单位之间的竞争，地区与地区之间的竞争，国家与国家之间的竞争，不同社会制度之间的竞争，在很大程度上都将具体化为知识的竞争。这里所谓的知识，包括科技知识和人文知识，而这两种知识都离不开一个东西，那就是母语的语文修养和语文水平。这正如著名数学家苏步青曾在《语文与数学》一文中所指出的："数学是学习自然科学的基础，而语文则是这个基础的基础。"

国民素质体现并反映一个国家的文明程度。作为一个文明国家的国民应具备什么样的素质呢？一个人的素质，应反映在三方面，这就是老祖宗早就给我们总结的三个字：德、智、体。德，喜爱真善美，厌恶假丑恶，讲究文明修养，崇尚真知和科学。这可以说是全人类的一致要求，更是中华民族的优良传统。智，全面扎实的基础知识，动脑动手的实际能力，勇于探索的创造精神——这是一个人在事业上能有所作为的基石。体，健全的体魄——这是最基本的条件。这种素质需要从小培养，特别是在中学阶段，那正是孩子们长身体、长知识、逐步形成世界观的时期，更需对他们加强素质教育。素质教育，每一门课都担有责任，而语文教学在其中承担着特别重要的任务。

显然，如果从更为广阔的视角来考虑，中学语文教学的目的和任务我认为应该有三个：一是使学生受到真善美的教育与熏陶；二是让学生有一些文学素养，逐步具有一些审美情趣和文化品位；三是让学生具有一定的语文技能，特别是读、写、听、说的能力。具体地说，从语言理解方面说，要让学生读也好，听也好，能一下子抓住对方表达的主要内容；从语言表达方面说，要让学生知道并懂得在什么场合、什么情景，在什么人物身上应当表达什么意思，需要用什么样的词，什么样的句式，什么样的句调、语气。我们的语文教学能完成上述任务、达到上述目的，那么一个学生的语文水平、语文修养就会通过语文课得到逐步提高。

要完成并达到上述教学任务与目的，当然得有赖于好的语文课本，有赖于好的教学法，更有赖于高素质的教师，同时也有赖于从事文学创作与文学研究的作家和学者专家，从事汉语本体研究与应用研究的学者专家的切实支持。可是目前的实际情况表明，上述几方面目前都不尽如人意。什么样的语文课本才是好的语文课本？怎样编写语文课本？怎样设计练习？怎样编写教参？什么才是好的语文教学法？语文老师应具备什么样的素质？作为从事文学创作与文学研究的作家和学者专家，作为从事汉语本体研究与应用研究的学者专家，怎样切实支持中小学的语文教学？都需好好研究、讨论。

二、需要树立适应新时代需要的教学理念

现在人们常说的一句话是："观念的转变是最根本的转变。"如果真从更为广阔的视角来考虑，要提高中小学语文教学的质量，确实首先要转变观念。具体地说，要求主管中小学语文教学的各级官员和从事语文教学的老师解放思想，更新观念，特别是要树立一些适应新时代需要的教学理念。（傅道春 2001）

第一，在语文教学中以谁为主的问题上要树立新的教学理念。

"教学中以谁为主？"现在恐怕大家都会回答："以学生为主。"问题是怎样理解"以学生为主"。真要深刻理解这句话，首先需要明了"学校教育的基本精神是为了每个学生的发展"这句话。"为了每个学生的发展"，意味着我们的教育应充分考虑并适应孩子童心发展的需要，努力引导并有利于学生各自的个性在健康的道路上得到充分的发展。"为了每个学生的发展"，这也意味着通过我们的教学使学生既具有"健康

发展的自主性"，成为一个有独立人格、独立个性的人；又具有"健康发展的社会性"，成为一个社会的人。所谓具有"健康发展的自主性"，成为一个有独立人格、独立个性的人，是说我们所培养的学生应该对自己充满自信，而又有自知之明，既要虚心向前辈和同窗学习，又不唯唯诺诺，盲目追随。所谓具有"健康发展的社会性"，成为一个社会的人，是说我们所培养的学生应该能关心社会，能善于跟他人相处，能多看别人的长处，能包容大度，能具有与他人合作共事的团队精神。"为了每个学生的发展"，这应该成为我们当今各个教学课程的基本价值观和根本目的，这也应该成为我们语文课程的基本价值观和根本目的。

第二，在怎么处理好知识与能力的关系的问题上要树立新的教学理念。

过去在语文教学中，比较注重知识的传授，至于技能，也注意了，那也只是阅读技能和写作技能。今后，知识的传授还是要注重，因为知识是基础，但更须注意培养学生全面综合的发现问题、分析问题、解决问题的能力。老师给学生的知识再多，也还是极为有限的，如果我们能给学生主动学习的能力，学生就会根据需要主动去吸取、获得必要的知识，并能加以运用。因此，整个语文教学要围绕全面提高学生的综合能力，促进学生的主动发展，培养学生的个性，激发学生自身的兴趣和天赋来展开。

第三，在教学情感与态度方面要树立新的教学理念。

过去我们常对学生说这么一句话："要端正学习态度。"不错，学生是需要端正学习态度。问题是，怎样让学生真正具有正确的学习态度？正确的学习态度从何而来？靠老师苦口婆心地劝说与要求吗？靠老师抽象地说教吗？应该看到，对未成年的孩子来说，积极、上进的学习态度，只能来自学生内在的心理需求，来自学生对语文教学的浓厚的兴趣，来自学生对语文课文积极的情趣体验和感情陶冶之后所产生的强烈的阅读愿望，来自对未来的憧憬和美的想象。这就是说，态度需要由情感来驱动，而情感需要由兴趣来驱动。如果我们的语文课文、我们的课外阅读文选、我们的语文教学实践，能极大地引发学生的兴趣，从而对学生能产生巨大的吸引力，学生就会对我们的语文课文和整个语文教学活动产生浓厚兴趣，这样对语文课也就会发自内心地需求与喜爱。因此，把握学生的心灵，激发、调动学生积极的情感，这是教育部门、语文老师完成语文教学任务，使语文教学进入一个新的高水平的境界所不能不注意的。

第四，在教材编写上也需更新观念，树立新的理念。

上面我已经说了，"要完成并达到上述教学任务与目的，有赖于好的语文课本，有赖于好的语文教学法，有赖于高素质的语文教师"。不难看出，我们把教材列为完成并达到语文教学任务与目的的首要条件。可是正是在语文教材上，还存在着很大的问题。主要有两方面：

一是缺乏科学性。我们知道，"语文教学是一个复杂的多元层级体系，这个体系的底层是字词教学"。学生进学校学习主要是学书面语，这样才能读书，才能有文化，才能通过自己所掌握的书面语来规范和提高自己的口语，进而提高听说能力。而学生学习掌握书面语，就要从学习字词开始，并以学习字词为基础性的任务。所以字词教学在语文教学中处于一个基础的地位，并贯穿于中小学语文教学的始终。

可是正是在这个重要的教学环节上，教材的编写者并无深入的研究。譬如说，小学 1～6 年级，每年要求学生学习掌握多少个汉字？哪些汉字？这些汉字在课文中出现时，哪些字该先出现，哪些字该后出现？复现率该是多少？词，特别是书面语词，小学 1～6 年级，每年要求学生学习掌握多少个词？哪些词？这些词在课文中出现时，哪些词该先出现，哪些词该后出现？复现率该是多少？成语，小学 1～6 年级，每年要求学生学习掌握多少个成语？这些成语在课文中出现时，孰先孰后？复现率该是多少？初中跟小学在字词教学上如何衔接？看来教材的编写者心中很没有数。请看，下面一些常用字在小学语文课文中的分布及复现率就很不合理：（李镗 2000）

人民教育出版社 1999 年版语义课本

常用字及其所处的位置		出现次数	1 册	2 册	3 册	4 册	5 册	6 册	7 册	8 册	9 册	10 册	11 册	12 册
第 8 位	六	37	1	0	0	0	1	9	3	3	5	3	6	6
第 24 位	足	20	1	0	0	0	0	1	1	5	6	5	1	0
第 32 位	尺	27	1	0	0	2	2	1	3	4	4	4	0	
第 49 位	入	54	1	0	0	0	4	2	5	8	6	7	13	8

续　表

常用字及其所处的位置		出现次数	1册	2册	3册	4册	5册	6册	7册	8册	9册	10册	11册	12册
第73位	旗	24	1	0	0	0	1	1	0	0	1	1	17	2
第86位	擦	27	1	0	0	0	5	2	2	1	4	2	5	5
第100位	杯	6	1	0	0	0	0	0	1	0	1	0	2	1
第102位	茶	25	1	0	0	0	0	0	0	1	5	13	5	0
第113位	厂	8	1	0	0	0	0	0	0	2	0	2	0	1
第202位	骨	18	2	0	0	0	0	3	3	3	0	1	5	1
第208位	项	6	1	0	0	0	0	0	1	0	1	1	1	1
第304位	偷	15	2	0	0	0	0	4	0	2	2	4	1	0
第1229位	羡	4	0	0	0	1	0	2	0	0	0	1	0	0
第1230位	慕	5	0	0	0	1	0	2	0	0	2	0	0	0
第1761位	棍	2	0	0	0	0	1	0	0	0	1	0	0	0
第2456位	饺	7	0	0	0	0	0	7	0	0	0	0	0	0
第2499位	姥	2	0	0	0	0	0	0	0	0	0	0	2	0
第2500位	馋	2	0	0	0	1	0	0	0	0	0	0	0	0
第2305位	轴	1	0	0	0	0	0	0	1	0	0	0	0	0

此外，小学五、六年级首现的生字而且只出现 1 次的竟达 255 个，其中常用字有 63 个；只出现 2 次的有 146 个，其中常用字有 68 个。

初中的语文课本，也很不注意跟小学课本衔接。2000 年教育部颁布的教学大纲规定小学要认识到 2500 个常用字，初中要认识到 3500 个左右的常用字。现行的小学语文教材共列出 3215 个字，其中常用字 2387 个，占所出现总字数的 95.48%。按规定中学还应学 1000 多个生字，并还要巩固小学所学的生字。可是过去的初中语文教材没有考虑这些问题，2001 年全国新版本教材也没有考虑并解决这些识字的问题，使初中继续识字的教学任务难以落到实处。而小学课本中出现过的 216 个常用字，如"贸、饲、锈、镰、勘、萎"等，初中教材竟不再出现，这些字的回生率肯定会很高。①

---

① 以上有关反映小学汉字复现率情况的数据和初中语文课本在汉字教学上跟小学脱节的有关统计材料，均由北京教育学院丰台分院李镗先生提供，谨在此深致谢意。

二是没有能从学生学习的角度来挑选课文（这里指现代文）。语文课本的课文必须从学生学习的角度来精心挑选。我们不能要求全部课文，但得要求多数课文能唤起孩子对未知世界的向往；能激发学生"敏锐的感知力，丰富的情感力，独特的想象力"（童庆炳1998）；语言文字上也得经得起分析，能培养学生对语言的敏感，对语言美的欣赏，对语言的驾驭能力。（钱理群1998）目前有些课文选得不错，老的名篇如朱自清的《荷塘月色》、鲁迅的《祝福》、茅盾的《白杨礼赞》等，新的选文如杏林子的《生命 生命》等，无论就内容或语言文字看，都很适合作为语文课文。拿杏林子的《生命 生命》来说，内容好，很有教育意义；而语言上，特别是在修饰语的选用与锤炼上很见功夫，经得起分析。请看其中的一段（请注意黑体字）：

夜晚，我**在灯下**写稿，一只飞蛾**不断地**在我头上飞来飞去，骚扰着我。趁它停在台前小憩时，我一伸手捉住了它，我**原**想弄死它，但它鼓动着双翅，**极力地**挣扎，我感到一股生命的力量**在**我手中跃动，**那样强烈**！那样鲜明！这样一只**小小的**飞蛾，只要我的手指一用力，它就不会再动了，可是那翅膀，**在我手中**挣扎的生之欲望，令我震惊，使我**忍不住**放了它。

杏林子是一位台湾现代女作家。她从小患类风湿性关节炎，差不多全身关节都损坏了，行动极为不便。但她热爱生命，对生命特别珍惜，自强不息。她的作品都是在忍受着剧烈的疼痛的情况下写出来的。《生命 生命》这篇小品文正是写出了作者从一些日常的生活中所感受到的生物普遍具有的那种强烈的求生欲望和生命力，并以此鼓励作者自己同时也教育读者要好好领悟生命的价值，不应辜负自己的生命。上面这一段，就是写作者从飞蛾身上所感受到的求生欲望。在这一段文字里，作者用了许多修饰成分，所用的词语并不华丽，都是一些极为平常普通的词语，但十分用心、贴切，很有表现力，而且很注意前后的照应。这种文章选作课文，既有利于对学生进行素质教育，也有助于培养学生的语言运用技能。

但是，多数课文不能达到上述要求。有的选文，内容可以，但语言上经不起分析；有的选文，在某个历史时期可能还是不错的，但时代性太强，不适合继续作为课文。如魏巍的《谁是最可爱的人》，在大陆，一直作为对学生进行爱国主义教育的典范课文，但现在继续选作课文就很不合适了。可是目前有些新出版的语文课本还是把《谁是最可爱的人》选作课文。问"为什么"，回答是"这是带有极强的政治敏感性的文章，不便撤换"。在这样一种思想状态下，怎么能编得好语文课本？不选《谁是最可爱的人》作为课文并不意味着要在政治上否定什么，如果有谁这样看，只能说明他的思想水平太低，只能说明他根本不从孩子学习的角度考虑。其实进行爱国主义教育的好文章有的是，并不难找。

最近教育部指示，中小学语文教材实施"一纲多本"制。这是一个好政策，各出版社积极性很高，纷纷组织编写班子，编写中小学语文教材。看来是个好现象，但这其中隐含着危机，那就是各个出版社积极性那么高并不是真正出于为了提高中小学的教学质量这样的目的，而完全是受经济利益驱动。最明显的证据是，大家都赶时间，根本不是在科学研究的基础上来新编教材。

我举上面这个教材的实例，只是想说明，语文教学改革要取得实质性的成果，语文教学要能适应新时代的需要，必须先转变观念，从有关部门的领导，到教师，到出版社都首先要转变观念。

中小学生还不是成熟的读者，他们的阅读、表达带有鲜明的年龄特征。比如小学学生最爱用哪些字词说话、造句，最爱阅读什么样的课文，什么样的语文活动最适合孩子们，最能引起他们的兴趣，到了初中又会有什么变化，在表达上又会有什么样的变化……对于诸如此类的问题，我们目前都还没有做系统的调查统计和认真的分析研究。如果我们的语文教学能建立在翔实的基础研究、丰富的教学实践的基点上，并能凭借中文信息网络的现代化手段，从内容到形式能尽可能适合学生的年龄特点及认知规律，同时考虑到不同的方言区学生在说话写作上的不同情况，我们就能迎来语文教学科学化的春天，学生就爱学，学生乃至整个国民的语文水平、语文素养就一定能逐步地、大幅度地提高。

从小学到高中，必须把"要符合童心的发展和需求、能激发学生审美情趣、能启迪学生对未知的追求"这一点作为选文的标准之一。

小学的语文课文，必须在调查研究的基础上，进行有针对性的编写，而不能采用现成的文章作为课文。

高中语文课本的选文，不一定都是主题思想明确的文章，不一定都必须是范文，可以每学期适当选用一两篇有败笔的文章。

第五，在教学方法、教学思路上要树立新的教学理念——多元论的教学理念。

在科学和教学领域里，任何一个正确的理论和方法，都不可能"包打天下"，都有它的局限性。"局限性"不等于"缺点"。局限性是说，任何理论与方法，都只能解释一定范围里的现象，解决一定范围里的问题。（陆俭明 2005）因此，无论在科学或教学中，都应该提倡多元论。作为一个学者也好，一个老师也好，他的研究水平、教学水平的高低，在很大程度上取决于他能否广泛吸取各种理论方法的长处与优点，并根据自身研究、教学需要来加以运用。就语文教学说，应该看到，学生在教学过程中的表现是千差万别的，学生的思维活动和情感活动的方式更是一人一个样，而学生的悟性和兴趣也不一样。因此，在整个语文教学过程中，不能要求教师只能采用某一种教学方式；不能要求学生只能接受某一种思维模式；不能要求学生只能按照某一种认识、某一种结论，来回答问题。数理化方面的问题，答案常常只有一个，但解析方式也还可能允许有多种。语文上的理解更是不能定于一尊。可是，在过去的语文教学中，教师或教材的编写者，习惯于以自己的思想与认识去要求学生，去规范、限制学生的思维活动。对某篇课文，对课文中某些语句，常常要求学生只允许作一种理解。有位语文老师出了这么一道题：

> 联系上文，揣摩朱自清《背影》里"唉！我现在想想，那时真是太聪明了！"这句话的含义。正确答案是 [　　]：
>
> （A）因为自己聪明而沾沾自喜。
>
> （B）悔恨自己太笨。
>
> （C）悔恨自己未能体会父亲的深情。
>
> （D）觉得自己聪明过头了。

按老师的要求，是要选择 C 答案。但这种要求，显然把《背影》里的那句话的含义给理解死了。A 答案不能取是明显的。取 C 答案当然对，但是朱自清那句话的含义很难说只能理解为 C，很难说不能包含 B 和 D。再如，过去有些教材上，对朱自清散文《绿》里所描写的"绿"只能理解为"表达了作者对热爱生命、热爱大自然的感情"，而不能作别的理解。有学生回答说，"表达了对女性美的讴歌"，不但被判为错，而且认为那学生思想不健康，这类例子很多。这种做法实际上起了束缚学生思想、影响学生思维发展的负面作用。应该看到，学生表现上、认识上、兴趣上的参差不齐是正常现象，其中不少可能是青少年所想象到的、而且是正确的，而成年人未必能想到的。不要追求那种虚假的"一致认识"和"统一性"。教育部新制定的语文课程标准指出，学生对语文材料的反应"往往是多元的"，"应该尊重学生在学习过程中的独特体验"，"关注学生的个体差异和不同的学习需求"，这是完全正确的。总之，在语文教学中，要革除"一言堂"的做法，要提倡"多元论"。

第六，在对待考试大纲上要树立新的理念——应逐步取消考试大纲制度。

现有的考试大纲是应试教育的祸根之一。这种考试大纲成了一根指挥棒，它严重地束缚了教师的教学积极性与创造性。

如果我们在上述教学理念上取得共识，那么以下一系列问题大家就好讨论了：

怎样编写语文课本？应按什么要求选择课文？什么样的语文课本才是好的语文课本？

怎样设计练习？怎样编写教参？

语文教学中语文知识要不要？如果要，怎么给学生？

什么才是好的语文教学法？

要不要加大学生的阅读量？怎样指导学生课外阅读？

要不要提倡诵读？怎样指导学生诵读？

语文老师应具备什么样的素质？

作为从事文学创作与文学研究的作家和学者专家，作为从事汉语本体研究与应用研究的学者专家，怎样切实支持中小学的语文教学？

总之，当前，语文教学改革的最大障碍，我认为，在于思想不解放，在于怕冒风险，在于只受经济利益的驱动。希望本文能起一点抛砖引玉的作用。

参考文献

傅道春．新课程与教师观念的更新．语文建设（增刊），2001

孔庆东等．审视中学语文教育．汕头：汕头大学出版社，1999

李镗．中小学语文课文字词分布统计及应用价值．语言文字应用，2000（3）

陆俭明．改进中学语文教学之管见．中学语文，1999（3）

陆俭明．也谈中学语文教学．问题与对策——中小学语文教学改革．北京：人民教育出版社，2000

陆俭明．现代汉语语法研究教程（第三版）．北京：北京大学出版社，2005

钱理群．重新确立教育终极目标．王丽编．中国语文教育忧思录．北京：教育科学出版社，1998

童庆炳．不要错过历史机遇．王丽编．中国语文教育忧思录．北京：教育科学出版社，1998

王丽编．中国语文教育忧思录．北京：教育科学出版社，1998

朱绍禹．中学语文教学法．北京：高等教育出版社，1988

庄文中．中学教学语法新编．南京：江苏教育出版社，1984

以创新理念推进中国语文教学^①

要让语文教学走出低谷，必须以创新的理念来推进中国语文教学——变应试教育为素质教育；强调基础，加强实践，注重创新。

一、为什么要变应试教育为素质教育

为什么要变应试教育为素质教育？这是由时代特点决定的。大家知道，21世纪是高科技迅速发展的信息时代，是知识经济时代，是世界经济逐步走向一体化的时代。21世纪的时代特点决定了个人的语文水平、语文素养，社会整体的语文水平、语文素养。这里特别要指出的是，当今时代语言已经成为一种可以衍生财富的非物质资源——对国家来说，特别是对我们这样的多民族国家来说，语言已成为一种软实力，成为一种关系国家稳定的重要因素；对个人来说，语言已成

---

① 原文发表在《语文建设》，2009（11），原题为"以创新理念推进中国语文教育——变应试教育为素质教育"。

为与他人竞争的一种重要条件。（李宇明 2007）举两个例子：

> 例一：语言是资源，可以衍生为财富。据媒体报道，英国
> 仅语言教育和语言服务所创造的收入每年就高达 130 亿欧元。

> 例二：语言水平的高低与工资的高低相关。《解放日报》
> 曾发表过这样一个调查报告，语言水平分上、中、下三等，上
> 等者的工资可以是下等者的 3 至 6 倍。

上述时代特点与现实状况说明，进一步改革和加强语文教育，提高
国民整体的语文素养，刻不容缓。

二、评价一个人的语文水平依据什么

评价一个人的语文水平、语文素养依据什么？主要是看他的书面语
修养和水平。

一个孩子从小学到中学，就语文方面来说，主要是要学习、掌握好
文字，学习、掌握好书面语。我们知道，语言不只是人类最重要的交际
工具，而且也是人类保存认识成果的主要载体。人类文化的传承可以有
各种方式和手段，但是，最主要的是通过语言，特别是书面的记载。书
面语形式的出现，扩大了语言的交际作用，使地球上各个地方的人都有
可能彼此进行远距离交际，更为人类社会保存了可贵的文化遗产，包括
在生产实践和其他实践活动中所得到的经验和教训，使人类能在前人业
绩的基础上不断把人类社会推向前进。学术著作、散文随笔、小说里的
情节或心理描写、政府文件、报刊社论、法律文本、协议合同、往来公
函、会议致辞以及讣告、唁电、贺电、贺词等，都要使用正式的书面语
语体。显然，一个人只有进学校学习掌握了书面语，才能读书，才能不
断接受高素质的教育，包括科技教育、文化教育、品德教育，他才能用
娴熟的书面语表达自己的意见。书面语学好了，口语表达能力也会相应
地提高。

关于"书面语"和"口语"这两个词，《现代汉语词典》是这样注释
的："书面语：用文字写出来的语言。""口语：谈话时使用的语言。"这两
个注释不能说错，但应该说还是有点问题。我们不能简单地认为"用文

字写出来的语言"就是书面语,"谈话时使用的语言"就是口语。书面语确实是用文字写出来的语言,但是不能反过来认为只要是用文字写出来的语言就是书面语。一个新闻记者在群众中进行录音采访,假如把录音用文字写下来,那照录音写下来的文字很难说就是书面语。反之,我们也不能认为谈话时所使用的语言就一定是口语。譬如,在交谈中,听话者在听了对方的言谈后脱口而出说:"好,好,好,知我者乃仁兄也!"我们恐怕也不能认为这句脱口而出的话就是口语。应该说,书面语是指在口语的基础上经过一定提炼加工的、用文字写出来的语言。书面语的性质决定了书面语的掌握主要不是靠习得,而是靠学得。语文课是在中小学阶段让学生学得书面语的最主要的一门课程。我们评价一个人的语文水平、语文素养的主要依据是看他的书面语修养和水平如何。[①]

三、语文教育的目的和任务

根据第二节所述观点,语文教学的目的和任务具体说应该是:帮助学生学习、掌握好书面语,以逐步培养学生全面综合的语文能力;让学生获得一定的文学素养,并逐步培养以健康的审美情趣和文化品味来鉴赏文学艺术作品的能力,使学生不断受到真善美的教育与熏陶。

在上述任务中,最核心、最根本的是第一个任务,即培养学生全面综合的语文能力。语文教育的定位就应该定位在逐步培养学生全面综合的语文能力上。这种全面综合的语文能力具体体现在以下三方面。

第一,在语言理解方面,无论听或者读,能一下子抓住对方表达的主要内容,具有获取新的信息和知识的能力。具体地说,首先能基本听懂、看懂;再进一步,能一下子抓住人家的讲话或书写文本所表达的主要内容;再进一步,能品鉴一席讲话、一篇文章,它好,好在哪里,不好,不好在哪里。

第二,在语言表达方面,无论说或者写,具备运用汉语汉字,在自己的工作学习范围内传递信息、表达思想情感的能力。具体来说,首先能做到文从字顺,条理清楚,词语的运用和标点的使用基本正确;再进

---

① 关于书面语,请参看冯胜利(2006)。

一步，要求在语言表达上做到得体、到位；再进一步，能懂得在什么场合、什么情境，当表达什么意思时，需要选用什么样的文体框架、什么样的词语、什么样的句式、什么样的句调和语气。

第三，具有实际的纠错、修改能力。无论是看别人的或自己的文字，能凭语感初步判断一个词语使用的好坏、一个句子运用的正误与好坏，并有改正的能力。要知道，从某种意义上说，文章不是写出来的，而是改出来的。

学生有了这三方面的语文能力，那么他们就会切实掌握好书面语。我们如果圆满地完成了上面所说的语文教学任务，就达到了语文教学目的，学生的语文水平、语文修养就会得到切实提高。

这里特别要注意的是，整个中小学教育阶段，不要把未成年的孩子当成大人进行说教。中小学学生更需要陶冶式的教育。

四、如何达到语文教育的目的

为达到和完成上述语文教学任务和教学目的，语文课需要做以下三方面工作：第一，要设法让学生大量阅读范文，包括课外阅读，并在老师指导下模仿写作。第二，要通过各种教学手段，让学生知道，一篇文章好，好在哪儿，一篇文章不好，不好在哪儿，并让学生做一定的练习，帮助学生开窍。第三，在中学阶段要恰到好处地给学生一点语文知识，包括词汇、语法、修辞知识。第一方面的工作是根本，这是我国语文教学的老传统，应该说这是一种好的传统。第二方面的工作也很重要，有助于学生真正开窍。第三方面的工作，有助于语文教育收到事半功倍的效果。上述三方面的工作，第一、第二两方面工作，不需要多说，这里需要就第三方面工作讲一步说明。

中学语文教学中讲授语文知识，其目的是让学生有一些这方面的了解，以便老师教课文和进行作文或练习评讲，以便学生学习，具体说，有助于学生更好地理解课文，让学生更好地培养语感，有助于学生更好地表达，有助于防止学生出现或减少语病。总之，对学生来说，学语文方面的知识，不是为了死背一些知识，死抠一些概念，而是为了对学生的阅读、写作起到点拨、启发的作用。根据这个目的，对学生来说，知道一些有关语音、文字、语法、词汇、修辞、作文法等方面的最起码知识，哪怕只是知道一些名词术语也是有帮助的。从这个意义上讲，语文知识教育在整个语文教育中，它只起辅助的作用，也只能起辅助作用。

五、转变观念，抓好四个环节

要以创新理念推进语文教育，核心的一点是要转变观念，真正从思想到行动都变应试教育为素质教育，切实培养和提高学生在听、读方面的接受能力，在说、写方面的表达能力。关于观念的转变，我在《要从更为广阔的视角审视中学》一文中有具体说明，这里只纲要式的复述如下：

（一）在语文教学中以谁为主的问题上要树立新的教学理念。

（二）在怎么处理好知识与能力的关系的问题上要树立新的教学理念。

（三）在教学情感与态度方面要树立新的教学理念。

（四）在教材编写上也需更新观念，树立新的理念。

（五）在教学方法、教学思路上要树立新的教学理念——多元论的教学理念。

（六）在对待考试大纲上要树立新的理念——应逐步取消考试大纲制度。

在具体行动上要抓好四个环节：

一是课本。这是进行语文教育的根本依据。课本中的课文，应该都是经过精心挑选的——从内容上讲，能符合童心、符合青少年的发展和需求，能激发学生的审美情趣，能启迪学生对未知的追求、对语言美的感悟，能唤起孩子对未知世界的向往，能激发学生"敏锐的感知力，丰富的情感力，独特的想象力"（童庆炳 1998），能使学生受到真善美的教育，懂得该怎么做人；从语言文字上讲，不但是规范的，而且是优美的，富于表现力的，经得起分析，即"经得起学生的再三咀嚼"（陈平原 2007），从而能培养学生对语言的敏感，对语言美的欣赏，对语言魅力的感悟，能有助于培养学生驾驭语言的能力。（钱理群 1998）课本里的练习，应着重放在能力的测试上。

二是讲解，包括课文的讲解以及作文或练习的讲解。这对学生来说是起引路作用的。讲解重在点拨，通过讲解要能使学生有茅塞顿开之感。关于如何讲解课文、如何进行作文或练习评讲，我曾于撰文举实例论述过，这里不再赘述。（陆俭明 2002，2006，2007）

三是练习与作文。基本精神是"少死记硬背式的，多思考理解式的"。特别是随着学历的推移，需从以复习型练习为主逐渐过渡到以思考型练习为主。像写出某个词的同义词、写出某个词的反义词一类练习，在小学阶段还可以；到中学阶段，特别是高中阶段，所出的练习需注意开启学生的智力和培养学生的思考和动手能力。有位中学老师出了这样一类练习："请查一下词典，'冷酷无情'里的'酷'在词典里属于'酷'的哪个义项，并扼要说明理由。"这样的练习题就很好，符合上面所说的要求。关于作文，尽可能不要采取命题作文的方式。

四是课外阅读的指导。当务之急是要改变目前学生不读书的状况。学生不读书不看报，不接受点儿熏陶，语文水平怎么能提高？怎么会有较高的语文素养？我们当教师的常说这样一句话："要给学生一杯水，自己要有一桶水。"没有输入，哪有输出？古人云："读书破万卷，下笔如有神。"说的也是这个道理。教育部门的有关领导、语文老师、学生家长都得关注这个问题。

参考文献

陈平原 . "发现"的乐趣 . 人教论坛 www. epe. com. cn，2007－7－26

冯胜利 . 汉语书面用语初编 . 北京：北京语言大学出版社，2006

李宇明 . 构建和谐的语言生活成为社会的新理念 . 中国教育网 . 2007－08－16

陆俭明 . 再谈要从更为广阔的视角审视语文教学 . 见何国祥主编 . 《语文教育的反思》（2001 年国际语文教育研讨会论文集），香港教育学院语文教育中心，2002 年

陆俭明 . 现代汉语语法研究教程（第三版）. 北京：北京大学出版社，2005

陆俭明 . 语文教育之症结与出路 . 课程・教材・教法，2006（3）

陆俭明 . 语文教学定位应定在哪里 . 语言文字应用，2007 年（3）

钱理群 . 重新确立教育终级目标 . 王丽编 . 中国语文教育忧思录 . 北京：教育科学出版社，1998

童庆炳 . 不要错过历史机遇 . 王丽编 . 中国语文教育忧思录 . 北京：教育科学出版社，1998

汉语教学的新变化、新任务^①

一、新变化带来新问题

自 2005 年 7 月在北京举行的世界汉语大会以来，汉语教学（包括华语教学，下同）有了新的变化，从教学方面说，一般认为变化主要体现在：变"招进来"为"招进来和走出去并举"；变"对外汉语教学"为"对外汉语教学与国际汉语教学并举"。其实这还是表面看问题，真正的变化在于：

（1）开始要大面积地开展在非汉语环境下的汉语教学。以往的汉语教学基本上是"招进来"的阶段，汉语教学基本上都是在中国国内这一汉语环境下开展进行的，外国留学生也是在汉语环境下进行学习，今后将逐步要在非汉语环境下大面积地开展汉语教学。

（2）开始由几乎全是作为第一外语的汉语教

---

① 　原文发表在《暨南大学华文学院学报》，2008（3），原题为"汉语教学的新变化、新问题、新任务、新意识"。

学变为大部分将是第二外语的汉语教学。以往汉语教学基本上都属于作为第一外语的教学，今后在国外开展的汉语教学更多的将是属于第二外语的教学。

（3）教学对象开始变化。以往汉语教学的对象基本上都是所谓"老外"学生，今后在国外开展的汉语教学，其教学对象除"老外"学生外，将逐渐增加华裔华侨学生，甚至在有些国家（如东南亚各国）更多的将是华裔华侨学生。

（4）汉语教学对象的年龄层次开始呈现降低的趋势。以往汉语教学对象几乎完全是成年人，今后随着国外在中小学开设汉语教学课程，汉语学习者更多的将是青少年，甚至是少年儿童。

（5）国内各高校，都将面临承担海外汉语教学任务的局面。

上述新变化给汉语教学带来一系列的新问题，主要是：

第一，现有的汉语教师的数量和素质，远远不能满足汉语教学发展的需要。随着国外汉语的升温，对汉语教师的需求量越来越大，但海外各国没有那么多汉语教师，据 2005 年 10 月 21 日《环球时报》（7 版）报道，美国大学委员会原预计会有几百所高级中学会开设 AP（Advanced Placement Course and Exam，是一种学生进入大学前预修并参加考试的外语课程）中文先修课，结果调查显示，有 2347 所高级中学要求开设中文课，然而教师严重不足，只有 110 所高中拥有足够的师资力量。这两年来美国高级中学要求开设 AP 中文先修课的学校越来越多，汉语教师更显得短缺。东南亚的情况也是如此。总之，汉语教师缺额很大。再说，从国外现有的从事汉语教学的教师，包括这两年我们所派出的志愿者汉语教师来看，不少人的业务素质、思想素质都适应不了汉语教学发展的需要。

第二，现有的汉语教材，远远不能满足汉语教学发展的需要。从上个世纪 80 年代以来，汉语教材出版了许多，但存在两大问题，一个问题是各类初级汉语教材多，中级，特别是高级汉语教材很少；另一个问题是，精品教材少，而能推向海外、推向世界的汉语教材更少。目前国内出版的汉语教材之所以不能推向海外，倒不是因为政治问题或装潢问题，主要是教材的容量太大，不适合国外使用，国外没有那么多课时量。另外涉及跨文化交际问题，如"孔融让梨"，在中国人眼里这是孩子从小就要培养的一种美德，可是这种内容引不起西方学生的兴趣与共鸣，他们从小接受的教育是：该是我的，一分也不能让；不是我的，一分也不能要。

第三，现有的有关汉语和汉语教学的研究成果，远远不能满足汉语教学发展的需要。譬如说，以往的汉语研究，也就是一般所说的"汉语本体研究"，很少考虑对外汉语教学的需要，突出的情况是不怎么研究词语或句法格式的用法，而这对外国学生来说是非常需要的。因此，汉语教学中出现或碰到的大量问题都没法找到现成的参考文献来帮助解决。

第四，现有的教学模式和方法，远远不能满足汉语教学发展的需要。现有的教学模式与方法基本是在国内汉语环境下进行教学所产生和使用的，不一定适合国外在非汉语环境下进行汉语教学的需要。

第五，现有的汉语教学评估与汉语测试手段，远远不能满足汉语教学发展的需要。现在的汉语教学评估与汉语测试手段是在国内汉语环境下进行教学所研制产生和使用的，不一定完全适合国外在非汉语环境下进行汉语教学的需要。

第六，现在的汉语教学手段远远不能满足汉语教学发展的需要。在海外汉语教师极为短缺的情况下，亟需开展海外中文远程网络教学，而在这一方面目前也还赶不上实用的需要。

二、新问题提出新任务

无疑，要推进国际汉语教学，必须逐步有效解决上述诸方面的问题。而要期望这些问题逐步得到解决，这就亟需我们加强汉语教学的基础性研究。（陆俭明 1999）而当今亟需开展以下一些方面的研究工作：

（一）组织力量开展服务于汉语教学的汉语各要素的研究。

（二）组织力量花大力气去研究、去开发新的教学模式，特别是适应海外汉语教学需要的教学模式。

（三）组织力量花大力气去研究、去开发新的教学方法，特别是适应海外汉语教学需要的教学方法。

（四）组织力量花大力气去研究、去开发新的系列教材，特别是组织编写适应海外汉语教学需要的汉语系列教材。

（五）组织力量花大力气加快培养和培训大批高素质的汉语教师和汉语教学管理人才。

（六）组织力量花大力气去研究、去开发新的切合实际的各类教学、各类教师培训的标准。

（七）组织力量加快汉语教学的学科建设。

汉语教学应该说还是一个新兴学科，要进行汉语教学学科建设，不能不思考、解决以下五方面的问题：（崔永华1998，陆俭明2004，刘珣2005）

（一）作为一个独立的学科，必须要有它的哲学基础。汉语教学学科的哲学基础应该是什么？

（二）作为一个独立的学科，必须有一定的理论作支撑。汉语教学学科需要由哪些理论来支撑？

（三）作为一个独立的学科，必须有明确的学科内涵。汉语教学学科的内涵是什么？

（四）作为一个独立的学科，必须有与本学科相关的、起辅助作用的学科。那么跟汉语教学学科相关的、起辅助作用的学科是哪些？

（五）作为一个独立的学科，必须有本学科的本体研究。汉语教学的本体研究应该是什么？应该包括哪些方面的内容？

汉语教学作为一个独立的学科要大踏步地发展，从事汉语教学的领导和广大教师都必须树立明确的学科意识，并围绕上述问题，共同致力于汉语教学学科的理论建设。观念的转变是最重要的。树立和增强汉语作为第二语言教学学科意识，意义深远。

三、实现新任务要求我们树立新意识

上文提到，"观念的转变是最重要的"。要适应目前与今后汉语教学发展的新形势，逐步解决目前已发现的问题，实现我们的研究任务，首先必须树立一些新的意识。

（一）要认识汉语作为第二语言教学的学科性质

汉语作为第二语言教学本身是一个以汉语言文字教学为基础的、关涉到其他许多学科（如应用语言学、教育学、心理学、文学以及文化、艺术和其他某些学科）的多学科的交叉性学科。这就是汉语教学的学科性质。（陆俭明 2004）这里特别强调两点：

第一，汉语教学必须以汉语言文字教学为基础，因为：

A. 汉语教学最直接的目的是设法让外国学生在最短的时间里最快、最好地学习、掌握汉语。这也可以说是我们汉语教育的核心任务。有人强调要通过汉语教学让外国学生了解灿烂的中华文化。这个想法当然很好，确实也需要注意。但是，如果我们进行汉语教育的结果是外国学生汉语过不了关，那他们也不可能来了解中华文化。

B. 外国学生在学习汉语的过程中所出现的问题、所提出的问题，主要或大量的都是汉语言文字方面的问题。

因此，汉语教学的基础教学是汉语言文字教学，尤其是在初级阶段的汉语教学中，从整体上来说，其他学科的教学都是为而且也必须为汉语言文字教学服务的。

第二，汉语教师要有广博的知识，特别是有关中国的知识。因为：

A. 要知道，外国学生眼里的汉语老师犹如小学生眼里的老师。他们以为，凡是有关中国的情况，自己不知道的，汉语老师一定知道，可以问汉语老师。这就要求我们汉语老师要有广博的知识，特别是有关中国的知识。

B. 尽管我们教的是语言，但语言必定载有文化科技内容。汉语老师如果没有广博的知识。特别是有关中国的知识，很难有效而又高质量地完成教学任务。

这就要求，一个汉语教师对有关中国的政治、经济、文化、艺术、音乐、民俗、宗教、哲学以及某些科技知识，甚至当前时代特点、国际形势与发展趋势，都要有所关注与了解。譬如说什么叫信息时代，什么叫知识经济时代，什么叫世界经济一体化等，都要有所了解。当然一个人不可能这些知识都知道，都记得住，但你得知道到哪里去查阅。

（二）要充分认识汉语教学岗位上汉语教师的特殊性

从学科看，汉语教师来自四面八方。其他院系的教师基本上都是科班出身。而汉语教师，有来自中文系汉语专业的，有来自中文系文学专业的，有来自外语学院的（还来自不同语种专业的），有来自哲学系的、历史系的、经济系的……还有来自理科或医科的，还有来自音乐艺术专业的等。这有好的一面，可以起到互相补充的作用，满足方方面面教学的需要。但这一情况也就要求我们：

第一，汉语教师必须注意知识的整合，特别是要解决好怎么让自己原先所学的知识整合到汉语教学中去，而不是上课草草完成任务，却把精力都放在自己所学专业的研究上。

第二，汉语教学的领导，必须注意加强对汉语教师进行业务培训——对于来自汉语专业或汉语专门化的教师来说，得让他们有针对性地补学其他有关学科的知识；对来自非汉语专业的教师来说，一定得补学汉语言文字学方面的知识，因为汉语言文字学方面的知识是汉语教学的根基。

（三）要树立"汉语教学本体研究"的观念

重要的是要区分"汉语教学本体研究"和"汉语本体研究"，要认识二者虽有密切联系，但不是一码事。关于这个问题，我已有文章专门进行了论述（陆俭明 2005b，2007b，2007c），这里只说个大概。"汉语教学本体研究"和"汉语本体研究"是有区别的，大致如下：

首先，二者的研究范围不一样。汉语的本体研究，主要是研究汉语本身的语音、词汇、语法、语义、语用等诸种现象及其历史演变和发展，并进行全面、深入、细致的考察、描写、分析、解释，而且进一步升华为理论，以建立相应的系统理论。当前不管是运用形式派的理论方法（包括结构主义语言学的理论方法和生成语法学的理论方法），还是运用功能派的理论方法，或者运用认知派的理论方法所做的汉语研究，都属于汉语本体研究。而汉语教学的本体研究则是指围绕和服务于汉语教学的汉语应用研究，除了开展汉语要素方面的研究外，还需要开展有关汉语教学及其教学模式、教学方法与技能、教材编写、汉语水平测试及其评估机制、汉语学习者的习得与认知、汉语教师培训、现代科技教学手段、跨文化交际以及汉语作为第二语言教学的学科建设等多方面的研究，以有助于汉语教学学科的加快建设，而这些方面都是汉语本体研究所不研究的。

其次，即使是对汉语要素的研究，二者的研究目标和研究要求也不一样——汉语教学本体研究重视词语和句法格式的用法研究，而汉语本体研究就不太注重用法的研究；在汉语本体研究中，往往将某个词语或句法格式的意义和用法放在一个平面上来加以描写，而在汉语教学本体研究中，得考虑分层次，分阶段。在表述方面，二者也有区别，作为汉语教学本体研究，其研究成果在表述上要尽量少用术语，而且得尽可能做到深入浅出，通俗易懂。

总之，汉语教学本体研究始终跟"教学"捆绑在一起，立足于教学，服务于教学。

(四) 要逐步树立注重"汉语书面语教学"的意识

这个问题将关系到我们怎么正确理解"汉语走向世界"，也关系到汉语作为外语教学的发展方向问题。这里必须明了，汉语教学走出国门，开展国际汉语教学，其首要任务是为世界各国建造一座又一座通向中国的友谊之桥——汉语桥，只有这座汉语桥建设好了，才谈得上实现其他方面的任务与目的，诸如让悠久、灿烂而又深邃的中华文化更好地融入国际多元文化的大家庭中，以便为建设真正建立在世界多元文化基础上的和谐的国际社会贡献我们的力量，解决好汉语在国际上的话语权等。

国际汉语教学，当然需要满足方方面面的要求，要开展不同层次的汉语教学。但是，量固然要注意，更要注意质。因此对于汉语走向世界，不能只是理解为让越来越多的外国人来学习我们的汉语，而不管他学到什么程度。如果刚开始的时候我们这样做，这样认识，还是可以的，也是需要的；但汉语教学发展到今天，我们就必须一方面得通过各种渠道，采用各种办法、各种模式、各种策略，吸引越来越多的外国人，特别是年轻人来学习汉语；另一方面要采取更为积极的措施确保越来越多的外国人，特别是年轻人，不仅会说几句见面或分别时的礼貌用语，会一些日常会话，而且能较好地掌握、运用汉语书面语。（陆俭明2007d）这里想特别强调下面这样一层意思：对外国学生来说，无论是学习汉语口语还是书面语，都主要是通过学习来获得。他们学习汉语，当然得学汉语口语，只有这样才可以跟中国人交谈，但同时得学书面语。从汉语教育的角度来说，教外国学生学习、掌握好汉语书面语更重要，除非有的外国人只要求会说几句口语。为什么非要强调汉语书面语的学习和掌握呢？

第一，一个外族人或外国人，只要求能说几句汉语，能跟汉族人进行简单的口头交谈，那当然学点儿汉语口语就行了。但是他如果真要想了解、认识、学习，甚至要研究中国文化，就不能不学书面语。正如大家都了解的，人类文化的保存和传承虽然可以有各种方式和手段，如绘画、雕塑、建筑、音乐等，但主要是通过语言，特别是书面语来保存。这决定了我们的汉语教学的发展方向。因此我们真要让外国了解、研究我们中华文化，一定得设法让越来越多的外国汉语学习者学习、掌握好汉语书面语。再说，如果我们只学"说的汉语""听的汉语"、不学汉字、不学习掌握书面语，那日后只能成为会说汉语的"文盲"。（赵金铭2004）

第二，虽然联合国确定汉语为联合国的工作语言之一，可是实际上在国际上基本没有汉语的话语权。据英国《金融时报》2006 年 1 月 23 日文章《全球兴起中文热》所说，现在互联网上 85％是英语，联合国各种场合使用的语言 95％是英语，汉语的使用率只占百分之几。（《参考消息》2006 年 1 月 24 日 15 版《欧美兴起汉字纹身热》）要取得汉语在国际上的话语权，就得让越来越多的外国人，不仅学习、掌握好汉语口语，而且学习、掌握好汉语书面语；让越来越多的外国人，不仅能说一口汉语，还能阅读写作，具备运用书面语的能力，而这只有通过书面语教学才能达到。我们只有培养越来越多的这样的汉语学习者，才能真正逐步建筑起世界各国通向中国的友谊之桥——"汉语桥"，才能真正使汉语在国际上逐步有话语权。

总之，在汉语走向世界的进程中，必须重视并切实抓好汉语书面语教学。

（五）要树立"自尊自重"的意识

关于这个问题，我已有文章论及。（陆俭明，2005a，2007a）这里只想强调两点：

第一，汉语教师不是好当的，从某种意义上来说，比其他院系的教师难当，因为汉语教师既要有较好的汉语言文字的功底，又要具备较为广博的有关中国的方方面面的知识，还要有一定的教学技能和教学艺术，以及很强的研究意识和一定的研究能力，而汉语教师，包括华语教师，教学任务却比较重，教授周课时都比较多。

第二，汉语教师并不只能是教书匠，也能成为"家"，甚至能成为大家。丹麦的叶斯丕森（O. H. Jespersen，1860—1943）和英国的帕默（F. R. Palmer）都长期从事英语第二语言教学，他们都成了语言学大家。一个汉语教师日后能不能成为"家"？事在人为，决定于自己。

参考文献

陆俭明．关于开展对外汉语教学基础研究之管见．语言文字应用，1999（4）

陆俭明．增强学科意识，发展对外汉语教学．世界汉语教学，2004（1）

陆俭明．汉语教师应有的意识．世界汉语教学，2005a（1）

陆俭明．作为第二语言的汉语本体研究．北京：外语教学与研究出版社，2005b

陆俭明．华文教师应该有的意识和能力．世界华文教育，2007a（创刊号）

陆俭明．再谈汉语作为第二语言教学的学科建设问题．长江学术，2007b（2）

陆俭明．汉语作为第二语言教学的本体研究和汉语本体研究．世界汉语教学，2007c（3）

陆俭明．作为第二语言教学的汉语教学必须重视书面语教学．对外汉语研究，2007d（3）

赵金铭．说的汉语与看的汉语．赵金铭主编．汉语口语与书面语教学．北京：北京大学出版社，2004

增强学科意识，发展对外汉语教学[①]

进入 21 世纪之后，随着世界逐步进入信息时代，进入知识经济、经济全球化时代，整个语言科学在 21 世纪的地位越来越高。汉语作为第二语言教学（一般称为"对外汉语教学"），也迎来了大好的春天。从学科的角度说，汉语教学本身是一个以汉语言文字教学为基础的、关涉到其他许多学科（包括应用语言学、教育学、心理学、文学以及文化、艺术和其他某些学科）的交叉性学科。汉语教学走出国门，汉语走向世界，这反映了我们国家综合国力和国际地位的不断提高，也是国际形势发展的需要。汉语教学的目的是为世界各国建造通向中国的友谊之桥——汉语桥；而通过这座汉语桥，也让我们悠久、灿烂而又深邃的中华文化更好地融入国际多元文化的大家庭中，为建设真正建立在世界多元文化基础上的和谐的国际社会贡献我们的力量。

面对海内外汉语教学不断升温的情况，我们必须树立上述认识，同时更要求我们以冷静、科学的思考来对待汉语教学的学科建设问题。

---

① 原文发表在《世界汉语教学》，2004 (1)。这次有修改。

一、增强学科意识

要想使汉语教学加速发展，让汉语健康、快速地走向世界，首先必须增强汉语教学的学科意识。可是通过对一些高校的对外汉语教学工作的实地考察，通过跟有关单位的领导、教师座谈，发现对外汉语教学领域较为突出的问题是，多数学校负责对外汉语教学工作的领导和从事对外汉语教学的教师的学科意识普遍不强。下面所谈的情况应当能说明问题。

第一个情况，一般从事对外汉语教学的教师来自各个不同的学科，有来自文学、汉语的，有来自历史、哲学的，有来自外语学科的，还有来自心理学科的，等等。他们虽然身在对外汉语教学的岗位上，但仍只是搞原先学科领域的科学研究，而不考虑或很少考虑怎么将自己原先所学的学科知识跟对外汉语教学紧密结合起来，从而使自己所学的知识服务于对外汉语教学，成为对外汉语教学有机的组成部分。

第二个情况，有的单位为了提升自身的水平、地位，调入了一些博士生导师，以作为本单位水平、地位提高的标志。采取这个措施，从发展方向上说当然是对的。但问题是，那些博士生导师所带的博士生，不是对外汉语教学方向的博士生，而还是他原先所在的学科的博士生。

第三个情况，有的申请对外汉语教学基地的单位所申报的本单位的科研成果中有 60％ 不是跟对外汉语教学有直接关系的。

第四个情况，现在很多大学都在开办对外汉语（教学）系，培养对外汉语师资，这种想法是好的，但有的学校的出发点主要还是考虑经济利益。因此，有的学校虽然设立了对外汉语（教学）系，但是，一来缺乏足够的讲授对外汉语专业理论课程的教师；二来开不出多少对外汉语专业理论的课程，只是一般的中文系课程再多加点外语而已。

以上情况说明，目前相当多的从事对外汉语教学工作的领导或教师还比较缺乏学科意识。因此，当前首先要强调树立和增强对外汉语教学的学科意识，加强对外汉语教学学科理论建设。

二、如何进行学科建设

关于学科建设问题，不少学者已从不同角度发表了自己的意见。（刘珣 1998，1999，2000；崔永华 1998；吕必松 1999；赵金铭 2001；李泉 2002；陆俭明 2000）但学科建设问题是个大问题，需要由从事对外汉语教学的领导和广大教师一起来讨论。我认为，讨论是否可以围绕以下这些问题进行：

（一）作为一个独立的学科，必须要有它的哲学基础。对外汉语教学学科的哲学基础应该是什么？

（二）作为一个独立的学科，必须有一定的理论作支撑。对外汉语教学学科需要由哪些理论来支撑？

（三）作为一个独立的学科，必须有明确的学科内涵。对外汉语教学学科的内涵是什么？学科的本体研究是什么？

（四）作为一个独立的学科，必须有与本学科相关的、起辅助作用的学科。那么，跟对外汉语教学学科相关的、起辅助作用的学科是哪些？

对外汉语教学学科作为一个独立的学科要大踏步地发展，从事对外汉语教学的领导和广大教师都必须树立明确的学科意识，并围绕上述问题，共同致力于对外汉语教学学科的理论建设。观念的转变是最重要的。树立和增强对外汉语教学学科意识，意义深远。

三、以科研引航，加强基础性研究

汉语教学本体研究的总的指导思想是：怎么让一个从未学过汉语的外国留学生在最短的时间内能最快最好地学习好、掌握好汉语。汉语教学学科的本体研究必须紧紧围绕着这个指导思想来展开。王路江（2003）认为，汉语教学从宏观上说，必须走"以汉语教学为基础的、开放性的兼容整合之路"。这个意见是很值得我们考虑的。发展汉语教学所要抓的根本问题是，怎么确保教学质量不断提高。而要提高教学质量，必须具备三个条件：一是要有一支高素质的教师队伍；二是要有高质量的教材；三是要有好的教学法。而这三个条件又必须有赖于科学研究才能逐步达到。大家都知道，汉语教材是汉语教学的最主要的依据，可是目前的汉语教材表面看成绩很大，仔细分析，普遍存在着缺乏科学依据的问题。厦门大学苏新春教授领导的研究小组曾对 2006 年国内对外汉语教学所使用的 12 种有影响的汉语教材[①]中的用字、用词情况进行了调查与统计，发现各教材在用字、用词上的差异不小。

先看用字情况。12 种教材合计汉字总数为 680171 字次，汉字字种总数为 4041 个，可是 12 种教材的共用字种数只有 278 个，只约占字种总数的 6.9%，（国家语言资源检测与研究中心 2007）共用字种数很低，这当然跟统计时将用字、用词总数较低的两种口语教材《汉语会话 301句》《汉语 900 句》统计在内有关，但即使剔除这两种口语教材，共用字种数也高不到哪里去。据苏新春教授后来提供的数据，剔除《汉语会话 301 句》《汉语 900 句》后的 10 种教材，共用字种数上升了许多，但也只有 714 个，也只约占字种总数的 18.3%。再请看均为初级入门型的《速成汉语初级教程》《交际汉语》《新标准汉语》《新实用汉语课本》四种教材用字情况：

教材类型	教材名	汉字字种数	小类共用字种数	小类独用字种数
初　级	速　成	1518	734	172
入门型	交际汉语	1092	734	78
	新标准	1576	734	228
	新实用	1328	734	145

---

① 这 12 种教材是：系列精读型教材三种，即《博雅汉语》（李晓琪主编，北京大学出版社 2004～2006 年）、《对外汉语本科系列教材汉语教程》（杨寄洲、马树德主编，北京语言大学出版社 1999～2003 年）、《对外汉语系列教材汉语教程》（邓懿、杜荣、姚殿芳主编，北京大学出版社，1992～1993 年）；中级精读型教材两种，即《桥梁》（陈灼主编，北京语言大学出版社，2000 年）、《阶梯汉语中级精读》（周小兵主编，华语教学出版社，2004 年）；初级入门型教材四种，即《速成汉语初级教程》（郭志良主编，北京语言大学出版社，1996 年）、《交际汉语》（科学普及出版社、CCTV 英语频道，2003 年）、《新标准汉语》（方铭主编，北京大学出版社，2004 年）、《新实用汉语课本》（刘珣主编，北京语言大学出版社，2002～2005 年）；口语入门型教材两种，即《汉语会话 301 句》（康玉华、来思平编，北京语言大学出版社 2006 年）、《汉语 900 句》（李朋义主编，外语教学与研究出版社，2006 年）；幼儿学习型教材一种，即《中文》（暨南大学华文学院编，暨南大学出版社，1997 年）。

四种教材的共用字种数，也只分别占字种总数的 49％、68％、47％、56％。（国家语言资源检测与研究中心 2007）

现在看用词情况。12 种教材合计用词总数为 456377 词次，词种总数为 26345 个，可是 12 种教材共用词种数只有 195 个，只占 12 种教材的词种总数的 1.4％。共用词种数非常低，这当然也跟统计时将用字、用词总数较少的两种口语教材《汉语会话 301 句》《汉语 900 句》统计在内有关，但即使剔除这两种口语教材，共用词种同样数也高不到哪里去。据苏新春教授后来提供的数据，剔除《汉语会话 301 句》《汉语 900 句》后的 10 种教材的共同词种数上升了许多，但也只有 459 个，也只占 10 种教材词种总数的 3.2％。[①] 请再看初级入门型的《速成汉语初级教程》《交际汉语》《新标准汉语》《新实用汉语课本》四种教材用词情况：

类　型	教　材	词 种 数	小类共用词种数	小类独用词种数
初级	速成	3286	525	1400
入门型	交际汉语	1623	525	500
	新标准	3064	525	1265
	新实用	2347	525	802

四种教材的共用词种，也只分别达到 16％、32％、17％、22％，而《速成汉语初级教程》和《新标准汉语》，独用词种竟分别高达 43％和 41％。（国家语言资源检测与研究中心 2007）

上述情况和统计数据充分说明，各个教材的编写很缺乏共同的科学依据，都只是根据自身的经验来定，这势必会影响汉语教学质量，而汉语教学之科学依据只有通过科学研究才能获得。显然，获得汉语教学的科学依据，让汉语教学界心中有共同的汉语教学的科学依据是汉语作为第二语言/外语教学的基础性研究的一个重要任务。

因此，就当前的情况看，迫切需要以科研引航，开展以下一些基础性的研究工作，甚至需要组织一定的人力来攻关研究。

---

① 剔除《汉语会话 301 句》《汉语 900 句》后的 10 种教材的共同字种数和词种数是由厦门大学苏新春教授在 2010 年 2 月 20 日给我的电子邮件中向我提供的，谨在此深表谢意。

（一）每个年级（如一、二、三各个年级）的学生应该掌握多少汉字？哪些汉字？这些汉字在教材中出现时，孰先孰后？复现率为多少？递增率为多少？

（二）每个年级（如一、二、三各个年级）的学生应该掌握多少词语？哪些词语？这些词语在教材中出现时，孰先孰后？复现率为多少？递增率为多少？（名词、动词、形容词、副词以及各重要虚词的复现率、递增率将有所不同）

（三）每个年级（如一、二、三各个年级）的学生应该掌握多少成语？哪些成语？这些成语在教材中出现时，孰先孰后？复现率为多少？递增率为多少？

（四）每个年级（如一、二、三各个年级）的学生应该掌握多少语法要点？哪些语法要点？这些语法要点在教材中出现时，孰先孰后？复现率为多少？递增率为多少？

（五）怎么根据不同母语语区的特点，制定不同的汉语教学用的字表、词表、成语表、语法要点表？

（六）怎么根据所研究、制定的统一规范的字表、词表、成语表、语法要点表来编写专供对外汉语教学用的各级教材（包括编写课文），并力求科学化？

（七）怎么根据所研究、制定的字表、词表、成语表、语法要点表来编写专供对外汉语教学用的字典、词典以及其他工具书？专供对外汉语教学用的辞书怎么从外国学生学习汉语的角度来进行编写？

（八）怎么不断探求新的、科学的教学模式与教学方法，进行有效的汉字教学、语音教学、词汇教学、语法教学？特别是怎么根据不同语区学习者的特点来进行有效的汉字、语音、词汇、语法教学？

（九）逐步建设分别不同语区、不同层次的较大规模的中介语语料库，以便为对外汉语教学与研究服务。

（十）国外华侨、华裔的子女是个很特殊的群体，他们既不同于中国国内的孩子，也不同于当地的非汉族孩子。他们对汉语，有的不会听、不会说、不会读；有的会听一点儿，会说一点儿，但不会读；有的只会听一点儿，情况各异。怎么针对这一群体的特点来编写教材、来进行汉语教学？

（十一）怎样利用多媒体网络技术开展计算机辅助教学的研究与开发，特别是网上教学的研究与开发？

（十二）怎样针对并利用汉语的声调、复合词、语序和虚词的特点以及汉字形声字的特点，针对外国学生的学习特点和需求，开展切合对外汉语教学需要的汉语和汉字研究？

（十三）怎样利用现有的条件把已经取得的科研成果转化为教学上能用的成果？

（十四）怎样利用认知心理学和第二语言习得的研究手段，了解和掌握学习者的学习过程？

此外，还要加强两方面的研究：一是词语与句法格式的用法的研究，特别是词语、句法格式使用的语义背景的研究。事实告诉我们，外国汉语学习者在用词和造句上所出现的种种偏误，究其原因主要不是他们不了解所用词语或句法格式的基本意义，而是不了解这些词语、句法格式的具体用法，特别是不知道该在什么样的语义背景下使用，不该在什么样的语义背景下使用。（马真2004，2008）二是词语或语法点在内容上分层次的问题。在汉语本体研究中，往往将某个词语或句法格式的意义或用法放在一个平面上来加以描写、说明。例如，《现代汉语八百词》将"把"字句的语法意义和用法归纳为五个方面：（吕叔湘主编1980）

①表示处置。如：把信交了｜把衣服整理整理。

②表示致使。如：把嗓子喊哑了｜把鞋都走破了。

③表示动作的处所或范围。如：把东城西城都跑遍了｜把里里外外再检查一遍。

④表示发生不如意的事情。如：偏偏把个老李给病了｜真没想到，把个大嫂死了。

⑤相当于"拿"，"对"。如：他能把你怎么样？｜我把他没有办法。

早就有学者指出，哪些词语该先教，哪些词语该后教；哪些句法格式该先教，哪些句法格式该后教；对于一个词的各个义项或一个句法格式的各个义项和用法，哪些该先教，哪些该后教。在汉语教学中，一定

— 301 —

得考虑分层次、分阶段地交给学生，而不能倾盆大雨式地一次教给学生。（吕文华 2002；周小兵 2002，2007；邓守信 1993，2009；陆俭明 2008）上述观点也已为汉语习得研究成果所证明。（施家炜 1998，2002）可是目前实施得并不理想，甚至可以说多数人还未充分注意到实施这一观点的必要性，更谈不上去研究这类问题。

如果我们能就对外汉语教学学科理论建设这个重大问题展开讨论，取得共识；如果我们能一手抓教学，一手抓科研，认真搞好上述基础性的研究，必将使今后的对外汉语教学、科研工作获得丰硕的成果，必将大大推进对外汉语教学，使对外汉语教学大发展。

参考文献

崔永华．关于对外汉语教学学科的方法论问题．语言教学与研究，1998（2）：82～95

邓守信．迈向汉语的教学语法．见《第五届世界华语文教学研讨会论文集·教学应用组》，1998

邓守信．对外汉语教学语法．台湾：文鹤出版有限公司，2009

国家语言资源监测与研究中心．中国语言生活状况报告（下编）．北京：商务印书馆，2007

李泉．对外汉语教学的学科理论体系．海外华文教育，2002（2）：20～24．

刘珣．语言教育是一门独立的学科．世界汉语教学，1998（2）：43～48

刘珣．也论对外汉语教学的学科体系及其科学定位．语言教学与研究，（1）：17～29，1999

刘珣．对外汉语教育学引论．北京：北京语言文化大学出版社，2000

陆俭明．跨入新世纪后我国汉语应用研究的三个主要方面．中国语文，2000（6）

陆俭明．谈汉语作为第二语言教学的学科建设及其本体研究．外语教学与研究，2008（5）

吕必松（主编）．语言教育问题研究论文集．北京：华语教学出版社，1999

吕文华．对外汉语教材语法项目排序的原则及策略．世界汉语教学．2002（4）

吕叔湘主编．现代汉语八百词·"把"条目．北京：商务印书馆，1980

马真．现代汉语虚词研究方法论·三．北京：商务印书馆，2004

马真．在汉语教学中要重视词语使用的语义背景．蔡建国主编．中华文化传播的任务与方法．上海：上海人民出版社，2008

施家炜．外国留学生 22 类现代汉语句式的习得顺序研究．世界汉语教学，1998（4）

施家炜．韩国留学生汉语句式习得的个案研究．世界汉语教学，2002（4）

王路江．对外汉语学科建设新议．语言教学与研究，2003（2）

赵金铭．对外汉语研究的基本框架．世界汉语教学，2001（3）

周小兵．汉语第二语言教学语法的特点．中山大学学报（社会科学版），2002（6）

周小兵．遵循客观规律，降低汉语学习和使用难度．世界汉语教学，2007（3）

汉语教学的本体研究和
汉语本体研究^①

   对于汉语作为第二语言/外语教学（以前称作"对外汉语教学"，以下简称"汉语教学"）的本体研究，我也有一个认识过程。最早，认为"汉语本体研究是对外汉语教学的支撑"；后来又认识到，"对外汉语教学与汉语本体研究之间，是一种互动的关系"——"汉语本体研究是对外汉语教学的支撑"，而"汉语教学是汉语本体研究的试金石"，"汉语教学对于汉语本体研究也起着推动作用"，"汉语教学拓展了汉语本体研究"。（陆俭明，2005a、2005b）这些认识不能说错，但还有进一步认识的必要。本文想进一步说说汉语教学的本体研究和汉语本体研究的问题，着重说明二者的区分。

一、汉语教学的本体研究与汉语本体研究不是一码事

   这里首先要指出，"汉语作为第二语言/外语

---

① 原文发表在《世界汉语教学》，2007（3）。原题为"汉语作为第二语言教学的本体研究和汉语本体研究"。此次有所修改。

教学的本体研究"和"汉语本体研究"不是一码事。

汉语本体研究是指对汉语本身的语音、词汇、语法、语义、语用等诸种现象及其历史演变和发展进行考察、描写、分析、解释，并升华为理论，以建立相应的理论系统这样的一系列研究。汉语教学的本体研究则是指围绕和服务于汉语教学的汉语应用研究。

二、二者之间的具体区别

区分汉语教学的本体研究和汉语本体研究是极为必要的。它们之间的区别大致可以从以下四个方面来说。

第一，二者研究的范围不一样。汉语的本体研究，如上所说，是就汉语本身的语音、词汇、语法、语义、语用等诸种现象及其历史演变和发展进行全面、深入、细致的考察、描写、分析、解释，而且进一步升华为理论，以建立相应的理论系统。当前不管是运用形式派的理论方法（包括结构主义语言学的理论方法和生成语法学的理论方法），还是运用功能派的理论方法，或者运用认知派的理论方法所做的汉语研究，都属于汉语本体研究。而汉语教学的本体研究，则是指以下这些方面的研究：

一是开展服务于汉语教学的汉语要素（如语音、词汇、语法等以及汉语的书写符号汉字）及其教学的研究，其研究成果应该可以运用到课堂教学且能获得预期教学效果，以解决好教师教什么、怎么教以及学生学什么、怎么学的问题。

二是开展服务于汉语教学的教学模式及其理论的研究，以便每一门课在特定的时期和条件下都能有一个最为合理、科学的教学模式。

三是开展服务于汉语教学的教学方法、教学技能及其理论的研究，以便能充分调动学生学习的积极性，收到最好的教学效果。

四是开展服务于汉语教学的各种系列汉语教材编写的理论研究，以便编写出针对不同国别、不同语种，学生爱看、爱学，教师好用、好教的规范、科学的系列化汉语教材。

五是开展服务于汉语教学的汉语水平测试及其评估机制以及相关的理论研究，以便使汉语水平测试越来越具有较为科学的信度和效度。

六是开展服务于汉语教学的汉语学习者的习得与认知研究，包括中介语研究，以便有效地把握学生的学习走向和进度，帮助学生克服学习过程中出现和遇到的种种困难和问题。

七是开展服务于汉语教学的汉语教师培训的研究，以便从主管部门到一般教师都明确：汉语教师应具备什么样的知识结构和教学技能？如何不断提高汉语教师的素质？最适宜的教师培训模式应是什么样的模式？

八是开展利用现代科技手段服务于汉语教学的理论与实践研究，以便研制出越来越多的有助于汉语教学的具有音频、视频多重互动性的多媒体网络软件。

九是开展服务于汉语教学的跨文化交际的研究，以有助于汉语教师的应变能力，有助于汉语教学质量和教学水平的不断提高。

十是开展汉语作为第二语言/外语教学的学科建设的理论研究，以有助于汉语教学学科加快建设（关于汉语作为第二语言教学的学科建设的理论研究，我们将另文讨论）。

从上可以体会到，汉语教学本体研究，除了也需要针对汉语本身研究之外，还需要针对汉语教学开展一系列的研究，而这是由汉语教学本身的特点决定的，因为汉语教学是一个涉及多学科的交叉性的学科。

第二，即使针对汉语本身的研究，二者的研究目标、研究思路和研究要求也不一样。这体现在以下三个方面：

一是拿语法体系来说，在汉语本体研究中，由于各个研究者的语法观和研究的目的、观察的角度不同，可以建立不同的汉语语法体系，而且不必急于协调不同的语法体系，求得一个统一的汉语语法体系；可是在汉语教学的本体研究中，有必要考虑什么样的语法体系最适合于汉语教学，因此各方有必要互相协调，共同研讨，以建立一个大家都能接受的有利于汉语教学的现代汉语语法体系。

二是在汉语教学的本体研究中，必须重视词语或句法格式用法的研究，而汉语本体研究就不太注重词语或句法格式的用法的研究。例如"把"字句，汉语本体研究注重研究："把"字句能表示什么样的语法意义？"把"的宾语有什么特点（只是名词性词语呢，还是可以用别的词性的词语？如果是名词性词语，得是什么样的语义角色？有定还是无定?)？介词结构"把……"后面的动词性词语部分有什么特殊要求？什么样的动词能进入"把"字句？什么样的动词不能进入"把"字句？如果有否定词语或能愿动词得放在什么位置上？"把"字句跟"主－动－宾"句、跟"被"字句、跟受事主语句分别是什么关系？"把"字句是怎么发展来的？等等。汉语教学本体研究也关心这些问题，而且还得甚至说更得关注"把"字句的用法——在什么情况下用"把"字句？在什么情况下不能用"把"字句？"把"字句跟"主－动－宾"句、跟"被"字句、跟受事主语句在表意上有什么区别？外国学生为什么常常用错"把"字句？怎么教"把"字句？外国学生学习汉语"把"字句的难点在哪里？等等。而这些问题，汉语本体研究往往是不研究甚至不考虑的。

三是在汉语本体研究中，往往将某个词语或句法格式的意义或用法放在一个平面上来加以描写，而在汉语教学本体研究中，得考虑分层次、分阶段地教给学生，不能倾盆大雨式地一次教给学生。还是拿大家熟知的"把"字句来说，其语法意义和用法《现代汉语八百词》（吕叔湘 1980）归纳为五个方面：

①表示处置。如：把信交了｜把衣服整理整理

②表示致使。如：把嗓子喊哑了｜把鞋都走破了

③表示动作的处所或范围。如：把东城西城都跑遍了｜你把里里外外再检查一遍

④表示发生不如意的事情。如：偏偏把老李给病了｜真没想到，把个大嫂死了

⑤相当于"拿""对"。如：他能把你怎么样？｜我把他没有办法

汉语教学的本体研究对"把"字句的语法意义也需要做上述研究，但还必须在上述研究的基础上进一步研究：上述五个方面得分为几个级别？先教哪一方面后教哪一方面？分别安排在什么教学阶段来教？

第三，汉语本体研究和汉语教学的本体研究对汉语都要求进行基础性的研究，但二者也不一样——汉语本体研究的基础性研究是对语言事实作充分的考察、描写和解释。汉语教学的本体研究固然也需要对语言

事实进行充分的考察、描写和解释，而且还要甚至说更要进行以下几个方面的研究（陆俭明，1999）：

（1）各个年级的外国或外族学生应该掌握多少汉字？哪些汉字？各个汉字在教材中出现时，孰先孰后？复现率为多少？递增率为多少？辅助率多少？

（2）各个年级的外国或外族学生应该掌握多少词语？哪些词语？各个词语在教材中出现时，孰先孰后？复现率为多少？递增率为多少？辅助率多少？（名词、动词、形容词、副词以及各重要虚词的复现率、递增率将有所不同）

（3）成语是现代汉语里极为丰富而又富有表现力的成分，外国学生学习汉语必须学习、掌握一定数量的成语。各个年级的外国或外族学生应该掌握多少成语？哪些成语？各个成语在教材中出现时孰先孰后？复现率为多少？递增率为多少？

（4）各个年级的外国或外族学生应该掌握多少语法要点？哪些语法要点？各个语法要点在教材中出现时，孰先孰后？复现率为多少？递增率为多少？

（5）是否需要根据不同国别、不同母语语区的特点，制定不同的字表、词表、语法要点表？如果需要（肯定需要），怎么根据不同国别、不同语区的特点来制定不同的字表、词表、语法要点表？

（6）怎么根据所研究、制定的统一、规范的字表、词表、语法要点表，来编写专供对外汉语教学用的各级系列化汉语教材（包括编写课文）？

（7）需要教给外国或外族学生的词语或句法格式，其意义和用法该研究到什么程度？需要分为几个层次？哪几个层次？怎么分阶段教给学生？

（8）怎么根据所研究、制定的字表、词表、语法要点表，来编写专供汉语教学用的字典、词典以及其他工具书？这类工具书得有什么样的编写原则？最好编成什么样子？

第四，在表述方面二者也有区别。汉语本体研究，其研究成果在表述上可以用大量名词术语，可以用各种符号，包括运算符号，可以大谈理论……可是作为汉语教学本体研究，其研究成果在表述上得尽量少用术语，基本不用符号，而且得尽可能做到深入浅出，通俗易懂，例句也要精当、适宜，要适合学生的水平。汉语本体研究在这些方面就没有这样严格的要求。

三、汉语教学的本体研究的根本特点

汉语教学的本体研究跟汉语本体研究之间虽然有紧密的联系，但毕竟是性质不同的两类研究——汉语本体研究更需思考的是怎么通过研究构建相应的汉语研究的理论方法系统，以进一步指导汉语研究；汉语教学的本体研究则始终将"研究"跟"教学"绑在一起，时时得考虑如何将研究成果用诸汉语教学。将"研究"与"教学"绑在一起，这是汉语教学的本体研究的根本特点。

以上是我最近半年多来，特别是通过去年对加拿大、美国一些学校访问以及跟国内外一些汉语教师切磋交流所获得的一点认识，不一定对，欢迎批评和讨论。

参考文献

陆俭明. 关于开展对外汉语教学基础研究之管见. 语言文字应用，1999（4）

陆俭明. 对外汉语教学与汉语本体研究的关系. 语言文字应用，2005a（1）

陆俭明. 作为第二语言的汉语本体研究. 北京：外语教学与研究出版社，2005b

吕叔湘主编.《现代汉语八百词》. 北京：商务印书馆，1980

进一步以科学态度对待
汉语教材编写[①]

　　作为第二语言/外语的汉语教学，从学科的角度说，它是关涉到汉语言文字学、应用语言学、教育学、心理学、文学以及文化、艺术和其他某些学科等多学科交叉性的学科。换句话说，作为第二语言/外语的汉语教学本身是一门科学。对待科学必须持老实的态度，来不得半点虚夸和浮躁。汉语教学既然是一个交叉性学科，是一门科学，我们就必须以科学的态度，用科学发展观来对待它。特别是今天面对海内外汉语教学蓬勃发展的大好形势，我们更需以冷静、科学的思考，来对待汉语教学的方方面面的工作，其中包括汉语教材的编写。

　　汉语教学质量的不断提高，有赖于三个方面：一是要有一支高素质的教师队伍；二是要有一系列高质量的汉语教材；三是要有行之有效的好的教学模式和教学方法。这也可以说是提高汉语教学质量的三个必备条件，而上述三方面都必

---

　　① 本文在世界汉语教学学会第九届学术年会，即第九届国际汉语教学讨论会（2008.12.15～17，北京）上发表。

须由科学研究来支撑。（陆俭明 1999，2005）我们只有用科学的态度、以科学发展观来对待汉语教学，才能真正发展汉语教育事业，脚踏实地地让汉语走向世界。从上述三个条件中，可以了解到汉语教材在整个汉语教学中的重要地位。本文试就怎么进一步以科学的态度编写汉语教材的问题，谈些意见，求教于诸位。

一、汉语教材编写的成绩与问题

这 20 多年来，国家相关机构和国内外各高校广大汉语教师都相当重视教材建设，投入了不少的资金和人力，取得了不小的成绩。如今，教材数量大幅度增加，教材种类不断增多，对教材编写也摸索、积累了不少好的经验，出版了一些好教材，如对外汉语本科系列教材方面，有杨寄洲、马树德主编的《对外汉语本科系列教材汉语教程》（北京语言大学出版社，1999 至 2003 年），其中包括杨寄洲主编的《汉语教程》（1999 年）和《汉语口语教程》（全 6 册，2007 年）、陈灼主编的《桥梁》（2000 年）和马树德主编的《现代汉语高级教程》（2000）等；对外汉语速成教材方面，有马箭飞主编的《汉语口语速成》（北京语言文化大学出版社，1999 年）、姜丽萍主编的《体验汉语基础教程》（高等教育出版社，2006 年）等；对外汉语长期进修汉语教材方面有中国人民大学对外语言文化学院《发展汉语》编委会编写的《发展汉语》（北京语言大学出版社，2004 至 2006 年）、周小兵主编的《阶梯汉语中级精读》（华语教学出版社，2004 年）等；少儿汉语教材方面有李晓琪、罗青松主编的《快乐汉语》（人民教育出版社，2003 年）、刘富华主编的《汉语乐园》（北京语言大学出版社，2005 年）等；经贸汉语方面有张晓慧主编的《经理人汉语》（外语教学与研究出版社，2005 年）等；面向海外发行的汉语教材，有刘珣主编的《新实用汉语课本》（北京语言大学出版社，2002 年）、马箭飞主编的《长城汉语》（北京语言大学出版社，2005 年）、李艾主编的《新思维汉语》（国别基础汉语系列教材之一，外语教学与研究出版社，2007 ［第一册］，2008 ［第二册］）等；面向东南亚华人使用的华文教材，有贾益民主编的《中文》系列教材（1996 年原版，2007 年修订版）、彭俊主编的《汉语》（2007 年）

等。此外，由郝桂秀主持的陆拓快捷汉语全球教育培训中心推出的系列《快捷汉语》等在东亚、北美、欧洲等多个国家受到欢迎的教材。还有一些受到海内外学习者和教师欢迎的好教材，这里就不一一列出了。总之，从上个世纪80年代以来，特别是进入本世纪以来，汉语教材的编写有起色，有成绩。

但是，从总体上来看，汉语教材尚不能满足形势发展的需要，尚不能满足广大汉语教学的师生的愿望与要求。对于当前已有的种种汉语教材（包括华文，下同），大家明显地感觉到：

（一）称得上精品的汉语教材极少；

（二）初级汉语教材出版了不少，中高级汉语教材则相对缺乏；

（三）主课型的汉语教材不少，而选修课的汉语教材则基本没有；

（四）用于课堂授课的汉语教材不少，但用于学生课后练习的配套练习本却相当不足；

（五）帮助教师备课的汉语教师手册更是严重缺乏；

（六）大众化、普及型的自学用的汉语教材极少；

（七）文本类的平面汉语教材不少，但配套的图文并茂、影音互动的多媒体课件光盘等教辅数据的立体化教材则极为少见；

（八）用于课堂教学的汉语教材不少，但用于网络教学的专门化网络汉语教材则少而又少；

（九）此外，我们的汉语教材也很难推向海外，原因是（a）教材的量太大；（b）缺乏国别化的针对性，而普适性又不是很够；（c）文化差异（在这方面华文教材相对好一些）。

面对当今汉语走向世界，开展国际汉语教学的新形势，怎么能编写出更多的能满足方方面面需要的，学生爱看、爱学，老师好用、好教的规范、科学的系列化汉语教材？我们不能不令大家对于汉语教材建设进行一番冷静的、科学的思考。

二、需要冷静思考的十大问题

需要冷静思考的问题很多，起码有以下十方面的问题。

第一，当今汉语教学的新形势是，由过去的"请进来"变为除了继续要"请进来"之外，更要"走出去"，"请进来"和"走出去"并举。在国内进行汉语教学，有两个有利条件：一是授课时数多；二是有一个汉语大环境。现在"走出去"在海外向当地学生教授汉语，就失去了上述两个有利条件。我们推向海外的汉语教材如何适应这种变化？我们供海外使用的汉语教材在营造汉语学习环境方面如何起到应有的作用？我们不能不进行冷静的、科学的思考。

第二，应该看到，学汉语的外国人，有不同层面——从年龄层次上来说，有成人，有儿童；从学习需求上来说，有只想学几句汉语口头中最常用的交际语的，有为了经商的需要而希望进行有针对性的专项学习的，有出于要了解中国而学习的，有为了从事对中国的某一方面的研究的需要而学习汉语的，有为了想日后在自己的国家内作一名汉语教师而学习汉语的，等等。我们怎么针对这不同层面的汉语学习者来编写不同的汉语教材？当前，怎么不断提高初级汉语教材的质量和对海外的适应性？怎么积极组织编写中高级汉语教材？这也需要进行冷静的、科学的思考。

第三，我们的汉语教材之所以难以推向海外，最主要的原因有两个：一是教学内容太多，适合高强度多课时量的教学，而海外的汉语教学没有那么多课时量。当前，海外的汉语学习者，极大多数只是将汉语作为第二外语甚至第三外语选修，课时很少。二是不了解也不注意外国学生的思维习惯和审美情趣，不注意不同民族、不同国家之间在文化上、价值观上的差异。在今后的汉语教材建设中，如何针对上述情况来不断改进我们的教材，这也需要进行冷静的、科学的思考。

第四，汉语教材要推向海外，教材编写还不能不考虑不同国别，也就是说需要建设"国别化汉语教材"。编写国别化汉语教材也是汉语教材建设中不可忽视的问题。这方面虽有可喜的尝试，如由国家汉办组织的、由北京语言大学刘珣教授主编的《新实用汉语课本》就是针对非汉字文化圈学生编写的。但实施国别化汉语教学，说起来容易，做起来可不是那么容易，因为这既有编写人员的组成问题（国别化汉语教材应该采取国内外合作编写的方式），有编写理念问题，也有出版商的经济利益问题，所以至今真正称得上"国别化汉语教材"的很少很少，更不要说达到精品教材的水平。如何真正实施国别化汉语教学，建设国别化汉语教材，这也需要进行冷静的、科学的思考。

第五，非汉族的外国人子女和旅居海外的华人（不管是华裔还是华侨）子女，情况也有区别。非汉族的外国人毫无汉语的习得经历和心理，汉语对他们来说是完全陌生的；华人子女则多多少少会说一些汉语，不管是普通话还是方言，只是不认字。在海外对这两部分人进行汉语教学也需要有所区别。那么在教材编写上是否也应该有所区别？该如何区别？这也需要进行冷静的、科学的思考。

第六，我们投入那么多的财力、人力来开展国际汉语教学工作，一方面是要为世界各国修筑、建造通向中国的友谊之桥——汉语桥，以不断加强我们国家和各国人士之间的友好交往和经济、文化等各方面的交流，以营造和谐的国际环境；另一方面也毋庸讳言，是为了能让灿烂深邃的中华文化融入到国际多元文化的大家庭中去，为建设和谐的国际环境和秩序，贡献我们的力量，同时逐步解决好我们汉语在国际上的话语权问题。真要达到上述目的，绝对不能以越来越多的外国汉语学习者能说上几句汉语为满足，而更要着眼于培养在汉语的听说读写等诸方面都比较好的学习者和研究者。这也就给我们教材建设提出了新的要求，那就是需要考虑如何加强汉语书面语教学的问题。这个问题也需要我们进行冷静的、科学的思考。

第七，汉语教材质量的提高，更有赖于汉语作为第二语言/外语教学的本体研究，包括作为第二语言/外语教学的汉语语音研究、汉语词汇研究、汉语语法研究和现代汉字研究。这诸方面的研究越加强，研究成果越丰富，汉语教材编写就越心中有底，编出来的汉语教材质量也就越高。怎么着手进行汉语作为第二语言/外语教学的本体研究？具体该怎么研究？又怎么将研究成果充分而又恰到好处地吸收、反映到教材中来？这也需要进行冷静的、科学的思考。

第八，与人们息息相关的一些专门业务（如商务、金融、医务等）环境中的汉语具有一定的特点，故有"商务汉语""医学汉语"等说法，这就有必要开展专门业务的汉语教学与研究，以适应特定的需求。相应的，需要编写适应特殊需要的、有针对性的专用汉语教材。某一专门业务领域最典型、最常见的汉语环境是什么？该汉语环境有什么特色？此专用汉语教材与一般的汉语教材有什么共同点，什么不同点？怎么编写专用汉语教材？这也需要进行冷静的、科学的思考。

第九，在汉语教材中必然要涉及一些文化因素，因为作为一种语言的外语教材，必然涉及并体现该语言的一定的语言结构、一定的语言功能，必然涉及并体现以该语言为母语的民族的一定的文化因素，所以在外语教材编写中，结构、功能、文化这三者如何科学地结合一直是一个难点。汉语教材该涉及什么样的文化因素？在教材编写中如何使汉语教学内容与必要的文化因素有机地融为一体？在教材中具体如何体现？这也需要进行冷静的、科学的思考。

第十，为适应信息时代的特点，并充分利用发达的信息手段为我们的汉语教学服务，教材建设必须同时考虑能实施互动的多媒体网络教学的配套建设问题。如何研制基于网络、面向境内外、能同时实施学习、复习、自测的网上汉语教学模式？这也需要进行冷静的、科学的思考。

以上旨在说明，随着汉语教学的飞速发展，必须以冷静的、科学的态度对待汉语教材建设，加强汉语教材的科学性的问题必须提到日程上来。

三、教材建设要以学术引航

要使汉语教材逐步具有科学性，教材建设必须以学术引航，不断开展服务于汉语教材编写的基础性研究。特别是在汉语言文字方面要大力加强基础性研究。关于这个问题我在多篇文章中强调过。（陆俭明1999；另见本书下编《增强学科意识发展对外汉语教学》一文）

这里只着重说说词语和句法格式意义和用法分层次的问题。在汉语本体研究中，往往将某个词语或句法格式的意义或用法放在一个平面上来加以描写。例如，《现代汉语八百词》将"把"字句的语法意义和用法归纳为五个方面（吕叔湘1980）：

1. 表示处置。如：把信交了｜把衣服整理整理。

2. 表示致使。如：把嗓子喊哑了｜把鞋都走破了。

3. 表示动作的处所或范围。如：把东城西城都跑遍了｜把里里外外再检查一遍。

4. 表示发生不如意的事情。如：偏偏把个老李给病了｜

真没想到，把个大嫂死了。

　　5. 相当于"拿"，"对"。如：他能把你怎么样？　｜我把他没有办法。

　　在汉语教学中，则得考虑分层次、分阶段地教给学生，而不能倾盆大雨式地一次教给学生。（陆俭明 2008）我们为什么要以"把"字句为例。现代汉语的语言事实告诉我们，在现代汉语中"把"字句是一个高频句式。根据：（a）北京语言文化大学 1986 年版的《现代汉语频率辞典》，介词"把"列 282 位，在前 50 个常用虚词排序中，介词"把"列 28 位；（b）张旺熹（1991）就中国现代和当代文学名篇共计 532 700 字的语料，统计出"把"字句 1 188 个，在 1 000 个字当中"把"字句出现频率是 2.23 个；（c）朱学锋等（2004）针对 1998 年全年 2，600 万字《人民日报》基本标注语料库的分析统计数据显示，把字句的排序占所有介词第一位；（d）根据陈立元（2005）对台湾中研院平衡语料库近一千万字的统计，"把"字句的使用频率排序第四，仅次于"在、对、为"字句；（e）根据姜德梧（1999），外国汉语学习者在汉语水平考试（HSK）基础级中"把"字句的通过率只有 50%。

　　由此可见"把"字句重要，目前外国学生普遍不太会使用"把"字句，但目前在汉语教材中对"把"字句的处理极为不合理。前面说到的刘珣主编的《新实用汉语课本》（北京语言文化大学出版社，2002 版）应该说是当前质量比较好、在国内外比较受欢迎的一部汉语教材；可是就是这样一部教材，在"把"字句的处理上也存在一定问题。在刘珣原先主编的《实用汉语课本》（北京语言学院出版社，1986 版）里，"把"字句到第二册第 46 课、47 课开始介绍，而且除了"'把'＋NP＋V 作/成/为……"这类归到第 47 课外，所有类型的"把"字句都一股脑儿罗列于 46 课。而在《新实用汉语课本》（2002 版）里，开始注意对"把"字句分层次处理，分散在第二册的 16、18 课和第三册的 27 课三处介绍，这是可喜的改进；可是在第二册 16 课里一上来介绍的是"我把这事儿忘了"这样的"把"字句。刘珣（1986 版，2002 版）对"把"字句的处理，显然缺乏科学根据——一股脑儿地给，显然不妥；分层给，思路可取，但最先给学生教"我把这事儿忘了"这样的"把"字句也不合适。语言事实告诉我们，从"把"字句所表示的语法意义看，主要有三小类（"我把个北京城都跑遍了""你能把他怎么样"这两种"把"字句使用频率极低，在初中级汉语中可以不管）：

一是表示处置。如：把练习做完了｜把衣服放在柜子里把那本书送给校长｜把那房间改成会客室

二是表示意外。如：把这事儿忘了｜不小心把杯子打破了

三是表示致使。如：那盆衣服把我洗得累死了｜把她乐坏了

这三类的使用频率很不一样。据陈立元（2005）对台湾中研院平衡语料库近一千万字里所出现的 7 010 个"把"字句以及联合报知识库 801 万字中出现的 700 个"把"字句（共 7 710 个"把"字句）的统计确认，处置义"把"字句占 93.44％，致使义"把"字句占 2.37％，意外义"把"字句占 1.09％。我们理所当然应该先教会外国学生掌握表示处置义的"把"字句。而"我把这事儿忘了"不属于表示处置义的"把"字句，属于意外义"把"字句，换句话说"我把这事儿忘了"不是最典型的"把"字句。先教这种"把"字句是否合适？编写教材时不能不考虑。当然，教材当中语言项目的呈现顺序、编排方式等是由诸多因素决定的，除了语言项目在母语（即汉语）中的使用频度以外，还要综合考虑学习者的认知难度、习得顺序、语言结构相互的制约关系、与语言功能和文化内容的配合等。但应该让学习者先接触典型的，即先教典型的，这个原则似还得守住。除上述问题外，《新实用汉语课本》还存在不注意"把"字句的复现率问题。

汉语教材可分为学校用和自学用两大类型。今后，学校用汉语教材要进一步编好，并不断修订，精益求精；自学用汉语教材，当前还是个缺门，大有开发的空间。但无论是编写学校用汉语教材，还是编写自学用汉语教材，都必须以学术引航，以扎实的科学研究为先导。另外，正如北京语言大学施家炜副教授在一次发言中所指出的，"教材总会体现一定的教学法和教学模式，……所以也需要通过加强教学模式和教学方法的研究来推动汉语教材的科学创新"。

有人说，一部精品教材的影响力，要远胜于十个优秀教师。此话旨在强调教材建设之重要，必须重视和抓紧建设。然而，教师队伍的建设更重要。教材再好，没有好的教师，也不能真正发挥教材的作用；而如

果教师好，素质高，即使教材还达不到理想的要求，也可以通过教师的智慧来弥补它。同时，有了高素质的汉语教师，精品教材的建设才有保障。另外，我们在汉语教学中固然需要积极运用多媒体网络等先进信息手段，但是再先进的多媒体网络也不能完全替代汉语教师面授的作用，代替不了汉语教师那独特的魅力给学生所带来的积极影响。因此，汉语教师的素质和水平，对汉语教学，对汉语教材建设都是至关重要的因素。加强对汉语教师的培训也是刻不容缓的事。

参考文献

陈立元．汉语把字句教学语法．台湾师范大学华语文教学研究所硕士论文，2005

姜德梧．从 HSK（基础）测试的数据统计看"把"字句的教学．汉语学习，1999（5）

陆俭明．关于开展对外汉语教学的基础研究．语言文字应用，1999（4）

陆俭明．汉语教师应有的自尊自重意识．见陆俭明著．作为第二语言/外语的汉语本体研究 159 页．北京：外语教学与研究出版社，2005

陆俭明．关于汉语教学的学科建设和本体研究．蔡建国主编．中华文化传播　任务与方法．上海：上海人民出版社，2008

吕叔湘主编．现代汉语八百词．北京：商务印书馆，1980

朱学锋等．汉语高频词语法信息词典的研制．语言文字应用，2004（3）

汉语教学必须重视书面语教学[①]

一、关于书面语

语言不只是人类最重要的交际工具，而且也是人类保存认识成果的主要载体。人类文化的传承可以有各种方式和手段，可以通过绘画、雕塑、建筑、音乐等；但是，最主要的是通过语言，特别是书面的记载。书面语形式的出现，扩大了语言的交际作用，使地球上各个地方的人都有可能彼此进行交际，更为人类社会保存了可贵的文化遗产，包括在生产活动和一切实践活动中所得到的经验和教训，使人类能在前人业绩的基础上不断地把人类社会推向前进。

关于书面语，我们绝对不能把它简单地理解为"我手写我口"所得的一种语言表达形式。必须明确认识，书面语是在口语的基础上加以提炼、加工的一种语言表达形式。由于书面语能克

---

① 原文发表在《对外汉语研究》，2007（3），原题为"作为第二语言教学的汉语教学必须重视书面语教学"。

服口语在时空上的限制，书面语又是在口语的基础上经过提炼加工的语言，书面语的这一性能决定了它成了保存人类认识成果、传承人类文明（包括科技文化）的主要方式和手段。在当代，书面语也已经成为一个人进行创造性思维的工具。对于书面语的这一价值，我们必须有充分的认识，因为这将直接关系到我们的语言教学，包括汉语的语文教学和汉语作为第二语言/外语教学的发展方向问题。

二、汉语教学中书面语教学的地位

让孩子上学，接受母语教学，就是为了能让孩子识字，学文化，掌握书面语。这是语文教学最主要的目的和任务。一个人只有较好地掌握了书面语，他才能不断读书，接受高素质的教育，包括科技教育、文化教育、品德教育，才能用娴熟的书面语来表达自己的意见，也才能进行高效率的创造性思维。这里需要明白，学习母语是个"习得"和"学得"兼而有之并彼此相互交融、相互促进的过程。在没有进入学校之前，孩子通过习得（听和说），对母语已初步掌握了一定的词汇和语法规则，并已初步形成了自己对母语的语感。而进学校主要是学书面语，当然也会反过来规范和提高学生的口语听和说的能力。而书面语的掌握主要不是靠习得，而是靠学得。因此，整个中小学的语文教学，应将"帮助学生学习、掌握好书面语"看做是语文教学的基础性任务，而语文教育的培养目标就是培养学生"全面综合的语文能力"。

汉语作为第二语言教学，是不是也该像母语教学一样，得突出"帮助学生学习、掌握好书面语"这一基础性任务呢？这还得根据不同情况作不同的安排考虑。（赵金铭 2004$_b$）

学习汉语的外国人，基本上可以分为两大类：一类是只要求会说、会听在跟中国人交际时最需运用的几句口语，如"你好！""谢谢！""再见！""我是……""我来自……""我的名字叫……"等，并没有想着真要学习、掌握汉语。这主要是来中国旅游的一些观光客。另一类是出于某种目的真想学会、掌握好汉语，以便自己能跟中国人进行自由交谈，能较好地阅读自己所需要的汉语文献资料。对前一类外国人来说，适当学点汉语口语就可以了；对后一类外国人来说，必须不仅要学汉语口语，还一定得学习汉语书面语。作为一名汉语教师，特别是作为一个汉语教育的领导机构，心中必须有这个数，而且应该把汉语教学的重点放在后一类人身上。总之，对上述第二类外国汉语学习者来说，必须既要学汉语口语，又得学习书面语。从汉语教育的角度来说，教外国学生学习、掌握好汉语书面语更重要，因而更须加强这方面的教育。这为什么呢？

第一，如果外国学生只学"说的汉语""听的汉语"，不学汉字，不学习掌握书面语，那日后只能成为会说汉语的"文盲"。 （赵金铭2004a）

第二，一个外国人，他如果真要想了解、认识中国，要学习、研究中国文化，就不能不学习书面语。

第三，从另一个角度说，我们要想使国外了解中国文化，要想使中华文化走向世界，融入国际多元文化的大家庭中去，也必须设法使外国学生学习、掌握好汉语书面语。说实在的，通过外国友人的口和笔来介绍中华文化，这比我们自己的宣传的效果要好得多。

第四，虽然联合国确定汉语为联合国的工作语言之一。可是实际上在国际上基本没有汉语的话语权。据英国《金融时报》2006 年 1 月 23 日文章《全球兴起中文热》所说，现在互联网上 85% 是英语，联合国各种场合使用的语言 95% 是英语，汉语的使用率只占百分之几。（《参考消息》2006 年 1 月 24 日 15 版《欧美兴起"汉字纹身热"》）要取得汉语在国际上的话语权，就得让越来越多的外国人不仅学习、掌握好汉语口语，而且学习、掌握好汉语书面语。也就是说，要设法让越来越多的外国人，不仅能说一口汉语，还能阅读写作，具备书面语的能力。而这只有通过书面语教学才能达到。

三、国外汉语学习者书面语能力的考量标准

一个外国学生的书面语能力，除了体现在他知识水平和识字、认字的多少外，从语言的角度说，我想主要体现在以下三个方面：

一是体现在语言理解方面的能力。从语言理解方面说，得具备能从本研究领域或本工作范围内的书写文本中获取信息和知识的能力，具体地说，首先能基本看懂；再进一步，能一下子抓住书写文本表达的主要

内容；再进一步，能品鉴书写文本，它好，好在哪里，不好，不好在哪里。

二是体现在语言表达方面的能力。从语言表达方面说，得具备能运用汉语汉字完成本研究领域或本工作、学习范围内传递信息、表述自己思想情感的能力。具体说，首先能做到文从字顺，条理清楚，标点基本正确，不怎么出现错别字，这是起码的要求；再进一步，要求在语言表达上做到得体、到位，具体说，当表达什么意思时能懂得在什么场合、什么情境，需要选用什么样的文体框架，什么样的词语，什么样的句式；再进一步，文字简洁明快，有文采。这实际也为从语言上确定学生的写作"水平"，或文章的"等级"提供了依据。

三是体现在实际的汉语写作纠错改错方面的能力。具体地说，无论是看别人的或是自己的文字，能初步判断整篇文字的框架格式的合适与否、一个句子的正误与好坏，一个词语、一种句式使用的恰当与否，并能有改正的能力。

外国学生有了这三方面的能力，他们就真正具备了汉语书面语的能力。他们才能真正学习、了解、欣赏、研究中国文化。我们只有培养越来越多的这样的汉语学习者，才能逐步建筑起世界各国通向中国的友谊之桥——"汉语桥"，才能真正使汉语在国际上逐步有话语权。当然，外国学生要具备上述三方面能力，得有个努力学习的过程。

四、汉语书面语教学要抓好三个环节

进行汉语书面语教学，主要得抓好三个环节。

第一个环节是书面语词语教学。

除了教会学生一定的口语词汇外，一定还得教会他们一定数量的书面语词汇。

	书面语	口　语
美	－	＋
美　丽	＋	－
漂　亮	＋	＋

	书面语	口　语
骂	－	＋
谩　骂	＋	－
写	＋	＋
书　写	＋	－
优　异	＋	－
特　棒	－	＋
特别好	＋	＋

进行书面语词语教学，要注意两点：

第一点，要了解学生是不是真正掌握了某一个词，其衡量标准有以下四个：

（a）字形对号；

（b）语音对号；

（c）意义对号；

（d）用法对号。

比如一个外国留学生听到"淘汰"一词的发音，能否就想到"淘"和"汰"这两个汉字，能否就知道"淘汰"的意思和用法；或者看了"淘"和"汰"这两个汉字，能否就想到"淘汰"这个词，能否就读出来，能否就知道"淘汰"的意思，能否就想到"淘汰"的用法。如果学生能够在形、音、义和用法这四个方面都能对上号，就证明他真正学到了这个词，掌握了这个词。缺一个方面，他在使用这个词时就会出现这样那样的问题。而在这四个方面中，我觉得重要的是意义和用法。总之，在词语教学中，不仅要教形和音，更要教词的意义和用法。

第二点，要注意韵律词教学。如：

购书/购买书本（＊购买书 ｜ ＊购书本）

植树/种树/种植树木（＊种树木 ｜ ＊种植树）

我校/我们学校（＊我学校 ｜ ＊我们校）

……

第二个环节是书面语句式教学。

除了教会学生一定的口语句式外，一定还得教会他们一定数量的书面语句式。必须了解，任何有文字的语言，口语和书面语都会在句式上存在着差异。请看：

	书面语	口　语
X 把 Y 怎么样	＋	＋
对……来说	＋	＋
对于……来说	＋	－
就……而言	＋	－
因……而	＋	－
VOV 的	－	＋
别 NN 的	－	＋

在目前白话文的书面语中，句式有三类：

一类是纯白话书面语句式，如"是由……决定的"（最终的质变是由内因决定的）、"本着……原则"（本着节约归己的原则）。

一类是口语句式，如"VOV 的"（睡觉睡的）、"别 NN 的"（别经理经理的）。

一类是口语、书面语通用句式，如"把"字句、"对"字句等。

此外还有一类是文言句式，这又可以分三种情况：

（一）文言遗留下来的句式，如"（不）A 于"（艺术高于生活/语言的障碍不次于山川的阻隔）。

（二）古文献里的某句话沿用至今成为一种凝固的说法，如"是可忍孰不可忍"。

（三）作者个人仿文言的句式，如"此盖……之故"（此盖入不敷出之故）。

对一个外国学生来说，他如果不只满足于口头上能说几句"你好！""再见。"这样简短的话语，上述三类句式都得学，而最需要先学习掌握的是纯白话书面语句式。

第三个环节是不同文体的格式框架教学。

推荐信，通知，布告，请假条，请示报告，总结报告，产品介绍或说明，学术论文等，格式和写法各异，这需要给学生示例，并加以介绍、说明，而且还需让学生进行一定的训练。

以上三个环节抓好了，汉语书面语教学就有望获得较好的效果，外国学生的汉语水平就能得到极大的提高。

参考文献

赵金铭．"说的汉语"与"看的汉语"．赵金铭主编．汉语口语与书面语教学——2002 年国际汉语教学学术研讨会论文集．北京：北京大学出版社，2004a

赵金铭主编．汉语口语与书面语教学——2002 年国际汉语教学学术研讨会论文集．北京：北京大学出版社，2004b

汉语教师应有的意识与能力^①

　　自 20 世纪 90 年代以来，特别是进入 21 世纪后，随着中国经济的飞速发展和国际地位的日益提高，汉语作为第二语言教学，即我们所说的"对外汉语教学"，迎来了大好的春天。汉语正逐渐成为各国学习的热门语言，汉语的国际化趋势日益增强。不难预见，今后汉语教学在全世界范围内将会有更大的发展，汉语作为第二语言／外语教学将面临着前所未有的发展机遇。

　　但应该看到，真要让汉语走向世界，使汉语在 21 世纪逐渐成为仅次于英语的国际强势语言，重要的是要不断提高汉语教师的素质。而汉语教师要不断提高自身的素质，首先需要树立一些意识。

一、要树立学科意识

　　目前，从事对外汉语教学的人员，从领导到一般教师，都异口同声地呼吁，要建立独立的学

---

① 原文发表在《世界汉语教学》2005（1），原题为"汉语教师应有的意识"。此次有所修改。

科，要建立对外汉语教学的硕士点、博士点。这个想法无疑是很好的，我们应朝这个方向努力。但是，我们自己实际上却很缺乏学科意识。譬如说，一般从事对外汉语教学的老师来自各个不同的学科，有来自文学、汉语的，有来自历史、哲学的，有来自外语学科的，有来自心理学科的，等等。他们虽然身在对外汉语教学的岗位上，但仍只是搞原先本学科领域的科学研究，而不考虑或很少考虑怎么将自己原先所学的学科知识跟对外汉语教学紧密地结合起来，从而使自己所学的知识服务于对外汉语教学，成为对外汉语教学的有机的组成部分。而作为对外汉语教学单位的领导似也不注意引导和要求来自不同学科的教师这样做。关于树立对外汉语教学的学科意识问题，我在《增强学科意识，发展对外汉语教学》（陆俭明 2004）一文中已有所论述，这里再就怎么树立学科意识的问题补充说些意见。怎么树立学科意识？我想有两点必须明确。

第一，对外汉语教学的基础教学是汉语言文字教学，而不是别的。在对外汉语教学中，尤其在初级阶段的教学中，其他学科的教学，从整体上来说都是为汉语言文字教学服务的。

第二，各个学科的知识必须整合。对外汉语教学必须走"以汉语教学为基础的、开放性的兼容整合之路"。（王路江 2003）

明确了上述两点以后，我们每个人就应明了自己的职责和所求：

第一，如果你是来自汉语专业或汉语专门化的，那么你得有针对性地补学有关学科的知识。譬如说，你要教经贸汉语，你得补学一些经贸方面的有关知识；你要教医学汉语，你就得补学一些医学方面的有关知识。如果你是来自非汉语专业的，那一定得补学汉语言文字学方面的知识，这是对外汉语教学的根基。

第二，人人都得关心本学科的学科建设。每个人都得考虑考虑：（1）作为一个独立的学科，必须要有它的哲学基础。对外汉语教学学科的哲学基础应该是什么？（2）作为一个独立的学科，必须有一定的理论作支撑。对外汉语教学学科需要由哪些理论来支撑？（3）作为一个独立的学科，必须有明确的学科内涵。对外汉语教学学科的内涵是什么？学科的本体研究是什么？（4）作为一个独立的学科，必须有与本学科相关的、起辅助作用的学科。那么，跟对外汉语教学学科相关的、起辅助作用的学科是哪些？对外汉语教学学科作为一个独立的学科要大踏步地发展，从事对外汉语教学的领导和广大教师都必须树立明确的学科意识，并围绕上述问题，共同致力于对外汉语教学学科的理论建设。观念的转变是最重要的。树立和增强对外汉语教学学科意识，意义深远。

二、要树立学习、研究意识

许多人认为，教外国人学汉语比起其他院系的老师给本科生、研究生上课要容易一些。其实，这个看法不说它是完全错误的，起码也可以说是不了解对外汉语教学的人所具有的一种想当然的幼稚想法。

对外汉语教学的老师可不是好当的。从某种意义上来说，这比在高校其他院系当老师要难。作为一名对外汉语教学的老师，面对着零起点的外国学生，能用几个词就把课堂搞活，让学生开口训练，可得有点儿本事；能让零起点的外国留学生在最短的时间里尽快地学习、掌握好汉语，可不是一件容易的事。如果没有深广的专业基础知识和相关的学科知识，没有高超的教学艺术，没有一定的教学技能，是很难达到上述要求的。

因此，对一名从事对外汉语教学的教师来说，首先要有很强的学习意识，使自己具有深广的知识；更重要的是具有很强的研究意识，并具备一定的研究能力。

为什么从事对外汉语教学的老师一定要有很强的学习意识和研究意识呢？理由有四：

第一，我们先前所做的汉语研究，是为解决我们中国人的交际中出现的问题服务的，是为建立汉语学科服务的。在我们看来不成问题的问题，对外国学生来说都可能是难点。对外汉语教学中所碰到或出现的问题，往往不能从现有的教材、工具书、汉语语言学论著中找到现成的、令人满意的答案。这些问题只能由我们自己通过学习、研究来解决。

在对外汉语教学中，最忌讳的一句话是"这是汉语的习惯"。有的老师，包括在中国国内教留学生汉语的某些老师，当学生问到一些语法或词汇方面的问题时，特别是当问到"为什么要那么说，不这么说"的时候，常常就用"这是汉语的习惯"把学生的问题顶回去了。他以为这就解决了学生的问题，其实学生是最不愿意、最害怕听到这样的回答的。这种回答会影响学生学习汉语的积极性，会让一些学生产生"汉语大概没有什么规律"的错误想法。在这个问题上，我们一定要具有一种态度——实事求是的、老老实实的态度。如果自己一时回答不出来，就如实地对学生说"你提的这个问题我得考虑考虑再回答你"。

第二，在对外汉语教学中，特别是在低年级的教学中，需要恰到好处地给学生一些汉语知识，但又不宜学院式地对学生大讲汉语知识，包括语音知识、词汇知识、语法知识、汉字知识等，得采取随机教学、点拨式教学法。怎么掌握这个度？这就要求从事对外汉语教学的老师不仅要善于发现并抓住学生在学习汉语过程中出现的带普遍性的错误与毛病，给以改正，而且要求汉语老师要善于分析学生出现某种错误与毛病的原因，要善于确定解决学生某个语法方面或词汇方面或汉字方面的错误的突破口，并善于针对学生中出现的某种错误与毛病，利用已有的知识和研究成果来做出明确而又通俗的说明。而要做到这一点，自己首先要具有一种很强的学习、研究的意识，并在日常工作中做到勤学习多研究。

第三，提高教学质量的三大条件是，要有高素质的教师队伍，要有高质量的汉语教材，要有高效率的教学方法，而这都有赖于对外汉语教学的科学研究。对外汉语教学必须以学术引航，这样才能确保教学质量的不断提高。而这种研究不能光指望从事汉语本体研究的学者，主要得靠处于对外汉语教学第一线的广大教师。

第四，在汉语口语中，有许多常用的固定格式，例如：

（1）NP 不 X 谁 X（你不教授谁教授！）

（2）……，VO－V 的（他最近视力下降得很厉害，准是看电视看的。）

（3）……，X 就 X 在……（他错就错在不懂经营。）

（4）……V 着也是 V 着，（不如）……（这些书放着也是放着，你拿去看吧。）

（5）NP＋V 也 V 了，V 也 V 了，……（你说也说了，打也打了，还要怎么样？/你吃也吃了，喝也喝了，总该走了吧？）

（6）一 VV 了＋数量成分（她一买买了一大堆。/一说说了两个小时。）

这些固定格式很有表现力，而外国留学生对这些常用固定格式的每个字、每个词都认识，都知道，但至于表示什么意思，如果老师不告诉他们，他们是不知道的，而且他们也很难从工具书上找到现成的答案。当然，他们更不会准确地使用这些固定格式。而从事本体研究的学者过去很少研究，这就得靠从事对外汉语教学的老师自己去研究，去解决。如果我们没有这样的研究意识和研究能力，就没法把一些固定格式给学生讲解清楚。

根据上述四点理由，我们有理由要求从事对外汉语教学的老师一定要有很强的学习意识和研究意识，使自己具备一种良好的研究素质，使自己具有发现问题、分析问题、解决问题的实际研究能力。这里还需提醒大家的是，在对外汉语教学中，问题最多的还是词汇、语法，特别是虚词方面的问题。要解决好这方面的问题，我们还需要培养自己具有这样一种本事——快速思索实例、独立进行研究的本事；还需要学会一种方法——善于进行比较的方法。更重要的一个方面，就是汉语老师自己要注意从学生屡屡重犯的错误中，从学生的提问中去思索，悟出些道道来，并把它告诉给学生，这样效果会更好一些。而在思索、考虑的过程中，要常常问自己：为什么？是什么？怎么样？

下面试以动态助词"着"为例来说明汉语老师自己要注意从学生屡屡重犯的语法错误中，从学生的提问中去思索，去研究，悟出些道道来，并把它告诉给学生。

动态助词"着"是对外汉语教学中的一个难点，许多留学生，用不好这个"着"。或是不该用而用，或是该用而不用，或是该用而用得不是地方……下面是我从日本学生的作业中，从他们平时的说话中所搜集到的例子：

(7) *他写着信。（他在写信／写信呢。）

(8) *他洗着衣服。（他在洗衣服／洗衣服呢。）

(9) *我到他家去时，佐藤君看着书。（……佐藤君在看书／正看书呢。）

(10) *现在教室里正上课着。（现在教室里正在上课／正上课呢。）

(11) *外面正下雨着呢。（外面正下着雨呢。）

(12) *到今天他已经病着三天了，还不见好。（到今天他

已经病了三天了，……）

（13）＊我活着二十年，还没有见过那么大的红鲷鱼。（我活了二十年，……）

（14）＊我等着他半个小时了，还不见他的人影。（我等了他半个小时了，……）

（15）＊雨，下着个不停。（雨，下个不停。）

（16）＊我们正游泳着，忽然山本老师来了。（我们正游着，……）

（17）＊大家歌唱着，跳舞着。（大家唱着，跳着。）

（18）＊现在他们正谈论着呢。（现在他们正谈着呢。）

（19）＊大家愉快地在海水里游泳着。（大家愉快地在海水里游着。）

（20）＊他们边走着边说。（他们边走边说。）

（21）＊他洗澡后就躺着床上。（他洗澡后就躺（在）床上了。）

（22）＊那照片挂着在墙上。（那照片在墙上挂着。）

（23）＊那只鸟正飞着在加古川上。（那只鸟正在加古川上飞着。）

（24）＊他们喝酒呢，又商量了一下买房子的事。（他们喝着酒，……）

（25）＊他们正在谈，古藤君来了。（他们正谈着，古藤君来了。）

这里我们首先要考虑，同学们为什么在动态助词"着"上会出现那么多病句。一般来说，在外语学习中出现语法方面的病句有两方面的原因：第一方面的原因是学生母语语法规则的负迁移，也就是通常所说的受母语语法的影响，譬如日本学生刚开始说汉语时常常会把宾语放在动词前边（如"我昨天到王府井衣服买了"），那是因为日语里宾语通常是在动词的前边。动态助词"着"方面的病句有的也是由这个原因造成的。如病例（12）～（14），日本学生所以会用"着"就是受日语语法影响的结果，因为按那三个句子的意思，在日语里那动词后都得用表示持续、进行的"てぃる"（te iru）或"てぁる"（te aru）。第二方面的原因是目的语（譬如所学的汉语）语法规则的负迁移，也就是按老师说的或按课本上说的语法规则去类推而出现的病句。日本学生在使用"着"的问题上之所以常常会出毛病，就是因为目前一般的工具书、一般的教科书关于"着"的说明太简单，甚至可以说不太准确，学生按照这种说明去使用"着"，一用就错。对于前一种病句一般容易纠正，随着外语水平的提高，由于母语语法规则负迁移而造成的语病就会逐步得到克服。难的是后一种病句，因为需要经过深入的思考和研究后才能有效地纠正外国学生这方面的语病。

面对学生在"着"的使用上的毛病，我们首先就该考虑"为什么？"的问题，也就是首先要考虑：为什么学生老用不好动态助词"着"？

为了能给"为什么？"作出回答，我们就需要考虑"是什么？"的问题。"是什么？"实际包括两方面的问题：一是学生在使用动态助词"着"上具体"是什么毛病"；二是汉语里的动态助词"着"的具体使用情况"是什么"。第一个问题很容易搞清楚；难的也是最重要的是要搞清楚第二个问题。

首先，我们要明确"着"的语法意义。这一点好办，因为关于"着"的语法意义，前人已有不少研究和论述，当然说法很不一，到目前为止，起码有十种不同的意见。[①] 我们也不必去细抠。现在大家一般都能接受的说法有两种：

一是"着"表示行为动作的进行或状态的持续。

一是"着"表示行为动作或状态的持续——行为动作的持续是一种

---

① 关于动态助词"着"的语法意义的种种说法具体如下：1. 表示持续貌，或者说表示持续体，或者说表示持续状态，表示动作状态的持续。（太田辰夫 1947/1987，梅祖麟 1988，戴耀晶 1991，徐丹 1992，石毓智 1992，曹广顺 1992/1995，蒋绍愚 1994，志村良治 1995）2.（a）表示动作正在进行；（b）表示状态的持续；（c）用于存在句；（d）表示两个动作同时进行。（《虚词例释》1982，《八百词》1984，李纳、石毓智 1997）3.（a）表示进行态（进行体）；（b）表示持续态（绵延体）。（高名凯 1948，北大《现代汉语》1961/1993，胡裕树 1962，赵金铭 1979，朱德熙 1982，刘月华等 1983，刘宁生 1985，孙锡信 1992，伍云姬 1996）4. "着1"表示动作在进行；"着2"表示状态持续。（木村英树 1983，房玉清 1992）5. 表示动作进行体（进行貌）。（吕叔湘 1944，王力 1945，赵元任 1968，潘允中 1982）6. 表示状态，是"状态化"的标志，而不是表示进行或持续。（金奉民 1991，张黎 1996/1997）7. 表示性（inertia），这是"着"的核心意义。（Light, Timothy 1989）8. 表示动作进行或状态持续，含有较强的描状性，同时表明是现在时。（俞光中 1992）9. 口语里表示状态，书面语里既表状态，又表进行。（马希文 1987）10. 表示情状，或者说描画情状。（费春元 1992）

动态的持续，状态的持续是一种静态的持续。

我觉得，这两种说法没有什么实质性的区别，采用哪种说法都行。就我自己说，我倾向于采用后一种说法，理由就不在这里细说了。

其次，要搞清楚"着"的具体用法，这是最重要的。通过对大量用"着"的实例的分析、归纳，我们大致可以获得这样一些认识：

第一，"着"总是紧跟在动词后，如果有宾语，那宾语得放在"着"的后面。譬如我们只能说：

（26）她正洗着衣服呢。（＊她正洗衣服着呢。）

前面所举的病例（10）、例（11），毛病就出在把"着"放到了宾语后面，而没有紧跟着动词。

第二，"着"所表示的行为动作或状态的持续，还可以细分为两种情况：

（a）行为动作的持续，包括"指处于行为动作从开始到结束的过程中"和"指从开始到结束的过程极短的行为动作反复进行"。这是一种动态的持续（也就是有些人所说的"行为动作的进行"）。例如：

（27）他不停地说着，别人休想插嘴。

（28）他跑着跑着，肚子疼起来了。

（29）她轻轻地敲着，生怕惊醒了孩子。

（30）他频频点着头，似乎他都听懂了。

（b）状态的持续，包括"指人或动物一直保持由某种行为动作所造成的姿态"和"指在某种行为动作的作用下，事物始终呈现某种状态"。这是一种静态的持续。例如：

（31）你不用老站着，累了可以坐一会儿。

（32）你干吗跪着呀？又受罚了？

（33）墙上挂着一幅画。

（34）门上贴着一副对联。

第三，（a）和（b）在句法表现上有所不同，最明显的是，（b）可以跟否定词"没（有）"共现，（a）不能。（木村英树1983）试比较：

（35）他没有老跪着。　他没有跑着。

（36）他身上没有穿着棉袄。　我没有敲着。

有了上面这些看法，我们先不要轻易认为这就行了。我们还得进一步考虑这些看法"怎么样",能不能解决问题。显然,光有上面这些看法还不能解释学生为什么在使用动态助词"着"的问题上老是出现毛病。看来,我们不能光盯着这个"着",还得把考虑的范围扩大一些。

我们知道,汉语不是屈折语,是孤立语,行为动作的实现、完成或进行、持续等所谓动词的"体"都是通过词汇、句法手段来表示的。大凡用词汇、句法手段来表示动词"体"的语言,都有这样一个共同点,那就是一般都不止用一种语法手段来表示某种"体",有时甚至让人感觉不到用了什么语法手段。现代汉语普通话里对所谓"行为动作或状态的持续"的表达就是如此。大量语言事实说明:

第一,汉语普通话里表示行为动作的持续不限于用"动词+着"这一种语法手段。起码有以下四种手段:

　　a. "动词+着"。

（37）你们先谈着,我去去就来。

（38）他吃着吃着,突然想起了一件事。

（39）你们给我好好儿听着!

（40）他不停地敲着。

（41）你躺着!

（42）门关着。

（43）书在桌上搁着。

（44）墙上挂着一幅画。

　　b. "在+动词性词语"。例如:

（45）大家都在笑,而她在哭。

（46）"你在听吗?""我在听。"

（47）妈妈在洗衣服。

（48）爸爸在睡觉。

　　c. "介词结构'在……'+动词性词语"。例如:

（49）山本先生在房间里打电话。

（50）弟弟在隔壁看电视。

（51）爸爸在房间里休息。

（52）藤本君正在游泳池里游泳。

　　d. "动词性词语+呢"。例如:

（53）"古藤君在干什么？""古藤君睡觉呢。"

（54）"小红，你来帮帮忙。""我学习呢。"

（55）先别急着走，外边儿下雨呢。

（56）现在他跟小王打羽毛球呢。

第二，在某种情况下，虽然在意思上表示行为动作或状态的持续，但根本不用上面这些语法手段。在以下的表达方式中都含有"表示行为动作或状态的持续"的语法意义：

a."动词＋了＋表时量的数量成分"。例如：

（57）走了一个星期了。

（58）病了五天了。

b."动词＋带'个'的否定状态补语"。例如：

（59）雨下个不停。

（60）她笑个不住。

c."（'从'）＋处所宾语＋（动词）＋来＋宾语"。例如：

（61）从前面走来一个老太太。

（62）东边儿来了个老头儿。

d."'向'＋处所宾语＋动词＋来/去"。例如：

（63）汽车向我们飞快地开来。

（64）飞机正向北京飞去。

e."边……边……"。例如：

（65）大家边听，边记笔记。

（66）大家边吃边谈。

f."名词性词语＋动词＋在＋处所词语"。例如：

（67）画挂在墙上。

（68）电话就放在靠窗的桌上。

有了上面这些认识，前面所举的病句许多都能解释出错的原因了。但是，有一部分还解释不了。所以我们还得思考"怎么样"的问题，即思考上面的认识怎么样。

上面的认识是符合事实的，但还需探究那四种表示持续的手段用法是不是都一样，是否有所分工。根据对大量语言事实的比较、分析，我们不难发现它们在用法上是有所不同的。

首先，我们看到，a 与 b、c、d 有一个明显的区别：a 能用来表示静态的持续，b、c、d 则不能。例如

(69) a. 他正打着电话。　　　　a. 墙上挂着画。

　　　b. 他正在打电话。　　　　b. 墙上在挂画。

　　　c. 他在隔壁打电话。　　　c. 他在墙上挂画。

　　　d. 他打电话呢。　　　　　d. 墙上挂画呢。

这四种手段，在使用上的上述区别可列如下表：

	表示动态的持续	表示静态的持续
a. 动词＋着	＋	＋
b. 在＋动词性词语	＋	－
c. "在……"＋动词性词语	＋	－
d. 动词性词语＋呢	＋	－

(表一)

其次，a、b、c、d 都能用来表示动态的持续（也就是行为动作的进行），那么他们在表示动态的持续上还有没有区别呢？还有区别。总的倾向是：

第一，单独成句（包括作谓语后单独成句），倾向于用 b、c、d 手段，一般不用 a 种手段；如果用 a 种手段，或者在动词前带表示持续义的"不停地"、"没完没了地"、"一直"一类状语，或者在句末加"呢"。例如：

(70)"你老伴儿呢？干什么去啦？"

　　(a)"老伴儿在修他的自行车。"

　　(b)"老伴儿在后院修他的自行车。"

　　(c)"老伴儿修他的自行车呢。"

　　(d)"老伴儿修着他的自行车。"

　　(e)"老伴儿修着他的自行车呢。"

　　(f)"老伴儿不停地修着他的自行车。"

　　(g)"老伴儿没完没了地修着他的自行车。"

　　(h)"老伴儿一直修着他的自行车。"

(71) 昨天我上他家去时，（a）他在写信。

（b）他在房间里写信。

（c）他写信呢。

（d）他写着信。

（e）他写着信呢。

第二，祈使句则只用 a 种手段（不是所有的"动词＋着"都能用于祈使句），不用 b、c、d 那些手段。例如：

(72) a. 你拿着！

b. 你在拿！

c. 你在教室里拿！（如果不作为动态的持续来理解，那是可以说的）

d. 你拿呢！

(73) a. 你给我坐着！

b. 你给我在坐！

c. 你给我在房间坐！

d. 你给我坐呢！

(74) a. 你仔细听着！

b. 你在仔细听！（作为疑问句可以成立）

c. 你在那儿仔细听！

d. 你听呢！

第三，如果在表示行为动作进行的动词性成分后紧跟着另一个动词性成分，那么用 a 类，而不用 b、c、d 类。例如：

(75) a. 他喜欢听着音乐睡觉。

b. 他喜欢在听音乐睡觉。

c. 他喜欢在床上听音乐睡觉。

d. 他喜欢听音乐呢睡觉。

(76) a. 我们就走着去。

b. 我们就在走去。

c. 我们就在路上走去。

d. 我们就走去呢。

(77) a. 大家说着话进了祈年殿。

b. 大家在说话进了祈年殿。

c. 大家在路上说话进了祈年殿。

d. 大家说话呢进了祈年殿。

(78) a. 他们吃着饭，又把那件事商量了一下。

b. 他们在吃饭，又把那件事商量了一下。

c. 他们在食堂吃饭，又把那件事商量了一下。

d. 他们吃饭呢，又把那件事商量了一下。

(79) a. 他们就这样扔着球玩了一会儿。

b. 他们就这样在扔球玩了一会儿。

c. 他们就这样在操场上扔球玩了一会儿。

d. 他们就这样扔球呢玩了一会儿。

第四，d 种手段"动词＋呢"不能带"的"作名词的定语，其余三种手段都可以带"的"作名词的定语。例如：

(80) a. 正吃着饭的人

b. 正在吃饭的人

c. 正在食堂吃饭的人

d. 正吃饭呢的人

以上所述可列如下表：

	单独成句	祈使句	后有另一个动词性成分	作定语
a. 动词＋着	－	＋	＋	＋
b. 在＋动词性词语	＋	－	－	＋
c. 在…＋动词性词语	＋	－	－	＋
d. 动词性词语＋呢	＋	－	－	－

(表二)

此外，还有一种倾向："动词＋'着'"里的动词以单音节动词为主，排斥双音节动词，至少在口语中是这样；"动词＋'呢'"里的动词以双音节动词为主，排斥单音节动词，除非动词后带有宾语；而"'在'＋动词"里的动词则不受限制，可以是单音节动词，也可以是双音节动词。例如：

(81)（a）你先学着，我一会儿再来找你。

（你先学习着，我一会儿再来找你。）［书面语上可以］

（b）"他在干吗?""他学习呢!"

（"他在干吗?""他学呢!"）

（"他在干吗?""他学绣花呢!"）

（c）他在学。│他在学习。│他在学日文。│他在学习英文。

最后还要注意一点，那四种手段可以叠用。一般说，"着"和"呢"、"在"和"呢"可以叠用，叠用后都可以单独成句。例如：

(82) 外面下着雨呢。│我看着呢。

(83) 他在吃饭呢。│我在听呢。

但是，"在"和"着"很少叠用，即使叠用好像也不能单独成句。一般不说：

(84) ＊他在学着。│＊我在吃着饭。│＊他在洗着衣服。

至此，我们对动态助词"着"及其相关现象大致有了比较全面的认识。有了这些认识，我们就可以解释前面所举的所有病句毛病到底出在什么地方。同时我们也可以了解到为什么在过去的汉语教学中，"着"老是成为学生学习中的老大难问题。其中很重要的一个原因就是，我们只是告诉学生"着"表示行为动作或状态的持续，而没有告诉学生不能倒过来理解，即不能认为凡是表示行为动作或状态的持续就要用"着"，更没有告诉学生在汉语里表示行为动作或状态的持续有多种手段，并且这些手段在用法上有所不同。如果同学们了解并掌握了上面的知识，使用动态助词"着"的出错率就将会大大减少。我自己在日本姬路独协大学的教学实践（1997.4—1998.3）说明了这一点。

当然，上面有关"着"的认识，不能倾盆大雨式地教给学生，也得采取针对问题进行点拨的教学方式。

　　上面我举动态助词"着"为例是想说明，我们作为一名汉语老师，在汉语教学中，对学生在学习汉语的过程中所不断出现的语法问题，需要经常思考"为什么?""是什么?"和"怎么样"的问题。其实，在汉语教学中，不只对语法问题的思考需要不断提出"为什么?""是什么?"和"怎么样?"的问题，对语音、词汇等问题的思考也需要不断提出"为什么?""是什么?"和"怎么样?"的问题，这样才能不断提高对外汉语的教学水平，而这样做对我们老师自己在科研上也将是一个促进，可以说这是一举两得的事。

三、要树立自尊自重意识

　　现在，把汉语教学看做"小儿科"的人可能越来越少了，但是社会上、教育界有许多人还是认为从事汉语教学的教师只能是个教书匠，不能成为"家"，从事本体研究的才能成为"家"。可悲的是我们自己有相当一部分教师和有关领导居然也这样看。我认为，这种想法是很不对的。关于这个问题，我不想在这里展开说，只想打一个可能是不恰当的比方——如果说从事汉语本体研究和理论研究的教师和研究人员类似理科的教师和科学院的研究人员，那么从事汉语教学的教师就类似于大学工科的教师和工程院的研究人员。理科的教师和科学院的研究人员，经过努力有可能成为科学院院士，但也不是所有教师和研究人员都能成为科学院院士；而工科的教师和在具体工程单位从事教学或研究的人员，经过努力也有可能成为工程院院士，当然也不可能都成为工程院院士。同样道理，在高校或研究单位从事汉语本体研究和理论研究的教师和研究人员也未必一定都能成为"家"；而在高校从事汉语教学的教师也未必一定不能成为"家"。事在人为，一个人能不能成为"家"，全在自己的信念和努力，当然其中也会有机遇的问题。我在这里更要强调的是，首先是自己要看得起自己，要自尊自重。有了这种自尊自重的意识，加上自己的努力，我们就可以成为与其他学科的"家"齐名的"家"。

参考文献

北京大学中文系 1955、1957 级语言班．现代汉语虚词例释．北京：商务印书

馆，1982

北京大学中文系现代汉语教研室．现代汉语．北京：商务印书馆，1961

北京大学中文系现代汉语教研室．现代汉语．北京：商务印书馆，1993

曹广顺．近代汉语助词．北京：语文出版社，1995

戴耀晶．现代汉语表示持续体的"着"的语义分析．语言教学与研究，1991（2）

费春元．说"着"．语文研究，1992（2）

高名凯．汉语语法论．上海：开明书店，1948

郭熙．汉语的国际地位及海外华语未来的走向．8月23日在马来西亚韩江学院的演讲稿，2001

郭熙．论"华语"．暨南大学华文学院学报，2004（2）

国家对外汉语教学领导小组办公室汉语水平考试部．汉语水平词汇与汉字等级大纲．北京：北京语言学院出版社，1992

国家语言文字工作委员会普通话培训测试中心．普通话水平测试实施纲要．北京：商务印书馆，2004

汉语水平考试中心．汉语水平等级标准与语法等级大纲．北京：高等教育出版社，1996

胡裕树．现代汉语．上海：上海教育出版社，1962

蒋绍愚．近代汉语研究概况．北京大学出版社，1994

金奉民．助词"着"的基本语法意义．汉语学习，1991（4）

李宇明．信息时代的语言文字工作任务．中国应用语言学会编．第三届全国语言文字应用学术研讨会论文集．香港：香港科技联合出版社，2004

黎天睦．美国的语言教学法．语言教学与研究，1980（4）

李纳，石毓智．论汉语体标记诞生的机制．中国语文，1997（2）

刘宁生．论"着"及其相关的两个动态范畴．语言研究，1985（2）

刘珣．对外汉语教育学引论．北京：北京语言文化大学出版社，2000

刘月华等．实用现代汉语语法．北京：外语教学与研究出版社，1983

柳英绿，金基石主编．对外汉语教学的理论与实践．延边：延边大学出版社，1997

尨青然．对外汉语语法教学的重点和难点．柳英绿、金基石土编．对外汉语教学的理论与实践．延边：延边大学出版社，1997。

鲁健骥．对外汉语教学思考集．北京：北京语言文化大学出版社，1999

陆俭明．关于开展对外汉语教学基础研究之管见．语言文字应用，1999（4）

陆俭明．跨入新世纪后我国汉语应用研究的三个主要方面．中国语文，2000（6）

陆俭明．对外汉语语法教学方法浅议．王本华编．纪念张志公学术文集．北京：人民教育出版社，2001

陆俭明．增强学科意识，发展对外汉语教学．世界汉语教学．2004（1）

吕必松．20 世纪的对外汉语教学．刘坚主编．二十世纪的中国语言学．北京：北京大学出版社，1998

吕必松主编．语言教育问题研究论文集．北京：华语教学出版社，1999

吕叔湘．中国文法要略．北京：商务印书馆，1942

吕叔湘主编．现代汉语八百词．北京：商务印书馆，1980

梅祖麟．汉语方言里虚词"著"字三种用法的来源．中国语言学报，1988（3）

木村英树．关于补语性词尾"着/ zhe"和"了/ le"．语文研究，1983（2）

潘允中．汉语语法史料概要．中州书画社，1982

石毓智．论现代汉语的"体"范畴．中国社会科学，1992（6）

孙锡信．汉语例释语法要略．上海：复旦大学出版社，1992

太田辰夫．中国语历史语法（中译本）．北京：北京大学出版社，1987

太田辰夫．北京语における里的"进行"と与"持续"（北京话里的"进行"与"持续"）．中国语杂志，1947（1～2、3）．又见太田辰夫《中国语文论集（语学·元杂剧篇）》．汲古书院．日本东京都，1995

王力．中国语法理论．北京：中华书局，1945

王路江．对外汉语学科建设新议．语言教学与研究，2003（2）

伍云姬．论汉语胴体助词之统系，湖南方言的动态助词．湖南：湖南师范大学出版社，1996

徐丹．汉语里的"在"与"着（著）"．中国语文，1992（6）

俞光中．动词后的"着"及早期历史考察．胡竹安、杨耐思、蒋绍愚主编．近代汉语研究．北京：商务印书馆，1992

张黎．"着"的语义分布及其语法意义．语文研究，1996（1）

张黎．汉语句子的"态"——以"了""着"为例．在"日本中国语学会第 47 回 全国大会"上宣读，1997

赵金铭．敦煌变文中所见的"了"和"着"．中国语文，1979（1）

赵金铭．对外汉语教学与研究的现状与前瞻．中国语文，1996（6）

赵金铭．汉语研究与对外汉语教学．北京：语文出版社，1997

赵金铭等编．对外汉语教学探讨集．北京：北京大学出版社，1998

赵金铭主编．对外汉语教学概论．北京：商务印书馆，2004

志村良治．中国中世语法史研究（中译本），北京：中华书局，1995

朱德熙．语法讲义．北京：商务印书馆，1982

Timothy Light. *The Door is Closed on ZHE NE*（"着"还关在门外呢）．见 James H-Y Tai & Frank F. S. 所编 *Functionalism and Chinese Grammar*（1989）．摘译见王宗炎．黎天睦论 " 着"的核心意义．国外语言学，1991（1）

汉语走向世界与"大华语"概念[①]

自 20 世纪 90 年代以来,特别是进入 21 世纪后,随着中国经济的飞速发展和国际地位的日益提高,汉语正逐步走向世界。汉语要走向世界,需要解决好三个问题:一是汉语教学的标准问题;二是建立"大华语"概念的问题;三是怎么看待国人英语学习的问题。

一、汉语教学的标准问题

全世界的语言,据不完全统计有 6000 种左右。其中,使用人口(指母语为该语言的,下同)在 100 万以上的有 117 种,使用人口在 1000 万以上的有 17 种(依使用人数多少可排列如下:汉语、英语、俄语、西班牙语、印地语、印度尼西亚语、阿拉伯语、孟加拉语、日语、葡萄牙语、德语、意大利语、旁遮普语、韩语/朝鲜语、泰卢固语、越南语)。汉语是世界上使用人口最多的一种语言,使用人数大约有 12 亿以上,汉

[①] 原文发表在《中国社会语言学》(澳门)第 2 期,2005。

语主要分布在中国境内，而由于世界各国几乎都有母语为汉语的华人居住，因此汉语也几乎分布在世界各国。在海外，汉语一般称为华语；在港澳台，汉语称为国语。

汉语教学要以中国普通话为标准，这是不言而喻的。但是，以下事实不可忽视。

第一，海外华语、港澳台国语跟我们境内的普通话有所差异。

众所周知，语言是随着社会的发展而发展变化的，而且会受到地域的语言、文化的强烈影响。海外华人长期跟所在国人民生活在一起，这就不能不受到所在国的语言文化的影响，又由于他们与中国境内人民较少联系与接触，他们所说的华语虽然跟中国普通话是一脉相承的，与中国普通话基本上是一致的，但不可避免地会跟普通话有所差异。同样，港澳台虽是中国神圣领土不可分割的一部分，但由于众所周知的原因，港澳台同胞与境内同胞也长期隔绝，互不来往，而与他国来往密切，这也不可避免地造成他们所说的国语会受各种外来语言的影响，而跟我们境内的普通话会有所差异。

第二，在中国境内，虽已立法规定普通话为汉民族共同语，普通话为中国的通用语言，但真正能讲一口完全符合标准的普通话的人很少。

在中国大陆，自 1955 年 10 月举行"现代汉语规范问题学术会议"和 1956 年 2 月 6 日国务院发布《关于推广普通话的指示》以来，一直在全国着力推广普通话。但时至今日，真正能讲一口完全符合标准的普通话的人很少，即使是北京人也不一定讲的都是标准的普通话。据估计，说出的话完全符合普通话标准的人，大概不会超过 5%；绝大多数人讲的普通话是多少带有一点方音的所谓蓝青官话。

面对上述实际情况，作为第二语言教学的汉语教学要在世界范围内推行，是否一定要不折不扣地以中国的普通话为标准，这个问题可以讨论和研究。应该看到，汉语教学，无论是语音、词汇、语法教学，要不折不扣地完全按普通话标准来要求，事实上也难以实现。在语音上，儿化、轻声就难以严格要求，就难以完全遵照普通话实行。在词汇上，你要规定新加坡华人不能说：

侍应生、搭客、太空人、电单车、救伤车、冲凉、巴沙、组屋……

非得说：

　　　　服务员、乘客、宇航员、摩托车、救护车、洗澡、菜市
　　场、楼群……

那是根本办不到的，因为那都是新加坡华语里的常用词语。在语法上，先前在我们国内反复问句（或称正反问句）虽然南方许多方言都取"干不干净""学不学习"的说法，但普通话规定只能按北京人的说法，得用"干净不干净""学习不学习"的说法这在中国大陆大家都只能执行，但是这一条在境外就推行不了。海外华语和港澳台国语普遍使用"干不干净""学不学习"的说法。要他们放弃这一说法而采用"干净不干净""学习不学习"的说法，这恐怕也难以实现。事实上，从某个角度看，"干不干净""学不学习"的说法似更符合语言经济的原则。近二十年来汉语的发展事实告诉我们，随着改革开放，"干不干净""学不学习"的说法反而已深深影响着普通话，正在逐步为普通话所接受。

　　由此看来，作为第二语言教学的汉语教学，从理论上和教学上说，可以规定要以中国的普通话为标准。但是，语言的规范要讲究一个度。这就是说，可以根据实际情况让规范有一定的弹性和宽容度。当然在实际教学中如何掌握这个度，这要靠教学单位和广大汉语教师进一步研究，要靠广大汉语教师的智慧和教育艺术。在我看来，一个外国的汉语学习者，如果他既能讲一口标准的普通话，写一手漂亮的汉语，又能听懂带有不同方音的所谓蓝青官话，那可是高水平的汉学家了。说实在的，这不是一个低要求，而是一个很高的要求。我想，教学目标和实际要求之间，可以有一个可容忍的距离。

二、建立"大华语"的概念的问题

　　我们知道，境外华语一直存在着，而且今后也会长期存在着。境外华语所以会长期存在，这是由两个因素决定的：

　　第一个因素是，广大华裔和华侨同胞对中华民族的情结，对中华民族的认同感。

第二个因素是，作为华语大本营的中国的存在和不断强大与发展。

可以预测，随着中国在政治、经济、文化、科技方面的不断发展，并逐步跃居世界的前列，华语将会继续存在并进一步发展。

但是，正如在上一小节已经指出的，语言是随着社会的发展而发展变化的，而且会受到地域的语言、文化的强烈影响，因此海外华语、港澳台国语跟我们境内的普通话必然会存在着一定的差异，而作为现代汉民族共同语的普通话在规范上可以有一定的弹性。有鉴于此，为了使汉语走向世界，有必要建立"大华语"的概念。我们所说的"大华语"跟先前有人所说的"大中华语言圈"的概念不同，"大中华语言圈"涵盖了北京话、广州话、闽南话、客家话等；而我们所说的"大华语"是指：

以普通话为基础而在语音、词汇、语法上可以有一定的弹性、有一定宽容度的汉民族共同语。

这样做的好处首先在于有助于增强世界华人的凝聚力和认同感；其次更有助于推进世界范围的汉语教学。

这样，我们在汉语教学要求上，可以这样说，"达到普通话"要求，那是高标准；"达到大华语"要求，那是基本要求。

这里涉及到另一个问题，那就是境外华语、国语的规范问题。我们的看法是，一方面，要提倡以普通话为规范标准；另一方面，我们又不作死的规定，不一定要求境外华语要不折不扣地完全受中国普通话规范的限制，也可以有一个容忍度。

三、关于"英语霸权主义"之说

随着世界进入高科技迅速发展的信息时代和全球经济一体化的时代，一方面地球似变得小了，从东半球到西半球，或者从西半球到东半球，可以朝发夕至或夕发朝至；另一方面，作为经济的三大要素资金、技术、人才将按照市场经济规则在全球流动。而影响国家与国家、地区与地区之间交流的是语言。2000 年来临的前夕，联合国前秘书长安南在迎接新世纪到来的一次讲话中指出，到 21 世纪，作为一个年轻人，起码要掌握三种语言（包括母语），这样才能适应 21 世纪时代的需要。

安南先生的看法是带有前瞻性的，这预示了第二语言教学在 21 世纪的重要地位。外国人要学汉语，中国人要学外语，这是时代发展的必然。在我国，自改革开放以来国内出现了学外语，特别是学英语的热潮。在这过程中出现了一些不恰当的甚至可以说是不正确的做法，譬如有人动不动在讲话中夹带一些英语词，个别非涉外的国家机关的牌子上出现了相应的英文译名，等等，这一切理所当然地会引起人们的非议甚至强烈不满。但近两年来，屡有"英语霸权主义"，甚至"英语帝国主义正在屠宰汉语"之说，也屡有公开的、私下的关于汉语的地位之争。有人甚至把它上升为"爱国主义"的高度来谈论此问题。前一阶段，媒体特别是在网络上，在这个问题上也有一定炒作。怎样正确认识这个问题，不仅关系到我们的外语学习问题，也将关系到我们的汉语走向世界的问题。所以也需要在这里说说。

该怎么看待这个问题呢？

应该看到，在当今信息时代，语言是文化资源，同时也是信息产业的资源。当今信息产业的竞争，网络社会的竞争，不只是技术的竞争，同时也是文化的竞争，也是作为文化载体的语言的竞争。从这个意义上来说，语言也是国家资源（李宇明 2004）。因此，积极推进汉语教学的同时，还要进行合理的语言保护，具体说，在发展外语教学，如发展英语、日语等外语教学促进国际语言交流的同时，还一定要注意尽量不使本土语言受到污染和削弱。但同时我们要以科学发展观来思考我国当前的外语教学问题。我认为，在这方面首先希望有关媒体先别急于炒作，应先做些深入的调查、分析。调查、分析什么呢？

第一，英语在全球的使用面极广，这是不争的事实。那么造成这个情况的根本原因是什么？是因为英、美推行强权政治？是因为英、美对英语的广泛宣传？还是因为世界各国都为"崇洋媚外"的"卖国"思潮或"绥靖主义"所操纵？还是因为别的什么原因？

第二，国人的英语水平是高些好呢还是低些好？英语水平高些，这对我国是有好处呢还是有坏处？我们国家目前的英语水平是高呢还是低？这里不妨引一段外电对前不久出席在瑞士达沃斯举行的"世界经济论坛"的中国代表团的评论："除了少数长期与外国人打交道、能说一口流利的英语的中国人之外，大部分与会的中国人不与他人交往，难于加入堪称达沃斯养料的富有活力的网络联系。"① 国人看了这一段评论不知会有何感想。

第三，汉语要成为世界各国的首选外语，靠什么。靠宣传？靠政治扩张？还是靠别的什么？这里，我只想指出这么一点，那就是，事实告诉我们，一种语言要成为世界强势语言，要成为各国首选外语，取决于多方面的因素，而其中最重要的因素是两个。

第一个因素是，国家强盛，特别是在经济、政治和综合国力上能居世界前列。这是最根本的因素。

第二个因素是，国家科技、教育事业高度发展，这是在具备前一个因素条件下的关键性因素。

显然，汉语要成为世界的强势语言，成为各国的首选外语，重要的是我们国家要强盛，特别是在经济、科技、教育上能居世界前列。我想，一旦我们国家能在世界各国进行投资，开设工厂或企业，一旦各个国家要发展自己的科学技术非得派学生到中国来留学，非得参考由汉语撰写的学术论文不可，一旦各国青年都想着要到中国来留学或工作，那时各国就自然地把汉语作为首选外语了。

有人一讨论问题，动不动就往政治上扯，我觉得这不利于问题的讨论。谭学纯先生在《中国学术研究：呼唤学派意识》里说了这么一段话："当人们对学派的误读从学术语境进入政治意识形态语境的时候，学术问题立刻人为地添加了政治含量。我并不认为学术问题不关涉政治，我只是不希望看到政治的偏激取代学术的宽容，不希望看到因为政治压力丧失学术的公允和学者宁静的心态。中国现代学术史上有过教训，偏离学术本位的政治解读可能弱化甚至最终卸下学者的学术承担，扭曲学者的学术人格，进而导致学术生态环境的恶化。"② 我觉得谭学纯先生这段话值得记取，起码可以引起我们深思。

---

① 见《中国经济成达沃斯论坛热门话题·各国政要面对"中国之谜"》，《参考消息》2005年2月1日第1版。
② 见《光明日报》，2005—02—03。

参考文献

郭熙．汉语的国际地位及海外华语未来的走向．2001 年 8 月 23 日在马来西亚韩江学院的演讲稿

郭熙．论"华语"．暨南大学华文学院学报，2004（2）

李宇明．信息时代的语言文字工作任务．在"第三届全国语言文字应用学术研讨会"上的报告（杭州，2003.11.7-9.）；又见中国应用语言学会编．全国语言文字应用学术研讨会论文集．香港：香港科技联合出版社，2004

李宇明．中国的和平崛起和对外汉语教学．在"对外汉语教学与研究专家讨论会"（2004.12.5.，上海财经大学）上的主题演讲

陆俭明．新加坡华语句法特点及其规范问题．李元瑾主编．新马华人传统与现代的对话．南洋理工大学中华语言文化中心．新加坡，2002

赵金铭．"十五"期间对外汉语学科建设研究．在"新世纪对外汉语教学——海内外的互动与互补学术演讲讨论会"（2004.12.23-26.，北京语言大学）上发表

汉语教学需冷静思考、科研引航①

一、汉语教学事业发展势头很好

汉语教学又进入了新的一年。回想五年前的七月，我国在北京举行了首届世界汉语大会。那届大会当时成了世界各国媒体报道的热点，也成了中国汉语教学的转折点、分水岭——开始变"请进来"为"请进来"与"走出去"并举，变"对外汉语教学"为"进行对外汉语教学"与"开展国际汉语教学"并举。客观现实告诉我们，如今汉语跟世界已息息相关。如同中国人要走向世界那样，世界各国的朋友们出于各种目的也想走出国门进到中国来，而汉语就成了互相沟通的桥梁。现在，在越来越多的外国朋友尤其是青年人眼里，中国充满了巨大的商机，蕴藏着巨大的财富，又拥有神秘古老的文化，他们都希望自己能学好汉语。因为他们越来越意识到，学好汉语，或者学一点汉语，就意味着掌握了与世界五

---

① 该内容曾分别在南京大学、上海外国语大学作过专题演讲。

350

分之一人口交流的机会，也就意味着取得了进入拥有 13 亿人口的庞大市场的钥匙，就意味着能进入中国的文化宝库。所以，国外越来越多的人，特别是年轻人开始学习汉语。在我国政府高度重视和大力支持下，在国家汉办的推动下，汉语教育事业目前的发展势头很好，这突出表现在以下几点。

第一，世界上要学汉语的人越来越多。现在据媒体报道，已经达到四千万人。虽然有人对这一数字提出质疑，但我觉得不必为此去争议，世界上要学汉语的人越来越多，这是不争的事实，至少可以从以下两方面得到证明：一是到我们国内来学习汉语的留学生人数继续逐年大幅度的增加，2009 年在华留学生人数达到 20 万；二是国外不断要求我们给他们派送汉语教师。这两方面足以说明世界上要学汉语的人确实越来越多了。

第二，汉语教学开始大踏步走出国门，改变了过去主要在我们国内开展对外汉语教学的局面，开始走上对外汉语教学与国际汉语教学并举之路。世界各国通向中国的友谊之桥——"汉语桥"已经开始全面兴建。

第三，汉语教师队伍扩大了，而且大家都比较敬业；而现在，在国内外想成为一名汉语教师的人也越来越多。

第四，上至中央，下至各级领导，现在对汉语教学工作都比较重视，比较支持。

第五，无论是教材编写、教学模式与教学方法，汉语教学评估与汉语测试手段，还是教师培训、现代化汉语网络教学、汉语教学的学科建设以及工具书的编写，都有了可喜的成绩。更重要的是，海内外有越来越多的汉语教师和汉语学界的学者专家，对以上各个方面都在关注，都在思考，都在探索。

二、需要冷静思考的问题

但是，我们也应该清醒地看到，我国全面开展汉语教学的历史毕竟还不是很长，在这方面还缺乏成熟的经验；汉语教学的方方面面的问题，甚至某些基础性的问题，还缺乏必要而又深入的研究，缺乏冷静、科学的思考；世界各国通向中国的友谊之桥——"汉语桥"也毕竟才开始兴建；世界上学汉语的人，虽然越来越多，但多数，甚至可能是极大多数，还只是将汉语作为第二外语甚至作为第三外语在学习，或者只是业余学习，而在国外的汉语学习者中间大部分是华侨、华裔子弟；至于汉语在国际上的话语权，可以说很少很少——虽然汉语是联合国的工作语言之一，而且以汉语为母语的使用人口也居世界之首，但是汉语在国际上仍然只是一个非常弱势的语言；此外，不可否认的是，在以往的工作中某些方面还存在着急于求成、考虑不周，或只是追求表面数字等情况。应该看到，我们国家对汉语教学的投入是很大的，仅据我国前任教育部长周济先生在2008年12月的一次公开的国际会议上所作的工作报告中说，在建设孔子学院方面仅"2008年，各国孔子学院中外方现金支出上亿美元（中方和外方的比例大致是1∶1）"。但是，此做法是否达到了应有的效益？因此，我们应该努力改进各方面的工作，争取收效与投入相协调。再说，再辉煌的成绩也只属于历史，而未来给我们提出了更高的要求，需要我们以更加清醒的认识，来认真对待和深入思考汉语教学中需要思考的方方面面问题。

第一，汉语教学是一个独立的学科，这已经不存在争议，但这一学科的建设跟形势发展的需求并不相适应。怎么将这一新兴学科尽快建设起来，使学科体系日趋完善？国务院学位办已将国际汉语教学列为二级学科，这对推进汉语教学非常有利。但是，在各高校院系如何设置专业——在本科阶段设立还是在研究生阶段设立？如果在本科阶段设立"国际汉语教学"专业，如何制定一个科学、合理的教学计划？招生人数控制在多少为适宜？如何设置科学而合理的课程？如何进行系统化的教学设计？如果在研究生阶段设立"国际汉语教学"专业方向，如何制定一个合理、科学的研究生培养计划？这都需要我们去面对，需要我们去冷静思考。

第二，世界各国通向中国的友谊之桥已经开始兴建，但怎么把这座桥建造得又宽、又坚固，真能让悠久、灿烂而又深邃的中华文化通过汉语桥更好地融入国际多元文化的大家庭中，以便为建设真正建立在世界多元文化基础上的和谐的国际社会贡献我们的力量？这也需要我们去面对，需要我们去冷静思考。

第三，我们的汉语教师队伍日益壮大，这是可喜的事；但也必须看到，我们的汉语教师无论从数量或素质两方面看，离日益发展的汉语教学的需要还有很大距离。而我们现在派出的汉语教学志愿者有多少真正能担负起这一重要责任也是值得考量的。因此怎么加快汉语教师的培养，对现有汉语教师怎么进行有效的培训？这也需要我们去面对，需要我们去冷静思考。

第四，教材是进行汉语教学的重要依据。这30年来汉语教材编写成绩不小——数量增加了，品种、层次增多了，积累了不少编写经验，出版了一些好教材，但是，教材尚不成系列，中高级教材少，自学用的教材还相当缺乏，能称得上精品教材的汉语教材为数不多，能推向世界的汉语教材就更少了。其中一个很重要的原因就在于教材编写缺乏科研引航，缺乏编前的深入研究，缺乏教材编写的必要的科学数据。怎么编写出高质量、成系列，学生爱看、爱学，老师好用、好教的汉语教材？另外，这几年大家都在议论，说需要国别化汉语教材，可是这方面还未见有成熟的、大家公认的好教材。而从长远来看，更需要编写出具有普适性的汉语教材，这对教材编写的要求更高。汉语教材编写问题也很需要我们去面对，需要我们去冷静思考。

第五，汉字教学的难关至今还没有找到攻破的良方。对习惯于拼音文字的西方学生来说，一个个汉字就是一幅幅神奇的图画。他们对汉字既有神秘感，又有某种畏惧感。他们很难想象中国人怎么能记住这几千幅"神奇的图画"。怎么攻破汉字教学这一难关，怎么让外国汉语学习者，特别是西方的汉语学习者对汉字学习有兴趣，想去了解和学习这也需要我们去面对，需要我们去冷静思考。

第六，汉语教学的最直接的目的是让外国学生尽快、尽好地学习和掌握好汉语，以便让他们能了解中国、研究中国、介绍中国。中国文化要走向世界，融入国际文化大家庭中去，我们自身当然要做许多努力和工作，但是通过外国汉学家、外国汉语教师以及汉语学习者来介绍中国，来介绍中国文化，这是最有效的途径之一。而要做到这一点，就不能满足于世界上已经有多少多少万人会说上几句"你好！""谢谢！""再见！"等日常口语，而必须设法让外国的汉语学习者切实掌握好汉语书面语。可是，汉语书面语教学在以往的汉语教学中比较薄弱，有时甚至有所忽视。如何加强汉语书面语教学，如何开展汉语书面语教学，这也需要我们去面对，需要我们去冷静思考。

第七，现有的教学模式和教学方法，现有的汉语教学评估与汉语测试手段，也还不能满足汉语教学发展的需要，特别是不能适应国际汉语教学发展的需要。怎么开展服务于海内外汉语教学的教学模式及其理论的研究，以便使每一门课在特定的时期和特定的条件下都能有一个最为合理、科学的教学模式？怎么开展服务于海内外汉语教学的教学方法、教学技能及其理论的研究，以便能充分调动学生学习的积极性，收到最佳的教学效果？怎么开展服务于海内外汉语教学的汉语水平测试及其评估机制以及相关的理论研究，以便使汉语水平测试越来越具有较为科学的信度和效度？这也需要我们去面对，需要我们去冷静思考。

第八，推进汉语教学现代化建设将大大有助于汉语走向世界。怎么充分利用发达的信息手段，研制基于网络、面向境内外、能同时实施学习、复习、自测，在音频、视频方面能实施互动的网上汉语教学模式和相关的软件（包括课件）？在课堂教学中，怎么处理好面授和利用课件、利用多媒体教学这二者之间的关系？这也需要我们去面对，需要我们去冷静思考。

三、汉语教学必须以科研引航

当前，在汉语作为第二语言/外语教学中，需要我们去面对、去思考的问题不少。汉语教学是"国家的、民族的事业"，必须冷静思考和认真面对这些问题，并争取逐步解决，这才是对国家负责的态度，这才是能够担负民族责任的态度。汉语教学是一个独立的学科，是科学，有其自身的研究范围、研究内容和研究特点。因此在实际措施中必须牢牢记住"以科研引航"这一点。这样，我们的汉语教学事业，特别是国际汉语教学事业，才能稳步、健康地向前推进。

信息时代语言文字规范与标准问题[①]

一、时代要求我们要高度重视标准问题

当今，如何加速制定和实施语言文字标准化的问题，已成为引起大家高度重视的议题。这是由当今时代的特点和当今世界的现实决定的。换句话说，对于这一议题，我们必须从当代国际大环境上来认识。

关于当今时代的特点，大家早已认识到了，那就是当今时代是一个高科技迅速发展的信息时代，是知识经济时代，是全球经济逐步走向一体化的时代。问题是我们还得进一步认识到这样一点，那就是，在这样一个时代，语言对一个国家，对一个群体，对个人越来越重要，语言已经成为一种无形的非物质资源。这也就意味着，语言也能衍生为财富。

而当今现实是，三流国家出产品，二流国家

---

① 该内容曾在武汉大学作学术演讲时谈过。

出技术，一流国家出知识，超级国家出标准。也还有一个说法："三流国家卖资源，二流国家卖产品，一流国家卖技术，超级国家卖标准"。这个标准，也包括语言方面的标准。

所出的、所卖的"标准"是什么？这里所说的标准是指国际上生产同一类产品需要遵循的统一技术指标。今天，全世界国际间的标准，分别由"国际标准化组织""国际电气标准会议"和"国际电信联盟"三个国际性组织来发布。标准覆盖了电子通信、广播和电气技术以及除此之外的几乎其他所有东西，从纸张的大小、胶卷的速度、保健品的成分、纯种狗的规格、汽车表板上的记录到汽车排放量，无所不包。今天，在全球信息化、世界经济一体化的压力下，各国经济互相依赖，这使得工商业越来越需要使用统一的国际间的标准。就像使用不同制式手机的人们都希望能够相互兼容一样。正是这种需求使得"国际标准化组织"、"国际电气标准会议"和"国际电信联盟"这三个机构的重要性越来越大。现在每年都要主动在国际上推出成百上千套新的标准。

可是，标准并不是一件免费的"公共消费品"，尤其在现代社会，标准就意味着利润。一旦某个公司的标准为国际认证组织所接纳，这个公司的产品就会成为同类产品的规范，于是就带来源源不断的利润。例如，我们生产的 DVD，每一台售价也只有 20 多美元，但要交给美国十几美元的专利费。我们的手机发短讯所用的输入、输出标准是属于别人的专利，我们每年得付出上百亿费用。总之现在的现实是：技术专利化——专利标准化——标准全球化——标准即财富。据媒体报道，美国就用上网加密技术方面的"标准"挤压中国。而这一国际标准的确定，也关系到我国 IT 及相关产业和广大消费者的经济利益。（《环球时报》第 1172 期第 16 版 2006 年 6 月 1 日）

上述时代特点和世界的现实，提醒并要求我们，为了国家的利益和安全，一定要重视抓标准的问题。

二、语言文字方面的标准有两类

上文说了，标准也包括语言文字方面的标准。在这方面，国家语委、教育部语信司、语用司已经作了不少工作。在制定"十五"科研规划时就明确提出"以语言文字规范标准制定为核心",随后建立了全国语言文字标准化技术委员会,先后也推出了一些标准,但还是推荐性的,已有的研究成果远远不能满足社会对语言文字规范、标准的要求。

说到语言文字方面的标准,我觉得应分为硬标准和软标准两类。

所谓硬标准,是指跟中文信息处理相关的标准。这方面的标准,我们现在好像只有各种字体的生成点阵标准。分词标准,也还只是推荐性标准。而中文信息处理所需要的标准还多着呢。现在能预计到的,起码有:

词类标记集标准;

短语类型标记集标准(单位是什么?该分几类?每一类该用什么标记标注?);

句类型标记集标准(句子的形式标志是什么?句子该分几类?每一类该用什么标记标注?);

词汇语义标记集标准(义项粗细该如何?某个词该分几个义项?该用什么标记标注?);

中文信息处理术语标记集标准;等等。

至于有关句法分析方面的标准化,有关语义分析方面的标准化,目前还不知道具体该怎么搞。

上述这类标准是硬标准。为什么要把这些标准称为硬标准呢?因为这些标准一旦制定,并获得国际认可和专利,全世界就都得遵守,这些标准也就将转化为财富。

中文信息方面的有关标准的研制十分重要,这是实现社会信息化的基础。那么谁能成为这方面的大拿?现在还不敢说中文信息处理方面的标准,我们中国一定是大拿,因为我们现在面临着严峻的国际挑战。但是,我们必须成为大拿!这不只是为了不使我们蒙受耻辱,更是为了我们国家的利益和安全。

所谓软标准,是指跟我们语言文字规范化以及语言教学(包括母语教学和汉语作为第二语言/外语的教学)相关的标准,社会生活需要这方面的标准。不过这方面的标准属于软标准。所谓软标准,就是执行上可以允许有弹性,而且必须有弹性。

三、语言教学也有标准化问题

关于语言文字规范化的问题，这里我只想就母语教学和汉语作为第二语言/外语教学方面所需要的规范与标准说些看法。

语言教学也有标准化问题，也需要规范标准？回答是肯定的。我们看到，今年上半年教育部语信司会同国家汉办适时地启动了汉语作为第二语言教学规范标准的研制工作，这是完全必要的，是非常及时的。譬如说，要对零起点的西方学生进行汉语教学，那么第一，一年级学生应该掌握多少汉字？哪些汉字？各个汉字在教材中出现时，孰先孰后？复现率为几？递增率为几？二年级、三年级呢？第二，一年级学生应该掌握多少词语？哪些词语？各个词语在教材中出现时，孰先孰后？复现率为几？递增率为几？（名词、动词、形容词、副词以及各重要虚词的复现率、递增率将有所不同）第三，成语在现代汉语里极为丰富而又富有表现力的成分，外国学生学习汉语必须学习、掌握一定数量的成语。一年级学生应该掌握多少成语？哪些成语？各个成语在教材中出现时，孰先孰后？复现率为几？递增率为几？二年级、三年级呢？第四，一年级学生应该掌握多少语法要点？哪些语法要点？各个语法要点在教材中出现时，孰先孰后？复现率为几？递增率为几？二年级、三年级呢？第五，怎么针对不同语区研制具有国别性的、规范的字表、词表？第六，在教学模式、教师培训方面如何实施标准化？第七，在汉语教育质量评估体系方面如何实施标准化？第八，学生汉语能力测试体系方面如何实施标准化？

……

这都需要具体、深入地思考和研究，因为我们现在在这方面还没有科学的规范标准。如果我们没有这方面的规范标准，就不便于对汉语教材质量的检查，不便于对汉语教学质量的检查，也不便于对学生汉语水平和汉语能力的测试。

母语教学也存在类似的需要。

在结束这篇短文之前，请允许我最后再说一句话：为了国家的利益，为了祖国的安全，为了构建和谐的语言生活，大家都要重视语言文字的标准化问题！要加速研究制定有关语言文字的各项规范标准。

中文信息处理中的分词问题[①]

由于汉语在书写上，词与词之间没有空格，是连着写的，而汉语里的语素、词、词组并无不同的标记，界限相当模糊，所以计算机在理解汉语时会碰到分词的问题。自动分词就成了中文信息处理的一个基础工程，也成了中文信息处理中的一个难题。

一、汉语分词所面临的困难

所谓"分词"是指让计算机自动分词。计算机在给真实文本里一个个词进行自动切分时，会碰到两方面的困难。

第一方面的困难是，一旦在真实文本中遇到计算机词库里没有登录的词，计算机就会感到无奈而束手无策。这一般称为"未登录词问题"。未登录的词主要有两种情况，一是大量的人名、地名、商店名等专有名词，这一般都不会也不可

① 原文发表在《语言文字应用》，1997（2），原题为"有关汉语分词的几点意见"。此次有所修改。

能存储在计算机词库里；二是语言里会不断产生和运用新词，这些新词在计算机词库里当然也是没有的，输入之后才会有。

第二方面的问题是，由于汉字是连着排的，在书面上就会存在大量的"交集型歧义字段"，例如：

（1）这样，才能干警务工作。

（2）公路局处理解放大道路面积水问题。

例（1）的正确切分应该是：

（1'）这样｜才能｜干｜警务｜工作。

例（2）的正确切分应该是：

（2'）公路局｜处理｜解放｜大道｜路面｜积水｜问题。

（上海交通大学陆汝占教授提供）

可是，例（1）在"才能干警务工作"这个字段里，"才""才能""能干""干警""警务""务工""工作"都分别可以是一个词。例（2）"公路""路局""局处""处理""理解""解放""放大""大道""道路""路面""面积""积水"也都分别可以是一个词。目前的计算机可以说没有任何思维能力，因此，如果单凭跟词库里的词匹配这一点，计算机是很难把这两个字段切分好的。这种切分问题，一般称为"交集型歧义字段问题"，或称"词的边界问题"。

第一方面的问题，更多的是词汇问题，第二方面的问题就跟语法知识的运用有密切关系，所以在词的切分规范的制订中就要运用大量的语法知识。20 世纪 80 年代以来，计算机学界和汉语言学界联手攻克词的切分难关，一方面，进一步改进和完善词的切分规范；另一方面，组织一定科研力量专门研究人名、地名的识别问题，专门研究计算机自动记忆新词、自动定称新词的问题。20 多年来，都取得了可喜的成果，研制了一些相应的软件。到目前为止，计算机自动分词，其正确率可以达到 90％到 95％。中文信息处理学界当然不会小看那剩下的 5％到 10％的词的切分问题，现在正继续努力解决词的切分中的种种难题。

二、分词是否必须符合语言学理论要求

在中文信息处理里的词处理中，首先要考虑的一个问题是：中文信息处理中所定的词是否要与语言学中所定的词取得一致，换句话说，面向计算机的词表是否要与面向语言学研究所需的词表取得一致？台湾黄居仁等先生和清华大学黄昌宁教授是持肯定态度的。黄居仁等（1997）说，在制订分词规范时"必须符合语言学理论要求"。黄昌宁也表示"不同意在词表上也要分成面向计算机和面向人（或语言学）的两种类型"。[①] 我对他们的意见有些不同的看法。我认为，中文信息处理中所定的词不一定非得与语言学中所定的词取得一致，换句话说，面向计算机的词表不必非得与面向人（或语言学）的词表取得一致。因此，在制订分词规范时，不一定必须符合语言学理论要求。理由有以下几点。

（一）不要说汉语，就是在普通语言学里，"词是什么？"这个问题至今未有定论。至于汉语，语素与词的界限在哪里？词与词组的界限在哪里？众说纷纭，莫衷一是。一句话，在语言学里并不存在"分词规范"，在分词上并无成熟的语言学理论。

（二）在汉语语言学界，历来有"语法词"和"词汇词"的说法，而且作这样的区分，目前几乎已成为大家的共识。既然语言学本身可以分语法词和词汇词这不同的层面，那么在中文信息处理中来一个"信息工程词"，应该是完全允许的。

（三）我们在制订分词规范时，如果把"必须符合语言学理论要求"作为前提条件或原则，将会大大束缚我们的思路，不利于分词规范的制订。我们完全可以从工程的角度来考虑汉语分词的规范。举例来说，现代汉语里的"的（·de）"，是个后附性成分，从语言学角度看，有的"的"是词，有的"的"不是词。（朱德熙 1961）我们在自动分词中，如果依据分词"必须要符合语言学理论要求"这一原则来处理"的"时，问题将会变得很复杂。如果从中文信息处理的角度考虑，这个

---

① 《语言文字应用》刊物于1997年特辟"中文信息处理专题研究"栏目，其中"自动分词"这一专题请黄昌宁教授主持。黄先生作为主持人，在《主持人的话》里说了文中所引的那段话。见《语言文字应用》1997年第1期71页。

"的"一律作为一个切分单位，而不必管它是词不是词，问题将变得非常简单。

在学术讨论中，有人提议不用"分词"这一说法，而用"切分单位"之说，这不无道理。

三、分词原则

由于汉语分词困难较大，所以制订一个专供中文信息处理用的现代汉语词表是十分必要的。在这个词表里，词的确定可以只从工程角度来考虑。在语言学原则中，除了"词必须是一个有意义的单位"这一条必须遵守外，其余的都可以本着为我所用的原则来加以考虑。从工程的角度来考虑，下面这些意见都是可取的：

第一，其意义无法由组成成分按句法规则直接推出的字串，都作为一个分词单位。如"白菜、好吃、十三点、不管三七二十一"。

第二，凡成语都作为一个分词单位。

第三，使用频率高或共现率高的字串，虽不一定符合语法组合规则，可作为一个分词单位。如"不再、早已、暂不、毫不、并没有、越来越"等。这样做，也不会违反"词必须是一个有意义的单位"的语言学原则。

第四，可以考虑建立这样一条辅助性原则："就大不就小"。举例来说，"吝"，从语言学的角度看，它在现代汉语中只能构成"吝啬"、"吝惜"这两个词，此外存在着文言遗留的说法，如"不吝……""吝于……""吝而不给""吝而不做""吝而不教"等。根据"就大不就小"的原则，"吝啬""吝惜""不吝""吝于""吝而不给""吝而不做""吝而不教"都可以列入"中文信息处理用的现代汉语词表"里，即都可以把它们看做是"信息工程词"，而不必像黄居仁等先生那样把"吝而不做"里的"吝"另作处理。再如，现代汉语里有这样一些结构："v ＋ 成 ＋……"（描写成一个魔鬼）、"v ＋ 在 ＋……"（安放在灵柩里）、"v ＋ 到 ＋……"（分散到全国各地）等。根据"就大不就小"的原则，不妨可以把这些结构里的"v 成""v 在""v 到"都处理为词。当然，如果把"就大不就小"作为分词的一条原则，词表里词的数量会很大，但对计算机来说不会造成麻烦，而且将有助于计算机识别、理解汉语。

第五，除上面所说的以外，我觉得还可以确立这样一些下位分词原则：

一是所有重叠式（包括语素重叠式、词的完全重叠式、词的不完全重叠式、词组重叠式），都作为一个分词单位。如"爸爸、人人、村村、个个、一个一个、看看、讨论讨论、来来去去、蹦蹦跳跳、好好、红红、干干净净、白花花、雪白雪白、丁零当啷、噼里啪啦"等。

二是汉人的姓名，包括带姓的称呼，都作为分词单位。如"李四光、陈毅、欧阳文安"和"王教授、王伯伯、王大娘、王老师、王师傅、老王、小王、王老"等。

三是地理上的专有名词（包括国名、海洋名、地名、街名等）都作为分词单位。如"中华人民共和国、中国、上海、上海市、海淀区、海淀、王府井大街、四川北路"等。像"上海市政府"，切分为"上海市/政府"也可以，切分为"上海/市政府"也可以。"上海市政府"属于多切分结构。

四是其他所有专有名词都作为分词单位。如"'七七'事变、激光打印机、北京语言文化大学"等。

五是简称，中间没有标点符号的，作为一个分词单位，如"北大、北师大、中小学、上下课、经贸部、国家教委"等；中间有标点符号的，则进行切分，如"中、小学"和"上、下课"等。

六是书刊名，作为一个分词单位。如"《狂人日记》《人民日报》《语言教学与研究》"等。

四、分词的最终出路

有了词表，有了分词规范，并不意味着就此解决了分词问题。分词的真正难处在于如何"解歧"。歧义主要有两种类型，一种上面提到的交集型歧义，另一种是组合型歧义。"组合型歧义"也称为"覆盖型歧义"。在汉语里边，当 X 和 Y 都为成词语素（即自身可以单独成为一个词）时，那么 X 和 Y 的组合，可能有时为词，有时为短语（即词组），而让计算机难以处理。举例来说，"才"可以单独成词，"能"可以单独成词，"才能"则既可以看做一个词（名词），也可以看做"'才'+'能'"的"状-中"词组，这样当计算机面对"他才能胜过我"时，由于它不会思维，所以处理起来就很困难。这种歧义现象就属于组合型歧义。据一些学者的调查，交集型歧义在实际文本中的数量多于"组合型歧义"。

现在解歧主要是用匹配法，包括正向最大匹配法（FMM）和反向最大匹配法（BMM）。运用匹配法，正确率可以达到90%。就现阶段说，匹配法不失为是解歧的一个好方法，但正确率毕竟还只能达到90%。为了提高解歧的正确率，还需充分利用语法研究的成果，并需引进一些语法规则。例如："他们是把兄弟。"如果能引进介词"把"的使用规则，就决不会切分为"他们/是/把/兄弟"，只能切分为"他们/是/把兄弟"。（刘开英、郭炳炎1991）再如：

（1）他将来上海工作。
（2）将来他是科学家。

如果能引进时间名词的使用规则，就不会把例（1）切分为：

他/将来/上海/工作。

也不会把例（4）切分为：

将/来/他/是/科学家。

另外，马真、陆俭明（1996）曾对话语语流中的"名词＋动词"词语串进行过一些研究。对这种词语串在什么条件下是一个合法组合（如"小王买的是苹果"里的"小王买"），在什么条件下不是一个合法组合（如"北京市的公路建设得很好"里的"公路建设"），进行了一些有益的探讨。其中的思路，我觉得对解决中文信息处理中的分词问题也不无参考价值。

参考文献

黄居仁、陈克健、陈凤仪、魏文真、张丽丽．"信息处理用中文分词规范"设计理念及规范内容．语言文字应用，1997（1）

刘开英，郭炳炎．自然语言处理．北京：科学出版社，1991

马真，陆俭明．"名词＋动词"词语串浅析．中国语文，1996（3）

朱德熙．说"的"．中国语文，1961（12）

语义在自然语言处理中的作用①

一、自然语言处理中所要关注的 语义问题

我们承担了"973"子项目"面向中文信息处理的现代汉语动词论旨结构系统和汉语词语语义分类层级系统研究"（课题编号：G1998030507-1），同时还承担了教育部国家人文社会科学重点研究基地、北京大学汉语语言学研究中心 2000 年重大项目"现代汉语语义知识的形式化模型及语义分类系统研究"的研究任务，而先前曾主持社科基金"九五"重点项目"现代汉语句法语义研究"（课题编号 96AYY005）。在研究中，我们深深体会到，语义信息在中文信息处理中起着极为重要的作用。大家都知道，在自然语言处理中，迫切需要解决的核心问题之一是"句处理"问题。所谓"句处理"，可以理解为：怎么让计算机处理、理解自然语言中一个句子的意义，怎么

① 本文发表在徐波、孙茂松编：《中文信息处理若干重要问题》，北京，科学出版社，2003。

让计算机生成一个符合自然语言规则的句子。这也可以认为是"句处理"的目标。以往的实践已经说明，为实现上述目标，不能纯粹依靠句法规则，必须考虑语义问题。詹卫东（1997，2000）认为，语义信息在中文信息处理中的作用，可以从以下四个方面去考虑：

一是语义信息在句法结构歧义消解中能够起的作用。

二是语义信息在多义词义项判定中能够起的作用。

三是语义信息在计算词语相似度方面能够起的作用。

四是语义信息在推理中能够起的作用。

事实将证明，语义信息在上述四方面的作用，是确定无疑的。当然，也可能还有其他方面的作用，这需要我们在今后的实践中去进一步探索。

我们所进行的词语的语义分类研究，只是语义研究中很小的一部分工作。我们的词语语义分类，基本上用语义树来刻画词语，让每个词语的每个意义，在语义树上都有明确的位置。用语义树来刻画词语，是语义分类中最基本的工作，应该说还是粗线条的。要对一个词语的"语义"进行更细致的刻画，还必须引入"语义特征"描述的方式。正如詹卫东在《"汉语名词、动词、形容词语义分类体系"说明书》所指出的，"跟分类树的单角度描述相比，'语义特征'可以说是提供了从多角度反映一个词语的'语义'的手段"。但是，语义是一个极为复杂的问题。在中文信息处理中，具体该怎么考虑语义问题？这是首先需要探讨的问题。根据我们对中文信息处理研究成果的了解以及我们自身这两年来所从事的 973 项目的科研实践，下面两个问题需要引起充分注意：

(1) 词的具体意义对句子意思理解的影响；

(2) 整个句法格式的意义对句子意思理解的影响。

下面试就这两个问题进一步作些论述。

二、词的具体意义对句子意思理解的影响

先说词的具体意义对句子意思理解的影响。请先看四个实例：

(1) 香蕉青的不买。

(2) 皮儿青的不买。

(3) 皮儿青的不吃。

(4) 张三青的不吃。

先看例（1）、例（2）。二者差别在于句首所用名词不同——例（1）句首名词是"香蕉"，后面的动词"买"可以支配"香蕉"，而"香蕉青的"虽然在某种条件下也可以指称"香蕉（指果实）"的领有者"香蕉（指植物香蕉树）"，但实际生活中没有买卖香蕉树的情况，所以例（1）在结构上只能作甲切分，不能作乙切分：

(1) 甲．香蕉 青的　不买　　乙．香蕉　青的　不买
　　　　　1　　2　　　　　　　＊　1　　　2

而例（2）则相反，例（2）句首名词是"皮儿"，实际生活中一般不存在买卖某种瓜果皮儿的情况，而"皮儿青的"可以指称"皮儿"的领有者，所以只能作乙切分，不能作甲切分：

(2) 甲．皮儿 青的　不买　　乙．皮儿　青的　不买
　　　＊1　　2　　　　　　　　1　　　2

再看例（2）和例（3）。二者的差别在于所用的具体动词不同，前者用"买"，后者用"吃"。例（2），上面已经说了，只能作乙切分，不能作甲切分；而例（3）则既可以作甲切分，也可以作乙切分，即有两种构造层次。如：

(3) 甲．皮儿 青的　不吃　　乙．皮儿　青的　不吃
　　　　1　　2　　　　　　　　　1　　　2

　　（意思是"不吃青的皮儿"）　　（意思是"不吃皮儿青的瓜果"）

二者差别的原因，正如前面已说过的，"买"，只存在买卖带有皮儿的瓜果这种情况，不存在只买卖皮儿的情况；而"吃"，既存在吃带有皮儿瓜果的情况，也存在吃皮儿的情况。

最后再看例（3）和例（4）。二者的差别在于句首所用的名词不同，前者是指物的"香蕉"，后者是指人的"张三"。可是二者不仅在构造层次上有不同——例（3）有甲、乙两种构造层次（见上），例（4）则只有甲这一种构造层次，即：

—— 367 ——

（4）甲．张三 青的　不吃　　乙．张三　青的　不吃
　　　　　1　　2　　　　　　＊　　1　　　2

而且二者的语义结构模式也不同，请看：

（3）受事[整体] ‖ 受事[部分] ｜ 动作[及物动词]　　［皮儿 ‖ 青的不吃。］

（4）施事 ‖ 受事 ｜ 动作[及物动词]　　［张三 ‖ 青的不吃。］

　　以上的实例分析充分说明，一个词类序列，是不是歧义句式，一个歧义句式所造出的句子是否有歧义，在很大程度上取决于句中某个词语的具体语义。詹卫东（1999，2000）所说的词语搭配的条件，也正是由句中某个词语的具体意义的影响所造成的。例（1）－（4）可以码化为"N＋A＋的＋不＋V"。事实上，在某些词语意义的影响下，按"N＋A＋的＋不＋V"这一句法格式还可能造出更为复杂的歧义句子。

　　一个词类序列是不是歧义句式，一个歧义句式所造出的句子是否有歧义，在很大程度上取决于句中某个词语的具体语义，这一点必须引起中文信息界的关注。我们看到，"对＋NP_1＋的＋NP_2"是个歧义格式，这种格式的特点是 NP_2 是一个二价名词。"对校长的意见"就是按这个格式造出的歧义句，然而按此格式造出的短语并不一定都有歧义。请看：

（5）a. 对校长的意见——对 ‖ 校长的意见　对校长的 ‖ 意见

　　　b. 对住房的面积——对 ‖ 住房的面积　＊对住房的 ‖ 面积

　　　c. 对校长的生死——对 ‖ 校长的生死　＊对校长的 ‖ 生死

　　　d. 对住房的意见——＊对 ‖ 住房的意见　对住房的 ‖ 意见

　　　e. 对土地的感情——＊对 ‖ 土地的感情　对土地的 ‖ 感情

　　a 句有歧义，因为 NP_2 "意见"是一个二价名词，而"校长"既可能是意见的提出者，也可能是意见的针对者。b、c 句都不可能有歧义，因为 NP_2 "面积"或"生死"都不是二价名词。d、e 句虽然 NP_2 分别是二价名词"意见""感情"，但"住房""土地"只能成为"意见""感情"的针对者，不可能成为"意见""感情"的持有者。那么能不能认为，当 NP_2 为二价名词、NP_1 为指人名词时，"对＋NP_1＋的＋N^2P_2"一定有歧义呢？袁毓林（1992）和李小荣（2000）对此都作了肯定的回答，他们都认为，当 NP_2 为二价名词、NP_1 为指人名词时，"对＋NP_1

＋的＋N^{2}P$_2$"有歧义，如"对校长的意见"。可是实际上并非完全如此。请看：

(6) a. 对弱者的同情心——＊对 ‖ 弱者的同情心　对弱者的 ‖ 同情心

　　　 对皇上的敬意——＊对 ‖ 皇上的敬意　对皇上的 ‖ 敬意

　　b. 对校长的观念——对 ‖ 校长的观念　＊对校长的 ‖ 观念

　　　 对乞丐的信仰——对 ‖ 乞丐的信仰　＊对乞丐的 ‖ 信仰

例（6）各例之所以没有或者说不让人感到有歧义，就是句中某个词语的具体语义所起的制约作用的结果——a 例中的"弱者"，只能是"同情心"的针对者，不大可能是"同情心"的持有者；相反，b 例中的"乞丐"，只能是"信仰"的持有者，不大可能是"信仰"的针对者。这里，我们还可以进一步体会到，在具体词语语义制约的背后，还有人的认知和民族心理的因素在起作用。

目前一般认为，今后句处理总的发展趋势可能是"大词库，小规则"。词库里的每个词，既要给以详尽的语法知识，又要给以详尽的语义知识。而词汇的语义信息，不应只是标明该词在语义上的上下位关系、同义关系、反义关系和整体部分的关系等，还应标明该词语在语义上的特点，该词语与其他词语在语义上的搭配条件和限制。譬如说，"吐"，只有"吐出来"的说法，没有"＊吐进去"的说法；"咽"则只有"咽下去"的说法，没有"＊咽上来"的说法。这都是由"吐""咽"的词义特点和词语之间的制约作用所决定的。

三、整个句法格式的意义对句子意思理解的影响

现在谈整个句法格式对句子意义的影响。

1995 年，美国年轻的语言学者 Adele E. Goldberg 出版了一本书，书名叫 Construction：A Construction Grammar Approach to Argument Structure，提出了"构式语法理论"的新观点。这是一种什么样的理论观点呢？Goldberg（1995）指出：

C is a CONSTRUCTION iff$_{def}$ C is a form-meaning pair $<F_i, S_i>$ such that some aspect of F_i or some aspect S_i is not strictly predictable from C's component parts or from other previously established constructions. (P. 4)

（假如说 C 是一个独立的构式，那么 C 就是一个形式（F_i）和意义（S_i）的对应体，而无论是形式（F_i）或意义（S_i）的某些特征，都不能完全从 C 这个构式的组成成分或另外的先前已有的构式推知。）

这种理论源于 Fillmore（1982，1990）的框架语义学（Frame Semantics）。Fillmore 所谓的"框架"，涵盖了诸如"图式"（schema）、"脚本"（script）、"情景"（scenario）、"观念框架"（ideational scaffolding）、"认知模式"（cognitive model）、"民俗理论"（folk theory）等概念。显然，构式语法理论是以认知语言学为理论背景的。

当年法国语言学家、从属语法的创始人特思尼耶尔注意到，句子的构成成分不只是表面所看到的一个个词，更重要的是词与词之间的"关联"（connexion），即我们现在所说的组合关系。现在 Goldberg 则进一步要我们看到，构式本身还有独立的形式和语义。因此，一个句子的意义，并不能只根据组成句子的词语的意义、词语之间的结构关系赋予的意义所完全推知，因为构式本身也表示一定的意义，并将影响句子的意思。Goldberg（2003）重申了这个观点。Goldberg 的这一理论观点一提出来，立刻受到语言学界的广泛关注，在我国国内也已有回音，沈家煊（2000）、张伯江（1999，2000）等已运用这种理论观点来分析汉语"把"字句、双宾句等一些语法现象，获得一定成功，并给人以新的启发。关于怎么认识 Goldberg 这一"构式语法"理论，我们将另文讨论。这里需要指出的是，Goldberg 的"构式语法"理论观点，不只让我们进一步认识到一个句子的意思的组成：

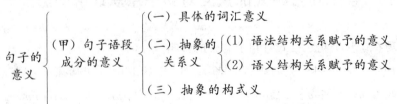

而且让我们进一步思考一些问题。不妨举个具体的例子：

（7）a. 村民们修了个观景亭。｜村民们正在修观景亭。｜村民们修过一个观景亭。

　　b. 男劳力修观景亭，（女劳力植树。）［＝男劳力去修观景亭，女劳力去植树。］

　　c. 男劳力修观景亭，（女劳力植树。）［＝用男劳力修观景亭，用女劳力植树。］

　　d. 山顶上修着观景亭。［＝山顶上有观景亭］

　　e. 山顶上修着观景亭。［＝山顶上正在修观景亭］

　　f. 五个人修一个观景亭。｜五里地修一个观景亭。［＝每五个人
五里地　修一个观景亭］

　　g. 五个月修了一个观景亭。｜一个观景亭修了五个月。

　　h. 工人们修了一身汗。

例（7）a－h 的谓语动词都是"修"。应该看到也应该承认 a－h 各句所表示的语法意义是各不相同的，我们有理由认为 a－h 得看做 8 个各不相同的构式，而不能看做是一个构式。而这将势必引起我们进一步思考：

一是我们应该怎样描写说明谓语动词都是"修"的这 8 个不同构式？

二是能否认为这 8 个不同构式是由统一的动词"修"的论元结构由于所受到的制约条件不同而采用不同的配位方式所形成的不同句子格式？如果答案是肯定的，那么 a、b、c 三例动词"修"前论元的语义角色是否相同？如果说是相同的，那么怎么解释它们各自所表示的不同的语法意义？如果说是不同的，这是否就违反了论旨准则（θ－criterion）？

三是能否认为 a－h 各句虽然动词都是"修"，但由于表达功能性质不同，因而实际是论元结构性质各异的不同句子格式？如果回答是肯定的，也将带来一个新的问题：允许不允许同一个动词可以形成不同的论元结构？

这样思考的结果，无疑将有助于推进和深化我们的语法和语义研究。

"构式语法"理论也同时告诉我们，为了解决好中文信息处理中的

"句处理"问题，看来我们还有必要去具体研究现代汉语里的句式问题——到底有多少种构式？具体有哪些构式？各个构式具体的词类序列、内部层次构造、语法结构关系如何？各个构式内部具体的语义结构关系如何？具体的语义角色是什么？各个构式各表示什么样的语法意义（即构式意义）？

参考文献

李小荣．从配价角度考察介词结构"对于……"作定语的情况．见陆俭明，沈阳主编．配价理论与汉语语法研究．北京：语文出版社，2000

沈家煊．句式和配价．中国语文，2000（4）

袁毓林．现代汉语名词的配价研究．中国社会科学，1992（3）

詹卫东．词的语义分类在英汉机器翻译中所起的作用以及难以处理的问题．陈力为、袁琦主编．语言工程——全国第四届计算语言学联合学术会议论文集．北京：清华大学出版社，1997

詹卫东．面向中文信息处理的现代汉语短语结构规则研究．北京：清华大学出版社，南宁：广西科学技术出版社，2000

张伯江．现代汉语的双及物结构式．中国语文，1999（3）

张伯江．论"把"字句的句式语义．语言研究，2000（1）

Fillmore, C. J. Frame Semantics. In Linguistic Society of Korea, ed., *Linguistics in the Morning Calm*. Seoul：Hanshin Publishing Co. 1982

Fillmore, C. J. Construction Grammar. Course reader for Linguistics 120A. University of California . Berkerey. 1990

Goldberg, Adele E. . *Construction*：*A Construction Grammar Approach to Argument Structure*, The University Chicago Press，1995

Goldberg , Adele E. *Construction*：*A new theoretical Approach to language*. 外国语，2003（3）

句处理中所要考虑的语义问题[①]

引 言

中文信息处理必须坚持"结合"的原则，具体说：

（1）统计与规则相结合；

（2）句法与语义相结合；

（3）汉语研究理论与国外有关理论相结合；

（4）现代语言学理论与中国传统语言学理论相结合；

（5）基础研究理论与项目研制开发相结合。

本文只就上述第二个原则，具体说只就中文信息处理中在解决句处理时所需关注的语义问题展开讨论。虽然本文是从中文信息处理的角度来考虑的，但对于汉语本体研究也可能有所裨益。

---

① 本文发表在"北大论坛"论文集编委会编《21世纪：人文与社会——首届"北大论坛"论文集》，北京：北京大学出版社，2002。

一、句处理的含义

在中文信息处理中，当前迫切需要解决的问题是句处理的问题。所谓"句处理"可以理解为：怎么让计算机处理、理解自然语言中一个句子的意义，怎么让计算机生成一个符合自然语言规则的句子。这也可以说是句处理的目标。为实现这一目标，必须坚持以下几点。

第一，对句处理中所涉及的语义问题要分层处理，即要分不同层次进行处理。譬如，要把一个句子的情态（Modality，简称 M）与命题（Proposition，简称 P）分开处理；要把一个句子本身的命题义与句子在使用环境下可能具有的语用义分开处理；在句子本身的命题义中，还得分层处理由实词带来的意义和由虚词带来的意义等。

第二，既要弄清单元（如某个词或词组，本文只考察词）本身的意义，又要弄清单元与单元组合所产生的种种意义。

第三，要解决好句中缺省部分的添补与理解问题。

第四，通过研究所获知的知识必须可计算。

事实告诉我们，"句处理"中所要考虑的语义是多方面的。关于这个问题，已有所讨论。本文只就实词本身的意义以及在实词与实词的相互关系或相互组合中所呈现的意义作一些初步的探索。

二、实词的自身义

"自身义"是指某个实词本身的意义。这又可细分为概念义、指称义、语义特征三种。

第一，概念义——实词的自身义之一。

概念义事实上又可以从两方面去加以理解，一是从外延的角度，一是从内涵的角度。从概念外延的角度所理解的概念义，可称之为"概念外延义"（简称"外延义"）；从内涵的角度所理解的概念义，可称之为"概念内涵义"（简称"内涵义"）。这里试以名词为例加以说明。举例来说，"农民"，《现代汉语词典》上的解释是："在农村从事农业生产的劳动者。"这也就是"农民"的概念义。但下面两个句子里的"农民"涵义并不相同：

　　（1）这两位农民是从四川来的。

　　（2）王教授在农村劳动一年，像个农民了。

例（1）里的"农民"是取外延义，例（2）的"农民"是取内涵义。

　　对于内涵义，还可以细分为类属义、内在性质义、附加性质义。再以"农民"为例，其类属义是：｛事物·人·劳动者｝；其内在性质义是：｛在农村从事农业生产｝；其附加性质义是：｛勤劳·朴实·憨厚·比较保守·文明程度低·……｝。就名词来说，当取其内涵义时，该名词往往不指称具体的某个事物。外延义，含明显的指称性。可以这样说，实词的外延义，是指所有具有该词内涵义特征者。再拿"农民"为例，我们也常常可以这样说：

　　（3）他呀，比农民$_1$还农民$_2$。

例（3）里的"农民$_1$"就取的词的外延义，"农民$_2$"就取的词的内涵义。

　　词的概念义中，除外延义和内涵义外，还含语体义。例如，"农民""农人""种地的""乡巴佬（儿）"，其外延义与内涵义是相同的，所以都可以用来表示"在农村从事农业生产的劳动者"这个意思，但它们的语体义不同："农民"是个中性词，口语书面都可以用；"农人"则是个早期书面语词，先只见于书面语；"种地的"和"乡巴佬（儿）"都是口语语词，书面语上不用，其中"乡巴佬（儿）"还含贬义。

　　第二，指称义——实词的自身义之二。

　　概念义是词在进入句子前就具有的，只是进入句子后显示得更清楚。指称义则是词（具体说是名词）进入句了后才具有并显示的。

　　指称义，可以分为三组：有指～无指，通指～专指，定指～不定指。（陈平 1987，1994）

　　一是有指～无指（referential ～ non-referential）。

　　所谓"名词的有指"，是说某个名词所指确有具体之人或物；所谓"名词的无指"，是说某个名词所指并无具体之人或物。例如：

　　（4）他考过研究生。

这个句子有歧义，就跟"名词的有指与无指"有关。这个句子里的名词"研究生"，既可以看做是指人的名词，也可以看做是标示学业程度的抽象名词。按前者理解，句子的意思是"他对研究生进行过考核"，"研究生"属于有指；按后者理解，句子的意思则是"他报考过研究生"，"研究生"属于无指。而这对于句法有一定的制约作用。例如，按前者理解，"研究生"前既可以加上表动量的数量成分，也可以加上表名量的数量成分，例如：

（5）他考过三回研究生。

（6）他考过三个研究生。

按后者理解，"研究生"前就不能加上表名量的数量成分，只能加上表动量的数量成分，即例（1）只能说成：

（7）我们考过三回研究生。

而不能说成：

（8）＊我们考过三个研究生。

二是通指～专指（generic ～ individual）。

当名词表示有指时，又可分为"通指"与"专指"（亦称"单指"）两种情况。所谓"名词的通指"，是说句中的名词表示的是事物的一个类名；所谓"名词的专指"，是说句中名词表示的是事物的个体。例如：

（9）我不吃鱼。

（10）我吃了鱼了。

例（9）里的"鱼"说的是鱼的类名，是名词通指的用法；例（10）的"鱼"说的是鱼的个体，是名词专指的用法。"名词的通指与专指"也会对句法起某种制约作用。明显的是，例（10）表示专指的"鱼"前可以加数量词，例如：

（11）我吃了三条鱼了。

而例（9）表通指的"鱼"前不能加数量词，我们不能说：

（12）＊我不吃三条鱼了。

三是名词的定指～不定指（definite ～ indefinite）。

当名词表示专指时，又可分为"定指"与"不定指"两种情况。所谓"名词的定指"是说在说话人心目中，句中所用的名词其所指预料听话人是知道或明了的；所谓"名词的不定指"是说在说话人心目中，句中所用的名词其所指预料听话人并不知道或明了。一般来说，定指（亦称有定）的名词传递的是一个旧的信息，不定指（亦称无定）的名词传递的是一个新的信息。请看实例：

（13）客人来了。

（14）来客人了。

例（13）、（14）意思似差不多，所不同的是例（13）里的"客人"是定指的，例（14）里的"客人"是不定指的，因而它们的使用场合有所不同。如果说话人和听话人事先知道有客人来，则要用例（13）的说法；如果说话人和听话人事先并不知道要有客人来，则就得用例（14）的说法。

"名词的定指与不定指"也会对句法起某种制约作用。譬如一般都说主语成分往往是有定（即定指）的，宾语成分往往是无定（即不定指）的，这种认识实际就反映了名词定指与不定指对句法的制约。再如：

（15）我借了那本书。

（16）我借了三本书。

例（15）里的"那本书"是定指的，它可以挪到句子头上去，说成：

（17）那本书我借了。

而例（16）里的"三本书"是不定指的，就不能挪到句子头上去，我们不说：

（18）＊三本书我借了。

除非在动词"借"前用表示总括的副词"都",才可以将"三本书"挪至句首。因为表示总括的副词"都"有使数量名短语定指化的作用。例如:

(19) 三本书我都借了。

现代汉语里,可以说"盛碗里三条鱼",但不能说"＊盛碗里鱼",这为什么呢?这就跟上面所谈的名词的通指与专指、名词的定指与不定指有关。我们知道,现代汉语里有一类表受事位移的动词(不妨称为"位移动词"),如"扔、放、搁、插、藏、塞、倒"等。这小类动词可以带双宾语——表示位移终点的处所宾语和受事宾语,处所宾语在前,受事宾语在后。这种双宾语里的受事宾语,要求所充任的名词性成分在指称上得表示专指,表示不定指。而现代汉语里单个儿普通名词处于动词后宾语位置上时,只能表示通指(到目前为止,还未发现例外)。所以"＊盛碗里鱼"不能说。在"鱼"前加上数量词,如"盛碗里三条鱼",就能说了,因为一加上数量词,整个"数·量·名"短语就表示专指,而且是表示专指中的不定指了。

名词的指称义,严格说是一种语用意义;说名词的指称义会对句法有一定的制约作用,实际就是说名词的语用义对句法会有一定的制约作用。

第三,语义特征(semantic feature)——实词的自身义之三。

在汉语语法研究中,最早注意语义特征对句法制约作用的是朱德熙先生。他将能出现在与动词"给"相关的句式中的动词按语义特征细分为 Va [＋给予,－取得,－制作]、Vb [－给予,＋取得,－制作]、Vc [－给予,－取得,＋制作] 三小类,从而有效地分化了与动词"给"相关的歧义句式,清楚而深刻地说明了与动词"给"相关的各个句式之间的关系。(朱德熙 1979) 这里我们不妨再举个例子。请先看实例:[①]

---

① 关于这里所举的"别 V!"和"别 V 了!"这个实例,最早是由马真教授应日本中国语教育家、东京外国语大学名誉教授、日本大学教授奥水优先生的邀请于 1997 年夏天在日本东京所作的一次学术报告中提出来的。

(20) a 别吃！

　　 b 别吃了！

(21) a ＊别丢！（丢：遗失。下同）

　　 b 别丢了！

(22) a ＊别醒！

　　 B ＊别醒了！

"别 V！"和"别 V 了"都是祈使句式。为什么说到"吃"，既可以有"别吃！"的说法，也可以有"别吃了！"的说法；说到"丢（丢：遗失）"，则只有"别丢了！"的说法，却没有"别丢！"的说法；而说到"醒"，则既没有"别醒！"的说法，也没有"别醒了！"的说法。再说，"吃"和"丢"虽然都有"别吃了！"和"别丢了！"的说法，但二者所表示的语法意义又有区别："别吃了！"所表示的语法意义是"劝阻听话人停止进行某种已经在进行的或计划要进行的行为动作"；而"别丢了！"所表示的语法意义则是"提醒听话人防止出现某种不如意的事情或情况"。（马真 2004）怎么解释这种句法表现上和语意表达上的差异？原来这种差异跟出现在"别"后的动词所具有的语义特征有关。从语义特征的角度分析，"吃"、"丢（丢：遗失）"、"醒"代表了三小类动词：

　　 Va（吃）［＋自主］[①]

　　 Vb（丢）［－自主，＋贬义］

　　 Vc（醒）［－自主，－贬义］

正是这种语义特征上的不同，决定了这些动词出现在以"别"为标志的祈使句中时，有不同的句法表现。

三、实词之间的关系义

　　所谓"关系义"是指在实词与实词相互关系中所呈现的意义。譬如

---

① 关于自主动词与非自主动词，参见马庆株（1988）：自主动词和非自主动词，载《中国语言学报》，第 3 期，北京，商务印书馆。

"木头"，在跟"买""砍"等动词发生关系时（如"买木头""砍木头"），它是这些动词所表示的行为动作的受事；而它跟"桌子""房子"发生关系时（如"木头桌子""木头房子"），它又是"桌子""房子"这些名词所表示的事物的材料。所谓"木头是'买''砍'的受事"，"又是'桌子''房子'的材料"，这都是在"木头"这个名词与其他实词发生关系时所呈现的意义，这种意义就是"实词之间的关系义"。

关系义又可细分为：名词格范畴，论元、配价，词与词之间语义上的制约关系，语义指向等。

第一，"格范畴（semantic case）"、论元（argument）——关系义之一。

"名词格范畴"，是指一个动词所表示的行为动作在进行时必然或可能会关涉到的某种范畴的事物，只是角度不同而已。譬如说动词"吃"，一定会涉及"吃"这个动作的发出者（即施事），涉及吃的对象，涉及时间、地点或工具，等等。那施事、对象、时间、地点、工具等便分别是动词"吃"所关涉的名词的格范畴，也可以说是动词"吃"的"论元"。请看实例：

（23）这批图书送北京大学图书馆。

（24）县里来了位胸外科大夫。

例（23）是有歧义的，既可以理解为"这批图书送给北京大学图书馆"，也可以理解为"这批图书送到北京大学图书馆"。对于例（23）的歧义，我们当然可以通过说明"送"的具体含义的不同来加以解释（按前者理解，"送"是赠送的意思；按后者理解，"送"是运送的意思），而且可以通过变换来加以证实——按前者理解，例（23）可以变换为"这批图书送给北京大学图书馆"；按后者理解，例（23）可以变换为"这批图书送到北京大学图书馆"。但如果我们能进一步从名词格范畴的角度，或者说从动词"送"的"旨角色"这一角度进一步指出，按前者理解，"北京大学图书馆"是"送"的与事（dative）；而按后者理解，"北京大学图书馆"是"图书"位移的终点（goal），那显然要深刻一些。例（24）也会有歧义，那"县里"既可以指"来"这一位移动作的起点，也可以指"来"这一位移动作的终点。按前者理解，例（24）是"从县里来了一位外科大夫"的意思；按后者理解，例（24）是"有一位外科大夫从别处来到了县里"的意思。请再看个实例：

(24) a 我给张三。

    b 我给衣服。

(25) a 我切土豆儿。

    b 我切片儿。

(26) a 我浇水。

    b 我浇花儿。

(27) a 我买木头。

    b 我买房子。

例（24）－（27）a 和 b 都是"我＋V＋N"格式，而且都是"主－动－宾"句式，但有明显的差异：

一是例（24）、（25）的 a 和 b 两个句子可以并合在一起，试看：

(24′) 我给张三衣服。

(25′) 我切土豆片儿。

而例（26）的 a 和 b 不能并合，我们不说：

(26′) ＊ 我浇水花儿。

例（27）似乎与例（24）（25）类似，a 和 b 似乎可以并合，说成：

(27′) 我买木头房子。

其实这是一种假象，因为例（27′）中只含有"我买房子"的意思，但并不含有"我买木头"的意思。换句话说，例（27′）里的"买木头房子"，只跟 b"买房子"有关，跟 a"买木头"则没有关系。

二是例（24）跟例（25）也还有区别，例（24）里的 a 和 b 并合后（即例（24′）形成双宾句；而例（25）里的 a 和 b 并合后（即例（25′）却形成的是单宾句。

为什么会有上述差异呢？这就跟原句里的宾语成分属于谓语动词的什么格范畴，或者说属于动词的什么论元有关。我们不妨来分析一下例

在探索中前进

— 381 —

（24）—（27）宾语所属的不同性质的名词格范畴，或者说不同性质的论元：

　　　　（24″）a 我给张三［与事］。
　　　　　　　b 我给衣服［受事］。
　　　　（25″）a 我切土豆儿［受事］。
　　　　　　　b 我切片儿［结果］。
　　　　（26″）a 我浇水［原料］。
　　　　　　　b 我浇花儿［受事］。
　　　　（27″）a 我买木头［受事］。
　　　　　　　b 我买房子［受事］。

　　从这里我们可以得到这样一条规则：两个句子（如例（27）的 a 和 b），如果谓语动词相同（同音同义），而各自所带的宾语均为动词的受事，且那两个受事之间无领属关系，那么那两个句子不能并合。

　　第二，论旨角色（Theta Role）、配价成分（valence NP）。

　　论旨角色，专指动词的论元结构中的论元位置。按论旨准则（Theta Criterion），动词的每个论旨角色只分派一个论元，每个论元只准由一个论旨角色充当。在一个动词的论旨结构中，其论元最多不超过三个。就这一点说，动词的论旨结构大致相当于依存语法里的动词的配价结构，论旨角色大致相当于动词的配价成分（亦称"配价NP"）。但论旨角色与配价成分并不等同：说到论旨角色，只有动词的论旨结构中才有；而配价成分，动词（包括形容词）的配价结构中有，名词的配价结构中也有（袁毓林 1992，1994，1998）。

　　"配价"（法文 valence，德文 valenz，英文 valence/valency）这一术语借自化学。化学中提出"价"（亦称"原子价"，或称"化合价"）的概念为的是说明在分子结构中各元素原子数目间的比例关系。取氢原子为一价，某种元素的一个原子能和多少个氢原子相化合，或者能置换多少个氢原子，那么该元素就是多少价。如水分子式（H_2O）中一个氧原子总是跟两个氢原子化合，所以氧的原子价是二价。语法学中引进"价"这个概念，为的是说明一个动词在某个限定的句法结构中能支配多少个名词性词语。不管是动词（包括形容词）还是后来扩展到的名词，它们的配价数在很大程度上取决于词本身的意义。因此配价问题可看做是一种语义现象，而这种语义现象对句法有制约作用。举例来说，现代汉语里有一种"的"字结构，它是由实词性词语加上结构助词"的"所形成的名词性结构。由动词性词语（包括以动词为谓语动词的主谓词组）加上"的"所形成的"的"字结构（以下码化为"VP＋的"），在使用上有些现象很值得注意：

一是有的"VP＋的"，如"吃羊肉的""姐姐吃的"，可以单独作主宾语指称事物（如"吃羊肉的举手""请一位吃羊肉的来""姐姐吃的是羊肉""我要吃姐姐吃的"）；有的，如"他游泳的""他吃羊肉的"，则不能单独作主宾语，只能作定语（如"他游泳的地方""姐姐吃羊肉的情景"）。这为什么？其中有无规律可循？

二是有的"VP＋的"，如"吃羊肉的""姐姐吃的"，作主宾语指称事物时没有歧义；有的，如"吃的"，作主宾语指称事物时会有歧义，例如"吃的"既可以指称动作的施事（如："你们谁吃羊肉？吃的举手？"），也可以指称动作的受事（如："我去买点儿吃的"）。这为什么？其中有无规律可循？

三是"VP＋的"作定语所形成的偏正结构，有的（如"开车的司机"）在一定上下文里中心语可以省略不说（如"开车的都吃饭去了"），有的（如"开车的技术"）则在任何情况下，中心语都不能省略不说，这又为什么？其中有无规律可循？

这三个问题都跟动词的配价有关，运用配价理论能很简洁地回答解释这些问题。（朱德熙1978）拿第三个问题来说，如果"VP＋的"所修饰的名词是属于V的一个配价成分，那么作中心语的名词在某种语境中就可以省略；如果"VP＋的"所修饰的名词不属于V的一个配价成分，那么作为中心语的名词在任何语境中都不能省略。"开车的人"里的中心语"人"可以是动词"开"的一个配价成分（施事），所以有时可以省略（如"开车的人到哪儿去了？～ 开车的到哪儿去了？"）；而"开车的技术"里的"技术"不能成为动词"开"的配价成分，所以不能省略。

动词的论旨角色也好，动词的配价成分也好，实质上都还是从名词与动词可能有的语义关系这一静态状况考虑的。只考虑每个动词如果形

— 383 —

成一个论指结构或配价结构，最多可以有几个论旨角色元或者说配价成份，分别是什么角色。事实告诉我们，光这样考虑不够，还得注意"动词的配价成分的变化情况"，即还得考虑一旦行为动作实行后动词的论旨角色或者说配价成分可能会发生什么样的状态变化。"而这样的信息对分析汉语的述补结构是能提供帮助的"。这一点是由詹卫东（1999，2000a，2000b）提出来的，他将这种情况称为"广义配价模式"。举例来说，动词"洗"和"凉"都是二价动词，它们所表示的行为动作都属于"促变"类行为动作。如果单纯从配价或论元结构说，它们是一样的。但从它们各自的受事这一论元或配价成分的变化情况看，是有区别的：通常是，"洗"将造成受事由脏变干净，而"凉"将造成受事由湿变干。由此可说明为什么我们可以说"洗干净""凉干"，但不说"洗干""凉干净"。

第三，词语之间的制约关系。

动词"掏"，如果要带实指的趋向补语，可以有"掏出来"的说法，决没有"＊掏进去"的说法；反之，动词"插"，如果要带实指的趋向补语，在一般情况下，可以有"插进去"的说法，却没有"＊插出来"的说法。这种句法上的区别就是由词语间意义上的制约关系所造成的。因为"掏"的语义是"用手或工具伸进物体的口，把东西弄出来"；"插"的语义是"长形或片状的东西放进、挤入、刺进或穿入别的东西里；中间加进去或加进中间去"。[①]显然，"掏"的语义与"出来"的语义相容，而与"进去"的语义相抵牾；"插"的语义与"进去"的语义相容，而与"出来"的语义相抵牾。下面不妨再举一个更有意思的例子。我们知道，现代汉语里由形容词充任的结果补语主要表示两种语法意义，一是结果的实现，如"洗干净了"，一是结果的偏离，如"挖浅了"（意思是挖得过于浅了）。[②]在实际的语料中，我们看到这样一种情况，那就是当表示中性意义（即无褒贬色彩）的形容词作补语时，所用的形容词相同，作述语的动词不同，其补语所表示的语法意义却会有三种不同的情况。（陆俭明 1990）请看：

---

① "掏"和"插"的注释均见《现代汉语词典》（第 5 版）。
② 由形容词充任的结果补语所表示的两种语法意义，请参见陆俭明（1990）："VA 了"述补结构语义分析，载《汉语学习》第 1 期。

实　　例	表示结果的实现	表示结果的偏离
（28）a 那钢筋我把它锯短了。	＋	＋
b 那钢筋我把它锯长了。	—	＋
（28）a 那钢筋我把它拉短了。	—	＋
b 那钢筋我把它拉长了。	＋	＋
（29）a 那钢筋我把它画短了。	＋	＋
b 那钢筋我把它画长了。	＋	＋
（30）a 看来那钢筋我买短了。	—	＋
b 看来那钢筋我买长了。	—	＋

为什么会出现这不同情况呢？原来这跟"锯"、"拉"、"画"、"买"所表示的行为动作对所锯的、所画的、所买的事物（钢筋）的性质有无影响、如何影响有关。锯，这一动作进行的结果，会影响钢筋长短的性质，具体说钢筋只会被锯得越来越短，决不会变长。只因为这样，所以"锯短了"既可以表示结果的实现，也可以表示结果的偏离；而"锯长了"就只能表示结果的偏离。拉则与锯的情况正好相反，从情理上来说，钢筋烧红后，拉的结果只能越拉越长，不会越拉越短。所以"拉短了"只能表示结果的偏离，而"拉长了"则既可以表示结果的实现，也可以表示结果的偏离。画，这一动作进行的结果，也会影响所画出来的钢筋长短的性质，但情况与"锯钢筋"不同，钢筋可以被画得很长，也可以被画得很短。只因为这样，所以"画短了"也好，"画长了"也好，都既可以表示结果的实现，也可以表示结果的偏离。而买，这一动作丝毫不会影响客观存在的钢筋原有的长度，所以"买短了"也好，"买长了"也好，都只能表示结果的偏离，不可能表示结果的实现。

从某种意义上说，"词语之间的制约关系"也可以看做是"广义配价模式"的一种延伸，但为了突出说明这种现象，所以单独提出来。

（4）语义指向

语义指向是指句中某个成分在语义上跟哪个成分直接相关。某成分语义指向的不同或在语义指向上的特点，会对句法起某种制约作用。例如（陆俭明 1997，2009，2004）：

（31）他没有吃什么，只吃了一片面包。

（32）他面包吃得不多，只吃了一片面包。

例（31）和例（32）里都有"他只吃了一片面包"，但其中的范围副词
"只"的语义指向并不相同。在例（31）里，"只"是限制"面包"的，
而在例（32）里"只"是限制数量（一片）的。只因为有上述差别，所
以反映在句法上，例（31）可将"一"，甚至"一片"删去，而意思基
本不变，但决不能将"面包"删去。请看：

　　　　（33）a 他没有吃什么，只吃了片面包。

　　　　　　 b 他没有吃什么，只吃了面包。

　　　　　　 c ＊他没有吃什么，只吃了一片。

与例（31）相反，例（32）则数量词"一片"或数词"一"决不能删
去，"面包"倒可以删去。请看：

　　　　（34）a 他面包吃得不多，只吃了一片。

　　　　　　 b ＊他面包吃得不多，只吃了面包。

　　　　　　 c ＊他面包吃得不多，只吃了片面包。

再举个实例：

　　　　（35）究竟他买了什么？

　　　　（36）究竟谁买了啤酒？

例（35）与例（36）句型完全相同，但例（35）的状语成分"究竟"可
以移位至主语后，说成：

　　　　（37）他究竟买了什么？

可是例（36）的状语成分"究竟"不能移位至主语后，我们不能说：

　　　　（38）　＊谁究竟买了啤酒？

　　为什么会有这种句法上的差异呢？可能有人会说，那是因为二者的
疑问点不同，前者的疑问点在宾语（用"哪里"提问），后者的疑问点
在主语（用"谁"提问）；这种不同致使二者在状语成分"究竟"的移
位情况不同。（陆俭明 1997）然而这种意见解释不了下面的现象：

(39) a 随后他买了什么？

　　　b 他随后买了什么？

(40) a 随后谁买了啤酒？

　　　b 谁随后买了啤酒？

例（39a）跟例（35）是同类句式，例（40a）跟例（36）是同类句式，但无论是例（39a）还是例（40a），句首的状语成分都能移至主语后。可见，用疑问点的不同来解释为什么例（35）的"究竟"可以后移而例（36）的"究竟"不能后移，是缺乏说服力的。其实，之所以例（35）的"究竟"能后移而例（36）的"究竟"不能后移，这是由语气副词"究竟"在语义指向上的特点决定的。作为语气副词的"究竟"，在语义指向上有两个鲜明的特点：第一，它只能指向疑问成分；第二，它只能后指，不能前指。例（35）（36）"究竟"分别指向疑问成分"什么"和"谁"，而这两个疑问成分都在"究竟"之后，所以例（35）、例（36）都是合法的句子；例（37）、例（38）的"究竟"都后移至主语后边了，但例（37）"究竟"所指向的疑问成分"什么"仍在"究竟"之后，所以例（37）成立；而例（8）"究竟"所指向的疑问成分"谁"，却位于"究竟"之前了，这违反了"究竟"语义指向的第二个特点，所以例（38）成了不合法的句子了。

　　显然，句中某个成分的语义指向会对句法起一定的制约作用。

　　（5）信息焦点

　　"焦点"是个语用的概念，具体说是信息结构里的概念。上面所说的语义指向，从某个角度说，也可以看做是一种"语义焦点"。这里谈信息焦点。举例来说，(a)"我喝了咖啡"、(b)"咖啡我喝了"，它们的意思基本上是一样的。但是，当我们回答下面的问话时，却只能用(a)来回答，绝对不能用(b)来回答。请看：

(41) 甲：你刚才喝了什么？

　　　乙：(a) 我喝了咖啡。

　　　　　(b) ＊咖啡我喝了。

这为什么？反之，如果来回答下面的问话，则绝不能用(a)，而要用(b)。请看：

（42）甲：咖啡呢？

乙：（a）＊我喝了咖啡。

（b）咖啡我喝了。

这又为什么？这都跟信息焦点有关。[1] 我们知道，答话中对问话中疑问点的回答，应该是答话的信息焦点。例（41）答话中的"咖啡"和例（42）答话中的"喝了"，就应分别成为答话里的信息焦点，而从句子结构看，就汉语说，信息焦点通常是在句末位置。所以，例（41）答话里的（a）是合理的答话，（b）是不合理的答话；例（42）答话里的（b）是合理的答话，（a）是不合理的答话。上文我们曾谈到名词的"定指"与"不定指"的问题，其实名词的定指与不定指的现象从某个角度看，也可以看做是信息焦点的问题。所以无论是上文所举的"来客人了"、"客人来了"也好，本小节所举的"我喝了咖啡"、"咖啡我喝了"也好，都既可以从名词的定指与不定指的角度来说明，也可以从信息焦点的角度来说明。

注意：在关系义研究中，重点是动词和名词。动词决定句位，不同性质的动词形成不同的句位；名词在句位中的位置变化，形成同一句位的不同句位变体。

四、特定范畴

这里所说的范畴不是指对真实世界里所存在的客观事物进行分类所得的范畴，而是指跟句法相关的语义范畴。举例来说，在真实世界里，谁也不会把肉包子看做工具，即在真实世界里肉包子不属于工具范畴的事物。但是当"肉包子"这个词进入下面的句式里：

（43）你这是用肉包子打狗。

"肉包子"所表示的事物——肉包子，就属于工具范畴了，这里所说的范畴就是语言里跟句法相关的范畴。这种范畴意义对句法起一定的

---

[1]　2000 年 11 月 13 日和 15 日，香港城市大学徐烈炯教授应邀来我们北大中文系就"焦点的表现形式"和"信息焦点与语义焦点"等问题连续作了两次学术报告。这里所用的实例，就引自徐烈炯教授的报告。

制约作用。

第一，领属范畴。

请先看实例：

（44）我把尼龙的书包给弟弟。

（45）我把小红的书包给弟弟。

就例（44）和例（45）而言，其词类序列、内部层次构造、内部语法结构关系都是一样的。但是，例（44）可以变换为一个双宾句，说成：

（44'）我给弟弟尼龙的书包。

而例（45）则不能变换为双宾句，我们不能说：

（45'）＊我给弟弟小红的书包。

这为什么呢？原来例（44）里的"尼龙的书包"和例（45）里的"小红的书包"虽然都属于"名词$_1$＋的＋名词$_2$"的偏正结构，但是，例（45）的"名词$_1$"和"名词$_2$"之间有领属关系，例（44）的"名词$_1$"和"名词$_2$"之间却没有领属关系。而双宾句中的远宾语是排斥领属性偏正词组的。（陆俭明 1988a，1988b）

下面不妨再举个例子。也先看具体实例：

（46）张三打破了自己的杯子。

（47）张三打破了李四的杯子。

例（46）、例（47）都是说张三打破了杯子，所不同的是，例（46）张三所打破的杯子是张三自己的，而例（47）张三所打破的杯子则是李四的。这种领属范畴上的差异，会影响到句法。例（46）可以有以下的衍生句子，而意思与例（47）不悖：

（46'）自己杯子打破了的是张三。　　　［张三与杯子之间有领属关系］

（46''）杯子打破了的是张三。　　　　　［张三与杯子之间有领属关系］

而例（47）不会有这样的衍生句子：

　　（47′）＊李四杯子打破了的是张三。

　　（47″）＊杯子打破了的是张三。

例（47″）从句法上说是合法的句子，但在意思上跟例（47）相悖，如果将它看做由例（47）衍生的句子，那它是不合法的。

　　关于领导范畴对句法制约的详细情况，参看陆俭明（1988a，1988b，2002，2004）。

　　第二，数量范畴。

　　陆俭明（1988b）以大量实例说明，数量范畴对句法会起制约作用，具体说"某些句法组合非有数量词不能成立"，而"某些句法组合排斥数量词"。这里仅举一例以作说明——疑问代词"怎么"和"什么"都可以作名词性词语的修饰语，但它们的不同正是在一个非要求名词前带数量词，一个则排斥数量词。试比较：

（48）怎么一个人～＊怎么人　　　　＊什么一个人～什么人

　　　怎么一本书～＊怎么书　　　　＊什么一本书～什么书

　　　怎么一所学校～＊怎么学校　　＊什么一所学校～什么学校

　　　怎么一种机器～＊怎么机器　　＊什么一种机器～什么机器

以上所述说明，特定的范畴对句法起某种制约作用。在"句处理"中到底需要关注哪些范畴，还需进一步探讨。

五、实词之间的组合义

　　所谓实词之间的组合义，是指实词性词语与实词性词语彼此组合后所产生的意义。这又可分为句法结构关系所赋予的意义和语义结构关系所赋予的意义。

　　第一，句法结构关系所赋予的意义。

　　我们看到，两个句法结构如果包含的词相同，词的排列次序相同，内部的层次构造也相同，它们所表示的意思不一定相同。过去人们常举"出租汽车"、"进口设备"这类有歧义的结构，说明句法结构关系所赋予的意义会影响、制约一个结构的功能。"出租汽车"、"进口设备"结构内的前后两部分之间，如果是述宾关系，就表示支配关系，就形成谓词性结构；如果是偏正关系，就表示修饰关系，就形成体词性结构。可能会有人从词性的角度来解释上述结构的歧义，即"出租"和"进口"既可以是动词，也可以是名词。当它们作动词用，上述结构就是述宾结构；当它们作名词用，上述结构就是名词性偏正结构。这里我们不想讨论"出租"、"进口"的词性问题。下面的例（49）有歧义，而这种歧义没法从词性的角度来加以解释：

　　　　（49）他写的散文（如）

例（49）既可以是指（a）"我写的是诗歌，他写的散文。"这一句中的"他写的散文"，也可以是指（b）"他写的散文比我写的好"中的"他写的散文"（a）、（b）的区别只在于，（a）理解的"他写的散文"是个主谓结构，而（b）理解的"他写的散文"是个偏正结构。前者表示陈述，"散文"对"他写的"作陈述性说明，意思相当于"他写的是散文"；后者则表示修饰，"他写的"对"散文"作修饰性说明，意思相当于"他所写的散文"[①]。"表示陈述""表示修饰"，这正是主谓关系与偏正关系所表示的不同的语法意义，这种语法意义影响着句子的意思，同时也决定了前者为谓词性结构，后者为体词性结构。

　　句法结构关系所赋予的语法意义会影响、制约句法，这一点我们想是没有人不同意的。

　　第二，语义结构关系所赋予的意义。

　　句中实词性词语之间的语义结构关系的不同总是直接影响着句子的意义，大家熟知的歧义句"鸡不吃了"，便是一个很好的例证。这里不再赘述。（朱德熙 1980）

　　本文只是想说明在中文信息的句处理过程中需关注种种语义问题。所要关注的语义问题，即使就是只从实词这个角度说的，是否只是上文

---

　　① "NP＋V＋的"（如：他写的散文）和"NP＋所＋V＋的"作"是"字句的主语时，前者，在一定条件下，"是"可以省略（他写的是散文→他写的散文），而后者，"是"决不能省略（他所写的是散文≠他所写的散文）。所以，"他所写的散文"只能分析为偏正结构，不能看做主谓结构。

所列举的那些？上面所讲的种种现象是否都可以归入语义现象？这都可以进一步讨论。譬如说，认知因素能不能看作是一种语义现象，语境意义在中文信息处理中放在什么位置，如何考虑，这些都值得研究和讨论。至于在计算机科学方面的专家眼里，怎样看待和具体怎样处理这些语义问题，大家也会有种种不同的看法。如果本文能起到抛砖引玉的作用，我们将感到十分高兴。我们真诚地希望大家充分发表意见，给以修改和补充。在写作过程中，沈阳、袁毓林、郭锐、詹卫东都曾提供过许多宝贵的意见，在"21世纪现代汉语语法国际研讨会"上有些与会者也对本文提出了很好的意见，谨在此一并致谢。

参考文献

陈平．释汉语中与名词性成分相关的四组概念．中国语文，1987（2）

陈平．试论汉语中三种句子成分与语义成分的配位原则．中国语文，1994（3）

陆俭明．双宾结构补议．烟台大学学报，1988a（2）

陆俭明．现代汉语中数量词的作用．语法研究和探索（4）．北京：北京大学出版社，1988b

陆俭明．"VA了"述补结构语义分析，汉语学习，1990（1）

陆俭明．关于语义指向分析，中国语言学论丛．总第一辑，1997

陆俭明．再谈"吃了他三个苹果"一类结构的性质．中国语文，2002（4）

陆俭明．确定领属关系之我见．南大语言学．第一编．北京：商务印书馆，2004

马真．现代汉语虚词研究方法论．北京：商务印务馆，2004

袁毓林．现代汉语名词的配价研究．中国社会科学，1992（3）

袁毓林．一价名词的认知研究．中国语文，1994（4）

袁毓林．汉语动词的配价研究．江西：江西教育出版社，1998

詹卫东．一个汉语语义知识表达框架：广义配价模式．黄昌宁、董振东主编．计算语言学文集，北京：清华大学出版社，1999

马庆株．自主动词和非自主动词．中国语言学报，1988（3）

詹卫东．基于配价的汉语语义词典．语言文字应用，2000a（1）

詹卫东．面向中文信息处理的现代汉语短语结构规则研究．北京：清华大学出版社，南宁：广西科学技术出版社，2000b

朱德熙．"的"字结构和判断句．中国语文，1978（1，2）

朱德熙．汉语句法里的歧义现象．中国语文，1980（2）

朱德熙．与动词"给"相关的句法问题．方言，1979（2）

重视特征的研究与描写①

一、从自然语言处理中的"句处理" 说起

　　自然语言处理与理解，就全世界范围来看，目前似都滞留于"句处理"阶段。所谓"句处理"，通俗地说，就是怎么让计算机处理、理解自然语言中一个句子的意思，又怎么让计算机生成一个符合自然语言规则、可以让人接受的句子来。人用语言向对方或他人表达自己的思想、看法、情感，或者从对方或他人的话语中准确理解对方或他人的思想、看法、情感，都需经过一个复杂的编码或解码的过程，而在这个编码或解码的过程中事实上要调动各种各样的因素，单就语言这个角度说，起码也得调动语音、语义、语法、语用等各方面的因素。现在任何国家的有关研究机构都还未在"句处理"研究上有明显的、实质性的突破。

　　① 　原文在全国第八届计算语言学联合学术会议（2005.08.27-29.，南京师大）上宣读，后发表在《长江学术》2006年第1期。

　　为了希望能在"句处理"研究上能有所突破，有关专业人员做了很多努力，做了很多工作。最早进行的"句处理"研究工作是采用基于规则的方法展开的。基于规则的"句处理"策略，要求研究者对语言知识要有全面系统的清晰认识。"语言知识可以分为基于范畴的'属性：值'型知识和基于规则的'条件→动作'型知识。范畴用来刻画语言对象的一个或一组特征，规则用来表述范畴间的关系。'特征'的数量是不确定的。一个范畴可能刻画几个特征，一个特征也可能有几个范畴都能刻画它。举例来说，'名词'是一个范畴，它可以刻画一个具体的名词在几个方面的句法特征，如能受数量词修饰，能充当主宾语等等。逻辑上，所有规则都可以表示为 P→Q 这样的蕴涵式（意即如果存在 P，那么必定存在 Q）。P 和 Q 这两个命题分别建立在已知范畴的基础上，因此规则实际上表述了命题所涉及的范畴之间的关系。比如，可以有这样的规则，如果 W 是名词（P），那么 W 能作主语（Q）。显然，这条规则在'名词'跟'主语'两个范畴间建立起了一种联系，尽管这条规则所描述的联系是粗糙的，甚至不那么正确，但是，以这样的方式建立范畴之间的联系，是分析语言的结构时必不可少的。而语言学家所要做的，正是去寻找正确的和好的联系。从形式方面看，研究者要考虑的就是以何种形式化的方式把范畴知识和规则知识组织起来，使得更有利于计算机处理。而所谓语言知识的形式化，就是以一套严格定义的符号系统来精确地表达语言知识，包括范畴的符号化和规则的公式化。""范畴知识一般用词库（机器可读词典 MRD）来负载，规则知识则由所谓规则库（规则的集合）来承担。"（詹卫东 2000）根据上述认识，基于规则的研究工作，必须充分利用语言学家已有的研究成果，即语言学家所已经提供的有关汉语的知识。利用这些知识，研究者首先来整理、确立一定的范畴体系，并基于这一范畴体系来建立计算机进行"句处理"所需要的词库，在词库中对每一个具体的语言成分（词或短语）进行尽可能详尽的属性赋值；其次整理、确立能正确地描述范畴之间关系的规则，在计算机内建立规则库。建立了词库和规则库，就可以让计算机利用这些词库和规则库，按研究者的需要进行运算、分析，然后研究者根据计算机的分析结果（着重看计算机的分析结果是否跟预期的要求或目标相符），来调整原有的范畴体系、具体语言成分的属性取值以及相关的规则，即改进词典和规则库的内容。而在开始这些工作前，必须先规划一套初步的语言知识形式化表达体系，以便于计算机在一个严密的表达系统内具体展开上述的工作。基于规则的"句处理"研究策略看来很好，但是工作遇到了重重困难，主要是语言学家所提供的语言规则远远不能满足信息处理的需要，既存在语言规则不够的问题，更存在语言规则不准确的问题，因此并不能如愿以偿。

20世纪90年代后大家把注意力转向统计的方法。基于统计的"句处理"研究，主要求助于计算机对大规模语料库（corpus）真实文本的统计分析，由计算机来抽象出语言知识。因此，基于统计的"句处理"，其重要依靠就是语料库。基于语料库的"句处理"研究不同于以往的基于规则的"句处理"研究，它主要利用计算机储存的亿万字的语料和计算机的高速运算速度，从语言使用的现实状况出发，通过计算机的自动学习来归纳、总结出语言规则，而不是像基于规则的思路那样，从语言规则出发，去推演可能的语言事实。因此，所谓利用语料库基于统计的研究策略，具体说就是"由计算机对语料（一般得是熟语料，即经过切分和词性标注后的语料）进行统计得到语言知识（一般表现为参数），再利用得到的参数对语料进行分析，根据分析得到的反馈结果来调整已有的参数，从而提高分析能力"。到目前为止，统计方法几乎已占了压倒性的地位，但也并未见到"句处理"研究有明显的突破。

现在逐步趋向于将二者结合。"结合"方式是在"统计"中加入各种各样的规则。从理论上来说，这种"结合"应该是一条光明大道，问题是怎么结合？结合点应该在哪里？

这里必须明了这样一点，语言存在的价值就是为了表达意义与情感。但是，语言本身并不能凭空产生意义，客观世界和人的认知是语言意义的基本来源。同时，语言也不能凭空表达意义，它必须通过一定的实体，即一定的语音形式、一定的句法形式去表达相应的意义。这些语言形式是意义赖以存在的实体和物质层。但是，语言最终的落脚点是在意义上而非形式上。从客观世界到最后用言辞把人的感知所得表达出来，我们认为这中间一共可以分为六个层面，这六个层面及其先后关系可以表示如下：

ⅰ 客观世界；

ⅱ →通过感觉器官感知而形成直感的形象或直觉；

ⅲ→在认知域内进一步抽象，形成意象图式（概念框架）；

ⅳ→该意象图式（概念框架）投射到人类的语言，形成该意象图式（概念框架）的语义框架；

ⅴ→该语义框架投射到一个具体语言，形成反映该语义框架的构式；

ⅵ→物色具体词项填入该构式，形成该构式的具体的句子。

这可能是个结合点。当然，这只是一种假设。这一假设是否符合实际情况，大家可以进一步讨论和验证。也可以加以否定，但是如果要否定，得先证伪。在未证伪之前，我们暂且按上述思路来认识。

二、关于特征的研究与描写

我们注意到，从 20 世纪七十年代以来，就语言研究来说似有这样一个趋向，那就是逐步重视特征的研究和描写。这一点，无论在语言理论研究上或是在语言应用研究上都是这样，可以说是殊途同归。那么什么叫"特征的研究和描写"呢？

先看语言理论研究。在语言学里，讲特征并非始于上个世纪 70 年代。最早明确讲特征的可能是音位学，例如他们将 [m]、[e]、[n] 的语音特征分别分析、描写为：

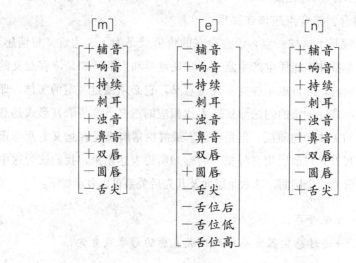

[m]	[e]	[n]
＋辅音	－辅音	＋辅音
＋响音	＋响音	＋响音
＋持续	＋持续	＋持续
－刺耳	－刺耳	－刺耳
＋浊音	＋浊音	＋浊音
＋鼻音	－鼻音	＋鼻音
＋双唇	－双唇	－双唇
－圆唇	＋圆唇	－圆唇
－舌尖	－舌尖	＋舌尖
	－舌位后	
	－舌位低	
	－舌位高	

语音学，以音素为最小的音系单位；音位学，虽然已经充分注意到区别性特征，但它还是以音位为最小的音系单位；到非线性生成音系学则以语音特征为音系的最小单位。总之最早明确讲特征的是语音研究者。接着是语义学。"语义特征"（semantic feature）原先就是语义学中的概念，指的是某个词甚至某类词在意义上所具有的独特的语义因素，或者说在意义上所具有的特点。语义学中分析、描写词的语义特征，大致有以下三个目的：

一个目的是从某个特定角度对某一个语义类再进行细分类。譬如说，在有生命事物中，人类是一个语义类，为了说明同一个家族中不同人的不同辈分和相互之间的关系，我们可以根据某些语义特征（"＋"表示正面特征，"－"表示负面特征，下同）对家族中不同称谓的人细加分类：

母亲［＋直系，－男性，＋女性，＋长辈，－晚辈，＋年长，－年幼］

父亲［＋直系，＋男性，－女性，＋长辈，－晚辈，＋年长，－年幼］

哥哥［＋直系，＋男性，－女性，－长辈，－晚辈，＋年长，－年幼］

姐姐［＋直系，－男性，＋女性，－长辈，－晚辈，＋年长，－年幼］

弟弟［＋直系，＋男性，－女性，－长辈，－晚辈，－年长，＋年幼］

妹妹［＋直系，－男性，＋女性，－长辈，－晚辈，－年长，＋年幼］

舅妈［－直系，－男性，＋女性，＋长辈，－晚辈，＋年长，－年幼］

舅父［－直系，＋男性，－女性，＋长辈，－晚辈，＋年长，－年幼］

侄女［－直系，－男性，＋女性，－长辈，＋晚辈，－年长，＋年幼］

另一个目的是为了凸显同属一个语义类的不同词语之间的差异。例如"火"和"光"同属一个语义类——可见自然现象，但语义上有区别，为了凸显其相互之间的差异，就可以从以下一些方面描写它们的语义特征：

火［＋现象，＋亮度，＋温度，－速度，＋形体，……］

光［＋现象，＋亮度，＋温度，＋速度，－形体，……］

有了上面的描写，对下面的问题我们就容易说清楚了：为什么有"光的速度"的说法，而没有"＊火的速度"的说法？为什么有"大火""小火"的说法，而没有"＊大光""＊小光"的说法？再如动词"喝"和"吃"，从某个角度看，属于一个语义类——饮食类，但语义上有差别，为了显示其相互之间的差异，就可以从以下一些方面描写其语义特征：

喝 [＋动作，＋对象为液体，－对象为固体，＋用容器，
＋使事物消失，…]

吃 [＋动作，－对象为液体，＋对象为固体，±用容器，
＋使事物消失，…]

同样，有了上面的描写，对下面的问题我们也就容易说清楚了：为什么可以说"喝水""喝汤""喝啤酒"，而不说"＊吃水""＊吃汤""＊吃啤酒"（有些方言，如吴方言可以说)？反之，为什么可以说"吃饭""吃梨""吃面包"，却不能说"＊喝饭""＊喝梨""＊喝面包"？从上面所举的例子我们可以了解到，对词语进行语义特征的描写有助于说明不同词语在词语搭配等一系列用法上的差异。

再一个目的是，在语义学里使用"语义特征"这个概念，可以用来区别看似同义实际并不同义的词。例如"看"和"看见"，好像意义差不多，实际上除了都是凭借眼睛这一点外，没有别的相同之处。通过对这两个词的语义特征的分析，就可以清楚地看出这一点。请看：

看 [＋凭借眼睛，－被动感知，＋自主，＋可控，……]

看见 [＋凭借眼睛，＋被动感知，－自主，－可控，……]

语法学里讲语义特征那是上个世纪七十年代以后的事。当时把"语义特征"这个概念术语借用到语法学中，为的是做两件事：一件事，用以解释造成同形多义句法格式的原因；另一件事，用以说明在某个句法格式中，为什么同是动词，或同是形容词，或同是名词，而有的能进入，有的不能进入。（陆俭明 1991，2005）

三、语言理论研究重视特征研究与描写

上面扼要介绍了一下语言研究中对特征分析和描写的情况。现在我们看看在语言理论研究上重视特征的研究和描写的趋向，这里不妨以乔姆斯基的生成语法理论发展为例。

我们知道，乔姆斯基因为认为结构主义对语言的描写所概括的规则

太复杂了，所以他要提出生成语法的观点，以简化语法规则。简约，一直是生成语法学的一个很重要的原则。生成语法理论，从 1957 年的由核心句到非核心句的转换，到 1964 年的从深层结构到表层结构的转换，比结构主义是简约了，但是从结构主义那里继承来的短语结构规则还是占据了重要的地位。到上个世纪 80 年代初的"管约理论"（简称 GB 理论），短语结构规则不用了，规则部分只剩下"α-移位"规则，其他都成了原则，什么"X-阶"原则（X-bar theory）、论旨（Theta theory）原则、"格位"原则（Case theory）、管辖原则（Government theory）、约束原则（Binding theory）、界限原则（Bounding theory）、C-控制原则（Control theory），等等，还进一步明确建立了"原则与参数"理论（Principle-and-Parameters Theory）。这就进一步向简约化方向前进。到"最简方案"（MP）及其近几年的论述，众多的原则和移位规则更趋简约，D-结构，S-结构都没有了，似只保留了"原则和参数"理论和如下的"X-bar"结构模式：

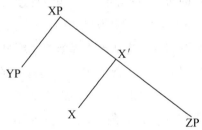

　　（X 是一个结构的中心词，YP 是标示语，ZP 是补足语）进一步强调简约原则，并提出了中心词（head）理论和特征核查（feature checking）理论，注入了新的研究课题——接口（interfaces）的研究。基本的句法运作是从基础部分（即词库）取出带有各种各样的有关语义、句法特征的词项，进行来回合并（Merge），形成词项组合结构。这个词项组合结构如能通过特征核查，即中心语跟标示语，中心语跟补足语，在特征上吻合，便分别去跟音韵接口，跟逻辑语义接口，从而最终生成我们所听到或看到的句子。（Chomsky 1995）总之，词语的特征的分析和描写放到了非常重要的位置，走上了"大词库，小规则"之路。

四、自然语言处理重视特征研究与描写

现在再看自然语言处理与理解这方面的语言应用研究。正如上面已经说到的，自然语言处理与理解最早使用基于规则的研究策略与方法来实行计算机对句子的理解与生成，结果不是很成功。于是提出基于统计的策略与方法，让计算机自己通过对上万上亿字语料的"学习"来实行计算机对句子的理解与生成，结果也不是很理想。现在较为普遍的是将二者结合使用，并采用 Pollard & Sag（1987，1994）提出的中心词驱动的短语结构文法（Head-Driven Phrase Structure Grammar，简称 HPSG）。中心词驱动的短语结构文法是基于约束的词汇主义（Constraint－Based Lexicalism），而基于约束的词汇主义来源于这样的心理语言学事实：语言理解是以一种高度整合和渐进的方式进行的。中心词驱动的短语结构文法认为，词语携带了丰富的句法语义信息，它在很大程度上决定了它所在的句子的句法语义结构。反过来，句子之所以表现出不同的句法语义结构，也正是因为其中所包含的关键词语不同。显然，中心词驱动的短语结构文法把语法规则的"重担"几乎全部转移到了词汇上，是严格的词汇主义。而规则的描述都是围绕中心词展开的，而其最基础的、普遍通用的原则是中心词特征原则，因此中心词驱动的短语结构文法同时采用复杂特征集（complex feature set）和合一运算（unification）的方法来实行计算机对句子的理解与生成，这是中心词驱

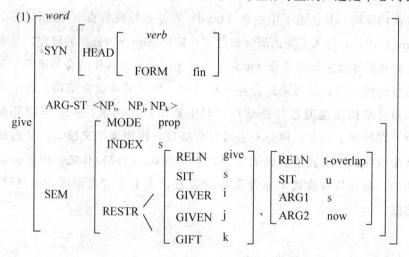

动的短语结构文法区别于其它处理方法的主要特点之一。描写词语的特征，成了描述语法信息的一种主要手段，也是实现其"词汇主义"的主要手段，因而也成了中心词驱动的短语结构文法理论的重要组成部分。譬如对于动词 give 是这样描述的：

注意，这里列出的并不是动词 give 的全部信息，这里没有涉及语音信息。上面描述的只是动词 give 的 SYNSEM 属性（句法语义属性），SYNSEM 是 SYNTAX（句法）和 SEMANTICS（语义）的合写，这是 HPSG 主要关注的属性特征。再如，dog 的属性特征结构是：

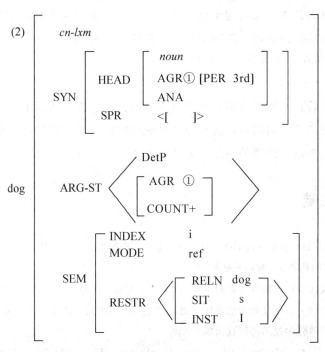

(2)

中心词驱动的短语结构文法是反乔姆斯基生成语法的。HPSG 和生成语法最主要的差别是：HPSG 把词汇看做是句法信息的载体，是非派生（monderivational）的。正是在这一点上，HPSG 比生成语法理论更为计算语言学界所青睐。但正如 Sag & Wasow（1999：411）所指出的，HPSG 是从乔姆斯基生成语法模式中发展而来的一种句法理论，两者之间有很多相似之处。突出的一点是，HPSG 的中心词特征原则就酷似生成语法理论中 GB（管约理论）的投射原理，更像乔姆斯基后来的中心词理论。基本道理跟乔姆斯基的特征核查是一样的，最终也走上了"大词库，小规则"的所谓"词汇主义"之路，而且认为词汇主义是当

— 401 —

今语言学理论发展的头号倾向。

语言的理论研究和应用研究最终走到一条路上去，这绝非偶然的巧合。他们是相互影响的结果。

上面介绍时讲到，中心词驱动的短语结构文法认为，词语携带了丰富的句法语义信息，它在很大程度上决定了它所在的句子的句法语义结构。反过来，句子之所以表现出不同的句法语义结构，也正是因为其中所包含的关键词语不同。这一点必须重视。陆俭明（2004）以汉语实例具体说明了词语的具体意义对句子意思的影响与制约。

重视词语的具体意义对句子意思理解的影响，重视词语的特征研究与描写，这可能是自然语言处理中基于规则的方法和基于统计的方法的"结合"点之所在，可能是一条光明大道。

从上我们看到，无论在语言理论研究上或是在语言应用研究上，都十分重视特征的研究与描写，这可以说是殊途同归。对词语特征的研究与描写将是自然语言处理的一个重要研究方面。

参考文献

陆俭明．语义特征分析在汉语语法研究中的运用．汉语学习，1991（1）

陆俭明．词的具体意义对句子意思理解的影响．汉语学习，2004（2）

陆俭明．现代汉语语法研究教程（4.2，4.8）．北京：北京大学出版社，2005

詹卫东．面向中文信息处理的现代汉语短语结构规则研究．北京：清华大学出版社，南宁：广西科学技术出版社出版，2000

Chomsky，N. *The Minimalist Program*，Cambridge，Mass：MIT Press. 1995

Pollard，Carl & Ivag A. Sag. *Information Based Syntax and Semantics*. The University of Chicago Press，Chicago. 1987

Pollard，Carl & Ivag A. Sag. *Head-Driven Phrase Structure Grammar*. The University of Chicago Press，Chicago. 1994

Sag，Ivan A. and Thomas Wasow. *Syntactic Theory：A Formal Introduction*. Center for the Study of Language and Information，Stanford，California. 1999

后　记

　　我主要从事现代汉语教学与研究工作，《现代汉语中一个新的语助词"看"》（载《中国语文》1959年10月号）是我的处女作。从1959年处女作发表至今，我总共发表文章288篇，其中学术性文章231篇，译文2篇，序文55篇。本书只收学术性文章。如果以2000年为分界线，2000年之前发表学术性文章93篇，2000年后发表138篇。考虑到2000年以前发表的文章，重要的都已收入《现代汉语虚词散论》（与马真合著：1985）、《现代汉语句法论》（1993）、《陆俭明自选集》（1993）和《20世纪现代汉语语法八大家——陆俭明选集》（季羡林主编，沈阳编：2001）这四个集子，所以决定本书只选收2000年之后所发表的文章。

　　我先前一直从事现代汉语本体研究，20世纪80年代后期开始，我逐渐认识到科学研究的最终目的是为了应用，语言研究也不例外，所以从那时起，特别是进入21世纪之后，在从事现代汉语本体研究的同时，比较关注并开始思考、研究现代汉语应用方面的问题，在中文信息处理、语文教学和汉语作为第二语言/外语教学这三方面，先后发表了数十篇文章——这也代表了我进入 21 世纪之后的另一个研究方面，理所当然会从中选取若干文章收入这本书。

本书分为三编，上编 3 篇文章，从宏观角度但紧密联系汉语实际论述语言研究的目的和基本要素；中编为"现代汉语本体研究"，内分三块："汉语句法语义研究""汉语语法的功能、认知研究"和"汉语方言语法研究"，共 13 篇文章；下编为"现代汉语应用研究"，也内分三块："中文信息处理研究""语文教学研究"和"汉语作为第二语言/外语教学研究"，共 18 篇文章；总计收 34 篇文章。内中大部分文章都曾正式发表过，这在题注中都一一作了说明；有一小部分未曾正式发表，但或曾在某个学术会议上发表过，或曾应邀在某个单位作过专题学术演讲，这也在题注中作了交代。由于这是一个论文集，为求得各篇文章自成系统，所以有些观点，有些语料会不避重复，在多篇中出现。

这本书可以说集中反映了我近十年来有关现代汉语本体研究和应用研究，特别是有关汉语句法语义研究、语文教学和汉语作为第二语言/外语教学方面的所持的观点和看法。这也正好趁本书的出版，与大家交流，求教于大家。

本书得以出版，要感谢北京师范大学出版社，是他们让我荣幸地入选《当代中国名家文库》之中。我特别要感谢本书的编辑赵月华女士，她不辞辛苦反复审校，并提出了许多宝贵意见，以使我尽量少出现一些差错。我也要感谢杨贺博士，在我编写过程中，她帮我查找部分丢失了电子文本的文章，并帮我将参考文献按出版社要求格式化，这让我省了不少时间。趁此机会，我也要衷心感谢这十年来对我每一个学术观点的完善有直接或间接帮助的学界同仁。最后我要感谢帮我审读校样的两位年轻人，一位是中央民族大学的娄开阳博士，一位是我的在读博士生张娟。

不当之处，恳请大家批评指正。

2011 年春节